알렉산드리아의 필론 작품집

I

Philonis Alexandrini opera quae Vol. I

edited by LEOPOLDVS COHN

Published by Acanet, Korea, 2022

한국연구재단총서 학술명저번역 634
Academic Library of NRF

알렉산드리아의 필론 작품집
I

Philonis Alexandrini opera quae Vol. I

필론 지음 | 문우일 옮김

차례

일러두기

1. 이 번역은 콘(Leopold Cohn)과 웬들란트(Paul Wendland)가 편집한 *Philonis Alexandrini opera quae supersunt*(7 vols. Berlin: Typis et impensis G. Reimerii, 1896-1915)의 『작품집 I』(Vol. 1)에 실린 그리스어 본문을 저본으로 사용했다.

2. 이 책에 실린 일곱 편의 작품들은 「세상 창조에 대하여(De opificio mundi)」를 제외하고는 우리말로 처음 번역하여 소개하는 것이다. 「세상 창조에 대하여」는 노태성이 우리말로 번역하여 출간한 적이 있으나(『창조의 철학』, 다산글방, 2005), 역자는 노태성의 번역과 별개로 동 작품을 번역하고 각주를 넣어 다른 여섯 편의 작품들과 함께 이 책에 실었다.

3. 각 작품의 제목은 ① 목차에서 우리말로 소개하고, ② 각 작품의 시작 부분에서 우리말과 라틴어, 우리말과 그리스어 순으로 소개했다. 라틴어 제목은 콘 등의 『작품집 I』 속표지에서 가져왔고, 그리스어 제목은 동 작품집 각 권 시작 부분에서 가져왔다.

4. 본문 식별을 위하여 콘의 방식을 따라 '구획(section)'별로 아라비아 숫자를 사용하되, 구획 앞에 책의 권수도 표기했다. 예컨대, '1.1'은 '제1권 제1구획'이라는 뜻이다. 아울러 장(chapter)의 순서를 로마 숫자(I, II, III……)로 표기하여 구획들 사이사이에 삽입했다.

5. 본문에서 굵은 글씨는 독자의 본문 이해를 돕기 위하여 역자가 표시한 것이다.

6. 본문에 삽입한 모든 각주와 그림은 원문에 없는 것으로서, 본문 이해를 돕기 위하여 역자가 직접 작성하거나 외부에서 가져온 것이다.

7. 본문에 삽입한 괄호와 구두점은 원문에 없는 것으로서, 본문 이해를 돕기 위하여 역자가 첨가한 것이다.

8. 우리말 어법과 가독성을 고려하여 ① 복잡한 문장을 둘 이상의 문장으로 나누거나, ② 짧은 두 문장을 한 문장으로 합하거나, ③ 이어지는 서로 다른 문장들의 절들을 연결하여 번역한 사례가 있다.

9. 우리말은 단수와 복수를 엄밀하게 구분하지 않는 편이지만, 역자는 원문의 뜻을 살리기 위하여 단수와 복수를 되도록 구분하여 번역하고자 노력했다.

10. 같은 용어가 여러 본문에서 사용된 경우, 역자는 되도록 같은 우리말로 옮김으로써 우리말로도 용어 추적과 용례 파악이 가능하게 하고자 노력했으나, 부득이한 경우에는 달리 번역하고, 필요에 따라서는 괄호 안에 해당 그리스어를 적시했다.

이 작품집의 번역에 대하여

1. 번역 대상과 구성

  필론의 작품들에 대한 그리스어 편집본들은 대개 맹가이(Thomas Mangey)의 편집본[1]을 골격으로 한다. 현재 학계에서 가장 널리 통용되는 콘 등의 편집본은 총 일곱 권으로 되어 있는 『알렉산드리아의 필론 작품집 (*Philonis Alexandrini opera quae supersunt*)』[2]으로서, 이는 맹가이의 편집본을 수정 · 보완하고, 그리스어 사본과 라틴어 역본을 병행시키고, 사본들에 대한 본문비평 결과를 각주에 명기한 것이다.

  ∴

1) Thomas Mangey ed., *Philonis Judaei opera quae Reperiri potuerunt Omnia*(London: Typis Gulielmi Bowyer, 1742)
2) Leopold Cohn, Paul Wendland and Siegfried Reiter eds., *Philonis Alexandrini opera quae supersunt*, 7 vols(Berlin: Typis et impensis G. Reimerii, 1896−1915)

이 책은 일곱 편의 작품집들로 구성된 콘 등의 편집본 가운데 첫 번째 작품집에서 그리스어 본문만을 저본으로 삼아 번역하고, 역자가 「이 작품집의 번역에 대하여」, 「옮긴이 서문」 등을 넣어 설명한 것이다. 이 작품집에 담긴 필론의 작품들은 다음과 같다.

1부 「세상 창조에 대하여(De opificio mundi; On the Creation of the World)」는 모세오경이 여타 법조문들보다 탁월함을 입증하기 위하여, 모세오경의 서두에 해당하는 창세기 1~2장을 그리스–로마 철학 언어로 재해석한 작품이다. 이 책에서 필론은, 모세오경이 세계 및 인간 창조를 신성한 숫자 7로 설명하며, 보이지 않는 세계와 보이는 세계, 영원한 존재와 사멸하는 현상에 관한 자연의 이치를 진실하고도 품격 높은 언어로 표현하므로 인간과 사회가 실현하고 실천해야 할 과학과 법과 도덕의 근거요 표준이라고 역설한다.

2부 「알레고리 해석 1(Legum allegoriae; Allegorical Interpretation)」은 창세기 2장 1~17절에 대한 알레고리 해석이다. 에덴과 낙원, 동방, 생명나무, 선악에 관한 지식을 알려주는 나무, 에덴에서 발원하는 강들, 각종 보석들의 의미와 위치 등을 소개하고, 두 종류의 아담과 아담이 이름을 짓는다는 의미를 설명한다. 필론은 그리스 철학을 직접 인용하지 않으나, 간접적으로 전제하여 사용한다. 보이지 않는 세계와 보이는 세계를 구분하는 이원론, 혼의 삼분법(The Tripartite Division of the Soul), 네 가지 덕목(지혜, 용기, 절제, 정의) 등에 관한 플라톤의 사상과 언어가 뚜렷하게 포착된다.

3부 「알레고리 해석 2」는 창세기 2장 18절부터 3장 1절에 대한 알레고리 해석이다. 하나님이 정신을 상징하는 아담에게서 감각을 상징하는 여자를 도출하여 감각을 정신에게 안내하시는 과정을 설명하고, 쾌락을 상징하는 뱀을 소개한다.

4부 「알레고리 해석 3」은 창세기 3장 7~19절에 대한 알레고리 해석이다. 아담과 여자가 범죄하고 벌거벗음을 인식한 것, 벌거벗음의 의미, 범죄한 이후에 인간과 뱀이 치르게 된 대가 등을 설명한다.

5부 「케루빔에 대하여(De cherubim; On the Cherubim)」는 창세기 3장 24절(Cher. 1-39)과 4장 1절(40-130)에 대한 알레고리 해석이다. '케루빔'은 창세기 3장 24절에 등장하는 두 날개가 있는 그룹으로서, 화염검과 더불어 생명나무로 가는 길을 지키는 역할을 한다. 이 작품의 앞부분은 인간이 범죄한 결과로 낙원에서 나가고 추방당하는 두 단계를 하갈과 사라로 대변하는 두 단계 교육과 연관하여 설명하고, 케루빔과 화염검을 우화적으로 해석한다. 뒷부분은 아담을 인간 정신으로, 여자(아내)를 인간 감각으로 해석하여, 정신과 감각이 낳을 수 있는 다양한 결과를 소개하고, 가장 나쁜 결과로서 가인의 출생을 예시한다.

6부 「아벨과 가인의 제사에 대하여(De sacrificiis Abelis et Caini; On the Sacrifices of Abel and Cain)」는 창세기 4장 2~4절에 대한 알레고리 해석이다. 인간 혼을 상징하는 여자가 가인 대신에 아벨을 낳아야 하는 이유를 소개하고(Sacr. 1-10), 땅을 경작한 가인이 목자 아벨보다 연장자이면서 연소자인 까닭을, 악덕과 미덕이라는 두 아내에 빗대어 윤리적으로 설명한다(11-51). 마지막으로 가인의 제사가 잘못된 이유와 아벨의 제사가 올바른 이유를 논하고, 아벨처럼 제사할 것을 권한다(50-139).

7부 「나쁜 자들이 더 나은 자들을 공격함(Quod deterius potiori insidari soleat; The Worse Attacks the Better)」은 창세기 4장 8~16절에 대한 알레고리 해석이다. 가인이 아벨을 살해한 사건을, 노아(창 5:29), 이삭(창 24:63-65), 야곱(창 27:4; 31:4-5), 요셉(창 37:3-15)의 사례와 비교하고, 악인은 하나님의 얼굴을 피하고자 해도 피할 수 없으므로 선하게 살아야 한다고 권면한다.

2. 성서 인용문 번역

이 번역에서 성서 인용문은 모두 역자가 사역(私譯)한 것이다. 필론이 사상을 전개하기 위하여 토대로 삼은 주요 성서 인용문들에 대한 번역은 ① 본문에 역자의 사역을 싣고, ② 각주에 가톨릭『성경』을 실었다. 필론은 한국어 성서 역본들과 내용이 완전하게 일치하지 않는 칠십인역(LXX)을 사용할 뿐 아니라 자주 변용(變容)하므로, 본문에 대한 적확한 이해를 돕기 위하여 성서 인용문을 역자가 사역한 것이다. 그런데 역자는 개신교인으로서, 비록 우리말 표준어와 맞춤법에 기초한 학술용어를 사용하고자 노력했을지라도 본의 아니게 개신교 편향 언어를 사용했을 가능성이 있으므로, 가톨릭 독자를 위하여 각주에 가톨릭『성경』을 실었다.

예컨대, 필론은 *Opif.* 1.134에서 창세기 2장 7절을 사용하는데, 이에 대한 역자의 사역(본문)과『성경』(각주)과『개역개정』을 비교하면 표와 같다.

역자의 사역(본문)	하나님이 땅에서 흙을 취하여 사람을 만들었고, 그 얼굴에 생명의 숨(πνοὴ ζωῆς)을 불어넣으셨다.
『성경』(각주)	그때에 주 하느님께서 흙의 먼지로 사람을 빚으시고, 그 코에 생명의 숨을 불어넣으시니, 사람이 생명체가 되었다.
『개역개정』	여호와 하나님이 땅의 흙으로 사람을 지으시고 생기를 그 코에 불어넣으시니 사람이 생령이 되니라.

3. 철학 용어를 풀어서 번역한 사례

    필론은 종종 특수한 뜻을 함축한 철학 용어들을 설명 없이 사용하여 그의 철학에 익숙하지 않은 독자를 당황하게 한다. 따라서 역자는 독자의 이해를 돕기 위하여 필요한 때마다 한두 단어의 그리스어를 여러 단어의 우리말로 설명하듯이 번역하고, 그러한 뜻을 그 용어가 처음 나오는 본문에 각주를 달아 설명했다. 필론과 동시대 철학자들은 설명 없이 쉽게 이해할 수 있는 용어일지라도 현대 독자에게는 생소할 수 있기 때문이다.

    예컨대, '알로고스(ἄλογος)'라는 단어를, 역자는 "로고스가 없는 비이성적인"이라고 풀어서 번역했다.(Opif. 1.73) '알로고스'는 그리스 문헌에서 이성(로고스)이 없는 동식물(특히 동물)을 이성이 있는 인간과 대조할 때 자주 사용하는 용어인데, 이런 함의를 한 단어로 전달하기는 어렵기 때문이다.

    이러한 '알로고스'의 용례는 이솝 우화들 가운데 〈인간들과 제우스(Ἄνθρωποι καὶ Ζεύς)〉에서 볼 수 있다. 그에 따르면, 태초에 제우스는 동물들을 창조하고 각 동물에게 고유한 재능을 부여했다. 어떤 동물에게는 힘을, 어떤 동물에게는 속도를, 어떤 동물에게는 날개를 부여한 것이다. 이런 장면을 벌거벗은 상태로 지켜보던 인간은 왜 자신에게만 재능을 주지 않느냐고 제우스에게 불평했다. 그러자 제우스는 인간에게 이미 최고의 재능을 주었고, 그것은 '로고스'라고 대답했다. 로고스는 신과 인간만 누리는 재능으로서, 힘이나 속도나 날개보다 탁월하다는 것이다. 여기서 이솝은 인간 외의 다른 동물들을, "로고스가 없는 비이성적인 동물들(ἄλογα ζῷα)"이라고 통칭한다.[3]

4. 성서 출처 표기

필론은 성서를 자주 사용하면서도 성서의 출처를 밝히지 않으나, 역자는 독자의 이해를 돕기 위하여 필론이 성서를 사용하거나 인용하는 본문에 서지 정보(성경 책명의 약자와 장·절)를 표기해 넣었다. 같은 성서 본문이 같은 맥락 안에서 반복적으로 사용될 때는 사용되는 첫 문장에만 서지 정보를 표기했고, 맥락을 달리하여 반복될 때는 맥락마다 첫 문장에 표기했다.

성서 본문에 대한 장·절 표기는 개신교의 『성경전서 개역개정판』과 가톨릭의 『성경』이 모두 지지하는 순서를 따랐다.[4] 필론은 주로 칠십인역(LXX)을 사용하지만, 칠십인역은 한국어 성서 역본들과 장·절이 완전하게 일치하지 않으므로, 한국인 독자에게 익숙한 장·절을 사용한 것이다. 그런데 개신교와 가톨릭의 성서 책명과 약자가 서로 다르므로, 역자는 본문에서 개신교의 『개역개정판』 약자를 사용하고, 가톨릭 독자를 위하여는 '약어 대조표'에 성서 책명(가톨릭과 개신교)을 실었다.

모든 첫 시도가 그렇듯이 이 번역은 완벽하지 않다. 약 2,000년 전에 그리스어로 쓴 난해한 필론의 글을 읽어내기란 희열과 고통의 연속이었고, 착오와 오류의 양산 과정이었다. 부족하지만, 이 번역이 필론에 대한 우리

---

3) Ésope, *Fables*(translated and edited by Émile Chambry; Paris: Société d'Éidition 'Les Belles Lettres,' 1927), #57.

4) 개신교 독자를 위하여 이 책은 『성경전서 개역개정판』(대한성서공회, 1998)을 사용하되, 이후로 편의상 『개역개정』이라고 쓴다. 천주교 독자를 위하여 이 책은 우리나라 천주교 성당에서 가장 많이 사용하는 역본인 『성경』(한국천주교중앙협의회, 2008)을 사용한다.

학계의 관심을 유발하고, 더 나은 번역과 연구를 위한 밑거름이 되기를 소망한다.

옮긴이 서문
신약성서 및 초대그리스도교 연구 자료로서 알렉산드리아의 필론의 중요성[1]

1. 들어가며

이 글은 신약성서 배경으로서 역사적 필론(Philo of Alexandria)과 그 저서들의 중요성을 짚어보고, 우리 학계의 필론 연구 상황을 소개하는 것을 목적으로 한다. 필론의 정확한 생몰 연도는 알 수 없으나 주전 30년경부터 주후 50년 사이 어느 시기에 생존한 것 같다.[2] 즉, 필론은 예수 그리스도보

1) 이 글은 한국연구재단 명저번역지원사업 과제번호 〈2018S1A5A7038121〉 연구를 수행하기 위하여 제출한 '연구계획서'를 발전시킨 것으로서, KCI 등재지 《신약논단》 26(2019), 3,815~851에 게재한 논문이다. 이 논문을 사용하기 위하여 《신약논단》 편집부의 허가를 받아 사소한 부분을 수정·보완하였다.
2) 굿이너프는 필론이 형제 리시마쿠스보다 형이었을 것이고, 리시마쿠스는 기원전 10년경에 태어났을 것이고, 필론은 아마도 기원전 20년경에 태어났을 것이라고 한다. Erwin R. Goodenough, *An Introduction to Philo Judaeus*(New Haven: Yale University Press,

다 조금 이른 시기에 태어나, 사도 바울이 브리스길라와 아굴라를 만나 동역하던 즈음까지 살면서(행 18:2), 예수 및 사도들과 거의 동시대에 동일한 문화권에서 방대한 저작을 남긴 것이다.[3] 그러므로 필론의 저서들은 예수 및 사도시대의 정치, 사회, 종교, 철학, 교육, 경제 등에 관한 정황을 증언하는 희소한 자료로서, 그 중요성은 「사해문서(the Dead Sea Scrolls)」, 요세푸스(Flavius Josephus)의 작품들, 중간기문헌(Intertestamental Literature) 등에 상응한다. 필론은 그리스-로마의 다신론과 황제숭배에 저항하면서 유대인의 여호와 신앙과 모세오경을 그리스-로마의 철학 언어로 변증하였는데, 이는 로마의 박해에도 불구하고 신약성서를 낳고 교리화 작업을 진행해야 했던 초대그리스도교에 일종의 선례가 되었으므로 초대그리스도교 저자들은 필론을 직·간접으로 극찬하거나 비판하면서 그와 그의 작품들을 후대에 전하는 통로가 되었다.

중간기 문헌과 신약성서 배경 이해, 초대그리스도교 문헌 주석 및 교리 해석에 중요한 자료가 되는 필론의 저작들은 오늘날까지 5개 언어로 완역되었고, 12개 언어로 부분 번역되었다. 20세기 중후반부터는 관련 고전학자들과 성서학자들이 꾸준한 대화를 이어가며 무수한 연구 결과물을 낳았고, 현재는 필론 저작물 각 권에 대한 단행본 주석 발간이 진행 중이다. 특

∵

1940), 9-10. 그러나 메디코는 필론이 주전 30년경에 태어났다고 전제한다. Henri E. del Medico, *L'énigme des manuscrits de la Mer Morte: étude sur la date, la provenance et le contenu des manuscrits découverts dans la grotte I de Qumrán*(Paris: Plon, 1957), 79; Jean Daniélou, *Philo of Alexandria*(trans. James Colbert; Eugene: Wipf and Stock Publishers, 2014), 27에서 재인용. 다니엘루는 필론의 형제 알렉산더(Caius Julius Alexander)가 주전 15~13년쯤에 태어났으므로 필론도 그 직후에 태어났을 것이라고 본다. Daniélou, *Philo of Alexandria*, 2.

3) Eusebius of Caesarea, *Hist. eccl.* 2.18. 본서에서 우리말 역은 『유세비우스의 교회사』(엄성옥 옮김, 은성, 1990)를 철자 및 띄어쓰기를 교정하여 사용하였다.

별히 신약학계에서는 신약성서 배경 관련 연구뿐 아니라, 필론의 상징 언어와 정치 수사학을 참조한 신약성서 주해가 활발하다.[4] 그럼에도 불구하고 우리 학계의 필론 연구 상황은 미미한 수준이다. 그의 작품들은 우리말로 완역되지 않았고, 오로지 「세상 창조에 대하여」한 편만이 우리말로 번역되었다. 한 권의 필론 입문서가 번역되었으며, 몇 편의 관련 논문들이 필론 혹은 필론의 저서들을 부분적으로 소개할 뿐이다.[5]

따라서 필자는 필론에 관한 우리 학계의 후속 연구에 동기와 자료를 제공하고자 한다. 이를 위하여 먼저, 필론과 그의 주요 친인척을 소개하고, 이들이 당시 유대와 알렉산드리아와 로마에서 어느 정도의 영향력을 끼쳤는지 살펴봄으로써 신약성서 배경으로서의 필론에 주목하겠다. 이어서 필론과 그 저작들에 대한 요세푸스와 초대그리스도교 교부들의 보도를 소개하고, 필론 전승과 저작들이 어떻게 그리스도교 중심에 들어와 그 상당수가 오늘날까지 전해지는지 살펴보겠다. 또한 필론 사상의 유형을 짚어보고, 그 저작들의 학술 분류와 라틴어 표기법을 소개하겠다. 마지막으로 필론 작품들의 번역과 연구 현황을 국외 학계와 국내 학계로 나누어 조망하겠다. 연구 방법은 문헌 중심이며, 1차 자료 외에 관련 연구 결과물들을 참조한다.

---

4) 관련 선행 연구는 다음을 참조하라. Roberto Radice and David T. Runia, *Philo of Alexandria: An Annotated Bibliography 1937–1986*(Leiden: Brill, 1992); David T. Runia and Helena Maria Keizer, *Philo of Alexandria: An Annotated Bibliography 1987–1996*(Leiden: Brill, 2000); David T. Runia, *Philo of Alexandria: An Annotated Bibliography 1997–2006*(Leiden: Brill, 2011).
5) 우리 학계의 필론 연구에 관하여는 본문에서 후술한다.

2. 필론과 친인척

전술했듯이 필론의 생몰연도에 관하여는 의견이 분분하고, 넓게는 기원전 30년경부터 기원후 50년경까지, 대개는 기원전 20년경부터 기원후 50년경까지로 본다. 즉, 필론은 아우구스투스 황제가 통치하기 시작할 무렵에 태어나 클라우디우스 통치기까지 살았던 것 같다. 그의 가족이 언제 알렉산드리아에 갔는지는 확실하지 않으나, 다니엘루는 슈바르츠(J. Schwartz)를 참조하여 필론의 가족이 그의 아버지 때에 알렉산드리아에 갔을 것이라고 본다.[6] 히에로니무스(St. Jerome, Eusebius Sophronius Hieronymus, 약 347~420년)는 "필론이 제사장" 계급이라 하고, 슈바르츠는 "필론의 로마 시민권은 알렉산드리아의 유대인들이 가질 수 없는" 것이라고 하므로 필론의 가문은 필론의 아버지 때에 유대에서 로마 시민권을 얻은 이후에 알렉산드리아로 이주했을 가능성이 있다는 것이다.[7] 필론 자신은 스스로를 예루살렘 출신이며, 조상 중에 왕들과 제사장들이 있었다고만 할 뿐 그의 가족이 언제 알렉산드리아로 이주했는지에 관하여는 침묵한다. 다음과 같

∴

6) Daniélou, *Philo of Alexandria*, 4; J. Schwartz, "Note sur la famille de Philon d' Alexandrie," *Mélanges Isidore Lévy. Annuaire de l'Institut de philologie et d'histoire orientales et slaves*, Université libre de Bruxelles 13(1953): 591–602, 601–602.
7) Daniélou, *Philo of Alexandria*, 4; Hieronymus(Jerome), *Lives of Illustrious Men*(이하 *Vir. ill.*) in Nicene and Post Nicene Fathers, Series II, Vol. III: *Jerome, Gennadius, Rufinus: Historical Writings*(trans. by Ernest Cushing Richardson; edited by Philip Schaff and Henry Wallace; New York: Cosimo Classics, 2007), 359–384, 365(Chap. 11). 솅크는 필론 가족의 로마 시민권 취득 시기를 "율리우스 시저가 알렉산드리아를 맡고 있던 시절(기원전 47년경)"로 봄으로, 시민권을 예루살렘이 아니라 알렉산드리아에서 취득한 것으로 보는 것 같다. Kenneth Schenck, *A Brief Guide to Philo*(『필론 입문』, 송혜경 옮김, 바오로딸, 2008), 42.

은 필론의 주장에 근거하여 히에로니무스가 필론을 제사장 계급이라고 소개한 것 같다.[8]

그리고 나는 당신(가이우스 칼리굴라)도 알다시피 유대인이며, 예루살렘은 나의 고향인데, 그곳에는 가장 높은 하나님의 거룩한 성전이 세워져 있습니다. 그리고 나는 할아버지들과 조상들 가운데 왕들이 있는 혜택을 누렸고, 그들 중 상당수가 대제사장이라 불리었으며, 그들은 왕권이 제사장직보다 못한 것으로 여겼고, 대제사장직이 왕권보다 훨씬 우월하다고 보았으니, 이는 하나님이 사람보다 훨씬 우월하기 때문이며, 대제사장은 하나님을 섬기는 일에 종사하는 반면에 왕은 그들을 다스리는 일에만 관심이 있기 때문입니다.[9]

내가 요람을 떠나는 순간부터 나는 아버지와 어머니 양가에 속하는 아버지들, 형제들, 아저씨들, 사촌들, 그리고 할아버지들과 현재 나의 가족을 형성하는 사람들에 이르기까지 만여 명의 스승들을 가졌으며, 그들은 스스로

8) 루니아에 따르면, 시코우스키와 베르눌리 등은 히에로니무스가 유세비우스(Eusebius of Caesarea)를 통하여 필론을 알았다고 보았으나, 쿠셀은 필론과 에세네파를 연결하는 히에로니무스의 주장이 유세비우스와 다르다면서 히에로니무스가 필론의 작품을 직접 읽었으리라 보았다고 한다. David T. Runia, *Philo in Early Christian Literature: A Survey*(Assen: Van Gorcum; Minneapolis: Fortress Press, 1993), 314–315; S. von Sykowski, *Hieronymus als Litterarhistoriker: eine quellenkritische Untersuchung der Schrift des hl. Hieronymus 'De viris illustibus'*, Kirchengeschichtlichen Studien 2(Münster : Schöningh, 1894); C. A. Bernoulli, *Hieronymus und Gennadius, De viris inlustribus*(Freiburg–Leipzig: Mohr, 1895; reprinted in Frankfurt, 1968); P. Courcelle, *Late Latin Writers and their Greek Sources*(trans. by Harry E. Wedeck; Cambridge: Harvard University Press, 1969; originally published in French in 1943 and 1948).

9) Philo, *Legat.* 1.278.

절대 권력을 획득했을 뿐만 아니라 내가 존재하도록 나를 만드는 데 기여한 사람들로서 내 안에 상당량의 왕권과 자연스러운 행정적 재능을 심어놓았다.[10]

필론의 가문은 당대에 가장 유력한 유대인 가문이었던 것 같다. 예컨대, 그의 형제 리시마쿠스(Alexander Lysimachus)는 알렉산드리아의 "시금행정관(ἀλαβάρχης)"으로서 당시 알렉산드리아에 거주하는 유대인들 가운데 "가장 높은 행정직"에 있었고, "혈통과 부에 있어서 뛰어난 사람"이었다.[11] 알렉산드리아에만 있었던 "시금행정관"이 무엇인지는 알 수 없으나, 세금을 거두고 나르는 고위직이었던 것 같다.[12] 유대 왕족 아그립바 1세가 로마 황실에서 쫓겨나 유대와 갈릴리를 전전긍긍하며 채권자들에게 쫓겨 투옥되고 탈옥했다가 로마로 되돌아가기 위한 여비를 마련하러 알렉산드리아의 리시마쿠스를 찾아갔을 때, 리시마쿠스는 아그립바 1세의 부인 키프로스를 믿고 20만 드라크마라는 거금을 빌려주었다고 한다.[13] 또한 리시마쿠스는 예루살렘 성전의 "9개의 문들"에 "보석을 박았다"고 한다. 이는 리시마쿠스의 부와 신앙심과 예루살렘에서의 영향력을 동시에 암시한다.[14] 그는 황제가 될 "클라우디우스의 오랜 친구(φίλος ἀρχαῖος)"였으며, 클라우디우스의 어머니 안토니아의 집사(ἐπίτροπος)"이기도 했다.[15] 그런 리시마쿠스도

10) Philo, *Legat.* 1.54.
11) Frederic Huidekoper, *Judaism at Rome: B.C. 76 to A.D. 140*(New York: James Miller, 1876), 98; Josephus, *A.J.* 20.100.
12) Goodenough, *An Introduction to Philo Judaeus*, 3.
13) Josephus, *A.J.* 18.159−160.
14) Josephus, *B.J.* 5.206.
15) Josephus, *A.J.* 19. 276; Goodenough, *Philo Judaeus*, 3.

가이우스 황제 때 투옥되었다가 클라우디우스 황제 때 석방된다. 정확한 투옥 사연은 알 수 없으나, 필론이 가이우스 황제를 방문한 사건과 연관이 있을지 모른다.[16]

리시마쿠스의 아들이자 필론의 조카인 알렉산더(Tiberius Julius Alexander)는 로마 역사서에 등장하는 당대 주요 인물이었다.[17] 요세푸스가 베스파시아누스에게서 "플라비우스"를 하사받은 것처럼 알렉산더도 티베리우스 황제에게서 "티베리우스"라는 이름을 하사받았을 것이다.[18] 유대왕 아그립바 1세가 죽었을 때, 그의 아들 아그립바 2세가 너무 어리다는 이유로 클라우디우스 황제는 아그립바 1세가 다스리던 지역에 "쿠스피우스 파두스, 티베리우스 알렉산더 등의 총독을 보내어 다스리게 하였는데, 티베리우스 알렉산더는 특히 지역 주민의 전통에 대해 전혀 간섭하지 않음으로써 평화를 유지할 수 있었다"고 한다.[19] 즉, 티베리우스 알렉산더가 유대 지역의 로마총독(procurator)이 된 것이다(46~48년). 그의 후임으로 부임한 "쿠마누스" 때는 "예루살렘에 큰 소요가 일어나" 많은 유대인이 압사하고, 2만여 명이 처형당했다고 한다.[20]

이후에 알렉산더는 네로 황제에게도 신임을 얻어, 코르블로(Gnaeus Domitius Corblo)의 휘하에서 "상급 로마 기사"가 되어 아르메니아에서 활

••

16) Josephus, *A.J.* 19.276. 가이우스는 집권 4년 8개월 만에 암살되었다.
17) Publius Cornelius Tacitus, *Annals* 15.28(『타키투스의 연대기』, 박광순 옮김, 종합출판범우, 2005); *Historiae* 2.79(『타키투스의 역사』, 김경현·차전환 옮김, 한길사, 2011).
18) Mireille Hadas-Lebel, *Philo of Alexandria: A Thinker in the Jewish Diaspora*(Leiden: Brill, 2003), 30.
19) Josephus, *B.J.* 2.220.
20) Josephus, *A.J.* 20.103, 105-112.

약한다.[21] 66년에는 네로 황제가 티베리우스 알렉산더를 알렉산드리아 총독(praefectus)이라는 주요직에 봉했는데, 그 취임 축하연에 유대 왕 아그립바 2세도 참석하였다고 한다.[22] 티베리우스 알렉산더의 재임 기간에 알렉산드리아에서 유대인들과 그리스인들 사이에 유혈사태가 발발하자, 알렉산더는 2,000명의 로마군으로 유대인을 진압했고, 그 결과 5만 구의 유대인 시체가 쌓였다고 한다.[23] 이 부분을 기록하면서 요세푸스는 알렉산더를 비난하지 않고, 그럴 수밖에 없었던 그의 처지를 애써 변명하는 듯하다. 유대인으로서 친로마 인사가 된 요세푸스는 알렉산더와 동질감을 느꼈을 것이고, 로마 황실 및 유대 왕실과 연결되어 막강한 실권과 부를 장악한 알렉산더를 비난할 수 없었을 것이다.

69년에 네로 황제가 죽고, 갈바, 오토, 비텔리우스에 이어 베스파시아누스가 제국을 평정하고자 알렉산드리아를 거쳐 로마로 향할 때, "이집트 총독 티비리우스 알렉산더는 이미 베스파시아누스의 편을 들기로 결심하였다."[24] 당시의 상황을 타키투스는 이렇게 보도한다.

베스파시아누스에게 황제권을 이양하는 일은 알렉산드리아에서 시작되었는데, 거기서 티베리우스 알렉산더가 재빨리 행동하면서 7월 1일 그의 군단들로 하여금 베스파시아누스에게 충성을 맹세하도록 했다. 후일 그날은 베스파시아누스가 통치한 첫째 날로 기념되었다. (……) 모두의 마음에 희

.•.
21) Tacitus, *Ann.* 15.28; Simon Hornblower et al. eds., *The Oxford Classical Dictionary 4th Edition*(Oxford: University Press, 2012), 756.
22) Josephus, *B.J.* 2.220, 309; 4.616.
23) Josephus, *J.W.* 2.487-498.
24) Tacitus, *Hist.* 74.

망과 공포, 가능성에 대한 계산이 가득 차 있는 동안, 총사령관인 베스파시아누스에게 인사하기 위해 평소와 같은 형태로 정렬해 있던 약간의 병사들이 침실에서 나오는 베스파시아누스를 황제로 맞이했다. 그러자 나머지 병사들이 모여들었고, 베스파시아누스를 카이사르와 아우구스투스로 불렀으며, 황제의 모든 칭호를 퍼부었다. (……) 친구들의 비밀 전갈을 통해 로마로부터 귀환 요청을 받은(유대 왕) 아그립바(2세)는 비텔리우스가 알아차리지 못하는 동안 재빨리 항해하여 베스파시아누스와의 결합을 서둘렀다. 그의 왕비 베르니케도 적지 않은 열정으로 베스파시아누스 편을 들었는데, 그녀는 한창 젊은 나이의 미인이었고, 풍부한 선물로 늙은 베스파시아누스에게도 호감을 샀다.[25]

베스파시아누스가 비텔리우스와 격전을 준비할 때 티베리우스 알렉산더와 유대 왕 아그립바 2세는 "최상의 선발 부대"를 이끌고 베스파시아누스 군에 동참했던 것이다.[26]

티베리우스 알렉산더의 이후 행보에 관하여 요세푸스는 다음과 같이 기록한다.

티투스의 친구 티베리우스 알렉산더는 귀족이며 덕망 있는 자로 전에 알렉산드리아의 총독이었으나, 지금은 티투스 휘하에 있는 군대의 장군으로 발탁되었다. 그 이유는 베스파시아누스가 새로운 통치권을 수락할 때 티베리우스가 제일 먼저 베스파시아누스를 환영했고, 모든 것이 불확실할 때 그

:

25) Tacitus, *Hist.* 79-81.
26) Tacitus, *Hist.* 81

에게 충성을 맹세했기 때문이다. 티베리우스는 또한 티투스를 상담자 격으로 수행했으며, 이번 전쟁(유대 전쟁)에서도 노년의 경험과 노련미로 그에게 많은 유용한 충고를 했었다.[27]

알렉산더는 티투스의 예루살렘 성전 공략에 "전군사령관(Praefectus castrorum)" 자격으로 참여하여 유대 성전 함락의 주역이 되었던 것이다.[28] 이 때문인지 요세푸스는 리시마쿠스가 "경건에 있어서 아들 알렉산더보다 훨씬 훌륭했다"고 한다. 티베리우스 알렉산더는 "자기 나라의 종교(유대교)에 계속 머물지 않았기 때문"이라는 것이다.[29] 요세푸스는 알렉산더의 반-유대 행위에 대하여 신랄하게 비판하지 않았으나, 행간에 부정적 여운을 남긴 것 같다. 필론 역시 조카 티베리우스 알렉산더와의 대화편을 남겼는데(「섭리에 대하여De Providentia; De Animalibus」), 이 대화편들은 하나님의 존재와 섭리, 인간과 동물의 차이 등에 관하여 논한다.

티베리우스 알렉산더 외에도 리시마쿠스에게는 마르쿠스 알렉산더(Marcus Julius Alexander)라는 아들이 있었는데, 마르쿠스는 아그립바 1세의 딸 베르니케의 첫 남편이 되었다(43년).[30] 비록 마르쿠스가 요절하고 베르니케는 삼촌인 칼키스의 헤롯과 재혼하지만, 필론의 가문과 유대 왕실은 사돈지간이었던 것이다. 유대 왕실은 알렉산드리아 총독과 유대 총독 등과도 혼인 관계에 있었으므로, 필론의 가문은 유대 왕실과 로마 총독 및

: :

27) Josephus, B.J. 5.45-46.
28) Josephus, B.J. 6.237.
29) Josephus, A.J. 20. 100-101.
30) Josephus, A.J. 20.145-147; Goodenough, Philo Judaeus, 9.

황실 등과 친인척으로 연결되었다고 할 수 있다.[31] 요컨대, 필론과 그의 친인척들은 예수와 사도시대 배경사 형성에 지대한 영향을 끼친 인물들인 것이다. 그러므로 신약성서와 초대그리스도교 배경 연구에 필론을 참조할 필요가 절실하다.

3. 필론에 관한 보도들과 그리스도교의 필론 수용

필론 자신 외에, 필론에 관한 가장 이른 현존 기록을 남긴 이는 아마도 요세푸스일 것이다. 요세푸스는 필론을 다음과 같이 짧게 소개한다.

한편 알렉산드리아에서는 유대인들과 헬라인들 사이에 충돌이 생기자 각 파에서 세 명의 대표자를 뽑아 가이우스에게로 보내기로 했다. (……) 유대인의 대표 단장인 필론은 유대 행정장관인 알렉산더와는 형제지간이었고, 철학에도 조예가 깊은 사람이었는데 아피온의 비난에 대항하는 말을 준비했다. 그러나 황제(가이우스 칼리굴라)는 그의 말을 중단시키고 그를 밖으로 내보낸 뒤에도 계속 화를 내며 그들에게 모종의 가해행위를 할 것을 명백히 했다. 심한 모욕을 당한 필론은 방을 나와서 자기와 함께 온 동료들에게 용기를 북돋아주기 위해서 말을 했다. "가이우스의 분노는 단지 말로만 끝나는 것이 아니라 사실은 하나님께 대적하는 것이오."[32]

31) Josephus, *A.J.* 20.139–147
32) Josephus, *Ant.* 18.8.257–260.

요세푸스가 전하는 필론의 특징을 요약하면, 첫째, 가이우스 사절단의 '수장'이요, 둘째, 알렉산드리아의 시금행정관 "알렉산더의 형제"이며, 셋째, "철학에도 조예가 깊은" 사람이라는 것이다. 가이우스 칼리굴라를 방문하게 된 알렉산드리아 소요 사태는 38년경에 아그립바 1세가 칼리굴라 황제에게서 유대왕권을 받아 알렉산드리아를 거쳐 갈 때, 알렉산드리아인들이 아그립바를 희화한 자를 "마리스(시리아 왕)"라고 부르며 조롱하였고, 플라쿠스 총독까지 유대인을 차별한 데서 비롯된 것 같다.[33] 플라쿠스는 알렉산드리아 유대인들을 "이방인"이나 "전쟁 포로" 취급을 하여 시민권을 박탈하고, 회당과 율법을 파괴하고, 유대인을 잔인하게 몰살하는 일을 방치하고, 유대인들의 거주 지역을 제한했다.[34] 필론은 카이사르 아우구스투스가 주변 민족들의 전통을 파괴하지 않으면서도 로마시민권을 부여한 전례를 언급하며, 가이우스의 학정을 비난했다.[35] 그러나 그리스 철학자 아피온은 황제 숭배를 조장하고, 저항하는 유대인들을 반로마 세력으로 만들어 황제의 분노를 유발시켰다.[36] 분노한 가이우스는 신임 시리아 총독 페트로니우스를 대군과 함께 유대로 파송하여 예루살렘 성전에 황제상을 세울 것을 지시했다. 그러나 유대인들이 저항하고 페트로니우스가 머뭇거리는 사이에 가이우스가 암살되어 무마되었다고 한다.[37]

요세푸스 다음으로 필론에 관한 오랜 현존 기록을 남긴 이는 아마도 클레멘스(Clement of Alexandria, 150~215년)일 것이다. 클레멘스는 필론을

33) Philo, *Flacc*. 25-44. "플라쿠스는 티베리우스(황제)가 죽기 5년 전에 6년 임기의 알렉산드리아 총독으로 지명하였다." Huidekoper, *Judaism at Rome*, 96.
34) 자세한 내용은 다음을 보라. Philo, *Flacc*.
35) Philo, *Legat*. 147-162.
36) Josephus, *Ant*. 18.257-259.
37) Josephus, *Ant*. 18.261-309; Philo, *Legat*. 207-339.

"피타고라스학파"의 "변증가"로 정의하고 구약성경의 인물들에 대한 필론의 철학적 재해석을 간헐적으로만 소개한다.[38]

오리게네스(Origen, 184~253년) 역시 필론을 간헐적으로 언급하지만, 그는 실질적으로 필론과 클레멘스의 알렉산드리아 학풍을 그리스도교 한복판으로 가져온 장본인이다.[39] 알렉산드리아에 태어난 오리게네스는 17세 때(세베루스 황제 통치기) 아버지 레오니데스(Leonides)의 순교(참수형)를 목도하였고, 알렉산드리아 총독 아퀼라(Aquilla)의 박해와 교회 감독 데메트리우스(Demetrius)의 견제 속에서도 성서 및 성서언어를 연구하고 학교를 운영하며 교리 교육과 집필에 몰입했다.[40] "알렉산더 황제 통치 10년(233년)"에는 알렉산드리아에서 가이사랴 마리티마로 이주하여 도서관과 학교를 운영하며 『헥사플라』와 성서주석 등을 집필했다.[41] 오리게네스 덕분에 "대부분의 필론의 저서들"이 알렉산드리아에서 가이사랴 교회 도서관으로 옮겨져 상당량이 오늘날까지 전해졌다고 루니아는 설명한다.[42]

필론의 사상이 가이사랴의 랍비 호샤이야에게 전해져 당시 유대인들도 필론의 사상을 접했을 가능성이 제기되었으나, 유대교는 필론을 언급할 정도로 수용하지는 않았다.[43] 또한 철학자 누메니우스(Numenius of

..

38) Clement of Alexandria, *The Stromata* 1.5, 15, 21, 23; 2.19; 4.19. http://www.newadvent.org/fathers/0210.htm(2019.8.13.)

39) Origen, *Contra Celsus* 4.51; 6.21. http://www.newadvent.org/fathers/0416.htm(2019.8.13.)

40) Eusebius, *Hist. eccl.* 6.1-3.

41) Eusebius, *Hist. eccl.* 6.26; Runia, *Philo in Early Christian Literature*, 21.

42) Runia, *Philo in Early Christian Literature*, 158. 필론 저서들의 전승 경로는 루니아의 같은 책, 18 참조.

43) Runia, *Philo in Early Christian Literature*, 14. 유대교의 필론 수용 긍정론은 루니아의 같은 책 13, n. 54를 보라.

Apamea)와 플로티누스(Plotinus)가 필론을 알았을 가능성도 제기되었으나, 증거가 불충분하다.[44] 요컨대, 유대교와 세속 철학계가 필론을 수용했다는 직접 증거를 찾기 어렵다.

그러나 적어도 가이사랴 마리티마의 그리스도교가 필론을 적극 수용했다는 사실은 유세비우스(260~340년)가 입증한다. "가이사랴는 예루살렘 성전이 멸망한 70년 이후부터 375년까지 로마 식민지요 팔레스타인의 수도"였는데, '고넬료'와 그 가족부터 시작한 그리스도교가 뿌리 내려 "이방인 선교의 기지"가 되었다고 한다.[45] 바로 그곳에서 유세비우스는 세례받고, 교육받고, 안수받고, 주교(315~339년)가 되었다.[46]

유세비우스는 필론을, "언어학적 지식이 풍부하고 사상이 광범위하며 성경에 대해 탁월하고 고결한 견해"를 지녔고, "거룩한 책들에 대한 주석을 저술"하였다고 격찬했다.[47] 그는 필론의 저서들을 직접 인용하고, 약 70여 편의 저서들을 내용과 분량에 따라 분류하여 소개하는데, 그 제목들은 오늘날 알려진 것들과 상당히 다르지만, 내용은 약 50여 편이 현존하는 것과 일치한다.[48]

유세비우스는 필론이 가이우스 황제 때 유대인 사절단 수장으로서 로마에 다녀온 사건을 기록한 요세푸스의 글에 필론 자신의 글을 더하여 인

••

44) Runia, *Philo in Early Christian Literature*, 8-12.
45) Harold W. Attridge, "Introduction," *Eusebius, Christianity, and Judaism*(edited by Harold W. Attridge and Gohei Hata; Detroit: Wayne State University Press, 1992), 27-49, 29; Eusebius, *Hist. eccl.* 2.3.
46) Harold W. Attridge, "Introduction," 28-29; Runia, *Philo in Early Christian Literature*, 20-23.
47) Eusebius, *Hist. eccl.* 2.18.
48) Eusebius, *Hist. eccl.* 2.5, 16-18. 유세비우스의 목록과 현존하는 필론의 저서들의 목록의 자세한 대조는 Runia, *Philo in Early Christian Literature*, 17-22를 보라.

용하고, 필론이 클라우디우스 황제 때에도 로마를 방문하여 베드로(아마도 베드로의 수행자 '마가'까지)를 만났다고 보도한다.[49] 또한 유세비우스는 필론의 저서『관상하는 삶에 대하여(De Vita Contemplativa)』에 등장하는 "떼라퓨타이(θεραπευταί)"가 바로 복음서 저자 마가가 "알렉산드리아에 처음으로" 세운 교회들의 "신자들"이라고 주장한다.[50] 그들은 "극도로 철학적인 훈련을 하고 엄격한 생활"을 하였으며, "의사처럼 (……) 사람들의 마음을 치료"할 뿐 아니라 "하나님을 예배하고 섬기는 순결"한 사람들이기 때문에 "떼라퓨타이"라고 불렸다는 것이다.[51] 이뿐만 아니라 필론은 가이우스 때 알렉산드리아의 유대인들에게 임한 재앙을『덕들에 대하여(De Virtutibus)』라는 저서로 기록하였는데, 그 책을 필론이 클라우디우스 황제 때에 로마 원로원에서 읽었다고 유세비우스는 주장한다.[52] 그 책에서 유대인들이 당한 재앙은 유대인들이 예수에게 행한 범죄의 결과라고 유세비우스는 설명한다.[53] 그러나 유세비우스는 전승의 출처를 밝히지 않으므로 오늘날 그 진위를 확인하기는 쉽지 않다.

한편, 필론을 "제사장" 가문의 후예라고 소개한 히에로니무스는 필론이 "전도자 마가가 세운 첫 교회"에 대하여 기록했다면서, 그를 "(초대) 교회 저자들 중(inter scriptores ecclesiasticos)" 하나라고 정의했다.[54] 이 주장의 출처는 분명하지 않으나, 아마도 필론의 "떼라퓨타이"를 마가의 알렉산드

49) Eusebius, *Hist. eccl.* 2.5, 17.
50) Eusebius, *Hist. eccl.* 2.16-18.
51) Eusebius, *Hist. eccl.* 2.16-17.
52) Eusebius, *Hist. eccl.* 2.18.
53) Eusebius, *Hist. eccl.* 2.6.
54) Hieronymus, *Vir. ill.* 11.

리아 교회 성도들로 이해한 유세비우스 전승을 확대한 결과인 것 같다.[55] 또한 히에로니무스는 필론이 가이우스 때와 클라우디우스 때에 각각 로마를 방문했다는 유세비우스의 주장을 되풀이한다. 유세비우스처럼 히에로니무스는 필론의 저서들을 열거하고 격찬한 뒤에 그리스인들조차 필론을 플라톤에 필적하는 인물로 평가했다고 덧붙인다.[56]

히에로니무스가 필론을 직접 읽었는지는 알 수 없으나, 가이사랴 도서관에서 필론의 저서들을 보았을 가능성을 배제할 수 없다. 히에로니무스에 따르면, "유조이우스(Euzoius)는 가이사랴 주교였던 수사학자 테스페시우스에게 어려서부터 사사하고, 후에 그 시의 주교가 되어(376~379년) 오리게네스와 팜필루스가 수집한 문헌들을 복원하느라 무진 애를" 썼다고 한다.[57] 유조이우스가 재건한 문헌 중에 필론의 사본들도 포함되었고, 이를 바탕으로 9~17세기에 약 65편의 사본들이 복제되어 오늘날까지 전해진다고 한다.[58]

4. 필론의 철학 유형과 작품들

1) 필론의 철학 유형

필론의 작품들은 유대인들에게 주목받지 못했으나, 그리스도교에서 환

••
55) 이 주제에 관한 상세 논의는 다음을 보라. David T. Runia, *Philo and the Church Fathers: A Collection of Papers*(Leiden: E. J. Brill, 1995).
56) Hieronymus, *Vir. ill.* 11.
57) Hieronymus, *Vir. ill.* 383(Chap. 113).
58) Runia, *Philo in Early Christian Literature*, 21-22.

영받은 덕분에 상당량이 오늘날까지 보전되어 신약성서와 초대그리스도교 연구에 필독서로 자리 잡았다.[59] 이는 아리스토텔레스의 작품들이 서방교회에서 환영받지 못하여 중세까지 거의 알려지지 못한 사례와 대조적이다. 현존하는 필론의 저서들은 그가 다양한 그리스 문헌을 섭렵한 철학자였고, "나무랄 데 없으나(irreproachable)" 장황한 그리스어와 철학으로 모세오경(칠십인역)을 주해한 성서주석가였고, 로마에 대항하여 유대인들을 변호한 민족지도자였음을 입증한다.[60] 그는 "문법, 기하학, 천문학, 수사학, 음악" 등 "일반교과과정(ἐγκύκλιος παιδεία)"의 초급, 중급, 고급 단계를 모두 이수한 뒤에도 지속적으로 지혜를 사랑하여 철학과 신학을 연마하였다.[61] 필론에게 일반교과과정은 이집트 출신 여종 "하갈"과 같고, 하나님의 지식과 지혜는 여주인 "사라"와 같다.[62]

필론의 지적 편력은 호메로스, 헤시오도스, 피타고라스, 제논, 소크라테스, 유리피데스, 크세노폰, 플라톤, 아리스토텔레스, 데모스테네스, 크리시푸스 등을 직·간접으로 인용하고 넘나드는 수준이었으나, 어느 한 철학도 철저히 다루지는 않았으며, 그 다양한 철학들을 동원하여 모세오경을 낱낱이 분해하고 주석함으로써 여호와 유일 신앙을 입증하려고 애썼다. 그러므로 필론의 철학을 정통 철학에서 벗어난 천박한 "절충주의

59) 콜손(F. H. Colson) 등은 필론의 영향을 받은 초대교회 저자들로 어거스틴, 요한복음 저자, 저스틴 마터, 알렉산드리아의 클레멘트, 오리겐 등을 예시한다. F. H. Colson and G. H. Whitaker, "General Introduction," *Philo I*, LCL 226, 1946, ix-xxii, xxi.

60) John Dillon, *The Middle Platonists 80 B.C. to A.D. 220*(Revised Edition by Ithaca: Cornell University Press in 1996; First Edition by Duckworth in 1977), 139-140.

61) Philo, *Somn.* 1.205; *Cher.* 1:105; *Congr.* 11; 셴크에 따르면, 필론이 이수한 "일반교과과정"은 중세의 "3학과"와 "4학과"에 해당한다고 한다. Schenck, 『필론 입문』 37-40.

62) Philo, *Congr.* 1:11, 23. 121; *Somn.* 1.240

(eclecticism)"라고 비판하는 이들도 있다.[63] 그러나 딜론은 필론이 어느 한 철학에 종속하는 부류가 아니고, "플라톤, 아리스토텔레스, 크리시푸스 등의 기본서쯤은 직접 읽어보는 사람"이라면서, 절충주의 같아 보이는 필론의 철학은 그 주된 목적이 철학 자체에 있는 것이 아니라 모세야말로 "철학의 아버지"임을 모세오경에서 끌어내는 것에 있었기 때문이라고 바르게 지적한다.[64] 필론의 철학에 관하여는, "아스칼론의 안티오쿠스, 아르키타스, 알렉산드리아의 유도로스 등이 대표하는 초기의 중–플라톤주의 범주 안에" 든다는 것이 중론이다.[65] 물론 필론이 오로지 플라톤에 천착한 것은 아니며, 여러 사상들, 특히 아리스토텔레스의 영향이 지대했다는 선행연구들이 있다.[66] 또한 필론이 철학으로 모세오경을 주석한 방식은, "잘 훈련된 눈으로 보면" 호메로스의 시에서 철학적 의미를 끌어낸 스토아학파나 플라톤의 글에서 우의적 의미를 읽어낸 신–플라톤주의자들의 것과 흡사하다고 한다.[67]

:

63) Robert M. Berchman, *From Philo to Origen: Middle Platonism in Tradition*(Chico: Scholars Press, 1984), 23. 필론의 철학 소양을 비판한 예는 도즈(E. R. Dodds)와 페스투기어(A. J. Festugière) 등이다. Thomas H. Tobin, S.J., *The Creation of Man: Philo and the History of Interpretation*, The CBQ Monograph Series 14(Washington: The Catholic Biblical Association of America, 1983), 1.

64) Dillon, *The Middle Platonists*, 143–145.

65) 중–플라톤주의의 특징은 다음을 보라. Dillon, *The Middle Platonists*, 135–139. 필론의 플라톤 언급 본문들: *Opif.* 1:119, 133; *Fug.* 1:63, 82; *Prob.* 1:13; *Contempl.* 1:57, 59; *Aet.* 1:13, 16, 27, 38, 52, 141; *QG.* 1:6, 3:3.

66) 특히 Francesca Alesse, ed., *Philo of Alexandria and Post-Aristotelian Philosophy* (Leiden: Brill, 2008)을 보라. 또한 토빈은 필론이 "속과 종", "주제와 다양한 서술 형태들"의 방식으로 성서 본문을 주석한다면서, 이는 "아리스토텔레스적 분류법(Aristotelian diairesis)"을 따른 것이라고 해석했다. Tobin, *The Creation of Man*, 3. 필론의 아리스토텔레스 언급 본문들: *Aet.* 1:10, 12, 16, 18; *QG.* 3:16.

67) Dillon, *The Middle Platonists*, 143–144.

2) 필론의 현존 작품들

전술했듯이, 필론의 저서 목록은 유세비우스가 전하며, 그 목록을 기반으로 현존 저서들과 유실된 저서들을 루니아가 상술하였다.[68] 이를 바탕으로 필론의 현존 작품들의 분류와 내용을 논한 선행연구들이 많고, 셴크의 입문서도 우리말로 번역되었으므로, 이 논문은 따로 긴 설명을 하지 않겠다.[69] 셴크의 설명대로 필론의 저서들은 대개 "첫째 성경 주석서, 둘째 호교론·역사적 논고, 마지막으로 철학적 논고" 등 세 부류로 나눌 수 있고, 성서, 특히 모세오경에 관한 것이 절반 이상을 차지한다.[70] 호교론과 역사와 철학을 논하는 저서들도 모세오경을 자주 언급한다는 점을 감안하면, 필론의 저서 대부분이 모세 전통의 우월성을 입증하기 위한 것이라고 해도 과언이 아니다. 필론의 성서 관련 작품들은 크게 "율법 주해(Exposition of the Law)", "알레고리 해석(Allegorical Interpretation)", "질의응답(Questions and Answers)" 등으로 나눌 수 있다.[71] 비록 모든 작품을 엄밀하게 형태와 장르별로 분류할 수는 없더라도 연구자들 사이에 대체로 통용되는 분류 방식에 따라 필론의 현존 작품들의 라틴어 제목들과 약어 표기법을 '약어 대조표'에 실었다.

(68) Eusebius, *Hist. eccl.* 2.5, 16–18; Runia, *Philo in Early Christian Literature*, 17–22.
(69) 특히 Schenck, 『필론 입문』, 48–69를 보라.
(70) Schenck, 『필론 입문』, 48.
(71) 다니엘루에 따르면, 필론의 저서들을 형태와 저술 순서에 따라 엄밀하게 나누기는 어렵고, 증거 불충분으로 인하여 학자들 간에 의견이 일치하지 않는다고 한다. Daniélou, *Philo of Alexandria*, 60–61; Schenck, 『필론 입문』, 48–69.

5. 필론 저작들에 대한 번역 및 연구 현황

여기서는 필론 저작들의 번역 및 연구 현황을 간략히 소개하되, 국외 현황과 국내 현황으로 나누어 소개하겠다. 18세기 중반부터 20세기 중후반까지는 필론 저작들의 그리스어와 라틴어 사본들을 편집하고 주요 서양어로 번역하는 작업들이 이루어졌고, 20세기 중후반부터 필론에 대한 연구가 활발해졌다. 우리 학계는 필론에 거의 관심을 보이지 않다가 최근 관련 논문들이 출현하기 시작했다.

1) 국외 번역 및 연구 현황

(1) 필론 작품들에 대한 국외 그리스어 편집본 현황[72]

필론의 작품들이 담고 있는 사본들 중에는 그리스어 사본 외에도 라틴어 사본과 아르메니아어 사본들이 있다. 그리스어 사본들의 주요 편집본만 소개하면 ① 필론 작품들에 대한 그리스어 편집본의 골격은 대개 맹가이(Thomas Mangey)의 편집본 Thomas Mangey ed., *Philonis Judaei opera quae Reperiri potuerunt Omnia*(London: Typis Gulielmi Bowyer, 1742)을 사용한다. ② 콘(Leopold Cohn) 등은 맹가이의 편집본을 수정·보완하여, 필론 작품들의 그리스어본과 라틴어 역본을 병행시키고, 사본들에 대한 본문비평 결과를 각주로 달아 출판하였는데, 콘의 편집본 Leopold Cohn, Paul Wendland and Siegfried Reiter eds., *Philonis*

∵

---

72) 이하 필론 작품에 대한 편집본과 번역본 현황은 다음을 참조하였다. Runia, *An Annotated Bibliography* 1997–2006, 6–15.

Alexandrini opera quae supersunt, 7 vols(Berlin: Typis et impensis G. Reimerii, 1896-1915)이 현재 가장 널리 통용되는 편집본이다.

(2) 필론 작품들에 대한 국외 번역본 현황

필론의 현존하는 작품들의 전부 또는 일부가 영어(전부), 독일어(전부), 불어(전부), 스페인어, 이탈리아어(전부), 네덜란드어, 히브리어(전부), 폴란드어, 포르투갈어, 덴마크어, 중국어, 러시아어 등으로 번역되었고, 주요 번역본을 소개하면 다음과 같다.[73] ① 독일어 역본으로는 Leopold Cohn, Isaac Heinemann et al trans., *Die Werke Philos von Alexandria in deutscher Übersetzung*, 7 vols(Berlin: de Gruyter, 1909-1964)이 있는데, 콘이 번역을 완성하지 못하고 세상을 떠났으나 이후에 완성되어 출판되었다. 풍부한 그리스어 고전 본문들에 대한 각주와 참고문헌을 포함하고 있다. ② 필론 작품들에 대한 최초의 영역본은 용지(Charles Duke Yonge)가 출간하였다.[74] 그러나 콜손과 위타커에 따르면, 용지의 번역본은 절판되어 복사본이 거의 남지 않았고, 용지가 사용한 사본들이 제한적이었으므로, 새로운 영역본이 필요했다고 한다.[75] 필론 작품들에 대한 재번역은 콜손과 위타커가 수행하였다. 이들은 하바드대학교 출판부를 통하여 *Loeb Classical Library* 시리즈(이하 *LCL*) 일부로 필론의 작품들의 그리스어본과 영역본을 병행 출판하였다. 오늘날 필론을 인용하는 대부분의 학자들은

----

73) Runia, *An Annotated Bibliography* 1997-2006, 9-15.

74) Charles Duke Yonge, *The Works of Philo Judaeus, the Contemporary of Josephus*, Translated from the Greek(London: H. G. Bohn, 1854-1890).

75) F. H. Colson and G. H. Whitaker, "Preface to Vols I and II," *Philo I*, LCL 226, 1946, vii-viii, vii.

LCL 226, 227, 247, 261, 275, 289, 320, 341, 363, 379, 380, 401 등의 출판본들을 사용한다. 이외에 영어 번역만 담고 있는 책들도 있으나 학술적 가치를 결여한다.

(3) 연구 현황

현대 필론 연구는 고전학자들과 신약학자들이 주도하며 꾸준히 대화를 이어가는 편이다. 고전학자로서 필론의 철학사적 위치를 "중−플라톤주의"에 가깝다고 진단한 이는 딜론(John Dillon)이다.[76] 이에 대하여 스털링(Gregory E. Sterling), 루니아(David T. Runia), 윈스턴(David Winston), 토빈(Thomas H. Tobin), 알리스(Francesca Alesse) 등이 일련의 후속연구로 딜론과 대화를 이어갔다.[77] 물론, 필론의 저작 목적이 순수 철학보다는 모세오경 주해에 치우쳐 있다는 것에는 대체로 이견이 없다.[78]

필론의 철학사적 위치뿐 아니라, 필론에 관한 접근 가능한 자료들을 망라하여 정리하고 분석하며 필론 연구를 주도하는 이는 루니아(David T. Runia)다. 그는 필론 저작들의 목록, 그 사본들에 대한 문서비평, 초대그리스도교부터 비잔틴시대까지 필론 저작들이 어떻게 수용되고 해석되었으며, 그 사본들이 어떤 경로와 언어들로 보존ㆍ전달되었는지 등을 연구하고, 관련 연구자들과 꾸준히 논의하고 출판하며 연구 방향을 제시한다.

••

76) Dillon, *The Middle Platonists.*
77) 관련 논문 목록은 다음을 보라. Gregory E. Sterling, "'The Jewish Philosophy': Reading Moses via Hellenistic Philosphy according to Philo", *Reading Philo: A Handbook to Philo of Alexandria*(Edited by Torrey Seland; Leiden: E. J. Brill, 1995), 129–155, 137, no. 33.
78) 이에 관하여는 니키프로베츠키(Valentin Nikiprowetzky)가 기여하였다고 솅크가 지적한다. Schenck, 『필론 입문』, 23.

루니아의 영향으로 필론에 관한 선행연구 제목과 초록을 열거한 책들이 세 권의 방대한 분량으로 출판되었다.[79] 또한 성서학회(Society of Biblical Literature) 연례모임의 "알렉산드리아의 필론(Philo of Alexandria)" 분과는 브릴(Brill Academic Publishers)과 필론 저작물 각 권에 대한 주해서 출판 협약을 맺었고, 2001년부터 현재까지 다섯 권의 주해서가 출판되었다.[80]

필론 저작들 자체에 관한 연구가 심화되어 다양한 연구 논문들과 단행본들이 출간되는 한편, 필론과 신약성서에 관한 연구도 활발한 편이다.[81]

∵

79) Roberto Radice et al., *An Annotated Bibliography 1937–1986*; Runia et al., *An Annotated Bibliography 1987–1996*; Runia, *An Annotated Bibliography 1997–2006*.

80) 현재까지 브릴을 통하여 출판된 필론 주석 시리즈는 다음과 같다. David T. Runia, *Philo of Alexandria, On the Creation of the Cosmos according to Moses*(Leiden: Brill, 2001); Pieter W. van der Horst, *Philo's Flaccus*(2003); Walter Wilson, *Philo of Alexandria: On Virtues*(2010); Albert Geljon and David T. Runia, *Philo of Alexandria: On Cultivation*(2012); David T. Runia and Albert Geljon, *Philo of Alexandria: On Planting*(2019). 또한 로저스(Justin Rogers)의 「아벨과 가인의 제사에 대하여」에 관한 주석이 출판될 예정이다. https://brill.com/view/serial/PACS(2019.8.13.)

81) 관련 연구를 몇 가지만 열거하면 다음과 같다. Tod Stites, *Philo and the New Testament: Exploring the Ways Earliest Christian Writing Was Influenced by the Work of Philo Judaeus*(Independent Platform: CreateSpace, 2017); Peder Borgen and Paul N. Anderson, *Bread From Heaven: An Exegetical Study of the Concept of Manna in the Gospel of John and the Writings of Philo*(Eugene: Wipf and Stock Publishers, 2017); Kåre Fuglseth, *Johannine Sectarianism in Perspective. A Sociological, Historical, and Comparative Analysis of Temple and Social Relationships in the Gospel of John, Philo and Qumran*(Leiden: Brill, 2005); Torrey Seland, *Establishment Violence in Philo and Luke*(Leiden: E. J. Brill, 1995); David T. Runia, *Philo and the New Testament*(Leiden: E. J. Brill, 1993); *Philo and the Church Fathers; Wayne A. Meeks, The Prophet-King: Moses Tradition and the Johannine Christology*(Leiden: E. J. Brill, 1967); "The Divine Agent and His Counterfeit in Philo and the Fourth Gospel," *Aspects of Religious Propaganda in Judaism and Early Christianity*(edited by Elisabeth Schüssler Fiorenza, Notre Dame: University of Notre Dame Press, 1976), 43–67.

신약성서 가운데 특히 마가복음, 요한복음, 사도행전, 바울계 서신들, 히브리서 등에 관하여 필론과의 연관성이 자주 거론된다. 예컨대, 초대그리스도교 전통은 베드로와 마가의 교회를 필론과 연결시키므로 마가복음과 필론의 연관 가능성을 연구할 필요가 있다. 또한 요한복음의 "모세의 제자들"(요 9:28)이 필론이 격찬하는 "모세"와 무관한지, 사도행전의 "알렉산드리아"(행 18:24; 27:6; 29:11)와 필론의 알렉산드리아는 전혀 무관한지, 바울이 알렉산드리아 출신 아볼로를 언급한 이유는 무엇인지, 신약성서의 천상적 언어들이 필론의 보이지 않는 세계와 연관이 있는지 논의할 여지가 있는 것이다.[82]

필론과 유대교에 관하여는 자료가 빈약하여 연구가 희박하였으나, 최근 필론이 주석방법론을 배우고 전했을 유대 전통에 관한 연구가 계속되고 있다.[83] 또한 필론은 유대교 종파들 가운데 "에세네파"(*Prob.* 1:75, 91; *Contempl.* 1:1)와 "떼라퓨타이"(*Contempl.* 1:2, 22, 88, 90)를 이상적으로 언급하므로, 초대교회 때부터 많은 독자들의 관심을 불러일으켰다.[84] 루니아는 라틴어, 아랍어, 아르메니아어로 된 자료들을 찾아내어 관련 연구를 보

∙∙

82) 고전 1:12; 3:4-6, 22; 4:6; 16:12; 딛 3:13; 참조: 행 18:24; 19:1. Schenck, 『필론 입문』, 173-210 참조.

83) Runia, *Philo in Early Christian Literature*, 87; 유대 주석방법론과의 연관성에 관하여는 다음을 보라. Maren R. Niehoff, *Jewish Exegesis and Homeric Scholarship in Alexandria*(Cambridge: University Press, 2011); *The Figure of Joseph in Post-Biblical Jewish Literature*(Leiden, New York, Köln: E. J. Brill, 1992); Schenck, 『필론 입문』, 25, no. 6.

84) 에세네파와 필론에 관하여는 다음을 보라. Karl-Gustav Sandelin, "Philo as a Jew," *Reading Philo: A Handbook to Philo of Alexandria*(Edited by Torrey Seland; Leiden: E. J. Brill, 1995), 19-46, 42-45.

완할 필요가 있다고 지적한다.[85]

2) 국내 번역 및 연구 현황

필론의 저작들은 「사해문서」나 요세푸스의 작품들, 중간기문헌 등에 견줄 만한 중요성이 있음에도 불구하고, 우리말 번역 상황과 국내 연구는 미미한 편이다. 유일한 우리말 역본은, 노태성이 옮긴 『창조의 철학』(다산글방, 2005)이다. 이 역본은 필론의 「세상 창조에 대하여」만을 번역한 것이다. 우리말 필론 입문서는 송혜경이 번역한 셴크의 『필론 입문』(바오로딸, 2008)이 유일하다. 우리말 연구 논문은 전술한 연구자의 논문들 외에 다음 논문들이 있다. 조재천, 「알렉산드리아의 필로의 성경 주해 저술들과 알레고리의 성격」, 《Canon&Culture》 8(2014), 1.85-108; 조광호, 「필로의 '예루살렘' 이해」, 《장신논단》 32(2008), 193-219; 「알렉산드리아 필로의 대(對)로마관을 통해서 본 디아스포라 유대인의 정체성: '렉서스'(세계화·보편성) vs '올리브 나무'(개별성)의 관점에서」, 《신약논단》 14(2007), 4.865-900; 천사무엘, 「알렉산드리아 필로의 인간 이해」, 《한국기독교신학논총》 23(2002), 1.69-86; 「알렉산드리아 필로의 성서해석」, 《한국기독교신학논총》 17(2000), 1.7-27.

---

85) 루니아가 제시하는 필론에 관한 "향후 연구 방향(Pointers to further research)"은 다음을 보라. Runia, *Philo in Early Christian Literature*, 342-344.

6. 마무리하며

　현존하는 자료에서 필론은 다양한 모습으로 나타난다. 그는 "피타고라스학파의 변증가(클레멘스)", 플라톤에 필적하는 철학자(히에로니무스), 성서 주석가(유세비우스와 히에로니무스), 제사장 혈통(히에로니무스), 가이우스 황제 앞에서 유대 민족을 변호한 민족지도자(요세푸스, 유세비우스, 히에로니무스)라고 한다. 또한 그는 클라우디우스 때 로마에서 베드로를 만났으며(유세비우스, 히에로니무스), 마가가 알렉산드리아에 세운 교회 성도들에 관해 기록한 친-그리스도교 저술가(유세비우스) 내지 교회 교부들 중 하나(히에로니무스)라고 한다. 언제부터인지 필론은 그리스도인이 아니었음에도 불구하고 "교회 교부"로 인정받기 시작했고, 필론에 대한 본격적인 비평이 있기 전까지 교회에서 대체로 존경받았던 것이다.

　필론의 저서들은 예수와 사도들에 대한 직접적 증언은 아닐지라도, 예수 및 사도 시대와 신약성서 저술 초기의 알렉산드리아와 유대와 로마의 정황을 가늠케 하고, 당시 철학 사조들과 교육, 유대교 및 주변 종교들에 관한 정보를 제공한다. 비록 필론은 구약성서 모세오경에 천착하였으나, 그 저서들은 구약성서뿐 아니라 신약성서 연구에도 유익하다. 왜냐하면 필론은 신약성서 저자들과 거의 동시대를 살면서 그들처럼 유대전통(특히 구약성서)을 이어받아 그리스-로마 문화권에서 저술하였고, 신약성서와 유사한 코이네-그리스어를 사용하므로 신약성서 언어, 상징, 배경을 이해하는 단서를 제공하기 때문이다. 또한 필론은 그리스-로마의 다신론과 황제숭배를 비롯한 우상숭배, 폭정과 차별에 대항하며 모세오경의 여호와 유일 신앙을 고도의 철학 언어로 표현했다는 점에서, 유사한 상황에 굴하지 않고 구약성서와 예수 전승을 신약성서와 교부들의 글로 표현한 초대 그리스도교에 선례가 되었던 것이다. 더구나 그의 친인척들 중에는 재력과 학문과 인맥과 권세로 알렉산드리아뿐 아니라 유대와 로마에까지 영향력을 행사하며 시대를 주도한 인물들이 있었으니, 그들에 대한 기록들은 비록 단편적일지라도 로마제국 치하에서 예수 및 사도들을 위시한 유대인들이 당면했을 상황을 엿보게 한다. 본문에서 살펴보았듯이, 알렉산드리아 시금행정관 알렉산더 리시마쿠스는 필론의 형제였고, 그의 아들은 유대 총독과 이집트 총독을 역임하고 베스파시아누스를 황제로 등극시키는 데 공헌한 티베리우스 알렉산더였으며, 아그립바 1세와 필론은 사돈지간이었던 것이다.

그리하여 필론의 현존 작품들은 영어, 불어, 독일어, 이탈리아어, 히브리어로 이미 완역되었고, 적어도 12개의 현대어로 일부 번역·소개되었고, 필론에 관한 선행 연구 결과물들은 무수하다. 더구나 그 저작물에 대한 각 권 주해 출판이 저명한 브릴출판사와 성서학회를 통해 진행되는 오늘날 필론의 저작들은 인문학계에서 일종의 상식 혹은 필독서가 되었다고 해도 과언이 아니다. 그럼에도 불구하고 국내 학계의 필론 연구는 초보 단계이므로 국내 후속 연구가 절실하다.

7. 참고문헌

1) 고대문헌

Clement of Alexandria. *The Stromata*. Translated by William Wilson. Ante-Nicene Fathers, Vol. 2. Edited by Alexander Roberts, James Donaldson, and A. Cleveland Coxe. Buffalo, NY: Christian Literature Publishing Co.,

1885. Revised and edited for New Advent by Kevin Knight. http://www. newadvent.org/fathers/0210.htm(2019.8.13.).

Cohn, Leopold et al., eds. *Philonis Alexandrini opera quae supersunt*, 7 vols. Berlin: Typis et impensis G. Reimerii, 1896−1915.

Eusebius of Caesarea.(1926 and 1932). *Ecclesiastical History*. 2 Vols. LCL 153 and 265. Trans. Kirsopp Lake and J. E. L. Oulton. Cambridge: Harvard University Press, 1926 and 1932.;『유세비우스의 교회사』, 엄성옥 옮김, 은성, 1990.

Hieronymus, Eusebius Sophronius. *Lives of Illustrious Men (De viris illustribus)*. Nicene and Post Nicene Fathers, Series II, Vol. III: Jerome, Gennadius, Rufinus: Historical Writings. Translated by Ernest Cushing Richardson. Eds. by Philip Schaff and Henry Wallace. New York: Cosimo Classics, 2007, 359−384.

Josephus, Flavius. *The Jewish War*, 3 Vols. LCL 203, 487, and 210. Translated by H. St. J. Thackeray. Cambridge: Harvard University Press, 1927−1928.;『유대전쟁사』 2 Vols, 성서자료연구원 옮김, 달산, 1992.

_____. *Jewish Antiquities*, 9 Vols. LCL 242, 490, 281. 326, 365, 489, 410, 433, and 456. Translated by H. St. J. Thackeray, Ralph Marcus, Allen Wikgren, and Louis H. Feldman. Cambridge: Harvard University Press, 1930−1965.;『유대고대사』 4 Vols, 성서자료연구원 옮김, 달산, 1991.

Mangey, Thomas ed. *Philonis Judaei opera quae Reperiri potuerunt Omnia*. London: Typis Gulielmi Bowyer, 1742.

Origen. *Contra Celsum*. Translated by Frederick Crombie. Ante−Nicene Fathers, Vol. 4. Edited by Alexander Roberts, James Donaldson, and A. Cleveland Coxe. Buffalo, NY: Christian Literature Publishing Co., 1885.) Revised and edited for New Advent by Kevin Knight. http://www. newadvent.org/fathers/0416.htm(2019.8.13.).

Philo(1926-1962). 10 Vols. LCL 226, 227, 247, 261, 275, 289, 320, 341, 363, and
      379. Translated by F. H. Colson, Ralph Marcus, and G. H. Whitaker.
      Cambridge: Harvard University Press.

_____. 『창조의 철학(*De opificio mundi*)』, 노태성 옮김, 다산글방, 2005.

Tacitus, Publius Cornelius. *Annals*. 3 Vols. LCL 249, 312 and 322. Trans. Clifford
      H. Moore and John Jackson. Cambridge: Harvard University Press, 1931
      and 1937.; 『타키투스의 연대기』, 박광순 옮김, 종합출판범우, 2005.

_____. *Histories*. 2 Vols. LCL 111 and 249. Trans. Clifford H. Moore. Cambridge:
      Harvard University Press, 1925 and 1931.; 『타키투스의 역사』, 김경현 · 차
      전환 옮김, 한길사, 2011.

Yonge, Charles Duke ed. *The Works of Philo Judaeus, the Contemporary of
      Josephus*. Translated by Charles Duke Yonge from the Greek. London: H.
      G. Bohn, 1854-1890.

2) 현대문헌

조광호. 「필로의 '예루살렘' 이해」, 《장신논단》 32(2008), 193-219.

_____. 「알렉산드리아 필로의 대(對)로마관을 통해서 본 디아스포라 유대인의 정체
      성: '렉서스'(세계화·보편성) vs '올리브 나무'(개별성)의 관점에서」, 《신약논
      단》 14(2007), 4.865-900.

조재천. 「알렉산드리아의 필로의 성경 주해 저술들과 알레고리의 성격」,
      《Canon&Culture》 8(2014), 1.85-108.

천사무엘. 「알렉산드리아 필로의 인간 이해」, 《한국기독교신학논총》 23(2002), 1.69-
      86.

_____. 「알렉산드리아 필로의 성서해석」, 《한국기독교신학논총》 17(2000), 1.7-27.

Alesse, Francesca, ed. *Philo of Alexandria and Post-Aristotelian Philosophy*.
      Leiden: Brill, 2008.

Attridge, Harold W. "Introduction." *Eusebius, Christianity, and Judaism*. Edited by Harold W. Attridge and Gohei. Hata; Detroit: Wayne State University Press, 1992, 27–49.

Berchman, Robert. M. *From Philo to Origen: Middle Platonism in Tradition.* Chico: Scholars Press, 1984.

Bernoulli, C. A. Hieronymus und Gennadius, De viris inlustribus. Freiburg–Leipzig: Mohr, 1895. Reprinted in Frankfurt, 1968.

Borgen, Peder. *An Exegete for His Time.* Supplements to Novum Testamentum 86. Atlanta: Society of Biblical Literature, 2005.

Borgen, Peder and Anderson, Paul N. *Bread From Heaven: An Exegetical Study of the Concept of Manna in the Gospel of John and the Writings of Philo.* Eugene: Wipf and Stock Publishers, 2017.

Colson, F. H. and Whitaker, G. H. "General Introduction." *Philo I.* LCL 226, 1946, ix–xxii.

_____. "Preface to Vols I and II." *Philo I.* LCL 226. 1946, vii–viii.

Courcelle, P. *Late Latin Writers and their Greek Sources.* Translated by Harry E. Wedeck. Cambridge: Harvard University Press, 1969. Originally published in French in 1943 and 1948.

Daniélou, Jean. *Philo of Alexandria.* Translated by James Colbert. Eugene: Wipf and Stock Publishers, 2014.

Del Medicon, Henri E. *L'énigme des manuscrits de la Mer Morte: étude sur la date, la provenance et le contenu des manuscrits découverts dans la grotte I de Qumrán.* Paris: Plon, 1957.

Dillon, John. *The Middle Platonists 80 B.C. to A.D. 220.* Revised Edition. Ithaca: Cornell University Press, 1996.

Fuglseth, Kåre. *Johannine Sectarianism in Perspective. A Sociological, Historical, and Comparative Analysis of Temple and Social Relationships in the Gospel of John, Philo and Qumran.* Leiden: Brill, 2005.

Goodenough, Erwin R. *An Introduction to Philo Judaeus*. New Haven: Yale University Press, 1940.

_____. "Philo's Exposition of the Law and His De Vita Mosis," *HTR* 26(1993), 109–125.

Hornblower, Simon et al. eds, *The Oxford Classical Dictionary 4th Edition*. Oxford: University Press, 2012.

Huidekoper, Frederic. *Judaism at Rome: B.C. 76 to A.D. 140*. New York: James Miller, 1876.

Meeks, Wayne A. "The Divine Agent and His Counterfeit in Philo and the Fourth Gospel." *Aspects of Religious Propaganda in Judaism and Early Christianity*. Edited by Elisabeth Schüssler Fiorenza. Notre Dame: University of Notre Dame Press, 1976.

_____. *The Prophet-King: Moses Tradition and the Johannine Christology*. Leiden: E. J. Brill, 1967.

Niehoff, Maren R. *Jewish Exegesis and Homeric Scholarship in Alexandria*. Cambridge: University Press, 2011.

_____. *The Figure of Joseph in Post-Biblical Jewish Literature*. Leiden, New York, Köln: E. J. Brill, 1992.

Radice, Roberto and Runia, David T. *Philo of Alexandria: An Annotated Bibliography 1937–1986*. Leiden: Brill, 1992.

Runia, David T. *Philo of Alexandria: An Annotated Bibliography 1997–2006*. Leiden: Brill, 2011.

_____. *Philo of Alexandria, On the Creation of the Cosmos according to Moses*. Leiden: Brill, 2001.

_____. *Philo and the Church Fathers: A Collection of Papers*. Leiden: E. J. Brill, 1995.

_____. *Philo in Early Christian Literature: A Survey*. Assen: Van Gorcum;

Minneapolis: Fortress Press, 1993.

_____. *Philo and the New Testament*. Leiden: E. J. Brill, 1993.

Runia, David T. and Geljon, Albert. *Philo of Alexandria: On Planting*. Leiden: Brill, 2019.

_____. *Philo of Alexandria: On Cultivation*. Leiden: Brill, 2012.

Runia, David T. and Keizer, Helena Maria. *Philo of Alexandria: An Annotated Bibliography 1987-1996*. Leiden: Brill, 2000.

Sandelin, Karl-Gustav. "Philo as a Jew." *Reading Philo: A Handbook to Philo of Alexandria*. Edited by Torrey Seland. Leiden: E. J. Brill, 1995, 19-46.

Schenck, Kenneth. *A Brief Guide to Philo.*; 『필론 입문』, 송혜경 옮김, 바오로딸, 2008.

Schwartz, J. "Note sur la famille de Philon d'Alexandrie." *Mélanges Isidore Lévy. Annuaire de l'Institut de philologie et d'histoire orientales et slaves.* Université libre de Bruxelles 13(1953): 591-602.

Seland, Torrey. *Establishment Violence in Philo and Luke*. Leiden: E. J. Brill, 1995.

Stites, Tod. *Philo and the New Testament: Exploring the Ways Earliest Christian Writing Was Influenced by the Work of Philo Judaeus*. Independent Publishing Platform: CreateSpace, 2017.

Sterling, Gregory E. "'The Jewish Philosophy': Reading Moses via Hellenistic Philosphy according to Philo." *Reading Philo: A Handbook to Philo of Alexandria*. Edited by Torrey Seland. Leiden: E. J. Brill, 1995, 129-155.

Tobin, Thomas H., S.J. *The Creation of Man: Philo and the History of Interpretation*. The CBQ Monograph Series 14. Washington: The Catholic Biblical Association of America, 1983.

Van der Horst, Pieter W. *Philo's Flaccus*. Leiden: Brill, 2003.

Von Sykowski, S. *Hieronymus als Litterarhistoriker: eine quellenkritische*

Untersuchung der Schrift des hl. Hieronymus 'De viris illustibus'.
Kirchengeschichtlichen Studien 2. Münster : Schöningh, 1894.
Wilson, Walter. *Philo of Alexandria: On Virtues*. Leiden: Brill, 2010.
Society of Biblical Literature. *The SBL Handbook of Style*. Atlanta: SBL., 2014.

약어 대조표[1]

1. 필론의 작품들과 주요 사본

1) 작품명

약어	책명
성서 주석: 율법 주해	
Abr.	*De Abrahamo* 아브라함에 대하여
Decal.	*De decalogo* 십계명에 대하여
Ios.	*De Iosepho* 요셉에 대하여
Mos. 1, 2	*De vita Mosis I, II* 모세의 생애에 대하여 1, 2

1) 사본을 제외한 약어 표기 방식은 *The SBL Handbook of Style*(Atlanta: SBL, 2014)을 따른다.

Opif.	*De opificio mundi* 세상 창조에 대하여
Praem.	*De praemiis et poenis* 상과 벌에 대하여
Prob.	*Quod omnis probus liber sit* 선한 사람은 모두 자유롭다
Spec. 1, 2, 3, 4	*De specialibus legibus I, II, III, IV* 특별한 율법들에 대하여
Virt.	*De virtutibus* 덕들에 대하여

성서 주석: 알레고리 해석

Leg. 1, 2, 3	*Legum allegoriae I, II, III* 알레고리 해석 1, 2, 3
Agr.	*De agricultura* 농사에 대하여
Cher.	*De cherubim* 케루빔에 대하여
Conf.	*De confusione linguarum* 방언의 혼란에 대하여
Congr.	*De congressu quaerendae eruditionis gratia* 예비 교육과의 합일에 대하여
Det.	*Quod deterius potiori insidari soleat* 나쁜 자들이 더 나은 자들을 공격함
Deus.	*Quod Deus sit immutabilis* 하나님의 불변성
Ebr.	*De ebrietate* 술취함에 대하여
Exsecr.	*De exsecrationibus* 저주에 대하여
Fug.	*De fuga et inventione* 탈출과 발견에 대하여
Gig.	*De gigantibus* 거인들에 대하여
Her.	*Quis rerum divinarum heres sit* 누가 하나님의 상속자인가?
Migr.	*De migratione Abrahami* 아브라함의 이주에 대하여
Mut.	*De mutatione nominum* 이름들을 바꾸는 것에 대하여
Plant.	*De plantatione* 식물 가꾸기에 대하여

Post.	*De posteritate Caini* 가인의 후예에 대하여
Sacr.	*De sacrificiis Abelis et Caini* 아벨과 가인의 제사에 대하여
Sobr.	*De sobrietate* 맑은 정신에 대하여
Somn. 1, 2	*De somniis I, II* 꿈들에 대하여 1, 2

성서 주석: 질의 응답

QE 1, 2	*Quaestiones et solutiones in Exodum I, II* 출애굽이기에 대한 질의응답 1, 2
QG 1, 2, 3, 4	*Quaestiones et solutiones in Genesin I, II, III, IV* 창세기에 대한 질의응답 1, 2, 3, 4
Deo	*De Deo* 하나님에 대하여

호교론 논고와 역사 논고

Contempl.	*De vita contemplativa* 관상하는 삶에 대하여
Flacc.	*In Flaccum* 플라쿠스에 대항하여
Hypoth.	*Hypothetica* 권면
Legat.	*Legatio ad Gaium* 가이우스 사절단

철학 논고

Aet.	*De aeternitate mundi* 세계의 영원성에 대하여
Anim.	*De animalibus* 동물에 대하여(동물에게 이성이 있는지에 대하여)
Prov. 1, 2	*De providentia I, II* 섭리에 대하여 1, 2

2) 사본

약어	사본명
V	Vindobonensis theol. gr. 29
M	Laurentianus X 20
U	Vaticanus gr. 381
F	Laurentianus LXXXV 10
G	Vaticano-Palatinus gr. 248
A	Monacensis gr. 459(13세기 양피지)
B	Venetus gr. 41
P	Petropolitanus XX Aa1
H	Venetus gr. 40
L	Parisinus gr. 433
R	Parisinus gr. 1630(excerpta)
N	Neapolitanus II C 32(excerpta)
D	Sacra Parallela
DC	Coislinianus 276
DK	Vaticanus gr. 1553
DP	Parisinus gr. 923
DM	Venetus gr. 138
DR	Rupefucaldinus(Berolinensis Phill. 1450)
DL	Laurentianus VIII 22
DN	Venetus app. class. III, 4, 88, 3.
S	Oxon. Seldenianus XII(S)
E	Oxon. Lincolniensis 43
C	Parisinus gr. 435
K	Laur. conv. soppr. 59

2. 기타 저자의 작품명[2]

플라톤(Plato)	
Crat.	*Cratylus* 크라틸러스
Phaed.	*Phaedo* 파에돈
Phaedr.	*Phaedrus* 파에드러스
Resp.	*Respublica Republic* 국가(정체)
Symp.	*Symposium* 향연
Tim.	*Timaeus* 티마이우스
타키투스(Publius Cornelius Tacitus)	
Ann.	*Annals* 연대기
Hist.	*Historiae* 역사
요세푸스(Flavius Josephus)	
Vita	*Vita* 자서전
C. Ap.	*Contra Apionem* 아피온 반박문
A.J.	*Antiquitates judaicae* 유대고대사
B.J.	*Bellum judaicum* 유대전쟁사
유세비우스(Eusebius of Caesarea)	
Hist. eccl.	*Historia ecclesiastica* 교회사
히에로니무스(Eusebius Sophronius Hieronymus)	
Vir. ill.	*De viris illustribus* 저명한 인물들에 대하여

••

2) 저자별로 모든 작품을 싣지 않고, 이 책에서 참조한 작품들만 소개한다.

3. 성서 책명(가톨릭과 개신교)

1) 구약성서

가톨릭		개신교	
약어	책명	약어	책명
창세	창세기	창	창세기
탈출	탈출기	출	출애굽기
레위	레위기	레	레위기
민수	민수기	민	민수기
신명	신명기	신	신명기
여호	여호수아기	수	여호수아
판관	판관기	삿	사사기
룻	룻기	룻	룻기
1사무	사무엘기 상권	삼상	사무엘상
2사무	사무엘기 하권	삼하	사무엘하
1열왕	열왕기 상권	왕상	열왕기상
2열왕	열왕기 하권	왕하	열왕기하
1역대	역대기 상권	대상	역대상
2역대	역대기 하권	대하	역대하
에즈	에즈라기	스	에스라
느헤	느헤미야기	느	느헤미야
토빗	토빗기		
유딧	유딧기		

에스	에스테르기	에	에스더
1마카	마카베오기 상권		
2마카	마카베오기 하권		
욥	욥기	욥	욥기
시편	시편	시	시편
잠언	잠언	잠	잠언
코헬	코헬렛	전	전도서
아가	아가	아	아가
지혜	지혜서		
집회	집회서		
이사	이사야서	사	이사야
예레	예레미야서	렘	예레미야
애가	애가	애	예레미야애가
바룩	바룩서		
에제	에제키엘서	겔	에스겔
다니	다니엘서	단	다니엘
호세	호세아서	호	호세아
요엘	요엘서	욜	요엘
아모	아모스서	암	아모스
오바	오바드야서	옵	오바댜
요나	요나서	욘	요나
미카	미카서	미	미가
나훔	나훔서	나	나훔

하바	하바쿡서	합	하박국
스바	스바니야서	습	스바냐
하까	하까이서	학	학개
즈카	즈카르야서	슥	스가랴
말라	말라키서	말	말라기

2) 신약성서

가톨릭		개신교	
약어	책명	약어	책명
마태	마태오 복음서	마	마태복음
마르	마르코 복음서	막	마가복음
루카	루카 복음서	눅	누가복음
요한	요한 복음서	요	요한복음
사도	사도행전	행	사도행전
로마	로마 신자들에게 보낸 서간	롬	로마서
1코린	코린토 신자들에게 보낸 첫째 서간	고전	고린도전서
2코린	코린토 신자들에게 보낸 둘째 서간	고후	고린도후서
갈라	갈라티아 신자들에게 보낸 서간	갈	갈라디아서
에페	에페소 신자들에게 보낸 서간	엡	에베소서

필리	필리피 신자들에게 보낸 서간	빌	빌립보서
콜로	콜로새 신자들에게 보낸 서간	골	골로새서
1테살	테살로니카 신자들에게 보낸 첫째 서간	살전	데살로니가전서
2테살	테살로니카 신자들에게 보낸 둘째 서간	살후	데살로니가후서
1티모	티모테오에게 보낸 첫째 서간	딤전	디모데전서
2티모	티모테오에게 보낸 둘째 서간	딤후	디모데후서
티토	티토에게 보낸 서간	딛	디도서
필레	필레몬에게 보낸 서간	몬	빌레몬서
히브	히브리인들에게 보낸 서간	히	히브리서
야고	야고보 서간	약	야고보서
1베드	베드로의 첫째 서간	뻗전	베드로전서
2베드	베드로의 둘째 서간	뻗후	베드로후서
1요한	요한의 첫째 서간	요일	요한1서
2요한	요한의 둘째 서간	요이	요한2서
3요한	요한의 셋째 서간	요삼	요한3서
유다	유다 서간	유	유다서
묵시	요한 묵시록	계	요한계시록

I

세상 창조에 대하여
DE OPIFICIO MVNDI 1-172[1]

모세가 쓴 천지창조에 대하여
ΠΕΡΙ ΤΗΣ ΚΑΤΑ ΜΩΥΣΕΑ ΚΟΣΜΟΠΟΠΟΠΑΣ[2]

1) 이 책에서 사용한 필론 작품들에 대한 라틴어 제목들은 콘(Cohn) 등의 편집본 I집(1896) 표지에서 가져온 것이다.
2) 이 책에서 사용한 필론 작품들에 대한 그리스어 제목들은 콘 등의 편집본 각 책 첫 부분에서 가져온 것이다.

1.1. (모세 이외의) 다른 입법자들(νομοθέται) 가운데 어떤 이들은 자신들이 정의롭다고 생각하는 것들을 꾸밈없이 적나라하게 열거했으나, 어떤 이들은 자기 사상들(νοήματα)을 과도하게 가미하고 신화적 심상들로 진리를 가림으로써 대중을 기만했다.[3]

1.2. 그러나 모세는 그 둘을 모두 넘어섰으니, 전자는 사유하지 않아서 경박하고 철학적이지 않기 때문이고, 후자는 그럴싸한 거짓을 담아 사기성이 농후하기 때문이다. 그는 법조문(νόμοι)의 서두(ἀρχή)를 매우 아름답고 극히 고상하게 만들었으며, 어떤 것들을 실천하고 실천하지 말아야 하는지를 즉각 언급하지도 않았고, 장차 그 법들을 사용할 이들의 지성적 마음

∴

3) 진리를 가리는 시와 신화, 시인에 대한 비판은 Plato, *Resp.* 2권과 10권을 보라. 또한 조작한 신화(μῦθος)와 진리에 근거한 로고스(λόγος)에 관하여는 Plato, *Tim.* 26e를 보라.

들(διανοίαι)을 예비시켜야 했기 때문에 스스로 신화들을 조작하거나 다른 이들이 조작한 것들에 동조하여 가담하지도 않았다.[4]

1.3. 전술했듯이, 그 서두는 극히 경탄할 만하여 세계 창조 기사를 담고 있으며, 세계와 법이 법과 세계가 화답하는 내용이다. 따라서 사람이 그 법대로만 살면 곧바로 세계 시민(κοσμοπολίτης)이 되어 자기 행위들을 자연의 목적(τὸ βούλημα τῆς φύσεως)에 맞게 조율하게 되므로 온 세계가 자연의 순리대로 돌아가게 된다.

1.4. 그러므로 시인(ποιητής)이나 산문가(λογογράφος)를 막론하고 그 누구도 세계 창조에 담긴 사상들의 아름다움을 적절하게 찬양할 수 없다. 왜냐하면 그 아름다움은 언어로 표현하고 들을 수 있는 한계를 초월하여, 여느 사멸하는 자(θνητός)의 신체 기관들(ὄργανα)이 감당할 수 있는 정도보다 더 광대하고 더 고결하기 때문이다.

1.5. 그렇다고 우리가 이런 것을 핑계 삼아 침묵할 것이 아니라, 하나님께 사랑받는 자(θεοφιλής)에 기초하여,[5] 한계를 넘어 언어로 표현하기를 도

∴

4) 명사 νόμος는 일반적으로 '법'을 뜻하지만, 칠십인역(LXX)은 특별히 모세오경에 기록된 유대 율법과 관련 규정들을 νόμος 혹은 νόμοι 등으로 표현한다. 역자는 이 번역에서 νόμος를 '법' 또는 '율법'으로 νόμοι를 '법조문', '율법 조항들', '율법 규정들' 등으로 상황에 따라 번역하겠다. 필론은 νόμος를 '유대 율법'뿐 아니라 자연법과 다른 민족이나 국가의 '법'을 지칭할 때도 사용하기 때문이다.

5) 여기서 '하나님께 사랑받는 자(θεοφιλής)'는 세계 창조를 언어로 표현한 '모세'를 뜻할 수도 있고, 일반적인 '인간 종속'을 뜻할 수도 있다. 왜냐하면 필론은 "하나님께 사랑받는 자 모세(ὁ θεοφιλὴς Μωυσῆς)"(Leg. 1.76; 2.90) 혹은 "하나님께 가장 사랑받는 자 모세(ὁ θεοφιλέστατος Μωυσῆς)"(Migr. 1.67; Spe. 1.41)라는 표현을 즐겨 사용하지만, "하나님께 가장 사랑받는 동물인 인간 종속"이라는 표현도 쓰기 때문이다.(Opif. 1.114) 여기서는 문맥상 '모세'일 가능성이 큰 것 같다. 그렇다면 이 문장은, '하나님께 사랑받고 계시받은 내용을 모세가 이미 언어(성서)로 표현해놓았으니, 우리 자신에게서 끄집어낼 것은 없을지라도 모세가 남긴 성서(율법)를 근거로 하여 우리도 모세를 따라 세계 창조의 아름다움을 언어로

전하되, 우리 안에는 내세울 것이 없을지라도, 지혜(σοφία)를 향한 사랑과 열망에 사로잡힌 인간의 지성적 마음(διάνοια)이 다가갈 수 있는 것들에 관하여, 많이는 아닐지언정 다만 몇 가지만이라도 표현하기를 도전해보아야 할 것이다.

1.6. 인장(σφραγίς)은 지극히 작을지라도, 거기에 막대하고 거대한 것들의 심상들을 형상화하여 새겨넣으면, 그것들을 수용하여 대변하게 된다. 이와 유사하게, 불가해한 세계 창조의 아름다움들도 율법의 조항들에 아로 새겨져 있으므로, 비록 그 광채들로 인하여 그것들과 마주친 혼들(ψυχαί)의 눈이 일시적으로 혼미해지는 현상은 있을지라도,[6] (그 막대한 것들보다) 더 작은 글자(성서)들을 통하여 (그 아름다움들이) 은밀하게 알려질 수 있을 것이다. 그러므로 무엇보다 먼저 알려야 할 것은 (세계 창조의 아름다움에 관하여) 침묵하는 일이 적절하지 않다는 사실이다.

1.7 II. 세계를 만든 창조주(κοσμοποιός)보다 세계 자체에 경도된 어떤 이들은 세계가 창조된 것이 아닌 영원한 것이라고 선언하고, 하나님은 대체로 불활성 상태(ἀπραξία)로 계신다고 불경하게 거짓을 주장했다. 그러나 그와 반대로 우리는 '창조주와 아버지(ποιητὴς καὶ πατήρ)'가 되시는 하나님의

∴

표현해보자' 하는 뜻이겠다. 이 경우에도, 인간 종속은 하나님의 사랑받는 동물로서(모세처럼) 하나님께 받은 로고스를 활용하여 세계 창조의 아름다움을 표현할 수 있다는 뜻을 어느 정도 함축하는 것 같다.

6) 이와 유사한 주제가 플라톤의 동굴 비유에 나온다.(Plato, *Resp.* 515e-516b) 플라톤에 따르면, 오랫동안 어두운 동굴 속에 있던 사람이 동굴 밖으로 나가게 되면, 빛의 강렬한 광채로 인하여 일시적으로 시력을 상실하게 되지만, 조금 후에는 그 빛에 적응하여 마침내 진정한 시력을 회복하게 된다고 한다. 이에 근거하여, 필론은 모세의 '율법'을 플라톤의 '빛'에 비유한 것 같다. 모세의 율법을 처음 접한 사람은 율법의 강렬한 광채로 인하여 일시적으로 시력을 상실한 채 어리둥절하게 되지만, 작은 글자를 하나하나 읽어나가면 점차 율법의 빛에 시력이 적응하게 된다는 것이다.

능력들을 경외하는 한편, 세계를 너무 지나치지 않게 적당히 칭송하여야 할 것이다.[7]

1.8. 그런데 모세는 철학의 정상에 올라, 하나님의 계시들(χρησμοί)을 통하여 무수하고도 지극히 필연적인 자연의 원리들(τὰ συνεκτικώτατα)을 배워 익혔으므로, 존재하는 것들 가운데 능동적으로 영향을 끼치는 원인(τὸ δραστήριον αἴτιον)과 수동적으로 영향을 받는 대상(τὸ παθητόν)이 가장 필연적임을 알았고, 능동적 원인은 우주정신(ὁ τῶν ὅλων νοῦς)으로서, 지극히 정결하고, 지극히 순수하고, 덕을 능가하고, 인식(ἐπιστήμη)을 능가하고, 선 자체를 능가하고, 아름다움 자체를 능가한다는 사실을 알았다.

1.9. 수동적 대상(τὸ παθητόν)은 스스로 혼(ψυχή)을 취할 수도 움직일 수도 없었으므로, 정신(νοῦς)에 의하여 움직이고, 형태를 갖추고, 혼을 장착한 후에 지극히 완전한 작품으로 변모했는데, 그것이 바로 세계(κόσμος)다! 그런 세계를 창조되지 않았다고 주장하는 자들은 경건(εὐσέβεια)으로 인도하는 가장 유용하고 가장 필연적인 방식인 '섭리(πρόνοια)'를[8] 자신들이 차단하고 있다는 사실을 끝내 알아차리지 못한 것이다. 왜냐하면 로고스(λόγος)가 있어야만[9] 피조물을 돌보고 섭리하는 분이 '아버지와 창조주

..

7) 플라톤도 세계를 창조한 분을 "창조주와 아버지(ποιητὴς καὶ πατήρ)"라고 표현한다.(*Tim.* 28c) 필론은 "아버지와 창조주"라고 바꾸어 쓰기도 한다.(*Opif.* 1.9, 21)
8) 신(하나님)이 세상을 창조한 이후에 이를 유지·보수하는 제반 활동을 철학적으로 '섭리 (πρόνοια)'라고 한다. 고래로 '섭리'를 주제나 제목으로 하여 글을 쓴 저자들이 많고, 필론도 두 권의 책을 남겼는데, 『섭리에 대하여』(*De providentia I, II*)가 그것이다.
9) 필론은 창조주의 존재를 알아차리지 못하는 이들을 '로고스'를 결여한 자들이라고 우회적으로 비난하고 있다. 로고스와 반대의 뜻을 가진 ἄλογος라는 형용사는 인간이 아닌 동물을 뜻하기도 한다. 필론은 명사 λόγος를 '발설하여 소리로 표현되는 말', '소리가 나지 않는 이성', '모세의 형제 아론' 등 다양한 의미로 사용하고, 이런 의미들 가운데 둘 이상을 함축적으로 사용할 때가 많다. 따라서 이 번역은 독자의 혼동을 예방하기 위하여 λόγος를 '로고스'라고

(πατὴρ καὶ ποιητής)'이심을 간파할 수 있기 때문이다.

1.10. 자녀들을 낳은 아버지와 피조물들을 만든 조물주(δημιουργός)는[10] 자신이 낳고 만든 것들을 보전하고자 그들을 상하게 하거나 해치는 것들이라면 무엇이든지 온갖 수단을 동원해서라도 물리치려 애쓰는 한편, 그들에게 유용하고 유익한 것들이라면 무엇이든지 무슨 수를 써서라도 공급해주고자 하신다. 그러나 창조되지 않은 것과 그것을 창조하지 않은 자 사이에는 아무런 애착이 없다.

1.11. 그러므로 언쟁할 가치도 없고 무익하기 짝이 없는 교리는, 마치 도시국가에서 무정부 상태(ἀναρχία)를 조장하듯이, 이 세계에 수호자나 심판관이나 재판관이 없어야 한다고 주장하는 교리다. 그러나 지도자가 있어야 만물이 운영되고 통제되기 마련이다.[11]

1.12. 모세는 위대하여 창조되지 않은 것(τὸ ἀγένητον)이 보이는 것(τὸ ὁρατόν)과 서로 이질적임을 알았다.[12] 왜냐하면 '감각으로 파악할 수 있는 대상(τὸ αἰσθητόν)'은 무엇이나 창조(γένεσις)되는 과정에 있거나 변화들(μεταβολαί)을 겪는 과정에 있으므로 결코 똑같은 상태를 유지할 수 없기

* :

    우리말로 음역하되, 한 가지 의미가 명확한 경우에는 '말씀', '말', '성서', '이성' 등으로 번역하고, 필요한 경우에는 괄호 안에 그리스어를 표기한다.

10) '조물주(δημιουργός)'는 플라톤의 창조 체계에서 보이지 않는 세계와 그 세계를 구성하고 있는 보이지 않는 원형들을 창조한 주체다. Plato, *Resp.* 506c, 595b, d-e; 597d-e; 598a, b; *Tim.* 24a; 28a, 29a, 40c, 41a, 42e, 46e, 59a, 68e, 69c, 75b 참조.

11) 세계를 창조하고 섭리하는 하나님을 부인하는 것은 도시국가가 무정부 상태여야 한다고 주장하는 것과 같다는 뜻이다.

12) 필론은 플라톤처럼 보이는 세계와 보이지 않는 세계를 구분하여 모세오경 해석에 적용한다. 보이지 않는 세계는 영원히 '존재하는 세계(τὸ ὄν)'로서 비물질적인 이데아 세계다. 그러나 보이는 세계는 영원히 '변하는 세계(τὸ γιγνόμενον)'로서 '감각 대상(τὸ αἰσθητόν)'이 되는 물질적 세계다. 필론은 '보이지 않는 정신적 추론의 대상(τὸ ἀόρατον καὶ νοητόν)'을 종종 하나님 또는 초월적 세계와 연관시킨다. *Opif.* 1.31; *Abr.* 1.69; *Decal.* 1.59 참조.

때문이다. 따라서 그는 '보이지 않는 정신적 추론의 대상(τὸ ἀόρατον καὶ νοητόν)'에게 마치 형제와 동족에게 하듯이 '영원(ἀϊδιότης)'이라는 이름을 배정했고, 물질적이어서 감각으로 파악할 수 있는 대상에게는 '창조(γένεσις)'라는 친숙한 이름을 부여했다. 그런데 이 세계는 보이기도 하고 감각으로 파악되기도 하므로 필연적으로 창조되었을 수밖에 없다. 이처럼 그는 정도에서 벗어나지 않으면서 세계의 창조를 기록했고, 지극히 고결한 방식으로 하나님에 대하여 논했다.

1.13III. 그(모세)는 세계가 6일 동안 지어졌다고 말(기록)하지만, 이는 창조주가 상당한 길이의 시간을 쓰셔야 했다는 뜻은 아니다. 왜냐하면 하나님은 명령하는 방식뿐 아니라 생각하는 방식으로도 모든 것을 단숨에 성취하실 수 있기 때문이다. 그가 그렇게 표현한 까닭은 창조된 것들 사이에 순서가 필요했기 때문이다. 숫자는 순서를 나타내기에 적합하고, 숫자들 가운데 6은, 자연법칙들에 따르면, 가장 생산적인 숫자다. 왜냐하면 6은 1부터 시작하는 모든 숫자 가운데 첫 번째 완전수로서, 똑같은 크기의 숫자들로 나누어지고, 나누어진 것들을 모으면 온전한 자신이 되기 때문이다. 숫자 3은 그것(6)의 절반이고, 2는 그것의 1/3이고, 1은 그것의 1/6인데, 그것은 남성과 여성으로 이루어져 각각을 곱하여 결혼시킨 형태라고 한다. 왜냐하면 숫자들 가운데 홀수(τὸ περιττόν)는 남성이고 짝수(τὸ ἄρτιον)는 여성이며, 홀수들 가운데 첫 번째 수는 3이고, 짝수들 가운데 첫 번째 수는 2인데, 두 숫자를 곱하면 6이 되기 때문이다.[13]

1.14. 그러므로 창조된 피조물들로 구성된 가장 완전한 세계는 필연적으로 완전수 6에 따라 형성되었을 수밖에 없는데, 그 안에서 짝짓기를 통하

∴

13) 필론은 숫자 1을 홀수에 넣지 않고, 숫자 3을 첫 번째 홀수라고 생각하는 것 같다.

여 출생을 유발하고자 혼성 숫자(μκτὸς ἀριθμός)를 이루어 첫 번째 홀짝수(ὁ πρῶτος ἀρτιοπέριττος)가 형성되었을 것이다. 왜냐하면 그것은 자손들을 얻기 위하여 씨를 뿌리려는 남성의 이데아와 그것을 받아들이려는 여성의 이데아를 모두 품고 있어야 하기 때문이다.

1.15. 그(모세)는 만물의 구성 부분들을 여섯 날들 각각에 배치하고, 거기서 첫째 날을 구별하여 그것을 첫째 날이라고 부르지 않음으로써 그날이 다른 날들과 뒤섞이지 않도록 했고, 대신에 그날을 '하루'라고 불러 적확하게 명명했는데, 이는 그가 그것의 유일한 속성과 호칭을 간파하여 그것에 적용한 결과다. **Ⅳ.** 그날에 관한 모든 것을 열거하기는 불가능하므로 우리는 그날에 관한 것들을 최선을 다하여 말할 수 있을 뿐이다. 왜냐하면 그날에 관한 성서 본문이 밝혀주듯이, 그것은 정신으로만 인지할 수 있는 놀라운 세계(ὁ νοητὸς κόσμος ἐξαιρετός)를 담고 있기 때문이다.[14]

1.16. 하나님은 하나님이기 때문에, 아름다운 모방품(μίμημα)은 아름다운 원본(παράδειγμα) 없이 제작할 수 없고, 감각 대상들은 정신으로만 인지할 수 있는 원형적 이데아에 따라 만들지 않으면 결함이 없을 수 없다는 사실을 미리 아셨다. 그러므로 하나님은 보이는 이 세계를 창조하고자 했을 때, 정신으로만 인지할 수 있는 세계를 먼저 설계하셨다. 이는 하나님과 가장 닮은 비물질적 원본(정신세계)을 토대로 물질적 세계를 완성함으로써, 이 물질적 세계가 연로한 피조물(비물질적 세계)을 닮은 연소한 것이 되게 만드시기 위해서였다.[15] 물질적 세계는 감각으로 포착할 수 있는 다양

14) 모세가 '하루'라고 명명한 첫 번째 날은 정신으로만 인지할 수 있는 '정신세계(ὁ νοητὸς κόσμος)'에 속하는 영역으로서 사람이 완전하게 이해할 수 없다는 뜻이다. 보이지 않는 정신세계는 보이는 "감각세계(κόσμος αἰσθητός)"와 대조된다.

15) '연로한 피조물'은 보이지 않는 세계를 뜻하고, '연소한 피조물'은 보이는 물질적 세계를 뜻

한 종속들을 포함하고, 비물질적 세계는 정신으로만 인지할 수 있는 것들을 포함한다.

1.17. 그러나 이데아들(ἰδέαι)로 이루어진 세계가 어떤 장소(τόπος)에 있다고 말하거나 상상하는 것은 타당하지 않다. 그것이 어떻게 이루어졌는지 알아보려면, 우리 주변에서 일어나는 일들 가운데 한 형태(εἰκών)를 먼저 상상해본 뒤에야 가능할 것이다. 어떤 도시국가(πόλις)가 왕이나 통치자의 강렬한 명예욕(φιλοτιμία)을 계기로 건설되는 경우, 그가 자신의 절대 권력을 주장하고 자신의 탁월한 세계관과 행운을 과시하고자 한다면, 교육을 받아 숙련된 건축가가 등장하여 그것을 지을 장소의 온화한 기후와 적절한 시기를 확인하고, 완성하려는 도시국가의 지역들을 우선 대충 마음속으로 도안할 것이고, 신전들, 체육관들, 공관들, 장터들, 항구들, 선창들, 골목길들, 성벽들로 이어진 구조물들, 주거지역, 그리고 공공건물들 등을 마음에 그려볼 것이다.[16]

1.18. 건축가는 상상한 설계도들을 마치 밀랍 서판(κηρός)에 새기듯이[17] 자신의 혼에 하나하나 새기며 정신으로만 인지할 수 있는 도시국가를 건설할

∴

한다. 플라톤처럼 필론도, 먼저 보이지 않는 세계가 창조되었고, 그것을 원형으로 하여 보이는 세계가 나중에 창조되었다고 보기 때문이다.

16) 이 본문은 플라톤의 '명예지상정체'를 전제한 것 같다. 플라톤에 따르면, 가장 이상적인 정체는 철인이 다스리는 최선자정체(ἀριστοκρατία)이고, 다음은 명예지상정체(τιμαρχία), 과두정체(ὀλιγαρχία), 민주정체(δημοκρατία), 참주정체(τυραννίς) 순이다. 즉, 플라톤은 진정한 철인만이 명예, 부, 권력 따위에 관심을 두지 않고 최선에 따라 국가를 통치할 수 있다고 보았고, 통치자는 정의를 공정하게 실현하기 위하여 가족이나 사유재산을 가져서는 안된다고 주장했다. 그러나 최선이 아닌 명예를 탐하는 자가 통치자가 되면, 명예를 극대화하기 위하여 전쟁이나 올림픽 등 큰일을 자주 벌이게 된다고 한다. Plato, *Resp.* 8 참조.

17) 고대 그리스와 로마에서는 오늘날의 종이와 연필 대신에 밀랍으로 만든 서판(ταβυλα ρασα)에 나무, 청동, 동물의 뼈 등으로 만든 첨필(στῦλος)을 사용하여 글을 쓰거나 그림을 그리곤 했다. 그림 1 참조. 이를 반영한 필론의 본문은 다음을 보라. *Leg.* 1.61, 100.

[**그림 1**] 노리쿰의 플라비아 솔바에 있는 묘비에 새겨진 로마인 형상으로,
밀랍 서판과 첨필을 가지고 있다.

텐데, 기억 속에 심어놓은 그 형상들을 하나하나 일깨워 찾아내고, 그 선
한 조물주(ἀγαθὸς δημιουργός)가 행하신 것처럼,[18] 눈으로 원본(παράδειγμα)
을 응시하면서 그 심상들(τύποι)을 새겨 넣고, 비물질적인 이데아들로 구성
된 그 설계도를 토대로 하여, 이데아들과 그것을 구현하는 물질적 본질들
(σωματικαὶ οὐσίαι)이 틀림없이 일치하도록 최선을 다하면서, 바위와 목재
등의 물질을 사용하여 도시를 건설하기 시작할 것이다.

1.19.   이제 하나님에 관한 '있을 법한 이야기들(τὰ παραπλήσια)'을 의견으

••

18) 조물주 데미우르고스에 관하여는 *Opif.* 1.10 각주를 참조하라.

로 제시해야 한다(δοξαστέον).[19] 하나님은 위대한 도시를 건설하고자 의도한 후에, 먼저 그 심상들(τύποι)을 정신에 품었고, 그 심상들로부터 '정신으로만 인지할 수 있는 세계(ὁ κόσμος νοητός)'를 설계하여 완성한 다음에, 그 세계를 원본(παράδειγμα) 삼아서 '감각으로 지각할 수 있는 세계(ὁ κόσμος αἰσθητός.)'를 완성하셨다.

1.20 V.　　마치 건축가의 마음에 미리 설계한 도시국가가, 외부 장소에 실재하지 않고 기술공의 혼(ψυχή)에 새겨져 있듯이, 유사하게 이데아들로부터 탄생한 세계 역시 다른 장소보다는 그것들에 질서를 부여한 '신성한 로고스(ὁ θεῖος λόγος)'에 거했을 것이다. 로고스 외에 다른 어떤 장소가 감히 로고스의 능력들(δυνάμεις)을, 희석되지 않은 순수한 형태로, 전체는 고사하고 일부만이라도 받아들여 수용할 수 있겠는가?

1.21.　　그런데 세계를 창조하는 능력은 마치 샘과 같아서 진리와 마주하는 선함(τὸ ἀγαθόν)을 가지고 있다. 만약에 누군가 이 모든 만물이 탄생하게 된 궁극적 원인(αἰτία)을 찾으려고 하면서 고대인들 가운데 어떤 이가 말했듯이 다음과 같이 말한다면, 목적하는 바에서 크게 벗어나지는 않을 것이다.[20] "아버지와 창조주(πατὴρ καὶ ποιητής)는 선하시다. 그러므로 지극히 선한 자신의 속성을 (물질적) 본질(οὐσία)에게 아낌없이 공여하셨으니,

⁝

19) '의견'이라는 뜻을 가진 δόξα의 동족어인 δοξαστέον을 사용하는 것에 주목하라. 여기서 필론은 어떤 인간도 하나님의 계시 없이는 하나님에 관하여 확고부동한 진리나 사실에 기초한 λόγος로 이야기할 수 없고, 오로지 δόξα를 제시할 수 있을 뿐임을 암시하고 있다. 이와 달리, 하나님의 계시를 받아 모세가 기록했다는 모세오경(성서)에 대하여 필론은 일관되게 '로고스'를 적용하며, 이어지는 *Opif.* 1.20에서는 성서를 '신성한 로고스(ὁ θεῖος λόγος)'라고 표현함으로써 인간 차원의 δόξα와 하나님의 계시인 λόγος를 첨예하게 구분한다. 플라톤에 따르면, '의견'은 감각적 대상에 대한 감각적 판단에 불과하여, 정신적 대상에 대한 지성적 판단과 구별된다. Plato, *Tim.* 28b-29b 참조.

본질은 그 자체로 좋은 것이 없으나, 무엇이든 받아들여 변할 수 있었기 때문이다."[21]

1.22. 왜냐하면 본질 자체로는 무질서하고, 고유한 성질도 없고, 혼도 없고(ἄψυχος), 통일성도 갖추지 못한 채, 혼돈과 부조화와 불협화음으로 가득했으나, 본질들은 자신들과 정반대인 것들과 지극히 선한 것들로 변하고 달라지기를 받아들이되, 질서와 소양, 생기, 통일성, 한결같음, 균형, 조화 등 더 나은 이데아들을 가진 것이라면 무엇이든 받아들였기 때문이다.

1.23 VI. 하나님은 어떤 조력자(παράκλητος)의 도움도 받지 않으셨다. 달리 누가 있었겠는가?[22] 하나님은 스스로 독자적 판단에 따라 다음과 같이 인식하셨다. 즉, 하나님이 선물하지 않으면 스스로 어떤 선한 것도 가질 수 없는 자연(φύσις)에게 무한하고 풍부한 은총들을 부여하여 혜택을 누리도록 해야 한다고 인식하신 것이다. 그러나 하나님이 자연에게 혜택을 주실 때, 줄 수 있는 은총들의 막대함을 무한정 주지는 않고, 그들의 수용 능력들에 따라 알맞게 주셨다. 왜냐하면 하나님이 베푸시는 모든 은혜를 피조물이 무한정 감당하지는 못하기 때문이다. 하나님의 능력들은 지극히

∴

20) 소크라테스는 평생토록 만물의 '궁극적 원인(αἰτία)'을 찾아 항해하듯이 철학을 했으나, 죽기까지 그것을 찾지 못했다고 한다. Plato, *Phaed.* 99C-D.

21) 철학에서 매우 중요한 용어인 οὐσία는 철학자와 맥락에 따라 다양한 뜻을 함축하며, 우리말로는 본질, 본체, 물질, 실재, 실체, 실물 등으로 번역하곤 한다. 필론은 *Opif.* 1.18에서 ἰδέα를 비물질적인 것으로 보고, 그것을 원본 삼아서 물질에 구현하기 위한 '물질 직전 단계'를 οὐσία라고 한다. 그러나 *Opif.* 1.29에서 필론은 οὐσία를 비물질적인 것으로 보기도 한다. 즉, 필론에서 οὐσία는 맥락에 따라 의미가 조금 달라질 수 있으므로, 역자는 필요에 따라 그리스어를 명시하겠다.

22) 명사 παράκλητος는 '곁에서 돕는 자', '조력자', '대언자', '변호사' 등을 뜻한다. 이 단어를 『개역개정』은 요한복음에서는 '보혜사'라고, 요한1서에서는 '대언자'라고 번역했다. 요 14:16, 26; 15:26; 요일 2:1 참조.

막대하여 하나님이 그 능력들을 엄밀하게 측정하고 나누어 피조물 각각의 분량에 맞게 배당하지 않으시면, 연약한 존재인 피조물은 하나님의 능력들의 광대함을 수용할 수 없기 때문이다.

1.24. 누군가 꾸밈없이 적확한 용어들을 사용하고자 한다면, '정신으로만 인지할 수 있는 세계(ὁ νοητὸς κόσμος)'는 세계를 창조하는 하나님의 로고스 외에 다른 것이 아니라고 해야 할 것이다. '정신으로만 인지할 수 있는 도시국가(ἡ νοητὴ πόλις)' 역시 건축가가 도시국가를 건설하기 위하여 마음속으로 계산한 생각(λογισμός) 외에 다른 것이 아니기 때문이다.

1.25. 이것은 모세의 교리이고 내 교리는 아니다. 모세가 이어지는 절들에서 인간 창조 기사를 기록할 때, 그는 인간이 하나님의 형상(εἰκών)에 따라 지어졌다고 분명하게 고백한다. 그런데 만약에 특정 개체(부분)가 형상의 형상이라면, 보이는 우주 형체(τὸ ὅλον εἶδος) 역시 이 '감각적 세계(ὁ αἰσθητὸς κόσμος)' 전체로서 형상의 형상일 것이 분명하다. 그리고 만약에 그것(감각적 세계)이 인간적 형상보다 더 큰 신적 형상의 모방(μίμημα)이라면, 우리가 소위 '정신으로만 인지할 수 있는 세계(ὁ νοητὸς κόσμος)'라고 부르는 것은 맨 처음에 만들어진 시원적 인장(ἀρχέτυπος σφραγίς)임이 분명하고, 이것이야말로 원본(παράδειγμα)이자 이데아들 중 시원적 이데아(ἀρχέτυπος ἰδέα)로서 하나님의 로고스(ὁ θεοῦ λόγος)인 것이 분명하다.[23]

1.26 VII. 그(모세)는, "태초에 하나님이 하늘과 땅을 창조하셨다"고 말(기록)하는데,(창 1:1) 사람들의 생각과 달리, 그는 태초(ἀρχή)를 시간(χρόνος)

..

23) 인간이 하나님의 작은 형상이듯이, 우주는 하나님의 큰 형상인데, 하나님의 첫 번째 시원적 형상은 정신적 세계(ὁ νοητὸς κόσμος)이고, 그 형상을 따라 만든 형상의 형상은 감각적 세계(ὁ αἰσθητὸς κόσμος)라는 뜻이다.

에 따른 개념으로 사용하지는 않았다.[24] 왜냐하면 시간이 세계 이전에는 없었고, 세계와 함께 또는 그것 이후에 창조되었기 때문이다. 왜냐하면 시간이란 세계가 움직인 간격(διάστημα τῆς τοῦ κόσμου)이고, 움직인 주체가 있기 전에는 움직임이 있을 수 없으므로, 시간은 필연적으로 세계 이후에 만들어졌거나 세계와 동시에 만들어진 것이 틀림없고, 세계와 같은 나이이거나 세계보다 젊은 것이 틀림없으므로, 시간이 세계보다 연장자라는 도발적 주장은 철학에 역행하는 것이다(ἀφιλόσοφος).

1.27. 여기서 '태초'가 시간에 따른 개념으로 받아들여지지 않는다면 아마도 수(ἀριθμός)에 따른 개념으로 이해될 수 있을 것이다. 그렇다면 '태초에 창조하셨다'는 말은 하나님이 처음으로 하늘을 창조하셨다는 말과 같은 뜻일 것이다. 왜냐하면 그것이 가장 먼저 탄생했고, 피조물들 가운데 가장 선한 존재이며, 가장 순결한 본질로 만들어진 것이라고 보는 편이 타당하기 때문이다. 왜냐하면 그것은 보이기도 하고 감지할 수도 있는 신들(θεοί)에게 가장 거룩한 집(οἶκος)이 되어야 했기 때문이다.

1.28. 창조주가 모든 것을 일시에 창조하셨더라도, 그처럼 아름답게 창조된 피조물들이 어떤 질서(τάξις)도 갖지 않았을 리는 만무하다. 왜냐하면 무질서하면서 아름다운 것이란 없기 때문이다. 질서란 사물들이 앞서거나 뒤서거나 하면서 '서로 호응(ἀκολουθία)'하는 일련의 차례(εἱρμός)로서, 비록 만들어진 결과물들 사이에는 질서가 없을지라도 그 결과물들을 제작한 이들의 의도 속에는 질서가 있기 마련이다. 왜냐하면 질서를 지켜야만 사물들이 정확하게 특정되고, 고정되고, 뒤섞이지 않기 때문이다.

1.29. 그러므로 처음에 창조주는 비신체적 하늘과 비가시적 땅과 공기

∴
24) "한처음에 하느님께서 하늘과 땅을 창조하셨다."(『성경』 창세 1:1)

(ἀήρ)의 이데아와 빈 공간(κενός)의 이데아를 창조하신 것이다. 창조주는 그들 가운데 하나(공기)를 '어둠(σκότος)'이라고 부르셨는데, 공기는 본래 검은색이기 때문이고, 다른 것(빈 공간)을 심연(ἄβυσσος)이라 부르셨는데, 허무는 매우 깊고 넓기 때문이다. 이어서 그는 물(ὕδωρ)의 비신체적인 본질과 영(πνεῦμα)의 본질을 창조하고, 만물 위에 일곱 번째로 빛(φῶς)의 본질을 창조하셨는데, 빛은 태양의 원본(παράδειγμα)으로서, 그 또한 비신체적이고 정신으로만 인지할 수 있는 대상이기 때문이다.

1.30 VIII. 그(모세)는 영과 빛이 특권을 누릴 가치가 있다고 인정하고, 영을 하나님의 것이라 일컬었다. 왜냐하면 영은 생명을 주는 힘이 가장 세고, 하나님은 생명의 근원이시기 때문이다. 그리고 그는 빛에 대하여 가늠할 수 없이 아름답다고 말(기록)한다.(창 1:4) 나는 정신으로만 인지할 수 있는 대상이 보이는 대상보다 더 밝고 더 영롱하다고 생각한다. 이는 마치 해가 어둠보다, 낮이 밤보다, 그리고 [τὰ κριτήρια][25] 전체 우주 혼의 통치자인 (우주)정신(νοῦς)이 신체적인 눈들보다 더 밝고 더 영롱한 이치와도 같다.

1.31. 한편, 정신으로만 인지할 수 있고 보이지 않는 빛이 탄생했는데, 그 빛은 저 신성한 로고스의 형상(εἰκών)이요, 로고스는 그의 탄생을 해석한 것이다. 또한 '하늘 위의 별(ὑπερουράνιος ἀστήρ)'은 감각으로 인지할 수 있는 별들의 원천(πηγή)이며, 누군가 그것을 빛의 샘이라 불러도 본래 목적에서 벗어나지 않을 것이다.[26] 그로부터 해와 달과 다른 행성들과 항성들이 각자 능력에 따라 필요한 만큼 적당량의 빛을 얻는다. 왜냐하면 천체들

∵

25) 불필요한 말인 것 같아서 번역하지 않았다.
26) '하늘 너머의 별'은 보이는 하늘의 별과 다른 비물질적이고 비가시적인 별로서, 형이상학적 하늘 너머의 별을 뜻한다. 이데아 세계에 대한 또 다른 표현이다.

이 정신으로만 인지할 수 있는 상태에서 감각으로 파악할 수 있는 상태로 바뀔 때는 그 순수하고 정결한 빛이 희미해지기 때문이다. 감각세계에 있는 대상들 가운데 어떤 것도 흠 없는 것이 없기 때문이다.

1.32 IX. "어둠이 심연 위에 있었다"는 말(기록)도 옳다.(창 1:2) 이는 공기가 공간 위에 있는 방식으로서, 달 아래서부터 우리가 있는 곳까지 열리고 방치되고 비어 있는 간격(χώρα)을 모두 공기가 채우고 있기 때문이다.

1.33. 정신으로만 인지할 수 있는 빛이 발산된 후에, 그러니까 태양이 창조되기 전에, 빛과 경쟁하던 어둠이 물러서기 시작하자, 하나님은 경계를 만들어 그들을 서로 분리하고 갈라놓으셨다. 왜냐하면 하나님은 그들이 서로 이질적이고, 속성상 서로 적대적임을 잘 알고 계셨기 때문이다. 그리하여 그들이 만날 때마다 서로 대립하지 않도록, 평화 대신에 전쟁이 만연하여 질서 있는 세계(κόσμος)에 무질서(ἀκοσμία)가 자리를 잡지 못하도록, 하나님은 빛과 어둠을 분리하셨을 뿐만 아니라, 그 중간에 경계들을 설치함으로써 서로 상극인 둘을 떼어 놓으셨다. 왜냐하면 그들을 나란히 같이 두면, 서로 주도권을 쟁탈하려는 싸움을 벌여 빈번하고도 끊임없는 분란을 일으킬 것이므로, 그들 사이에 경계들을 설치하여 서로 떼어 놓고 공격하지 못하도록 하신 것이다.

1.34. 이들(경계들)은 저녁과 아침인데, 아침은 어둠을 살며시 밀어내며 해가 뜰 것이라는 복된 소식을 예고하고, 저녁은 해가 진 후에 찾아와 짙은 어둠을 살포시 맞이한다. 이들이야말로 참으로 내(필론)가 말하는 아침과 저녁으로서, 비신체적이고 정신으로만 인지할 수 있는 계열로 분류해야 할 것이다. 왜냐하면 사실 이들 가운데 어떤 것도 감각으로 파악할 수 있는 것이 없고, 이것들 모두가 이데아들과 계측하는 것들과 원본들과 인장들로서, 신체적인(몸을 가진) 다른 것들을 탄생시키는 비신체적인 것들이기

때문이다.

1.35. 빛이 탄생하자, 어둠이 자리를 내어주고 물러났으며, 그 간격들 사이에 저녁과 아침이라는 경계들이 설치되었고, 곧바로 필연에 따라 시간의 측정기준이 완성되었으며, 그것을 창조주는 하루라고 부르셨다. 그것이 '첫째 날'이 아니라 '하루'라고 불린 까닭은, '정신으로만 인지할 수 있는 세계'는 유일한 속성을 가진 유일한 것이기 때문이다.[27]

1.36 X. 이처럼 비신체적인 세계(보이지 않는 세계)가 신성한 로고스 안에 만들어져 그 윤곽을 갖추자, 이것을 원본(παράδειγμα) 삼아 감각으로 파악되는 세계(보이는 세계)도 완성되기 시작했다. 그 부분들 가운데 첫 번째로 조물주(δημιουργός)가 창조하신 부분은 만물 가운데 가장 선한 하늘이다. 참으로 하늘은 고정된 신체를 가졌으므로 그는 그것을 '창공(στερέωμα)'이라 부르셨다.[28] 왜냐하면 그 몸은 속성상 고체이고 3차원이기 때문이다. 고체라는 것과 신체를 가진다는 개념이 모든 방향으로 일정한 공간을 차지한다는 의미 외에 달리 무슨 뜻이겠는가? 그리하여 적절하게도 그는 감각으로 파악되고 신체를 가진 이것(세계)을 정신으로만 인지할 수 있는 비신체적인 것(세계)과 반대가 되도록 하여 이 신체적인 세계를 창공이라고 부르신 것이다.

∴

27) Plato, *Tim.* 37d-e 참조. "그러나 그(데미우르고스)는 움직이는 어떤 영원(aiōn)의 모상 (eikōn)을 만들 생각을 하고서, 천구에 질서를 잡아줌과 동시에, 단일성(hen) 속에 머물러 있는 영원의 [모상], 수에 따라 진행되는 영구적인 모상(aiōnion eikōn)을 만들게 되는데, 이것이 바로 우리가 시간(chronos)이라 이름 지은 것입니다. 왜냐하면 천구가 생겨나기 전에는 낮과 밤 그리고 연월이 없었는데, 그것이 구성되는 것과 동시에 그가 그것들의 탄생을 궁리했기 때문입니다." 플라톤, 박종현·김영균 옮김, 『플라톤의 티마이오스』(서광사, 2000), 102.
28) 필론은 해와 달과 별들이 장식처럼 박혀 있는 딱딱한 뚜껑 같은 하늘을 생각한 것 같다.

1.37. 그런 다음에 곧바로 그는 그것을 하늘(οὐρανός)이라고 부르셨으니, 이는 참으로 적합하고도 적절한 것이다. 왜냐하면 하늘은 만물의 경계(ὅρος)일뿐더러 보이는 것들(ὁρατά) 가운데 가장 처음으로 창조된 것이기 때문이다. 그(조물주)는 그것을 창조한 후에 그날을 둘째 날이라고 명명하는 한편, 둘째 날 전체의 길이와 규모를 '하늘'에 배정하셨다. 왜냐하면 감각적인 것들 가운데 하늘은 특별한 가치와 명예를 지니기 때문이다.(창 1:6-8)

1.38 XI. 이 일들 후에 모든 물이 땅 전체에 쏟아져 땅의 온갖 부분들로 흘러들자, 땅은 마치 습기를 머금은 해면처럼 되었고, 습지들과 깊은 늪지대가 생겨났으며, 두 원소들(στοιχεῖα)은[29] 반죽처럼 섞이고 적셔 서로 형체를 구분할 수 없는 하나의 속성이 되었다. 하나님은, 소금 성분 때문에 뿌린 씨앗들과 나무들이 결실하지 못하고 황폐하게 만드는 원인을 제공하는 물을 모든 땅의 구멍들을 통하여 흘러나가 모이라고 명령하셨다. 그러나 마른 땅은 드러나게 하여 달콤한 성분을 가진 습기가 그 안에 남아 보존제가 되게 하셨다. 왜냐하면 일정량의 달콤한 습기는 물이 관통하여 들어가는 것들의 간격을 메꾸는 일종의 접착제와 같아서, 땅이 완전히 메말라 열매 맺지 못한 채 황폐하게 되는 것을 방지할 뿐 아니라, 마치 어머니처럼, 먹을 것(βρῶσις) 형태로만 식량을 공급하지 않고, 자손들에게까지 먹을 것과 마실 것(πόσις)을 모두 공급하기 때문이다. 그러므로 하나님은 젖가슴과 같은 수로들을 가득 채워두셨다가 그 입구가 열리면 강들과 샘들을 쏟아내게 하셨다.

1.39. 이에 못지않게 그는 보이지 않는 습한 협곡들을 덕스러운 생산력

∴
29) '두 원소'는 흙과 물을 뜻한다.

이 강하고 깊은 모든 곳까지 뻗게 함으로써 풍부한 결실의 능력을 더하셨다. 이들에게 그는 이름을 부여하고 정렬하면서, 마른 것을 '땅'이라 부르고, 그것과 구별된 물을 '바다'라 부르셨다.

1.40 XII. 그런 다음에 그는 땅을 정렬하기에 착수하신다. 그는 땅에게 싹을 틔우고 결실하라고 명령하되, 모든 종류의 식물들과 기름진 평야들을 내고, 동물들에게 사료가 되며 인간들에게 양식이 될 만한 모든 것을 내라고 명령하신다. 또한 다양한 나무들의 이데아들을 자라나게 하되, 야생 수목이라 일컬어지는 종류들 가운데 모든 것을, 경작 수목이라 일컬어지는 종류들 가운데 모든 것을 자라나게 하고, 어떤 실체(ὕλη)도 빠지지 않게 하셨다. 그런데 당시에는 모든 것이 태어남과 동시에 풍성하게 결실한 상태였으므로 오늘날 일어나는 현상과 사뭇 다른 방식이었다.

1.41. 오늘날에는 피조물들(τὰ γιγνόμενα)이 계절들(χρόνοι)을 달리하여 종류별로 생겨나고, 특정 시간(καιρός)에 한꺼번에 생겨나지 않는다.[30] 먼저 파종하고 식목한 다음에 뿌린 것들과 심긴 것들의 성장이 이루어지되, 뿌리들을 아래로 뻗어내려 토대를 든든히 하고, 줄기들을 위로 높이 뻗어 올린다는 사실을 누가 알지 못하는가? 그런 다음에야 이파리들이 돋아나고, 이후에는 열매가 맺힌다. 다시 말하거니와, 열매는 맺히자마자 완전하지 않으므로 자라면서 모든 종류의 발달 과정들을 겪게 되는데, 양적으로 불

:.

30) 플라톤의 글에서 τὸ γιγνόμενον은 영원히 변화하는 피조된 물질세계와 그 구성물들을 뜻하는 반면에, τὸ ὄν은 변함없이 영원히 존재하는 세계와 그 구성물을 뜻한다. 루니아(David T. Runia)는 τὸ γιγνόμενον의 복수형 τὰ γιγνόμενα을 "plants(식물들)"라고 번역했다. 또한 루니아는 χρόνος와 καιρός를 구분하지 않고 모두 "time"이라고 번역했으나, 이 번역은 "계절"과 "특정 시간"으로 구분하여 번역했다. David T. Runia, *Philo of Alexandria Commentary Series 1: On the Creation of the Cosmos according to Moses*(Leiden, Boston, Köln, 2001), 55.

어날 뿐 아니라 모양이 다양하게 바뀌면서 질적 변화도 일으킨다. 열매는 식별하기 어려운 낟알들처럼 잘 보이지 않는 크기로 맺히기 시작하기 때문에 감각으로 처음 감지할 수 있는 최소한의 것들이라고 불러도 틀린 말은 아닐 것이다. 이후로 나무에 점차 물을 주어 영양을 공급하고, 찬 공기와 동시에 부드러운 공기를 활용하여 바람들로 온도를 조절해주면, 열매는 생기를 얻고 영양을 공급받아 가장 이상적인 크기로 영글게 된다. 또한 그 것(열매)은 크기가 달라짐에 따라 성질도 달라지는데, 이는 마치 화가가 색깔들에 대한 지식을 바탕으로 다양하게 채색하는 것과도 같다.

1.42 XIII. 그런데 내가 앞서 말했듯이, 우주가 처음 탄생할 당시에 하나님은 땅에서 나는 온갖 식물들의 실체(ὕλη)를 완전하게 하고, 설익지 않고 완숙한 열매들을 맺게 함으로써, 곧 탄생할 동물들이 기다릴 필요 없이 섭취하고 즐길 수 있도록 하셨다. 그(하나님)는 땅에게 이런 것들을 내라고 명령하신다.

1.43. 그리고 땅은 마치 오랫동안 임신한 상태로 산고를 겪고 있었던 것처럼, 모든 종류의 씨앗들과 모든 종류의 나무들과 무수히 많은 열매의 이데아들을 낳는다. 이 열매들은 동물들에게 식량이 될 뿐만 아니라, 같은 종류의 열매들이 영원히 다시 태어나도록 준비하는 종자의 본질들(οὐσίαι)이 되기도 하는데, 본질 상태로 있는 동안에는 전체 원리들(οἱ λόγοι τῶν ὅλων)이 불명확하고 불분명하다가 일정한 시간이 흐르면 명확하고 분명하게 드러난다.

1.44. 왜냐하면 하나님은 종속들(γένη)을 불멸하게 하고, 그들과 함께 영원성을 나누어 누리는 방식으로 자연을 운영하고자 하셨기 때문이다. 그리하여 하나님은 처음(ἀρχή)을 끝(τέλος)으로 달려가게 하고, 다시 끝을 처음으로 돌아가게 하셨다. 처음에서 시작하여 끝으로 가듯이, 식물들에서

시작하여 열매가 맺히고, 열매에서 나오는 씨앗은 다시 자신 안에 그 식물을 포함하게 되므로 이는 마치 끝에서 시작이 나오는 것과 같다.

1.45 XIV. 그리고 넷째 날에 하나님은 땅 다음으로 하늘을 장식하고 정렬하셨다. 이는 하늘을 땅보다 못하게 여겨 속성상 더 열등한 자연(땅)에게 우선권을 주려 하거나, 부차적인 것들을 더 선하고 더 신령하게 평가하셨기 때문이 아니라, 처음의 주권(κράτος ἀρχῆς)을 가장 확실하게 입증하시기 위해서였다.[31] 하나님은 아직 창조되지 않은 인간들이 어떤 판단을 할 것인지 미리 통찰하셨고, 인간들이 그럴듯하고 가능한 것들을 어림짐작하되, 상당히 합리적이지만 순수한 진리에 따르지는 않으며, 하나님보다 겉으로 보이는 것들을 신뢰하고, 지혜(σοφία)보다 궤변(σοφιστεια)에 경도되어, 해와 달이 돌아가는 것들을 관찰함으로써 여름들과 겨울들, 그리고 봄과 가을의 변화를 파악하고, 하늘의 별들이 회전한 결과 매년 땅에서 만물이 다시 소생하고 결실한다고 생각할 것임을 통찰하신 것이다. 따라서 하나님은 인간들이 감히 무례한 교만이나 과도한 무지를 동원하여 기원이 있는(창조된) 어떤 것으로 만물의 근본 원인을 설명하려 들지 않도록 하늘을 정렬하신 것이다.

1.46. 그가 말하기를, 그들(인간들)이 마음으로 우주의 첫 탄생(ἡ πρώτη

∴

31) '처음의 주권'이란 같은 단락 끝부분에 나오는 '만물의 근본 원인(하나님)'의 '주권'을 의미하는 것 같다. 즉, 만약에 하나님께서 창조된 우주의 일부에 불과한 하늘을 가장 먼저 창조하셨다면, 불완전한 인간은 하늘이 마치 창조되지 않은 '처음'이라도 되는 것처럼 착각하여 '하늘이 만물의 근본 원인'이라고 오해할 수 있다는 것이다. 이런 혼동을 미리 방지하기 위하여 하나님은 땅 다음으로 하늘을 창조하여 하늘이 피조물에 불과하다는 것을 확실히 해두셨다는 것이다. 즉, 하늘은 처음도 아니고 만물의 근원도 아닌 피조물에 불과하며, 오로지 하나님만이 '만물의 근원'이요, '처음 주권'을 소유하신 분이라는 뜻이다. 요한계시록에서는 하나님과 예수 그리스도가 '처음(ἀρχή)이요 나중(τέλος)'이다.(계 21:6; 22:13)

τῶν ὅλων γένεσις)을 다시 떠올리게 하되, 해와 달이 존재하기 이전과 땅이 온갖 식물들과 온갖 과일들을 내기 이전을 떠올리게 하고, 하늘의 자손들 (οἱ κατ᾽ οὐρανὸν ἔκγονοι)이 필요하여 요청하지 않더라도 아버지(창조주)의 명령에 따라 이후에 다시 새롭게 소출을 주실 것임을 마음으로 바라보고 희망하게 하라.[32] 하나님은 하늘의 자손들에게 능력들(δυνάμεις)을 주셨으나, 절대적인 능력들을 주신 것은 아니다.[33] 마부가 고삐들을 잡고 있듯이 또는 선장이 방향타를 잡고 있듯이, 그는 모든 것을 각각의 (율)법과 정의에 따라 자신의 의지대로 인도하므로 다른 이의 도움이 필요하지 않으시다. 왜냐하면 하나님께는 모든 것이 가능하기 때문이다.

1.47 XV. 이것이 바로 땅이 (하늘보다) 먼저 싹을 틔우고 초록 잎을 낸 근본 원인(αἰτία)이다. 그리고 이어서 하늘이 완전수 4로 질서를 잡아갔는데, 이것(숫자 4)이야말로 참으로 완전한 숫자 10의 운영 원칙이자 원천이라고 말해도 틀리지 않을 것이다. 왜냐하면 사실 10은 숫자 4가 발현된 상태와 같기 때문이다. 1부터 4까지 숫자를 모두 더하면 10이 되고,[34] 10은 숫자들의 무한성(ἀπειρία)의 경계가 되는데, 그것을 기점으로 숫자들은 순환하고 되감기기 때문이다.[35]

∴

32) 루니아는 οἱ κατ᾽ οὐρανὸν ἔκγονοι를 "his heavenly offspring"이라고 번역하였고(On the Creation, 57), 콜손(F. H. Colson)은 "sons of men"이라고 번역했으나(LCL 226), 필론의 정확한 의도를 결정하기에는 자료가 불충분하다. "천사들과 로고스들(οἱ ἄγγελοι καὶ λόγοι)"일 가능성도 있다. Leg. 3,177-178.
33) 하나님이 하늘의 자손들에게 주신 능력들은 절대적인 것이 아니므로 하늘의 자손들이 필요하다고 해서 스스로 마음껏 소출을 낼 수 있는 것은 아니라는 뜻이다.
34) 1+2+3+4=10.
35) 10을 단위로 하여 숫자를 정렬하는 십진법을 의미한다. 숫자를 단위에 따라 정렬하지 않으면 무질서 상태가 계속되어 숫자를 통제하거나 사용할 수 없게 되므로, 일찍이 단위에 따라 숫자를 정렬하는 이진법, 오진법, 칠진법, 팔진법, 십진법, 십이진법 등이 사용되었

1.48. 이뿐만 아니라, 숫자 4는 음악적 화음들의 합리적 비율들(λόμγοι)을 구성하는데, 4도, 5도, '디아파종(διὰ πασῶν)'과 '이중 디아파종' 등을 구성하고, 이런 음계들로 이루어진 체계는 가장 완전한 소리를 낸다.[36] 네 번째 진동 비율(λόγος)은 4/3이고, 다섯 번째 진동 비율은 3/2이며, 디아파종의 진동 비율은 2이고, 이중 디아파종의 진동비율은 4이다.[37] 숫자 4는 이 모든 음계들을 아우르는 원칙들과 연관이 있다. 먼저, 에피트리토스(ἐπίτριτος)는 4대 3이고, 헤미올리오스(ἡμιόλιος)는 3대 2이며, 디플라시오스(διπλάσιος)는 2대 1 또는 4대 2이고, 테트라플라시오스(τετραπλάσιος)는 4대 1이다.

1.49 XVI. 숫자 4의 또 다른 능력은 가장 놀라운 것이라고 말해지고 이해되는 것이다. 왜냐하면 그것(숫자 4)은 처음으로 물질의 입체적 속성을 드러내고, 그 이전의 숫자들은 비물질적인 것들에 적합하기 때문이다. 기하학에서 점(σημεῖον)이라고 일컫는 것은 1로 표시하고, 선(γραμμή)이라고 일

다. 이 가운데 십진법이 일상생활에서 가장 널리 사용된다.

36) '디아파종(διὰ πασῶν)'은 음과 음 사이의 단위 간격을 나타내며, '옥타브'와 같은 의미로 사용하기도 한다. 음을 조율할 때 소리굽쇠를 쓰기 때문에 소리굽쇠를 '디아파종'이라 부르기도 한다. 이런 풍부한 의미를 가진 '디아파종'을 콩쿠르 우승자에게 주는 상의 명칭이나 음악 잡지명으로 사용하기도 했다. 고대 그리스인들은 자연에서 테트라코드(4도음)를 발견하여 4현금을 만들어 멜로디와 화음 구성에 응용하곤 했다. 하나의 옥타브는 두 개의 테트라코드로 구성된다.

37) 피타고라스 음계에 관한 설명이다. 이 음계는 다음 순서로 정렬한다. C(1/1), D(9/8), E(81/64), F(4/3), G(3/2), A(27/16), B(243/128), C(2/1). 여기서 네 번째 F음의 진동 비율은 4/3, 다섯 번째 G음의 진동 비율은 3/2, 그리고 1옥타브는 2, 2옥타브는 4이다. http://www.medieval.org/emfaq/harmony/pyth.html(2020.8.19.) 수학과 음계에 관하여는 다음 논문을 보라. 이규봉, 「정수비를 이용한 음 생성 관련 교수계획」, 《수학교육논문집》 26(2012), 339–349. 다음 자료에도 쉽게 설명되어 있다. http://kocw.xcache.kinxcdn.com/KOCW/document/2018/keimyung/kimyunmin0709/9.pdf(2020.8.19.)

칭는 것은 2로 표시하는데, 이는 1의 유출로 2가 이루어지고, 점의 유출로 선이 이루어지기 때문이다. 선은 넓이가 없지만, 여기에 넓이(πλάτος)가 더해지면 면(ἐπιφάνεια)이 되므로 면은 3으로 표시한다. 면이 물질의 입체적 속성을 가지려면 하나(1)가 더 필요한데, 그 하나가 바로 깊이(βάθος)이고, 깊이가 3에 더해지면 4가 된다. 그러므로 이 숫자(4)는 대단한 가치를 지닌 것으로 드러났다. 그것은 정신으로만 인지할 수 있는 비신체적 본질에서 출발하여 몸을 삼분하는 통찰로 우리를 인도하며, 감각으로 감지할 수 있는 입체적 속성이 나타나는 첫 번째 숫자다.

1.50. 무슨 말인지 이해하지 못한 사람은 매우 평범한 아이들 놀이를 통하여 터득할 수 있을 것이다. 견과류를 가지고 노는 아이들은, 바닥에 세 개의 견과를 놓고 그 위에 하나를 더 얹으면 피라미드와 같은 면체가 된다는 사실에 익숙하다. 바닥에 놓은 삼각형은 숫자 3을 만들고, 그 위에 얹은 것이 숫자 4를 만들면, 피라미드 같은 형체가 탄생하여 입체가 되는 것이다.

1.51. 이것들과 더불어 간과하지 말아야 할 것이 있다. 숫자 4는 모서리의 길이가 모두 같은 입체를 만드는 숫자들 가운데 첫 번째 숫자로서 정의와 공평의 척도라는 것과,[38] 이 숫자만이 유일하게 같은 수들을 더해서도 만들 수 있고 곱해서도 만들 수 있다는 것이다. 즉, 2와 2를 더해도 4가 되고, 2와 2를 곱해도 4가 되므로, 숫자 4는 다른 어떤 숫자도 표현하지 못하는 지극히 조화롭고 아름다운 자태(εἶδος)를 발현한다. 이와 달리, 6은 3

38) 모든 모서리의 길이가 같은 입체들에는 정사면체, 정육면체, 정팔면체, 정이십면체, 정십이면체 등이 있다. 이 가운데 첫 번째 면체인 정사면체는 네 개의 정삼각형으로 구성되고, 여섯 개의 모서리 길이가 모두 같다.

을 두 번 더한 숫자이지만, 3을 두 번 곱해도 더는 6이 되지 않고, 다른 숫자인 9가 된다.

1.52.　숫자 4는 많은 다른 능력들도 발휘할 수 있으나, 그에 관하여는 따로 더 자세하게 설명해야 할 것이고, 여기서는 그 숫자가 모든 하늘과 우주 탄생의 처음(ἀρχή)이라는 사실을 덧붙이는 것으로 충분하겠다. 왜냐하면 4는 물질을 구성하는 원소들(στοιχεῖα)로서, 그 원소들로부터 만물(τὸ πᾶν)이 만들어졌는데, 숫자들 가운데 숫자 4에서 만물이 흘러나오기를 마치 샘에서 흘러나오듯 했기 때문이다.[39] 아울러 1년을 구성하는 계절(ὧραι) 또한 넷이어서, 4는 동물들과 식물들이 탄생하는 근본 원인들(αἱ ζῴων καὶ φυτῶν αἴτιαι γενέσεως)이 되고, 1년은 겨울, 봄, 여름, 가을 등 네 계절로 나뉜다.[40]

1.53 XVII.　앞에서 설명했듯이 숫자 4는 속성 면에서 대단히 탁월하다고 인정받을 자격이 충분했다. 따라서 조물주가 지극히 신성하고도 고결한 세계(κόσμος)를 대변하는 빛나는 별들로 하늘을 장식하신 날은 넷째 날일 수밖에 없었다. 조물주는 빛이야말로 존재하는 것들 가운데 가장 선한 것

∙∙

39)　필론은 피타고라스의 창조론을 염두에 둔 것 같다. 필론 이전의 피타고라스 창조론이 구체적으로 어떠했는지는 알 수 없으나, 3세기경에 디오게네스 라에티우스가 기록한 글에서 알렉산드로스가 발견했다는 피타고라스의 창조론이 언급된다. 그에 따르면, 숫자 1(μονάς)에서 2(δυάς)가 파생하고, 숫자 2에서 네 개의 원소들(στοιχεῖα)이 파생하고, 원소들에서 만물(τὰ πάντα)이 창조되었다고 한다. 이 체계에서 보이는 물질세계(만물)는 물, 불, 공기, 흙 등 네 가지 원소들을 다양하게 배합하여 만든 세계이므로, 4원소로 구성된 스토이케이아 단계에서부터 물질세계라고 할 수 있겠다. 4원소에 에테르(αἰθήρ)를 더하여 5원소를 말하기도 하는데, 에테르는 인간의 영혼과 신들을 구성하는 원소라고 한다. Diogens Laërtius, *Lives of the Eminent Philosophers* 8.25−28 참조. 한편, 단수형 τὸ πᾶν 또는 복수형 τὰ πάντα는 '만물', '우주', '모든 것(들)' 등으로 번역되며, 자연계 삼라만상과 우주 전체를 뜻한다.

40)　Laërtius, *Lives.* 8.26.

임을 아셨으므로, 감각들 가운데 가장 선한 시각을 자극하는 도구로서 그 빛을 사용하신 것이다. 혼에 정신이 있듯이 몸에는 눈이 있기 때문이다. 그 둘은 모두 보는 역할을 하는데, 정신은 지성으로만 인식할 수 있는 대상들(τὰ νοητά)을 보고, 눈은 감각으로 감지할 수 있는 대상들(τὰ αἰσθητά)을 본다. 정신은 비물질적인 대상들을 분별하기 위하여 인식능력(ἐπιστήμη)이 필요하고, 눈은 물질적인 대상들을 포착하기 위하여 빛이 필요하다. 빛은 인간들에게 유익한 많은 다른 것들의 원인이기도 하고, 특별히 인간들에게 가장 유익한 철학의 원인이기도 하다.

1.54. 왜냐하면 시각은 빛을 따라 위를 향하여 별들의 속성과 별들의 조화로운 움직임을 탐지하기 때문이다. 어떤 항성들과 행성들은 한결같이 회전하면서 일정하게 돌아가지만, 다른 것들은 이중 주기들로 평범하지 않게 반대 방향으로 움직이는데, 이처럼 온갖 천체들이 완전한 음악의 법칙들에 맞추어 추는 조화로운 윤무들을 바라보면, 혼(ψυχή)에 형언할 수 없는 기쁨과 즐거움이 일어나고, 혼은 차례차례 이어지는 장관들을 바라보며 지칠 줄 모른 채 관조하기(θεωρεῖν)를 열망한다. 그러면 혼은, 늘 그렇듯이, 대체 자신이 본 것들의 본질(οὐσία)이 무엇인지, 그것들이 본래 있던 것들인지 아니면 창조되어 탄생의 기원을 가진 것들인지, 그 운동의 특징은 무엇이고, 어떤 근본 원인들(αἰτίαι) 때문에 그것들 각각이 운영되는지 등에 관하여 탐색하게 된다. 이런 것들에 관한 질문에서 철학이라는 종류가 발생했으니, 철학보다 더 나은 선은 인간의 삶에 들어온 적이 없다.

1.55 XVIII. 정신으로만 인지할 수 있는 빛의 이데아에 관하여는 비물질계(ἀσώματος κόσμος)에 속하는 것이라고 한다. 하나님은 그 빛들에 시선을 고정한 상태에서 감각으로 식별할 수 있는 별들을 만들되, 지극히 아름답고 신성한 하나님의 영광을 드러내는 모양들로 만들어, 물질적 본질(οὐσία)을

가진 지극히 정결한 성전인 하늘에 안치하셨다. 그렇게 하신 여러 이유들 가운데 하나는 빛을 비추기 위한 것이고, 다른 이유는 표적들(σημεῖα)로 사용하기 위한 것이고, 다른 이유는 한 해의 계절들을 구성하는 시기들을 나누어 모든 날들과 달들과 해들을 구분할 수 있도록 시간을 재는 단위를 만들고 숫자 개념(ἡ ἀριθμοῦ φύσις)을 탄생시키기 위함이었다.

1.56. 앞에서 언급한 것들 각각이 어떤 필요와 이익을 제공하는지는 자체 외형만 보아도 분명하게 드러나지만, 더 엄밀한 이해를 위하여 로고스를 사용하여 진리를 탐색한다 해도 정도에서 벗어나는 일은 아닐 것이다. 전체 시간은 낮과 밤이라는 두 부분으로 나뉘는데, 아버지(하나님)는 해에게 낮의 통치권(κράτος)을 부여하여 위대한 왕처럼 만들고, 달과 다른 많은 별들에게는 밤의 주권을 부여하셨다.

1.57. 또한 태양(해)과 관련된 능력(δύναμις)과 힘(ἀρχή)의 광대함은 전술한 내용을 가장 극명하게 입증한다. 왜냐하면 태양은 혼자서 단독으로 전체 시간의 반에 해당하는 낮을 자기 몫으로 할당받았고, 다른 천체들은 모두 달과 더불어 밤이라 불리는 다른 부분을 할당받았기 때문이다. 해가 떠오르면 그처럼 많은 별들이 화려한 반짝임을 잃고 희미해지다가 아예 빛을 발하지 못한 채 사라지게 되고, 해가 진 후에야 비로소 별 무리는 자신의 고유한 빛들과 성질들을 다시 드러내기 시작한다.

1.58 XIX. 또한 그(모세)가 말(기록)한 바와 같이, 그것들(별들)이 창조된 이유는 지구에 빛을 비추기 위할 뿐만 아니라, 장차 일어날 일들에 대한 표적들(σημεῖα)을 보여주기 위한 것이다. 왜냐하면 사람들은 별들이 뜨고 지고 가려지고 다시 뜨고 숨으면서 다양하게 변하고 움직이는 모양들을 관찰함으로써 장차 일어날 일들을 가늠하되, 작물들이 풍작일지 흉작일지, 생물들이 번성할지 몰사할지, 대기가 맑을지 흐릴지, 바람들이 멈출

지 세찰지, 강들이 범람할지 메마를지, 바다가 잔잔할지 일렁일지, 한 해의 계절들이 뒤바뀌어 여름에 폭풍이 칠지, 겨울이 더워질지, 아니면 봄이 가을 같아질지, 가을이 봄 같아질지를 가늠하기 때문이다.

1.59.　또한 일찍이 어떤 이들은 하늘의 움직임들에 주목함으로써 땅의 흔들림과 지진과 그 밖에 무수한 이변들을 예측했으므로, 별들이 "표적들(σημεῖα)을 보여주기 위하여 창조되었고," 참으로 시기들을 알려주기 위하여 창조되었다는 말은 지극히 신뢰할 만하다. 여기서 시기들이란 한 해를 구성하는 계절들을 의미한다고 보는 것이 적절하다. '시기'가 결실의 때를 위한 것 외에 달리 무엇이겠는가? 계절들은 모두 결실을 위한 것이고, 파종하여 심은 열매들과 태어나고 자라는 동물들의 결실을 위하여 진행된다.

1.60.　별들이 만들어진 다른 이유는 시간을 측정하기 위해서다. 왜냐하면 해와 달과 다른 별들의 일정한 회전주기를 기준으로 날들과 달들과 해들이 결정되었기 때문이다. 그러자 곧장 지극히 유용한 개념인 숫자의 속성이 드러났으니, 시간은 그 속성을 나타낸다. 하루에서 하나라는 개념이, 이틀에서 둘이라는 개념이, 사흘에서 셋이라는 개념이 나오고, 한 달에서 30일이라는 개념이, 한 해에서 12개월에 해당하는 날들이라는 개념들이 나왔으며, 무한한 시간에서 무한한 숫자가 나왔다.

1.61.　이처럼 대단하고 필연적인 유익들(ὠφέλειαι)을 창출하기 위하여 별들의 속성들과 움직임들은 하늘에서 질서정연하게 유지된다. 사멸하는 종속(인간)에게 모든 것들이 알려지지 않은 바에야, 우리에게 밝혀지지 않은 다른 유익들을 내가 어찌 다 말할 수 있으랴? 하나님은 우주의 한결같은 지속성을 유지하는 데에 공헌하는 것들을 모두 규칙들과 (율)법들로 제정하신 후에 그것들을 만물 가운데 변하지 않게 고정해둠으로써 그것들이 어떤 상황에서도 기필코 성취되게 하셨다.

1.62 XX. 앞서 언급했듯이, 땅과 하늘이 각각 셋째 날과 넷째 날에 장착된 후에, 그(하나님)는 사멸하는 종속들을 생명체로 만들기를 시도하여, 다섯째 날에 수중동물들부터 창조하기 시작하셨다. 왜냐하면 숫자 5보다 동물들과 더 친근한 것은 없다고 생각하셨기 때문이다. 왜냐하면 혼이 있는 것들(ἔμψυχα)은 무엇보다 감각이 있다는 점에서 혼이 없는 것들(ἄψυχα)과 구별되고, 감각은 시각, 청각, 미각, 후각, 촉각 등 다섯 종류로 분류되기 때문이다. 그러므로 창조주는 감각들 각자에게 적합한 소정의 실체들(ὗλαι)을 배정함으로써, 각자에게 놓인 것들이 무엇인지 판단하게 하셨다. 시각은 색깔들을, 청각은 소리들을, 미각은 맛들을, 후각은 증기들을 각각 판별하고, 촉각은 부드러움들과 딱딱함들, 뜨거움들과 차가움들, 매끈함들과 거칢들을 모두 판별하게 하셨다.

1.63. 아울러 그(창조주)는 물고기들과 해양동물들의 종속들을 크기들과 성질들에 따라 종류별로 구분하여 각자의 서식지에 살게 하셨다. 다양한 종류의 동물들이 다양한 깊이의 바다들에 서식하기도 하고, 같은 종류의 동물들이 다양한 바다들에 서식하기도 한다. 그는 모든 동물을 어디에나 살도록 만들지는 않으셨으니, 이는 당연한 것이 아닌가? 왜냐하면 어떤 것들은 얕은 바다를 좋아하고 너무 깊은 바다를 좋아하지 않으며, 어떤 것들은 땅 위를 기어 다니거나 땅에서 너무 멀어지면 헤엄을 치지 못하므로 만이나 항구에서 헤엄치기를 좋아하고, 어떤 것들은 바다 중간이나 깊은 곳에 서식하면서 높이 솟은 봉우리들이나 섬들이나 바위들을 기피하기 때문이다. 또한 어떤 것들은 맑고 고요한 곳에서 잘 살지만, 다른 것들은 파도가 치는 거친 곳에서 더 잘 산다. 끊임없이 부딪치면서 훈련받고, 무게를 힘으로 밀쳐내면서 더 강해지고 몸집도 커지는 것이다. 이어서 그는 날개 달린 종속들을 만들어 물에 사는 동물들의 형제들로 삼으셨는데, 새들과

물고기들은 모두 유영하는 것들이기 때문이다.[41] 공중을 나는 동물들 가운데 어떤 이데아도 그가 완성하지 않은 채 남겨두신 것은 없었다.

1.64 XXI. 공중과 물이 각각에 거하는 동물들의 종속들을 각자의 몫으로 할당받은 후에, 그(창조주)는 아직 만들지 않고 남겨둔 종속을 탄생시키기 위하여 땅을 다시 소환하셨다. 식물들은 만들어졌으나 마른 땅에 거하는 동물들은 아직 만들어지지 않은 상태였으므로, 그는 다음과 같이 말(기록)한다. "땅은 육축들과 짐승들과 파충류들을 그 종속대로 산출하라."(창 1:25) 그러자 땅이 명령받은 것들을 산출했는데, 그것들은 구성요소와 힘들이 서로 다르고, 내재 능력이 해롭거나 유익한 것들이었다. 그리고 그는 모든 것들을 만든 이후에 비로소 인간을 만드셨다.

1.65. 인간을 만든 방법에 관하여 논하기에 앞서, 나는 그(창조주)가 일련의 고결한 절차를 밟아 동물 창조를 마무리하신 내용을 먼저 설명하고자 한다. 왜냐하면 혼들 가운데 가장 부실하고 유약한 것이 물고기들의 종속에 할당되었고, 모든 면에서 가장 정밀하고 가장 선한 혼이 인간들의 종속에 할당되었고, 그 둘 사이의 혼이 육상동물들과 공중동물들의 종속에 할당되었기 때문이다. 이들의 혼은 물고기들 안에 있는 혼보다 더 예민하고 사람들 안에 있는 혼보다 더 둔하기 때문이다.

1.66. 이런 까닭에 그는 혼을 가진 것들 가운데 물고기를 가장 먼저 창조하셨다. 물고기들은 혼의 본질보다 몸의 본질을 더 많이 가지고 있으며, 동물이면서 동물이 아니기도 하다. 따라서 그것들은 혼의 도움 없이도 몸을 움직일 수 있으나, 몸을 살아 있도록 유지하기 위하여는 혼 같은 것이 온몸에 퍼져 있어야 한다. 이는 고기에 소금을 골고루 뿌려줘야 고기가 쉽

••

41) 새들은 공중에서 유영하며 물고기들은 물속에서 유영하기 때문이다.

게 상하지 않는 이치와도 같다.[42] 하나님은 물고기들을 만든 후에 공중동물들과 육상동물들을 창조하셨다. 이들은 이미 (물고기들보다) 더 예민한 감각 능력들을 발휘하도록 형상화되었으므로, 혼을 가진 동물들이 태생적으로 보이는 자연 속성(φύσις)을 뚜렷하게 나타낸다. 앞에서 설명했듯이, 그(창조주)는 모든 것들을 창조한 후에 비로소 인간을 만드셨고, 인간에게만 특별히 엄선한 정신(νοῦς)을 주셨다. 정신은 혼 중의 혼으로서 눈의 동공과 같은 것이다. 실상들의 자연 속성들(φύσει)을 보다 엄밀하게 탐색하는 이들은 동공이야말로 눈의 눈이라고 한다.

1.67 XXII. 그렇게 마침내 만물이 창조되어 함께 섰다. 만물이 창조되어 함께 서자, 필연적으로 (창조 순서에 따른 창조) 질서(τάξις)가 로고스에 따라 각인되었으므로, 이후에는 그 질서가 되풀이되어 피조물들이 서로에게서 태어날 수 있게 되었다. 개별적으로 태어나는 것들 가운데 존재하는 질서는, 자연 속성(φύσις)에 따라 가장 하찮은 것에서 시작하여 만물 가운데 가장 선한 것으로 마무리해야 한다는 것이다. 이것이 무슨 뜻인지 밝힐 필요가 있다. 동물들의 탄생 시원은 씨앗인데, 씨앗은 보이는 모습도 보잘것없고, 거품만큼이나 지극히 하찮은 것이다. 그러나 그것이 자궁(μήτρα)에 뿌려져 안착하면, 곧바로 운동성(κίνησις)을 얻게 되어 자연 속성에 변화가 일어난다. 움직이는 자연 속성이 씨앗의 자연 속성보다 우수한 까닭은 창조된 종속들 사이에서는 운동할 수 있는 것이 정지 상태를 유지하는 것보다 우수하기 때문이다. 그리고 자연 속성은, 마치 기술공처럼, 혹은 더 엄밀히 말하자면 흠 없는 기술처럼, 습한 본질(οὐσία)을 몸의 지체들과 부분들

∴

42) 고기에 소금을 뿌려서 부패를 늦추듯이, 물고기에 혼 같은 것을 뿌려서 물고기가 빨리 죽지 않게 했다는 뜻이다.

에 불어넣어 분배함으로써 혼의 기능들이 활기찬 생명력과 성장 능력과 감각 능력을 발휘할 수 있게 한다. 그런데 여기서 이성적 사고의 자연 속성을 (논하지 않고) 보류한 까닭은, 그것이 알 수 없는 외부에서 유입하여 들어오는 신성하고도 영원한 존재라고 주장하는 이들이 있기 때문이다.

1.68. 이처럼 자연 속성(φύσις)은 보잘것없는 씨앗에서 시작하여 가장 영예로운 동물과 인간을 형성하는 방향으로 성취된다. 이와 같은 일은 만물의 창조 시에도 발생했다. 왜냐하면 조물주(δημιουργός)에게 동물들을 창조하려는 생각이 일어났을 때, 그 순서를 보면, 처음 창조된 것은 상대적으로 더 열등한 종류인 물고기들이었으나, 마지막에는 가장 우수한 종류인 인간이 창조되었기 때문이다. 이 둘의 중간에 창조된 것들은 육상동물들과 공중동물들로서, 이들은 처음 창조된 것들보다 우수하고 다른 것들(마지막에 창조된 것들)보다는 열등하다.

1.69 XXIII. 전술했듯이, 다른 모든 것들을 창조한 이후에 하나님은 자신의 형상(εἰκών)과 모양(ὁμοίωσις)을 따라 사람을 창조하셨다고 그(모세)는 말(기록)한다. 이것은 참으로 옳은 말이다! 왜냐하면, 지구상의 생물들 가운데 사람보다 더 하나님을 닮은(ἐμφερής) 것은 없기 때문이다. 이러한 닮음(ἐμφέρεια)을 몸(σῶμα)의 특성과 유사한 것으로 여겨서는 안 된다. 왜냐하면, 하나님은 사람 모습을 하고 계시지 않을뿐더러 사람의 몸도 하나님과 같지 않기 때문이다. 형상이란 혼의 통치자인 정신(νοῦς)을 의미한다. 왜냐하면, 개개인의 정신은 우주 안에 있는 유일한 정신의 모양을 원형으로 하여 그 원형을 드러내는 것으로서, 그것을 이미지 삼아 품고 운반하는 개인에게는 일종의 신(θεός)과 같기 때문이다. 거대한 (우주의) 통치자가 온 세상 안에 로고스를 유지하듯이, 사람의 정신도 사람 안에 로고스를 유지한다.[43] 그것은 보이지 않으면서 만물을 볼 수 있고, 그 자체로는 분명하지

않은 본질(οὐσία)을 가지면서 다른 것들의 본질을 명료하게 파악한다. 그것은 다양한 분야의 기술들과 학문들을 동원하여 땅과 바다로 두루 다니는 길들을 열고, 땅과 바다에 거하는 것들의 자연 속성을 탐색한다.

1.70. 그것은 새처럼 날아올라 대기와 그 현상들을 관찰하고, 창공과 하늘 주변으로 드높이 치솟아 완전한 음악 법칙에 맞추어 춤추는 행성들과 항성들의 무용에 참여하고, 지혜에 대한 사랑에 이끌려 온갖 감각적 본질(οὐσία)을 초월하고, 마침내 그곳에서 정신으로만 인지할 수 있는 대상에 몰입한다.[44]

1.71. 그곳에서 감각으로 감지할 수 있는 대상들의 원형들과 이데아들을 관조하되, 그 초월적 아름다움을 관조하면, 정신은 술을 마시지 않은 멀쩡한 상태에서도 취함(μέθη νηφαλία)에 빠져, 마치 코뤼베(κορυβή)의 춤을 추는 코뤼반테스(οἱ κορυβαντιῶντες)처럼 도취하고, 더 나은 다른 것을 향한 열망과 갈망에 사로잡혀, 그것에 이끌려 정신으로만 인지할 수 있는 대상들 가운데 가장 높이 솟은 정상까지 이르러 마침내 그 위대한 왕이 존재한다는 사실을 인식하게 된다.[45] 비록 보기를 갈망하지만, 집약된 빛의 희석되지 않은 순수한 광채들이 급류처럼 쏟아지므로 그 번쩍임 때문에 마음의 눈은 어리둥절하게 된다. 그런데 모든 형상(εἰκών)이 최초의 원형을 고스란

••

43) 우주의 정신이 로고스로 우주를 질서정연하게 운영하듯이, 인간의 정신도 로고스를 통하여 인간을 이성적으로 살게 한다는 뜻이다.

44) 여기서 "지혜에 대한 사랑"은 철학(φιλοσοφία)을 문자적으로 풀어 쓴 것이다. 실제로 필론이 창공을 날아오른 것은 아니고, 그의 정신이 철학적 명상 과정을 통하여 육체를 이탈하여 인간의 육체가 닿을 수 없는 창공과 그 너머의 초월 세계를 탐험할 수 있다고 주장하는 것이다.

45) 코뤼반테스는 아폴로와 탈리아 사이에 태어난 자들이고, 코뤼베 춤은 머리에 코뤼베를 쓰고 북소리에 맞추어 추는 군무에 가까운 춤을 말한다.

[그림 2] 스미스(William Smith)의 『사전(*Dictionary of Greek and Roman Antiquities*)』(1870)에 설명된 코뤼반테스 춤.

히 빼닮은 것은 아니고, 원형과 비슷하지 않은 형상들도 많다. 따라서 모세는 "그의 형상에 따라 그의 모양대로"라고 명시함으로써, 하나님이 자신을 정밀하게 본떠서 자신과 똑같은 인상(ἔμφασις)으로 만드셨음을 강조했다.

1.72 XXIV.　그런데 누군가는, 그(모세)가 다른 것들의 창조를 기록할 때와 달리, 어찌하여 인간 창조에 대해서만은 한 조물주(δημιουργός)가 아닌 많은 이들이 관여한 것처럼 보도하는지, 혼란스러워할 것이다.[46] 왜냐하면 그는 우주의 아버지에 관하여 다음과 같이 보도하기 때문이다. "**우리**의 형상을 따라 **우리**의 모양대로 인간을 만들자."(창 1:26) 내가 말하고자 하는 것은, 만물이 하나님의 통치 아래 있는데 누가 하나님을 도와드릴 필요가 있었겠는가 하는 점이다. 하늘과 땅과 바다를 만드실 때는 아무도 도와드

---

46)　플라톤과 소크라테스 전통에서 '당황하다'는 뜻을 가진 동사 '아포레인(ἀπορεῖν)'은 난제를 맞이하여 혼란에 빠지는 것을 상징하는 명사 '아포리아(ἀπορία)'와 동족어다.

릴 필요가 없지 않았는가? 그런데 단명하고 사멸하는 동물에 불과한 인간을 다른 이들의 도움 없이 하나님 홀로 만드실 수 없었다고 한다면, 비록 하나님 자신만이 그에 관한 가장 진실한 이유를 아시겠으나, 개연성 있는 상황을 기반으로 판단하여 그럴듯하고 합리적인 이유라고 추측한 것을 숨김없이 밝혀보아야겠다. 그것은 이렇다.

1.73. 존재하는 것들 가운데 덕스럽지도 않고 악하지도 않은 것들이 있는데, 예컨대, 식물들과, '로고스가 없는 비이성적인($\dot{\alpha}\lambda o \gamma \alpha$)' 동물들이 그렇다. 식물들은 혼이 없고 감각이 없는 자연에 의하여 통제되므로 덕스럽지도 악하지도 않으며, 비이성적 동물들은 정신($\nu o \tilde{\upsilon} \varsigma$)과 이성($\lambda o \gamma o \varsigma$)을 차단당했기 때문에 덕스럽지도 악하지도 않다. 정신과 이성이 악($\kappa \alpha \kappa i \alpha$)의 거처도 덕($\dot{\alpha} \rho \epsilon \tau \acute{\eta}$)의 거처도 될 수 있는 까닭은 거기에 악과 덕이 싹을 틔우고 살수 있기 때문이다. 덕만 있고 악이 전혀 없는 것들도 있는데, 별들이 그러하다. 별들은 동물로서 지성을 갖춘 동물이라 불리고, 그 각각은 정신 자체로서 전적으로 완전하게 성실하여 어떤 악도 수용하지 않기 때문이다. 이와 달리 혼합적인 자연 속성을 가지는 것들도 있는데, 인간이 그렇다. 인간은 서로 반대되는 성향들을 동시에 수용할 수 있으므로, 명철과 우둔함, 절제와 무절제, 용감함과 비겁함, 의로움과 불의함을 동시에 수용할수 있다. 이런 성향은 선한 것들과 악한 것들, 아름다운 것들과 추한 것들, 덕과 악을 해석하여 파악할 수 있게 한다.

1.74. 만물의 아버지 하나님께서 유덕한 것들을 홀로 창조하신 일이 지극히 당연한 까닭은 그것들과의 친밀성 때문이고, 덕스럽지도 악하지도 않은 무덤덤한 것들을 창조하신 일이 이상하지 않은 까닭은 그것들이 하나님께 미움받을 악함을 결여하기 때문이다. 그러나 선과 악이 혼재하는 것들의 경우에는 한편으로 합당하고 다른 편으로 부당하다. 당연한 까닭

은 더 선한 이데아가 혼재해 있기 때문이고, 부당한 까닭은 그와 반대인 더 악한 이데아가 혼재해 있기 때문이다.

1.75.　그(모세)는 하나님이 오로지 인간을 창조하실 때만 "우리가 인간을 만들자" 하고 말씀하셨다고 보도한다. 이는 다른 이들이 동역자로 참여했음을 분명히 함으로써, 만물의 통치자 하나님은 인간의 나무랄 데 없는 의도들 및 행동들과 연관이 있으실 뿐, 그와 반대되는 것들에 대하여는 하나님의 수하들과 연관이 있도록 하기 위해서다. 아버지는 후손들에게 악과 무관한 대상이셔야 하기 때문이고, 악한 것은 악 자체와 악에서 나오는 능력들을 가리킨다.[47]

1.76.　참으로 훌륭한 것은 그(모세)가 그 종속(γένος)을 '인간'이라고 칭한 다음에, 그 형태들(τὰ εἴδη)을 구별하여 '남자'와 '여자'로 창조되었다고 기록한 것이다. 당시에 인간들은 아직 개별적으로 고유한 모양(μορφή)을 받지는 않았으므로 구별 가능한 외형을 갖춘 것은 아니었으나, 두 이웃하는 성별들은 그 종속 안에 형태들을 갖추고 있으므로 예리하게 구별할 수 있는 능력자들에게는 마치 거울로 보듯 비추어진다.

1.77 XXV.　누군가는 왜 세상 창조의 마지막 작품이 인간이냐고 질문할지 모른다. 왜냐하면 신성한 글자들(성경)이 기록하는 바와 같이, 다른 모든 것들을 창조한 이후에 창조주 아버지께서 인간을 만드셨기 때문이다. 따라서 (율)법들에 깊이 들어가 온갖 노력을 기울여 (율)법들에 관한 것들을 세밀하게 조사하여 밝히려는 이들은 다음과 같이 말한다. 하나님은 자신에게만 고유한 '동족 간 친밀성(συγγένεια)'을 인간에게 나누어 주셨는데,

..

47)　악한 의도들과 악한 행동들을 포함하여 악한 것들은 악에서 유래하므로 선한 아버지에게서 유래할 수 없다는 뜻이다.

그 친밀성은 이성적 사고능력(ἡ λογική)으로서 선물들 가운데 가장 좋은 것이고, 그것과 더불어 다른 것들도 아낌없이 나누어 주셨다. 하나님은 자신과 가장 가깝고 친밀한 동물인 인간에게 주려고 세상에 만물이 존재하도록 미리 만들어두셨으니, 이는 인간이 태어났을 때 사는 데 필요한 것이 없어서 당황하지 않고 잘 살도록 배려하신 것이다. 목적들을 성취하며 즐길 수 있도록 풍요로움과 넉넉함이 마련되었고, 하늘에는 천체들이 펼치는 광활한 장관이 마련되었다. 인간 정신(νοῦς)이 그 장관을 보게 되면, 천체들에 관한 인식(ἐπιστήμη)에 이르고자 하는 갈망과 열정에 사로잡힌다. 여기서부터 철학(φιλοσοφία)이라는 종속이 움텄는데, 인간은 비록 필멸하는 존재일지라도 철학을 통하여 불멸하기를 열망한다.

1.78. 그러므로 마치 잔치를 배설하는 이들(ἑστιάτορες)이 잔치에 필요한 모든 것을 미리 준비하기 전에는 만찬에 손님을 초대하지 않는 것처럼, 또한 운동 경기나 연극 경연대회를 마련하는 자들이 경기자들과 볼거리들을 완벽하고 풍성하게 준비하기 전에는 무대들과 경기장에 관중을 허용하지 않는 것처럼, 우주의 통치자도 마치 운동 경기를 개최하고 잔치를 배설하여 잔치와 구경거리에 손님들을 초대하려는 사람처럼, 그 둘의 각 형태(εἶδος)를 실현하는 데에 필요한 것들을 미리 준비함으로써, 세상에 태어나는 자가 태어나자마자 곧바로 신성한 향연과 무대를 발견할 수 있도록 조처하신 것이다. 그리하여 땅과 강들과 바다와 대기가 사용하고 즐길 수 있는 온갖 것들이 준비되고, 지극히 놀라운 본질들과 지극히 놀라운 품질들을 갖춘 온갖 볼거리들이 마련되었으니, 산술 비율과 조화로운 음악 주기에 맞추어 질서 있게 상생하는 그 움직임들과 윤무들은 지극히 경탄할 만한 것이었다. 그 모든 것들 가운데 처음 만들어진 참되고 원형적인 음악이 있는데, 인간들이 그 원형적 음악에서 유래한 형상들을 자신들의 혼들 속

에 새겨넣음으로써 (인간의) 삶에 가장 필요하고 가장 유용한 기술을 세대를 거듭하여 전수했다고 누군가가 주장할지라도 틀린 말은 아닐 것이다.

1.79 XXVI. 　이것이 바로 인간이 다른 모든 것들 이후에 창조된 이유라고 생각되는 첫 번째 것이다. 이제 두 번째 이유를 말해야 한다. 처음 창조되자마자, 인간은 생명 유지에 필요한 온갖 것들과 다음 세대들에게 전수하여 가르칠 온갖 것들이 마련되어 있음을 발견했다. 즉, 인간이 자기 종속의 창시자(ἀρχηγέτης τοῦ γένους)를 모방하기만 하면, 수고하거나 고통받지 않고 삶에 필요한 것들을 지극히 풍족하게 누리며 살 수 있다고 자연(φύσις)은 쉬지 않고 외치고 있었다. (인간이) 이런 삶을 누리려면, 비이성적 쾌락들이 혼을 지배하지 못하도록 하고, 식탐과 음탕함이 성벽을 쌓지 않도록 하고, 명예나 부나 권력을 향한 욕망이 삶에서 힘을 발휘하지 못하도록 하고, 슬픔에 젖어 지성적 마음(διάνοια)을 멀리하거나 굽게 하지 말아야 하고, 성실하게 일하려는 열정들을 떨쳐버리지 말아야 하고, 무지와 비겁함과 불의와 그 밖에 다른 사악한 것들의 무게가 짓누르지 않게 해야 한다.

1.80. 　그런데 앞서 열거한 것들은 모두 번성하는 성질을 가지므로, 그로 인하여 사람들은 격정들과 억제할 수 없고 비난받아 마땅한 욕망들에 무심코 빠져드는데, 그런 욕망들은 차마 입에 담지 못할 것들이다. 그처럼 경건하지 못한 행위들에 대하여는 그에 상응하는 벌(δίκη)이 가해지는데, 그 벌이란 생계에 필요한 것들을 얻기 위하여 수고해야 한다는 것이다. 그리하여 그들은 수고하여 밭을 갈고, 샘들과 강들에서 물길을 끌어오고, 파종도 하고, 식물도 심고, 밤낮으로 쉬지 않고 농사일을 하면서 한 해를 기다려야만 비로소 필요한 작물들을 수확할 수 있게 되는데, 수확한 것들은 다양한 악재들로 인하여 수량이 매우 부족하고 불충분하기 마련이다. 왜

냐하면 폭우들이 연달아 (작물에) 세차게 몰아치거나, 육중한 우박이 (작물을) 가격하여 파괴하거나, (작물 위에) 차가운 눈이 내리거나, 강한 바람이 불어 (작물을) 뿌리째 엎어놓곤 하기 때문이다. 물과 공기조차도 흉작을 부추기는 다양한 이변들을 초래하곤 한다.

1.81. 그러나 혹독한 욕망들의 예측할 수 없는 변덕들이 신중함 (σωφροσύνη)으로 교정되어 잦아들고, 잘못을 저지르려는 충동들과 야망들이 정의(δικαιοσύνη)로 교정되고, 해악들과 그로 인한 허무한 행위들이 덕들과 그로 인한 활기찬 분별력으로 교정되면, 실로 전쟁들 가운데 가장 혹독하고 가장 비참한 전쟁인 혼의 전쟁이 종식된다. 그리하여 마침내 평화가 정착하면, 우리 안에서 능력들이 작동하기 시작하여, 고요하고 온유하고 질서정연한 상태(εὐνομία)를 형성한다. 그러면 덕을 사랑하고(φιλάρετος), 아름다움을 사랑하고(φιλόκαλος), 무엇보다 인간을 사랑하시는(φιλάνθρώπως) 하나님께서 인간 종속을 위하여 미리 마련해두신 좋은 것들을 자연에게 스스로 내어주라고 하실 것 같은 소망(ἐλπίς)이 피어오른다. 왜냐하면 있지 않은 것들을 있게 만들어서 주는 일보다 이미 있는 것들에서 나는 열매를 농사짓는 기술을 거치지 않은 채 거저 주는 편이 훨씬 더 쉽기 때문이다.

1.82 XXVII. 이처럼 두 번째 이유가 논해졌으니, 이제 세 번째 이유가 논해질 차례. 하나님은 피조물들의 시작과 끝을 서로 꼭 필요하고 사랑하는 관계로 연결하고자, 처음에 하늘을 창조하고, 마지막에 인간을 창조하셨다. 하늘은 감각 기관을 사용하여 볼 수 있는 상태에 있으면서도 사멸하지 않는 것들 가운데 가장 완전한 것이고, 인간은 지상에 살면서 사멸하는 것들 가운데 가장 좋은 것이다. 진실로 인간은 단명하는 하늘로서, 그 안에 별처럼 무수한 속성들을 기술들과 지식들과 그 덕목들 각각에서 유래하는 대단한 이론들로 배태하고 있다. 사멸하는 것과 불멸하는 것은 정반

대의 형태(εἶδος)로 드러나는데, 그(하나님)는 각 형태의 최상의 것을 처음과 마지막에 배치하되, 전술했듯이, 하늘을 처음에 인간을 마지막에 배치하셨다.

1.83 XXVIII. 이 모든 것들 외에 필연적인 이유 하나를 더 설명해야 한다. 모든 피조물 가운데 맨 마지막에 인간이 출현해야 했던 까닭은, 인간이 다른 동물들 앞에 마침내 나타났을 때 놀라움을 유발하도록 하기 위해서였다. 다른 동물들이 인간을 처음 보자마자 우두머리요 통치자로 여기고, 자연스럽게 경외하고 예배하도록 한 것이다. 그리하여 동물들은 모두 인간을 보자마자 온순해졌고, 가장 사나운 습성을 가진 짐승들조차 인간 모습을 처음 보자마자 곧 순해졌으며, 심지어 자기들끼리는 야만적 공격성을 여지없이 보이는 짐승들조차 인간 앞에서는 온순해졌다.

1.84. 이처럼 아버지께서는 인간이 '통치하는 동물'로서의 자연 속성을 가지도록 만드셨다. 실제로 그렇게 만드셨을 뿐만 아니라, 그것을 로고스로 명하여 제정함으로써 육상동물들과 해양동물들과 공중동물들을 비롯한 달 아래 모든 것들의 왕으로 삼으셨다. 그는 세 가지 물질계인 땅과 물과 공중에 사는 사멸하는 생물들을 모조리 인간에게 복종하게 하는 한편, 하늘의 이치를 따르는 것들을 따로 구분하여 더욱 신성한 부분들을 차지하게 하셨다. 인간이 권세를 가졌다는 사실을 가장 확실하게 입증하는 명백한 증거들이 있다. 예컨대, 많은 짐승 떼가 한 사람을 따라가는 경우인데, 짐승 떼를 인도하는 사람은 혼자이고, 무장하거나 철갑을 두르거나 호신용 무기를 들지도 않았으며, 겉옷으로 가죽옷만 입은 채, 오로지 무언가를 가리킬 목적이나 여정 중에 지친 몸을 지탱할 목적으로 사용하는 지팡이 하나만을 가진 경우에도 그러하다.

1.85. 그렇게 한 명의 양치기나 염소 지기나 소몰이가 무수한 양 떼나 염

소 떼나 소 떼를 모는데, 인간들은 신체적으로 정력이 넘친다거나 건장한 편도 아니며, 보는 이들을 화들짝 놀라게 할 만한 풍채를 지닌 것도 아니다. 그런데 그처럼 엄청나게 중무장한 짐승들이 선천적으로 자신을 방어할 대단한 기운들과 능력들을 타고났음에도 불구하고 마치 노예들처럼 인간 주인에게 다소곳이 순종하며 시키는 일들을 한다. 소들은 땅을 경작하기 위하여 멍에를 메고 온종일 고랑을 깊게 가르고, 심지어 밤에 갈기도 하는데, 지켜보는 농부가 상당히 오랫동안 상당히 먼 거리에 있을 때조차 일하기를 계속한다. 또한 봄철에는 털이 수북해진 숫양들이 저항하지도 않고 양치기가 시키는 대로 서거나 다소곳이 앉아서 자기 양털을 깎으라고 주인에게 몸을 맡기곤 한다. 이는 도시국가들이 왕에게 매년 조공을 바치는 것과도 같다.

1.86. 참으로 동물들 가운데 가장 성질이 강한 말조차도 일단 굴레를 씌우기만 하면 부리기가 쉬워지고, 저항하거나 날뛰지 않으며, 안장을 얹고 앉기에 편하도록 자기 등을 움푹하게 구부려주고, 인간이 타면 일어나서 빠르게 질주하고, 가자는 장소들로 서둘러 달려가 목적지까지 태워다준다. 말을 탄 사람은 고생하지 않고 가만히 앉아서 다른 것(말)의 몸과 발로 빠르게 질주하는 셈이다.

1.87 XXIX. 굳이 열거해보고자 한다면, 어떤 동물도 인간의 지배에서 벗어날 수 없다는 사실을 입증할 만한 다른 사례들은 얼마든지 있다. 그러나 입증하기 위한 사례라면, 이미 언급한 사실들로도 충분할 것이다. 그러므로 인간이 제일 마지막에 창조된 이유는 (동물들 사이의) 서열 면에서 인간이 열등한 위치에 있기 때문이 아님을 간과하지 말아야 한다.

1.88. 그에 대한 명백한 증거들이 마부들(ἡνίοχοι)과 조타수들(κυβερνῆται)이다. 마부들은 마차를 끄는 동물들보다 뒤에 위치하므로 동물들보다 뒤

늦게 전방을 볼 수 있으나, 고삐들을 휘어잡기만 하면 자신들이 원하는 곳으로 동물들을 끌고 갈 수 있다. 마부들은 고삐를 당겨 급히 질주할 때도 있으나, 그것들이 바람직한 속도보다 빨리 달릴 때는 고삐를 늦추기도 한다. 또한 조타수들은 배의 가장 뒷부분인 선미에 자리함에도 승선한 사람들 가운데 가장 탁월한 자라고 평가받는다. 왜냐하면 승선한 사람들 모두의 안전이 조타수들의 손에 달려 있기 때문이다. 그와 유사한 이유로, 창조주는 다른 동물들을 창조한 이후에 인간을 창조하셨다. 마부와 조타수처럼, 인간이 최고로 위대한 왕(하나님)의 수석보좌관(ὕπαρχος) 같은 역할을 맡아 관리책임(ἐπιμέλεια)을 다하되, 모든 지상 동물들과 식물들의 고삐를 잡아 인도하고 항해를 선도하도록 하신 것이다.

1.89 XXX. 온 세계가 숫자 6의 완전한 속성에 따라 창조된 이후에 세계의 아버지는 다음 날인 7일째 날을 높여 칭송하고 거룩하게 구별하셨다. 왜냐하면 그날은 도시국가와 마을의 축제일이자 만물의 축제일로서, 참으로 모든 무리를 위한 날이므로 세계의 생일이라 부를 만하기 때문이다.

1.90. 어떤 말로도 표현할 수 없을 만큼 뛰어난 숫자 7의 속성을 누가 충분하게 칭송할 수 있으랴? 숫자 7이 형언할 수 있는 것보다 탁월하다는 이유로 침묵할 것이 아니라, 말로 표현하기를 도전해보아야 하는데, 비록 완전하고도 지극히 적확하게 설명할 수 없을지라도, 우리의 지적 사고로 다가갈 수 있는 만큼이라도 모쪼록 설명하기를 시도해야 할 것이다.

1.91. 숫자 7은 두 종류로 거론된다. 하나는 숫자 10 이내에 있는 정수로서 1을 하나씩 일곱 번 반복할 때 일곱 번째 오는 수이고,[48] 다른 형태는

··
48) 1, 2(1+1), 3(1+1+1), 4(1+1+1+1), 5(1+1+1+1+1), 6(1+1+1+1+1+1), 7(1+1+1+1+1+1+1).

10 이상 되는 수들 가운데 1에서 시작하여 2배율, 3배율 등의 배율로 증가하는 형태로서 숫자 64 내지 숫자 729와 같은 것들이다.[49] 숫자 64는 1에서 시작하여 2배율로 증가하여 일곱 번째 오는 7의 형태고, 729는 3배율로 증가하여 일곱 번째 오는 7의 형태다.[50] 각각의 형태를 부차적인 것으로 생각하지 말아야 한다.

1.92. 그런데 두 번째 형태는 가장 분명한 우월성을 가지고 있다. 왜냐하면 1에서 시작하여 2배율 하여 일곱 번째 오는 수(64)와 1에서 시작하여 3배율 하여 일곱 번째 오는 수(729)는 각각 사각형(2제곱)과 정육면체(3제곱)를 형성하고,[51] 비신체적인 본질의 형태와 신체적인 본질의 형태(εἶδος)를 포함하기 때문이다. 비신체적 본질의 형태는 정사각형으로서 평면(ἐπίπεδος)으로 표현되고, 신체적 본질의 형태는 정육면체로서 입체(στερεός)로 표현된다.

1.93. 이에 대한 명확한 입증은 앞에서 언급한 숫자들로 할 수 있다. 1부터 2배율하여 일곱 번째 오는 수는 64인데(1×2×2×2×2×2×2=64), 이는 8과 8을 곱한 것으로서(8×8=64) 정사각형을 형성하기도 하고, 4와 4를 곱한 것을 다시 4배율한 것과 같아서(4×4×4=64) 정육면체를 형성하기도 한다.[52] 또한 1에서 시작하여 3배율씩 증가시켜 얻은 일곱 번째 수는 729인

∴

49) 플라톤에 따르면, 왕(βασιλεύς)이 참주/폭군(τύραννος)보다 729배 행복하고, 참주/폭군은 왕보다 729배 불행하다. Plato, *Resp.* 587d-e를 참조하라.

50) 1, 2(1×2), 4(1×2×2), 8(1×2×2×2), 16(1×2×2×2×2×2), 32(1×2×2×2×2×2×2), 64(1×2×2×2×2×2×2; 1, 3(1×3), 9(1×3×3), 27(1×3×3×3), 81(1×3×3×3×3), 243(1×3×3×3×3×3), 729(1×3×3×3×3×3×3).

51) 8×8=64; 9×9×9=729.

52) 이와 유사한 숫자 개념들이 플라톤에서 발견된다.(Plato, *Tim.* 35b-36d) 다만, 플라톤은 숫자 3의 중요성을 강조하는 편이지만, 필론은 유대 안식일 개념 때문인지 숫자 7의 중요성을 강조하는 편이다.

데($1 \times 3 \times 3 \times 3 \times 3 \times 3 \times 3 = 729$), 이 숫자는 숫자 7과 20을 더한 것(27)을 서로 곱하면 만들어지는 정사각형으로서($27 \times 27 = 729$), 9를 서로 곱한 다음에 그 것을 다시 아홉 배 하면 만들어지는 정육면체이기도 하다($9 \times 9 \times 9 = 729$).

1.94. 숫자 1 대신에 다른 수로 시작하여 같은 배율로 일곱 번 증가시켜도 항상 정육면체(3제곱)와 정사각형(2제곱)이 된다. 예컨대, 64로 시작하여 2배율씩 증가시켜 일곱 번째 되는 숫자는 4,096인데, 이것은 정사각형(2제곱)과 정육면체(3제곱)로서, 64를 2제곱한 것이기도 하고($64 \times 64 = 4,096$), 16을 3제곱한 것이기도 하다($16 \times 16 \times 16 = 4,096$).

1.95 XXXI. 이제 다른 형태(εἶδος)인 10 이내에 포함되는 숫자 7로 넘어가야 하는데, 이 형태 역시 이전 형태(10 이상)에 뒤지지 않는 경이로움을 드러낸다. 숫자 7은 1과 2와 4로 이루어지고, 이 숫자들은 2배율과 4배율이라는 가장 조화로운 두 종류의 배율을 포함한다. 2배율은 디아파종(διὰ πασῶν)을, 4배율은 이중 디아파종을 나타낸다.[53] 한편, 숫자 7은 멍에와 비슷한 방식으로 분류할 수도 있다. 왜냐하면 그것은 먼저 1과 6으로, 다음으로 2와 5로, 마지막으로 3과 4로 분리할 수 있기 때문이다.

1.96. 이 숫자들의 비율이 지극히 음악적인 까닭은 다음과 같다. 6대 1은 6배 크기의 비율이고, 6배 크기의 비율은 존재하는 협화음의 음정 차이(διάστημα) 가운데 그 폭이 가장 크다. 협화음의 음정 차이란 가장 낮은음에서 가장 높은음 사이의 폭을 뜻하는데, 이에 관하여는 숫자 이론을 마치고 화음 이론을 다룰 때 살펴보겠다. 또한 5대 2 역시 협화음을 구성한다는 면에서 거의 디아파종에 가까운 위력을 보이며, 이런 위력은 수학적 음악 이론을 따를 때 극명하게 나타난다. 또한 4대 3은 네 가지 협화음 가운

••
53) '디아파종(διὰ πασῶν)'에 대하여는 Philo, *Opif.* 1.48을 참조하라.

데 1과 1/3이라는 첫 번째 협화음을 이룬다.

1.97 XXXII. 이 밖에도 숫자 7이 표현하는 아름다움은 더 있는데, 그것은 상상할 수 있는 가장 신성한 아름다움이다. 왜냐하면 그것은 3과 4로 구성되므로 자연 속성상 존재하는 것들 가운데서 치우치지 않는 강직함을 나타내기 때문이다. 왜 그런지 알아보자. 직각삼각형(τὸ ὀρθογώνιον τρίγωνον) 은 고유한 성질들의 시원(ἀρχὴ ποιοτήτων)으로서 숫자 3과 숫자 4와 숫자 5로 구성된다. 3과 4는 7의 본질(οὐσία)을 가지며, 직각(강한 각도)를 이룬다. 둔각(ἀμβλεῖα)과 예각(ὀξεῖα)은 비정상과 무질서와 불공평을 나타낸다. 왜냐하면 (직각보다) 더 넓은 둔각(ἀμβλυτέρα)과 더 좁은 예각(ὀξυτέρα)은 서로 다른 각도들을 유발하기 때문이다. 그러나 직각은 상대적인 비교를 허용하지 않을뿐더러, 한결같은 상태에 머무르면서 자신의 고유한 본성을 절대로 변질시키지 않는다. 만약에 참으로 직각삼각형이 고유하게 타고난 형태들과 성질들의 시원(ἀρχὴ σχημάτων καὶ ποιοτήτων)이고,[54] 이 삼각형의 필수 불가결한 부분은 직각이며, 직각의 본질은 숫자 3과 숫자 4를 내포하는 숫자 7에서 유래한다면, 여러분은 이것(숫자 7)이야말로 모든 외형과 모든 고유한 성질의 원천(πηγή)이라고 생각해도 좋을 것이다.[55]

1.98. 전술한 것들 외에 더 논해야 할 것은, 숫자 3이야말로 (모든 현상과 사물의) 타고난 형태의 토대라는 것이다. 왜냐하면 점(σημεῖον)은 1로, 선(γραμμή)은 2로, 면(ἐπίπεδος)은 3으로 규정되고, 4는 면에 깊이(βάθος)라는 차원을 더한 입체(στερεός)를 나타내기 때문이다. 그러므로 7의 본질은 기

⁞

54) 세상을 창조한 기초 물질들(στοιχεῖα)인 물, 불, 공기, 흙, 에테르 등이 직각삼각형을 포함한 다양한 삼각형들과 연관이 있다는 주장은 다음을 보라. Plato, *Tim.* 53e-55b.

55) 다윗에게서 솔로몬을 낳은 '밧세바'라는 이름은 숫자 7을 뜻하는 שֶׁבַע와 '딸' 내지 '샘'이라는 뜻을 가진 בַּת로 이루어져 있다.

하학과 3차원 기하학의 시원(ἀρχή)이며, 모든 비신체적인 것들(보이지 않는 것들)과 신체적인 것들(보이는 것들)을 해명하는 시원이라는 사실이 분명해진다.

1.99 XXXIII.   이처럼 지극히 신성한 것이 숫자 7 안에서 싹트기 때문에 7은 10 이내의 다른 숫자들보다 탁월한 로고스를 갖는다. 다른 숫자들 가운데는, 생식 기능을 갖추어 출산할 수는 있으나 출생할 수 없는 것들이 있고, 출생할 수 있는 것들 가운데는 생식 기능을 갖추지 못한 것들도 있지만 생식 기능을 갖추어 출산할 수 있는 것들도 있다. 오로지 숫자 7만이 그 어떤 경우에도 속하지 않는 것 같다. 이것은 증명하고 밝혀야 한다. 먼저, 숫자 1은 이후의 모든 숫자를 출산할 수 있으나, 자신은 어떤 것에 의해서도 결코 출생할 수 없다. 또한 숫자 8은 4에 2를 곱하여 출생할 수는 있으나, 그 자신은 10 이내의 숫자들 가운데 어떤 것도 출산하지 못한다. 또한 숫자 4는 출산하는 부모도 되고 출생하는 자녀도 되는 원칙을 따르는데, 왜냐하면 그것(4)을 2배하면 8을 출산할 수 있고, 2를 2배하면 그것(4)이 출생할 수 있기 때문이다.

1.100.   그러나 10 이내의 숫자들 가운데 오로지 숫자 7만은 전술했듯이 어떤 것도 출산하지 못하고, 어떤 것에 의하여 출생하지도 못한다. 따라서 철학자들은 저마다 그 숫자(7)를 어머니가 없는 승리의 여신(Νίκη)에 빗대기도 하고, 제우스의 머리에서 튀어나왔다는 처녀 여신(Παρθένος)에[56] 빗대기도 하는데, 피타고라스 학파는 그것을 삼라만상의 통치자에 빗댄다. 왜냐하면 그 숫자는 출산하지도 출생하지도 않은 채, 한결같이 부동의 상태에 머물기 때문이다. 그러나 출생이란 움직임 속에서 일어나고, 출산하는

••

56) 파르테노스는 지혜의 여신 Ἀθηνᾶ Παρθένος를 뜻한다.

일과 출생하는 일은 움직임 없이 불가능하며, 출산하기 위한 일과 출생하기 위한 일은 모두 움직여야 가능하다. 움직이게 하지도 않고 움직이지도 않는 분은 우주의 최연장자요, 통치자요, 우두머리인데, 그런 분과 비슷한 숫자가 바로 7이라고 할 수 있다. 필롤라오스(Φιλόλαος)는 다음과 같이 내 말을 입증한다. "그는 말한다, 하나님은 만물의 우두머리와 통치자로서, 영원히 홀로 존재하고, 한결같아서 움직이지 않으며, 오로지 자기 자신만을 닮았으므로 다른 것들과 구별되신다고."

1.101 XXXIV.   숫자 7은 정신으로 인식할 수 있는 대상들(τὰ νοητά) 가운데 (움직임이 없는) 부동의 상태(τὸ ἀκίνητον)와 (격정이 없는) 무통의 상태(τὸ ἀπαθές)를 나타내고, 감각으로 감지할 수 있는 대상들 가운데 가장 본질적이고 위대한 능력을 나타내며, 지상의 모든 것들이 진보하도록 관여하고, 달의 회전주기에도 관여한다. 어떻게 그럴 수 있는지 살펴보아야 한다. 숫자 1부터 시작하여 7까지 더하면, 그 구성 부분들이 균등해지는 완전수 28이 탄생한다. 그렇게 탄생한 숫자는 달의 회전 주기들을 반복하는 계산에 참여하여 달의 등허리를 처음 부풀기 시작한 때로 되돌려놓는데, 달이 그 상태로 이지러지는 모습은 감각으로 감지할 수 있는 방식으로 진행된다. 달은 처음에는 초승달 모양이었다가, 7일 동안 점차 커져서 반원 모양이 되고, 7일이 더 지나면 찬란한 보름달 모양이 되었다가, 다시 이지러져 처음 상태를 향해 똑같은 길로 왕복달리기를 한다(διαυλοδρομέω). 빛으로 가득한 원형(보름달)에서 시작하여 7일 동안 반원(반달)을 향해 달린 후에 다시 똑같은 일수(7일) 동안에 반달이 초승달 모양으로 이지러지기까지 달리는 것이다.[57] 이런 방식으로 앞에서 언급한 숫자(28)를 채운다.

∵

57)   ○–7일 → ◐–7일 → ●–7일 → ◑–7일 → ○

106

1.102.   또한 이름들을 엄밀하게 사용하는 일에 숙달된 이들은 숫자 7을 완성하는 수라고 부르는데, 이는 삼라만상이 그 숫자에 따라 완성되기 때문이다. 이에 관한 증거는, 모든 유기체가 세로와 가로와 깊이라는 3가지 간격들(διαστάσεις)을 가지고, 점, 선, 면, 입체라는 4가지 경계들(πέρατα)을 가지며, 이들을 합하면 숫자 7이 완성된다는 사실이다. 그렇지만 만약에 숫자 10이 토대로 삼는 첫 번째 수들인 1, 2, 3, 4의 이데아들이 숫자 7의 속성을 구성하지 못한다면, 유기체를 3가지 간격들과 4가지 경계들의 결합에 따라 숫자 7로 계측하는 일은 불가능했을 것이다. 왜냐하면 전술한 숫자들은 첫 번째, 두 번째, 세 번째, 네 번째 등 4가지 지경들(ὅροι)과 3가지 간격들(διαστάσεις)을 가지기 때문이다. 첫 번째 간격은 1에서 2 사이, 두 번째 간격은 2에서 3 사이, 그리고 세 번째 간격은 3에서 4 사이다.

1.103 XXXV.   전술한 것 외에도 사람들이 영아에서 노인으로 성장하는 연령 단계들은 숫자 7에 따라 정렬해야 그 성취 능력이 가장 분명하게 표현된다. 처음 7년 동안에는 치아들이 자란다. 두 번째 7년은 능력이 더해지는 기간으로서, 생식능력을 갖춘 정자를 내보낼 수 있게 된다. 세 번째 기간에 수염이 자라고, 네 번째 기간에 몸이 완전하게 자라 성년이 된다. 다섯 번째 기간에 결혼 적령기를 맞이한다. 여섯 번째 기간에 지능(σύνεσις)이 정점에 달한다. 일곱 번째 기간에 정신과 이성이 함께 발전하고 성장한다. 여덟 번째 기간에 그 둘(정신과 이성)이 완전하게 성숙한다. 아홉 번째 기간에는 열정들이 부드럽고 온유해져서 상당히 온순해진다. 열 번째 기간에는 아직 사지 기관들이 멀쩡한데, 이런 상태에서 인생의 끝을 맞이하는 것이 바람직하다. 왜냐하면 지나치게 늙은 나이가 되면 그 둘이 모두 부실하고 약해지기 때문이다.

1.104.   이러한 성숙 단계들을 아테네 입법자(νομοθέτης)인 솔론(Σόλων)은

다음과 같이 비가들(ἐλεγεῖα)로 만들어 읊었다. "성년이 되지 않은 아이는 아직 어릴 때 치열이 자라고 처음 자란 것을 갈아치우기까지 7년이 걸린다. 그러나 하나님이 또 다른 7년을 채우시면, 아이는 청년으로 변해가는 표징들을 나타낸다. 세 번째 기간에는 사지가 자라 수염으로 뒤덮이고, 안색이 변하여 홍조를 상실한다. 네 번째 7년 동안에는 힘이 가장 세지고, 남자들은 덕스러운 표징들을 갖게 된다. 다섯 번째 기간에 남자는 결혼을 생각하고, 아이들을 낳아 자손을 이어갈 방법을 모색한다. 여섯 번째 기간에는 모든 면에서 인간의 정신이 성숙하여, 더는 무모한 짓들을 하지 않으려고 한다. 일곱 번째 7년 동안에는 정신과 언어가 정점에 달하고, 여덟 번째 기간에도 그러한데, 총 14년 동안 그러한 셈이다. 아홉 번째 기간에도 여전한 능력을 보이지만, 언어와 지혜가 기능 면에서 약해지는 경향을 보인다. 수명에 따라 열 번째 기간에 도달하면, 죽음의 운명을 맞이할지라도 너무 이른 것은 아니다."

1.105 XXXVI.　　따라서 솔론은 인간의 수명을 전술했듯이 7년씩 10회의 기간들로 분류하여 계산한 셈이다. 비록 같은 방식은 아닐지라도, 의사 히포크라테스('Ιπποκράτης) 역시 인생 과정을 일곱 단계로 파악하고, 그것을 유아기, 유년기, 소년기, 청년기, 장년기, 중년기, 노년기 등 일곱 시기로 구분했다. 그는 다음과 같이 말한다. "인간의 자연 속성에는 발달단계들이라고 부르는 일곱 시기가 있는데, 유아기, 유년기, 소년기, 청년기, 장년기, 중년기, 노년기가 그것이다. 유아기는 유치가 빠질 때까지 7년 동안의 기간이다. 유년기는 생식 기능이 자라는 두 번째 7년 기간이다. 소년기는 수염이 자라는 세 번째 7년 기간이다. 청년기는 몸이 성숙하게 자라는 네 번째 7년 기간이다. 장년기는 50년에서 1년을 뺀 시기, 즉, 7년씩 7회를 거듭한 나이까지다. 중년기는 56세까지로서 7년씩 8회 거듭한 나이까지다. 그

이후는 노년기다."

1.106. 숫자 7이 자연에서 놀라운 지위에 있다는 사실을 칭송하기 위하여 그 숫자가 **3**과 **4**로 이루어졌다는 점을 언급하기도 한다. 어떤 이가 2배율한다고 가정하면, 1에서 **세 번째** 2배율은 2제곱이고($1\times2\times2$), **네 번째**는 3제곱이며($1\times2\times2\times2$), 그 둘에서 일곱 번 2배율하면 2제곱도 되고 3제곱도 된다는 사실을 발견할 것이다. 즉, 1에서 세 번째 2배율은 2제곱이고, 네 번째 2배율은 8로서 3제곱이고, 일곱 번째는 64로서 3제곱도 되고 2제곱도 된다($1\times2\times2\times2\times2\times2\times2=8^2=4^3$). 그러므로 일곱 번째 수는 완전한 수로서 양쪽 모두의 균등성을 선포하는데, 하나는 2제곱을 하여 얻는 **면**으로서 3과 연관이 있고, 다른 하나는 3제곱을 하여 얻는 **입체**로서 4와 친하다.[58] 그리고 3과 4로 이루어진 숫자가 7이다.

1.107 XXXVII. 그런데 그것(숫자 7)은 완전한 수일 뿐 아니라, 말 그대로 가장 조화로운 수이기도 하다. 그것은 4도 화음, 5도 화음, 그리고 디아파종 등의 모든 협화음을 만드는 가장 아름다운 규칙의 원천으로서, 산술적이고 기하학적이고 심지어 음악적이기도 한 온갖 조화로운 비율을 구성한다. 이 구간은 6, 8, 9, 12의 수들로 이루어지는데, 8대 6은 1과 1/3배율(4/3)로서 완전 4도에 따른 차이의 소리가 나고, 9대 6은 1과 1/2배율(3/2)로서 완전 5도에 따른 차이의 소리가 나며, 12대 6은 2배율로서 디아파종과 같

∵

58) 이 문장은 피타고라스 방식의 '차원(διμενσιον)' 개념을 전제한다. 그리스어로 차원을 뜻하는 αὔξη는 '자람' 내지 '확장'을 뜻한다. 1차원은 점의 정사형인 선으로서 점이 선으로 확장된 것이고, 2차원은 선의 정사형인 면으로서 선이 면으로 확장된 것이며, 3차원은 면의 정사형인 입체로서 면이 입체로 확장된 것이다. 점은 1, 선은 2, 면은 3, 입체는 4로 표현하기도 한다. Plato, *Resp.* 528a–b 참조. 필론은 피타고라스 배경에서 플라톤이 자주 거론하는 기하학과 차원 개념을 수용하는데, 플라톤은 숫자 3을 강조하는 반면에 필론은 숫자 7의 중요성을 역설하는 편이다. Philo, *Opif.* 1.98을 보라.

아진다.[59]

1.108.　전술했듯이, 그것은 온갖 비율들을 설명한다. 그것은 6과 9와 12로 이루어지는 산술적 비율을 설명한다. 왜냐하면 가운데 숫자(9)는 첫 번째 숫자(6)보다 3만큼 더 크고, 마지막 숫자(12)는 가운데 숫자보다 3만큼 초과하기 때문이다. 또한 네 개의 숫자로 이루어지는 기하학적 비율을 설명한다. 왜냐하면 8대 6의 비율은 12대 9의 비율과 같기 때문이다. 그 비율은 1과 1/3(=4/3)이다. 또한 6과 8과 12라는 세 개의 숫자로 이루어지는 협화음의 비율을 설명한다.

1.109.　협화음의 비율을 판단하는 방법은 두 가지다. 하나는 마지막 숫자의 첫 번째 숫자에 대한 비율이 무엇이건, 가운데 숫자가 마지막 숫자에 의하여 초과하는 크기는 가운데 숫자가 첫 번째 숫자를 초과하는 크기와 같아야 한다는 것이다. 이에 대한 가장 분명한 증거는 앞에서 말한 6, 8, 12라는 숫자들에서 볼 수 있다. 왜냐하면 마지막 숫자가 첫 번째 숫자의 2배이고, 2배만큼 커졌기 때문이다. 또한 12가 8을 초과하는 크기는 8이 6을 초과하는 크기의 2배다. 12는 8보다 4만큼 크고, 8은 6보다 2만큼 크며, 4는 2의 2배이기 때문이다.

1.110.　협화음의 비율을 판단하는 다른 방법은, 가운데 음의 크기가 양쪽 음들의 크기보다 같은 양만큼 크거나 작아야 한다는 것이다. 가운데 음의 크기 8은 직전 음(6)의 크기보다 1/3만큼 큰데, 8에서 6을 뺀 2는 직전 음의 크기인 6의 1/3에 해당하기 때문이다. 또한 그것(8)은 마지막 음의 크기(12)보다 같은 비율만큼 작은데, 왜냐하면 12에서 8을 빼고 남은 크기(4)는 12의 1/3이기 때문이다.

⁚⁚

59)　피타고라스가 대장간에서 망치 소리를 듣고 발견했다는 협화음 비율에 관한 설명이다.

1.111 XXXVIII. 이런 것들이 도형이나 사각형이나 기타 우리가 불러야 할 이름이 가지는 존엄한 성질에 관한 것이라고 전제하자. 숫자 7은 그처럼 훌륭하고 다양한 이데아들을 정신으로만 인식할 수 있는 비물질적인 형태들로 나타낸다. 그것(7)의 자연 속성은 보이는 삼라만상의 본질을 뛰어넘어 하늘과 땅, 만물의 지경들에까지 닿아 있다. 세계의 어떤 부분이 7과 친숙하지 않으며, 7을 향한 사랑과 열정으로 길들지 않았겠는가!

1.112. 예컨대, 사람들은 하늘이 일곱 개의 원들로 휘감겨 있다고 말하는데, 그 이름들은 북극선, 남극선, 남회귀선, 북회귀선, 춘분선, 황도대, 그리고 마지막으로 은하수선 등이다.[60] 지평선은 (실제 원이 아니라) 우리 상황에 따라 원처럼 보일 뿐이어서, 우리 시력이 예리할 때와 그 반대일 때 달라 보이므로, 우리 감각은 지평선 윤곽을 좁게 파악하기도 하고 더 넓게 파악하기도 한다.

1.113. 행성들과 그에 상응하는 항성들의 무리는 7단계로 정렬되어 있으며, 대기 및 땅과 장엄하게 동조한다. 그것들은 1년을 구성하는 계절들이라 불리는 시기를 향하여 대기를 운영하고, 청명한 날씨, 산뜻한 바람, 구름, 저항할 수 없이 세찬 바람 등으로 해마다 변화무쌍한 현상들을 일으킨다. 또한 그것들은 강들을 범람하게 했다가 가라앉히기도 하고, 평지들을 호수들로 바꾸거나 반대로 물을 말려버리기도 한다. 그것들은 또한 바다의 조수간만의 차이들을 만들기도 하는데, 해변은 썰물일 때에 물이 빠져 널따랗게 되었다가, 조금 지나면 물이 되돌아와서 깊은 바다로 바뀌어

---

60) 플라톤은 죽었다가 다시 살아나 사후 세계 이야기를 들려주는 에르의 입을 통하여, 아낭케 여신이 여덟 개의 방추로 여덟 가지 회전을 일으킨다고 주장한다. Plato, *Resp.* 616c–617b.

작은 배들뿐 아니라 커다란 화물선들도 다닐 수 있게 된다. 또한 숫자 7은 모든 지상 동물들과 식물들이 자라 결실하게 하고, 그것들 안에 내재한 자연 속성들이 온전히 구현되도록 하는데, 늙은 나무에서 새로운 열매가 움터 영글게 하고, 필요한 것들을 아낌없이 공급한다.

1.114 XXXIX. 또한 선원들의 호위대라고 하는 큰곰자리 역시 일곱 개의 별들로 이루어져 있다. 선장들은 큰곰자리를 바라보면서 바다에서 무수한 길들을 가로지르며 항해하고, 인간은 자연 속성이 할 수 있는 일보다 더 위대한 일들을 이루었다. 그 별들에 시선을 맞추고서 그들은 어둠 속에 묻혀 있는 마을들을 발견했는데, 그 별들에 시선을 맞추고서 육지에 사는 이들은 섬들을 발견하고, 섬들에 사는 이들은 육지들을 발견했다. 인간 종속은 하나님께 가장 사랑받는 동물이므로, 그들에게는 지극히 정결한 하늘의 본질(별자리)을 도구 삼아, 땅과 바다의 은밀한 곳들을 비추어 알려주는 것이 마땅하기 때문이다.

1.115. 전술한 별들뿐 아니라, 플레이오네 딸들을 기리는 별자리 (Πλειάδες) 역시 일곱 개의 별들로 이루어졌다.[61] 그 별들이 뜨고 사라지는 현상은 모든 사람에게 막대한 유익을 끼친다. 그것들이 사라질 때 고랑들을 일구어야만 파종하기에 좋다. 그것들은 다시 나타날 즈음에 추수의 희소식을 가져오고, 마침내 나타난 후에는 농부들을 일깨워 필요한 곡식을 거두는 행복을 누리게 한다. 그러면 그들은 기뻐하며 곡식을 저장하고 일용할 양식을 마련한다.

1.116. 또한 태양은 낮을 주관하는 통치자로서 봄과 가을에 매년 두 차

..

61) 플레이아데스 별자리는 플레이오네와 아틀라스 사이에서 태어난 일곱 명의 딸들을 상징한다.

[**그림 3**] 플레이아데스 별자리.

레 주야평분선(ἰσημερία)을 횡단하는데, 춘분선은 양자리에, 추분선은 천칭
자리에 위치한다. 이는 숫자 7이 신에 가깝다는 확신을 가장 분명하게 드
러낸다. 왜냐하면 춘분과 추분은 각각 일곱째 달에 발생하기 때문이고, 그
시기는 가장 장엄하고 가장 대중적인 축제를 벌이도록 법률로 제정한 때
다. 그 두 시기에는 모두 땅에서 나는 것들이 무르익는데, 춘분에는 밀과
다른 파종한 것들이 무르익고, 추분에는 포도나무와 다른 여러 과실수 열
매들이 무르익는다.

1.117 XL.　　지상의 것들은 일종의 자연발생적 공감 능력(συμπάθεια)에 따라
하늘의 것들에 의존하기 마련이다. 따라서 숫자 7의 원칙 또한 위로부터
아래로 내려와서 사멸하는 우리 인간 종속들을 찾아온 것이라고 할 수 있
다. 예컨대, 인간의 통치기관 부분에 해당하는 혼(ψυχή)은 일곱 부분으로

나뉘는데, 그것은 오감과 소리를 내는 음성 기관, 그리고 생식 기관 등이다. 이 모든 것들은, 마치 인형극 무대에서 주도하는 연출자에 의하여 인형들이 끈에 매달려 조종되듯이, 매달린 상태와 각자 움직일 수 있는 범위 안에서 어느 때는 정지하고 어느 때는 움직인다.[62]

1.118. 이와 유사하게, 누군가 신체의 외부 기관들(τὰ ἐντὸς μέρη)과 내부 기관들(τὰ ἐντὸς μέρη)을 연구하게 된다면, 그는 그 기관들이 각각 일곱 개로 이루어진 것을 발견할 것이다. 즉, 겉으로 드러나는 외부 기관들은 머리, 가슴, 배, 두 팔, 두 다리 등이고, 내부 기관들은 위, 심장, 폐, 비장, 간, 두 개의 신장이라고 불리는 것들이다.

1.119. 또한 동물에게 머리는 가장 지배적인 기관으로서 일곱 가지 필수 부분들로 구성되는데, 두 눈, 같은 수의 귀, 두 개의 숨 쉬는 콧구멍, 그리고 일곱 번째는 입이다. 플라톤이 말한 바와 같이, 입을 통하여 사멸하는 것들이 들어가고, 입을 통하여 불멸하는 것들이 나온다. 왜냐하면 입으로 먹을 것들(σιτία)과 마실 것들(ποτά), 즉 사멸하는 몸을 보전할 사멸하는 양식들(τροφαί)이 들어가는 반면에, 바로 그 입을 통하여 불멸하는 혼(ψυχή)을 보전하는 로고스들(λόγοι), 즉 (율)법들(νόμοι)이 나오기 때문이고, (율)법들을 통하여 이성적인 삶의 항해가 꾸려진다.

1.120 XLI. 또한 다섯 가지 감각 기관들 가운데 가장 탁월한 것이 시각이고, 시각으로 분별하는 대상들도 숫자 7에 기초하여 종속에 따라 구분된다. 왜냐하면 보이는 대상들은 몸, 거리, 모양, 크기, 색깔, 운동 상태, 정

••
62) 플라톤은 우리가 사는 보이는 이 세계가 동굴 감옥과 같고, 이 세계에는 마치 인형극을 연출하듯이 실재가 아닌 것을 실재처럼 연출하는 자들이 있다고 주장했다. 인간들은 그 연출된 인형극의 그림자를 일방적으로 보면서 그 그림자가 실재라고 믿는다는 것이다. Plato, *Resp.* 7.

지 상태 등으로서, 이것들 외에 다른 것은 없기 때문이다.

1.121.　또한 소리의 변화들 역시 모두 숫자 7과 연관이 있다. 높은 소리, 낮은 소리, 사그라드는 소리, 네 번째는 격한 소리, 다섯 번째는 음색, 여섯 번째는 긴소리, 일곱 번째는 짧은소리 등이다.

1.122.　아울러 운동도 일곱 가지가 있는데, 위로, 아래로, 오른쪽으로, 왼쪽으로, 앞쪽으로, 뒤쪽으로 가는 운동과, 춤추는 이들이 가장 분명하게 보여주는 바와 같은 회전 운동 등이 그것이다.

1.123.　사람들이 말하기를, 몸에서 분비물을 배설하는 방식들도 앞에서 말한 숫자 7에 따라 이루어진다고 한다. 눈들을 통해 분비되는 눈물들, 머리를 씻어내고 콧구멍을 통해 배설되는 콧물들, 입을 통해 뱉어낼 수 있는 침 등과, 이외에도 몸에서 불필요한 과잉물질들을 제거하는 통로들이 두 가지 있는데, 하나는 앞쪽에 있으며, 다른 하나는 뒤쪽에 배치되어 있다. 여섯 번째 배설 방식은 전신에서 발산하는 땀이고, 일곱 번째는 가장 본능적인 것으로서 생식기들을 통한 정액의 방출이다.

1.124.　자연에 관한 권위자인 히포크라테스는, 태아가 7일 안에 착상되어야 육체가 형성된다고 주장한다. 또한 여자들의 경우에 월경의 흐름은 대개 7일 동안 계속된다. 또한 자궁 속에 있는 태아들도 7개월 만에 성숙되고, 그로 인하여 특이한 일이 발생한다. 즉, 7개월 만에 태어난 아기는 살지만, 8개월 만에 태어난 아이는 대개 살아남지 못하는 것이다.

1.125.　또한 몸의 심각한 질병들, 특히 우리 안의 기능들이 저하됨에 따라 지속되는 열병은 특별히 7일 동안에 결론이 난다고 한다. 그 기간은 목숨(ψυχή)의 투병 결과를 결정하는데, 어떤 사람들에게는 구원을, 어떤 사람들에게는 죽음을 배정하는 것이다.

1.126 XLII.　숫자 7의 이러한 기능은 앞에서 언급한 것들에 국한하지 않

고, 가장 탁월한 학문 분야들과 문법과 음악에까지 발휘된다. 일곱 개의 현으로 구성되는 리라(λύρα)는 행성들이 회전 무용할 때 내는 소리와 유사한 협화음을 만들며, 음악을 연출하는 모든 악기 가운데 으뜸이라고 할 수 있다. 또한 문법 요소들 가운데 '모음들'이라고 불리는 것들은 실제로 그 수가 일곱이다. 모음들은 스스로 소리를 낼 수도 있고, 다른 요소들과 결합하여 소리를 완성하기도 한다. 반모음들과 만나면 그것들의 결함을 채워 음색들을 완전하게 하지만, 소리를 내지 못하는 것들과 만나면 자신의 고유한 기능을 발휘하여 그것들에 호흡을 불어넣고 속성을 바꾸고 변화시켜 '말 못 하는 것들(τὰ ἄρρητα)'을 '말하는 것들(τὰ ῥητά)'로 변화시킨다.

1.127. 그러므로 내 생각에는 최초로 사물들에 이름을 붙인 이들이 지혜로웠으므로 그 숫자(7)에 대한 존경심(σεβασμός)과 존엄성(σεμνότης)을 담아 그것을 "헵타(ἑπτά)"라고 부르기 시작한 것 같다. 그리스인들이 그냥 이렇게 부른 말에 로마인들은 S(S)라는 요소를 덧붙임으로써 그 어원적 인상이 드러나도록 '셉템(σέπτεμ)'이라고 불렀는데, 이 이름은 '존엄하다'는 뜻을 가진 셈노스(σεμνός)와 '존경하다'는 뜻을 가진 세바스모스(σεβασμός)에서 유래한 것이다.

1.128 XLIII. 이것들과 그 이상의 것들이 숫자 7에 관하여 언급되고 철학화되었으므로, 그것은 자연에서 가장 높은 명예를 누렸다. 또한 숫자 7은 그리스인들과 야만인들 가운데 가장 고상한 사람들에게 존경을 받았는데, 그들은 특별히 수학 지식(ἐπιστήμη)에 경도된 사람들이었다. 또한 숫자 7은 덕을 좋아한 모세에게도 존경을 받았다. 그러므로 모세는 그것의 아름다움을 가장 신성한 율법 돌판에 새겨넣고, 자신에게 속한 모든 이들의 마음속에 새겨넣어 그들에게 매주 6일을 마치고 7일째 날을 거룩하게 지키라고 명령했다. 즉, 그날에는 생계 수단을 얻기 위한 모든 행위를 삼가고, 오

로지 덕을 함양하고 양심으로 자각한 것을 확인하기 위한 철학 활동에만 전념하라고 명령한 것이다. 그런 것이 혼 속에 심판관(δικαστής)처럼 자리하면, 사람들을 책망하는 일에 문제가 없으며, 때로는 격하게 위협하고 때로는 더 부드럽게 꾸짖을 수 있다. 미리 알았으면서도 고의로 불의한 행위를 한 것처럼 보일 때는 위협을 가하고, 미리 알지 못한 채 무심코 한 행위에 대하여는 다시는 그런 일이 발생하지 않도록 꾸짖을 수 있는 것이다.

1.129 XLIV. 그(모세)는 세계 창조 기사를 회고하면서 다음과 같이 요약한다. "이것은 하늘과 땅의 창조에 관한 책이고, 그것이 창조되던 때에 관한 책으로서, 그날에 하나님은 하늘과 땅을 만드셨고, 땅에는 아직 들의 온갖 식물이 탄생하지 않았으며, 들풀들도 아직 자라나지 않았다."(창 2:4-5) 여기서 모세는 비물질적이고 정신으로만 인식할 수 있는 이데아들을 언급하고 있는 것이 분명하다. 그것들은 사실 감각으로 파악할 수 있는 결과물들을 찍어내어 완성하기 위한 도장들(σφραγῖδες)이 아닌가? 왜냐하면 땅이 초록빛을 띠기 전에도 똑같은 초록이 그 본성 안에 내재하고 있으며, 들에서 풀이 나오기 전부터 보이지 않는 풀이 있었다고 그(모세)는 기록하기 때문이다.

1.130. 이 밖에 더 고찰해야 할 것은 감각으로 파악할 수 있는 다른 대상들 또한 그들보다 더 오래된 형태들과 수치들이 이미 존재했으며, 그에 따라 피조물들이 고안되고 계측되었다는 사실이다. 왜냐하면 그(모세)가 간결하게 설명하기 위하여, 모든 것을 일일이 다 설명하지 않은 채 일찍이 어떤 이도 그렇게 한 적이 없을 정도의 간결한 방식으로 오로지 존재하는 것들의 일부에 대해서만 설명했을지라도, 그가 이미 언급한 몇 가지 사례들만으로도 자연은 비물질적인 원형 없이 감각적 대상들만으로 결코 완전할 수 없다는 삼라만상의 자연 속성을 입증하기에 충분하기 때문이다.

1.131 XLV. 그는 먼저 발생하는 것들과 이후에 발생하는 것들의 순서와 연결에 주목하며 말(기록)한다. "땅에서 샘이 솟아나 땅 표면을 모두 적셨다."(창 2:6) 다른 철학자들은 세계가 원소들(στοιχεῖα)로 이루어졌고, 물은 원소들 가운데 하나라고 한다. 그러나 모세는 보다 예리했을 뿐 아니라 멀리 보는 시력으로 사물을 명상하고 이해하는 데 익숙했으므로, 광활한 바다가 하나의 원소로서 온 우주의 1/4에 해당하는 부분이라고 생각한다. 그 이후로 인간들은 그것을 '대양(Ὠκεανός)'이라 명명하고, 우리가 항해할 수 있는 항구들을 갖춘 규모를 작은 바다(πελάγη)라고 생각하게 된다. 그는 단물과 식수와 바닷물을 구분하고, 내가 전술한 이유를 근거로 단물을 대양이 아닌 땅에 속하는 부분이라 여겨 땅에 배정했다. 즉, 땅은 마치 연결고리와도 같은 물의 달콤한 성질들로 인하여 서로 붙잡힌 상태에 있고, 물은 아교와 같은 역할을 한다. 땅이 완전하게 건조해지면, 다양한 통로들을 통하여 땅의 구멍들을 뚫고 올라오던 습기가 말라버리므로 땅이 쩍쩍 갈라지게 된다. 그러나 땅이 서로 꽉 붙잡은 상태로 잘 버틸 수 있는 이유는 땅이 한곳에 모이도록 바람이 힘을 주고, 땅이 건조해지거나 크고 작은 조각들로 부수어지지 않도록 습기가 지탱해주기 때문이다.

1.132. 이것은 한 가지 이유에 불과하고, 다른 이유를 논하여 진리를 겨냥할 필요가 있다. 그것은 습한 질료 없이는 지상의 어떤 것도 견딜 수 없다는 사실이다. 이런 사실은 습한 본질을 가진 씨앗들을 뿌려보면 알 수 있는데, 동물들의 씨앗들(정자들)이 습기가 없으면 발아하지 못하듯이, 식물들의 씨앗들도 그러하다. 이로써 명확해지는 사실은 흘러나오는 월경이 여성의 일부이듯이, 전술한 습한 본질도 모든 것을 생산하는 땅의 부분일 수밖에 없다는 것이다. 그러므로 자연과학을 연구하는 사람들 사이에는 그러한 이치들이 태아들의 신체적 본질이라는 말이 있다.

1.133.   앞으로 논할 것은 앞서 논한 것들과 모순되지 않는다. 자연은 모든 어머니에게 샘처럼 분출하는 가슴을 부여하여 신체의 필수 부분이 되게 함으로써 태어나는 아기들에게 음식을 충분하게 제공하도록 했다. 땅도 어머니와 같으므로, 고대인들은 땅을 데메테르(Δημήτηρ) 여신이라 불렀는데, 이 여신의 이름은 어머니(μήτηρ)와 땅(γῆ)을 결합한 것이다. 이는 땅이 여자를 모방한 결과가 아니라, 플라톤이 말했듯이, 여자가 땅을 모방했기 때문이다. 그러므로 시인들은 땅을 만물의 어머니(παμμήτωρ), 결실하는 자(καρποφόρος), 만물을 선물하는 자(πανδώρα)라고 명명하는 일에 익숙했다. 왜냐하면 땅은 모든 동물들과 식물들의 탄생 및 보전의 근원이기 때문이다. 적절하게도 자연은 어머니들 가운데 첫 어머니로서 지극히 풍요로운 땅에게 가슴과 같은 강들의 물줄기와 샘들을 부여함으로써, 모든 식물이 해갈하고 모든 동물이 넉넉히 마시도록 하였다.

1.134 XLVI.   이런 일들 이후에 그(모세)는, "하나님이 땅에서 흙을 취하여 인간을 만들고, 그 얼굴에 생명의 숨(πνοὴ ζωῆς)을 불어넣으셨다"고 기록한다.(창 2:7)[63] 이 표현을 통하여 모세는 여기서 창조된 인간과 하나님의 형상을 따라 만든 첫 인간이 현격히 다르다는 사실을 매우 분명하게 밝힌다. 여기서 만든 인간은 감각 기관들을 통하여 파악할 수 있고, 사멸하는 자연 속성에 따라 몸과 혼을 가지며, 남자와 여자의 구분이 가능한 대상이다. 그러나 하나님의 형상을 따라 창조된 인간은 이데아(ἰδέα) 내지는 비가시적 종속(γένος)이거나 인장(σφραγίς)과 같은 존재로서, 지성으로만 인식할 수 있는 대상이고(νοητός), 비물질적이며(ἀσώματος), 남자와 여자의 구분이

••

63) "그때에 주 하느님께서 흙의 먼지로 사람을 빚으시고, 그 코에 생명의 숨을 불어넣으시니, 사람이 생명체가 되었다."(『성경』 창세 2:7)

불가능하고, 자연 속성에 따라 불멸하는(ἄφθαρτος) 존재다.

1.135. 그(모세)는 감각으로 지각할 수 있는 개개 인간이 땅의 본질과 하나님의 영으로 구성되었다고 기록한다. 왜냐하면 몸은 창조주가 흙을 취하여 그것을 인간의 모양으로 빚어서 만드신 것이지만, 혼은 그 어떤 피조물도 아닌 만물의 아버지와 통치자에게서 말미암은 것이기 때문이다. 창조주가 불어넣으신 것은 다름 아니라 저 상서롭고 복스러운 본성(φύσις)에서 말미암은 신성한 영(πνεῦμα)으로서, 그것은 우리 인간 종속에 유익을 끼치기 위하여 여기에 거처를 마련하고, 비록 인간이 가시적 부분(몸) 때문에 죽을지라도, 비가시적 부분만은 죽지 않고 불멸하도록 돕는다. 그러므로 인간은 사멸하는 속성과 불멸하는 속성의 경계에 위치하며, 필연에 따라 각 속성을 모두 지닌 채로 사멸하는 동시에 불멸하도록 태어났고, 몸(σῶμα)으로는 사멸하지만, 마음(διάνοια)으로는 불멸하는 존재라고 할 수 있다.

1.136 XLVII. 흙으로 만든 첫 인간은 우리 종속 모두의 시원적 조상(ἀρχηγέτης)으로서, 그 혼과 몸이 최선으로 지어졌으리라 추측되며, 그 두 측면(혼과 몸)이 그 후손들보다 월등하게 탁월했던 것 같다. 왜냐하면 그(인류의 첫 조상)는 참으로 아름답고 진실로 선한 자였을 것이기 때문이다. 그의 몸 구조의 아름다움에 대하여는 세 가지로 추측하여 증명할 수 있고, 그 첫 번째 증명은 다음과 같다. 땅이 막 지어져 바다라 불리는 많은 물과 구분되어 드러난 후에 실체(ὕλη)를 가지는 피조물들이 창조되었는데, 그 실체는 불순물이 섞이지 않았고, 흠 없이 순수했으며, 매력적이면서도 기능성이 뛰어났기 때문에 그것으로 만든 것들이 나무랄 데 없었을 것은 당연하다.

1.137. 둘째, 하나님이 극히 심혈을 기울여 현재의 인간 모양을 빚으려고 할 때 땅에서 아무것이나 취하지는 않으셨을 것이다. 그는 그 작업에 특별

히 적합하게 하려고, 지상에서 가장 좋고, 순수 물질 가운데 지극히 순수하고 정제된 것만을 취하여 현재의 인간 모양을 빚으셨을 것이 틀림없다. 왜냐하면 인간은 이성적 혼(ἡ ψυχὴ λογική)이 거하는 집 내지는 신성한 성소가 되어야 하고, 형체들 가운데서 가장 신성한 의미를 담아내는 형체가 되도록 창조되어야 했기 때문이다.

1.138. 셋째는 전술한 것들과 비교할 수 없는 것이다. 즉, 조물주(δημιουργός)는, 다른 것들에 관하여도 그렇지만 명철에 관하여도 탁월하시므로, 몸의 각 부분이 필요에 맞는 비율을 갖도록 배정함으로써 전체가 조화롭게 소통하도록 마무리하셨을 것이다. 그처럼 비율을 배정한 이후에 그(창조주)는 그 육체를 아름답게 조형하고 겉모습을 아름답게 채색하셨는데, 이는 그 첫 인간이 최대한 좋아 보이기를 원하셨기 때문이다.

1.139 XLVIII. 아울러 혼(ψυχή)에 있어서도 첫 인간은 가장 우수했을 것이다. 왜냐하면, 내가 전술했듯이, 그(하나님)는 (첫 인간의) 혼을 만들 때, 창조된 것들 가운데 어떤 것을 모형으로 삼지 않고, 오로지 자신의 로고스를 모형으로 삼아 만드셨을 것이기 때문이다. 그러므로 그(모세)는, 인간이 하나님의 형상과 모양대로 지어졌고, 인간의 얼굴에 영이 불어넣어졌다고 기록한다. 여기서 얼굴이란 감각 기관들이 위치하는 자리로서, 그것들을 통하여 조물주는 (인간의) 몸에 혼을 불어넣는 한편, 이성적인 부분(λογισμός)을 최상단에 배치하여 왕의 역할을 담당하게 함으로써 색깔들과 소리들과 맛들과 냄새들과 그와 유사한 것들을 식별할 수 있게 하되, 그것(이성적인 부분)이 감각(αἴσθησις)의 도움 없이 혼자의 힘으로는 그것들(감각 대상들)을 식별할 수 없도록 만드셨다. 지극히 아름다운 모형을 따라 만든 모양이 지극히 아름다운 것은 당연하다. 하나님의 로고스는 자연(φύσις)에 존재하는 것이 아름다울 수 있는 정도를 능가하여 아름답고, 아름다움으로 꾸며진

아름다움이 아니며, 진실을 말하자면, 세계(κόσμος)[64] 자체가 그것이 꾸민 지극히 아름다운 작품이라고 해야 할 것이다.[65]

1.140 XLIX.　그렇게 지어진 첫 번째 인간은 몸과 혼에 있어서 지금 살아 있는 사람들이나 우리 이전에 살았던 사람들 모두보다 탁월했을 것이라고 나는 생각한다. 왜냐하면 우리의 출생은 창조된 인간들에게서 비롯되었으나, 그(첫 인간)를 만든 주체는 하나님이시고, 만든 이가 더 훌륭하면 훌륭할수록 만들어진 것도 더 훌륭할 것이기 때문이다. 왜냐하면 자연에서 얻고자 하는 것들은 무엇이나 동물이건 식물이건 과실이건 그 밖에 어떤 것일지라도 최정상에 이른 것이 정상을 지나온 것보다 더 훌륭하기 마련이고, 처음 만들어진 인간은 우리 종속(인간) 모두의 최정상이었겠으나, 그 이후에 만들어진 사람들은 그와 같은 정상에 미치지 못한 채 세대를 거듭하고 지속하며 점차 흐릿해지는 외형들과 능력들을 가졌을 것이기 때문이다.

1.141.　나는 이런 현상을 조각과 회화 영역에서도 보았다. 왜냐하면 모형들은 원형들보다 열등하고, 그 모형들을 복사한 것들과 모조한 것들이 모형보다 더 열등해진 것은 그들이 시원(ἀρχή)으로부터 점차 멀어진 결과이기 때문이다. 유사한 현상을 자석도 보여준다. 왜냐하면 철로 만든 반지들 가운데 자석에 맞닿은 것은 가장 힘 있게 붙잡혀 있지만, 맞닿은 철 반지에 닿은 두 번째 것은 더 약하게 매달리고, 두 번째 것에 닿은 세 번째 것, 세 번째 것에 닿은 네 번째 것, 네 번째 것에 닿은 다섯 번째 것, 다른 것들에 닿은 다른 것들은 멀어지게 되면, 비록 하나의 인력에 의하여 끌릴

∶∶

64)　바로 앞에서 언급한 '자연(φύσις)'을 '세상(κόσμος)'이라고 달리 표현한 것 같다.
65)　로고스는 다른 아름다움으로 아름답게 꾸밀 수 있는 것이 아니라, 로고스 자체가 다른 것들을 아름답게 만드는 아름다움의 원천이라는 뜻이다.

지라도, 처음 닿은 것과 똑같은 힘으로 끌리지는 않기 때문이다. 왜냐하면 언제나 시원에서 멀어지면 멀어질수록 끌어당기는 기능이 약해져서 똑같은 힘을 발휘할 수 없으므로 느슨해지기 때문이다. 이와 유사한 것을 인간들의 종속도 경험하는 것처럼 보이는데, 그들이 이어받은 몸과 혼의 능력들과 우수한 성질들은 세대를 거듭할수록 점차 희미해지기 때문이다.

1.142. 우리가 그 시원적 조상(ἀρχηγέτης)을 '첫 인간'일 뿐 아니라 유일하게 '세계 시민(κοσμοπολίτης)'이라고 부른다면, 가장 거짓 없이 말하는 셈이다. 왜냐하면 세계(κόσμος)는 그의 집(οἶκος)이자 그의 도시국가(πόλις)이므로, 비록 돌들과 나무들을 재료 삼아 손으로 지은 건물을 소유하지는 않을지라도, 그는 마치 '아버지의 나라(고국)'에서 살듯이 그곳(세계)에서 온전한 안전함을 누리며 두려움과 동떨어져 살았을 것이고, 지상에 펼쳐진 것들을 통치할 수 있는 자격을 부여받아, '고개 숙인 것들(짐승들)' 가운데 사멸하는 것들을 모조리 길들이거나 힘으로 강제하여서라도 주인에게 복종하듯이 자신에게 복종하도록 했을 것이며, 전쟁이 없는 평화 속에서 나무랄 데 없이 살아가는 기쁨을 누렸을 것이기 때문이다.

1.143 L. 법이 잘 정비되고 질서가 정연한(εὔνομος) 도시국가라면 어디에나 정체(πολιτεία)가 있듯이, 필연적으로 세계 시민에게도 적용할 정체가 있었을 것이고, 그 정체로 세계 전체가 운영되었을 것이다.[66] 이 정체는 '자연의 올바른 로고스(ὁ τῆς φύσεως ὀρθὸς λόγος)'로서, 더 적확한 이름으로 표현하자면 '성법(聖法, θεσμός)'인데, 이는 '신성한 율법'이라는 뜻이며, 그에 따라 해야 할 것들과 하지 말아야 할 것들이 구성원들 각자에게 배분되었

..

66) 여기 사용한 πολιτεία는 '정체', '헌법', '국가', '정부', '시민권' 등 풍부한 함의를 가지며, 플라톤의 책 제목이기도 하다.

다. 인간이 창조되기 이전에도 이 도시와 정체에는 필연적으로 어떤 시민들(πολῖται)이 있었을 것인데, 그들을 '거대 도시 시민들(μεγαλοπολῖται)'이라고 불러도 좋은 까닭은 그들이 막대한 영역(περίβολος)을 거처할 곳으로 할당받았고, 막대한 권리가 보장된 가장 완벽한 시민권(πολίτευμα)을 받아 누렸기 때문이다.[67]

1.144.　이들(거대 도시 시민들)이 이성적이고 신성한 '자연 요소들(φύσεις)' 외에 달리 무엇이겠는가? 이들 가운데 어떤 것들은 (보이는) 신체가 없고 '지성으로만 인식할 수 있는 대상들(νοηταί)'이지만, 다른 것들은 별들과 같은 종류로서 (보이는) 신체가 없지 않다. 이들과 사귀며 함께 사는 자(첫 인간)가 희석되지 않은 행복 속에 머물렀을 것은 당연하다. 그에게는 하나님의 영이 한량없이 흘러들었으므로, 그는 통치자(하나님)와 가깝고 친밀했으며, 그는 무엇을 말하거나 행할 때마다 아버지이자 왕이신 분을 기쁘게 해드리고자 하면서 아버지의 발자취를 따라 덕스러움들(ἀρεταί)이 꿰뚫어 대로를 만드는 길들로 다녔을 것이다. 왜냐하면 자신을 낳은 하나님과 같아지기(ἐξομοίωσις)를 바라는 혼들만이 완전함에 다가갈 수 있기 때문이다.

1.145 LI.　지금까지 최초로 탄생한 인간의 혼과 몸의 아름다움을 묘사해 보았는데, 이는 실제보다 턱없이 부족할지라도, 우리 능력껏 최선을 다한 것이다. 필연적으로 그(최초 인간)의 후손들은 희미하게나마 그의 이데아를 공유함으로써 자신들이 최초의 조상과 친족 관계라는 흔적들을 보전해야만 한다.

1.146.　그러면 친족 관계란 무엇인가? 인간은 모두 지능(διάνοια) 면에서

∵

67) 로마제국의 압제하에 있던 유대인들에게 소속 국가, 정체, 시민권, 시민권의 근거 및 행사 범위 등은 매우 민감하고도 실질적인 문제였을 것이다.

신성한 로고스와 동류로서, 그 축복받은 속성이 새겨지거나 떨어져나오거나 유출되어 형성된 것이고, 몸의 성분 면에서는 세계 전체와 동류 관계다. 왜냐하면 그것(인간의 몸)은 흙, 물, 공기, 불 등과 똑같은 물질로 만들어졌는데, 조물주는 가장 만족스러운 물질을 얻기 위하여 원소들(στοιχεῖα) 각각에서 적정 부분을 가져와 배합한 다음, 배합하여 완성한 물질을 인간의 보이는 형상(εἰκών, 인간의 몸)을 제작하는 데 사용하셨기 때문이다.

1.147. 또한 전술한 원소들은 모두 인간 자신의 몸과 가장 잘 어울리고 가장 친숙한 것들이어서 인간은 그 원소들 어디에도 거할 수 있으므로 시간에 따라 장소를 달리하여 거처를 옮겨다닐 수 있다. 따라서 인간은 무엇이나 될 수 있다고 해도 과언이 아니며, 육지에도 물에도 대기 중에도 하늘에도 거할 수 있다. 그(인간)는 땅에 살거나 걸을 수 있으므로 육상동물(χερσαῖον ζῷόν)이기도 하고, 물에 들어가 수영을 하고 항해할 수 있으므로 해양동물(ἔνυδρον ζῷόν)이기도 하다. 해양 무역인들, 선장들, 자색 물고기를 잡는 어부들(πορφυρεῖς), 굴들과 물고기들을 잡는 사람들 모두가 그러한 사실을 매우 분명하게 입증한다. 또한 인간의 몸은 지상에서 뛰어올라 위로 올라갈 수 있으므로 대기를 가로질러 나는 공중동물(ἀεροπόρον ζῷόν)이라고 불러도 좋고, 천상동물(οὐράνιον ζῷόν)이기도 하다. 왜냐하면 인간은 감각들 가운데 가장 선도적인 시력을 통하여 해와 달과 다른 행성들과 항성들에 가까이 다가갈 수 있기 때문이다.

1.148 LII. 참으로 멋지게도 그는 (동물들에게) 이름들을 부여하는 일을 첫 사람에게 맡기셨다. 왜냐하면 그 일(명명하기)은 지혜와 왕권(βασιλεία)에 관한 것인데, 그(첫 사람)는 스스로 배우고 스스로 가르칠 만큼 지혜롭고, 신성한 (하나님의) 손들로 창조된 자로서, 왕(βασιλεύς)이기 때문이다. 또한 지도자가 자신을 따르는 이들에게 각각 이름을 지어주는 일은 당연하다. 또

한 첫 인간에게는 통치하는 힘이 넘쳤을 것인데, 하나님은 그가 세상에서 두 번째 자리를 차지하고서 하나님을 섬기는 한편, 다른 모든 피조물을 통솔하기에 적합한 자가 되도록 정성껏 만드셨을 것이기 때문이다. 무수한 세대들이 지난 이후에 태어난 이들조차, 비록 많은 시간이 흐른 결과로 (인간) 종속의 특징은 희미해졌을지라도, 첫 사람에게 이어받은 통치권과 주권의 기치를 여전히 수호하면서 변함없이 이성 없는 동물들(ἄλογοι)을 지배한다.

1.149. 그러므로 그(모세)는, 하나님이 동물들을 모조리 아담에게 데려와 그가 동물들 각자에게 어떤 이름들(προσρήσεις)을 지어주는지 보고자 하셨다고 기록한다.(창 2:19) 이는 그가 하나님께 알려지지 않은 것이 없다는 사실을 의심해서가 아니라, 하나님께서는 사멸하는 자(인간) 안에 이성적 속성(ἡ λογικὴ φύσις)을 장착하여 스스로 작동하게 함으로써 사악해지지 않도록 조처하셨다는 사실을 알았기 때문이다. 마치 길을 인도하는 스승(ὑφηγητής)이 가까운 생도(γνώριμος)를 다그치며 시험하듯이, 하나님은 아담 안에 심어둔 (이성적) 기질(ἕξις)을 작동시켜 그 기질에 걸맞은 일들을 입증해보라고 촉구하셨고, 아담이 즉흥적으로 (동물들의) 이름들을 짓되, 다양하게 창조된 것들 각각의 고유한 특성들을 살려서 부적절하거나 부적합하지 않은 이름들을 짓도록 하신 것이다.

1.150. 왜냐하면 이성적 속성이 아직 희석되지 않은 상태로 여전히 혼 안에 존재했고, 아직 약함이나 질병이나 고통이 침투해 들어오지 않았으므로, 그(첫 사람)는 무엇보다 (동물들의) 신체들과 행동들이 드러내는 특징들을 고스란히 담아내면서도 (그 이름들을) 발화했을 때 각각의 속성들이 금세 연상되는 이름들을 신중하게 생각하여 적절하고 정확하게 지을 수 있었기 때문이다. 이처럼 그는 모든 좋은 것들 가운데서 인간에게만 주어진

행운(εὐδαιμονία)의 경계 안에서 특혜를 누릴 수 있었다.

1.151 LIII. 창조된 것들 가운데서 신뢰할 만한 것은 아무것도 없고, 사멸하는 것들은 무엇이나 달라지고 바뀔 수밖에 없으므로, 첫 인간 역시 약간의 불운을 필연적으로 겪기 시작했다. 그에게 잘못된 인생의 시작은 그의 여자/아내(γυνή)다. 그가 혼자일 때만 해도 고립계(μόνωσις)였으므로 세상이나 하나님과 유사한 상태였고, 그의 혼 안에는 그 둘(세상과 하나님)에게만 고유한 속성들을, 완전하지는 않으나 사멸하는 존재가 수용할 수 있는 한도 안에서, 간직하고 있었다. 그런데 여자가 만들어지자, 그(인간)는 자기와 동족의 형태(εἶδος)를 가지고 친숙한 모양(μορφή)을 한 여자를 보고 몹시 기뻐하며 가까이 다가가 여자를 부둥켜안았다.

1.152. 여자 또한 그(남자)보다 더 자신을 닮은 동물이 없음을 관찰하고 몹시 기뻐하며, 예의를 다하여 그를 맞이했다. 그러자 사랑(ἔρως)이 솟아났고, 마치 한 동물의 나뉜 두 부분을 하나로 합하려는 듯이, 서로 다른 성(性)과의 소통을 통하여 같은 종속을 출산(ἡ τοῦ ὁμοίου γένεσις)하고 싶은 욕망(πόθος)을 일으켰다. 욕망은 육체적 쾌락을 낳았으니, 그것(쾌락)이 범죄와 타락의 시작이다. 그것 때문에 그들(인간들)은 불멸하고 다복하던 인생을 필멸하고 불운한 인생으로 변질시킨다.

1.153 LIV. 남자가 혼자서 삶을 살고, 여자가 아직 창조되지 않은 때에 관한 성경 본문(λόγος)은 하나님이 지으신 낙원(παράδεισος)을 언급하지만, (오늘날) 우리에게 있는 것들 가운데 그것(낙원)과 닮은 것은 아무것도 없다. 왜냐하면 우리에게 있는 것들(정원들)의 재료는 혼이 없고(ἄψυχος), 온갖 종류의 나무들로 무성하기 때문이다. 그들 가운데 어떤 것들은 상록수들 같이 변색하지 않는 모습으로 기쁨을 주고, 어떤 것들은 봄에 절정을 이루어 만개하고, 어떤 것들은 인간을 위하여 경작된 열매를 산출하고, 어떤 것들

은 양식을 공급하는 필수적인 기능뿐 아니라 사치스러운 삶을 위한 풍족한 즐거움도 주지만, 언제나 똑같이 신선한 효과를 내는 것들은 아니므로, 필요에 따라서는 짐승들에게 다양하게 배분해야 한다. 그러나 그 신성한 낙원에서는 모든 것들이 혼과 이성을 가지고 있었으므로, 온갖 덕스러움을 결실하고, 무엇보다도 변함없는 지력(σύνεσις)과 기민한 통찰력(ἀγχίνοια)을 결실하여 그것으로 아름다운 것들과 추한 것들이 구분될 수 있었으며, 질병에 걸리지 않은 채 불멸하는 생명과 그와 유사한 것을 결실할 수 있었다.

1.154. 이런 내용이 철학적으로 표현된 방식은 내게 엄밀하기보다는 상징적인 것처럼 보인다. 왜냐하면 지상에 생명나무나 지력(σύνεσις)을 주는 나무가[68] 현재까지 나타난 적이 없고, 앞으로도 나타나지 않을 것 같아서다. 따라서 혼(ψυχή)을 통치하는 부분(τὸ ἡγεμονικόν)은[69] 실재하는 대신에 '낙원'이라는 상징을 통하여 우회적으로 표현된 것 같다. 왜냐하면 혼은, 낙원이 무수한 식물들로 가득하듯이, 의견들(δόξαι)로 가득하기 때문이다. 또한 생명나무를 통하여 하나님에 대한 경외심(θεοσέβεια)을 표현한 것 같다. 왜냐하면 경외심은 덕목들 가운데 가장 훌륭한 것이어서 그것을 기반으로 혼이 불멸할 수도 있기 때문이다. 또한 선한 것들과 악한 것들을 알려주는 나무를 통하여 중도적 명철(φρόνησις ἡ μέση)을 표현한 것 같은데, 중도적 명철은 자연적 속성이 서로 반대되는 것들을 구분하게 한다.

••

68) '선악을 알게 하는 나무'를 뜻한다.
69) '혼의 삼분법'을 전제한 것 같다. 플라톤에 따르면, 인간의 혼은 작은 사람과 같은 부분(정신), 사자와 같이 용감한 부분(감정), 그리고 머리 많은 짐승처럼 종잡을 수 없이 욕망을 일으키는 부분 등 세 부분으로 구성된다. 이 가운데 정신 부분이 혼을 통치하는 부분이라고 한다. Plato, *Resp.* 588c–e.

1.155 LV.　이것들을 그는 혼 속에서 경계들과 같은 역할을 하도록 심어 두고, 마치 심판관처럼, 그것(인간의 혼)이 어느 방향으로 기우는가를 관찰하기 시작하셨다. 그런데 그는 인간의 혼이 간교함(πανουργία) 쪽으로 기울어, 불멸하는 생명을 담보하는 경건함(εὐσέβεια)이나 신앙심(ὁσιότης)마저 가볍게 여기는 것을 보셨다. 따라서 자명한 결과로 그는 인간의 혼을 내쫓아 낙원에서 추방하셨고, 치유할 수 없고 돌이킬 수 없는 일들을 저질러 타락한 혼이 다시 회복할 수 있다는 소망마저 가지지 못하도록 하셨다. 왜냐하면 속은 것처럼 꾸민 가식(ἡ τῆς ἀπάτης πρόφασις)이 적지 않게 포착되어 그냥 지나칠 수 없을 정도였기 때문이다.

1.156.　기록된 바에 따르면, 옛뱀, 독뱀, 땅에 기어 다니는 그 뱀이 인간의 소리를 내면서 첫 사람의 아내/여자에게 다가가 그 여자의 우유부단함과 지나친 경건함을 책망한 시절이 있었다고 한다. 왜냐하면 그 열매는 보기에도 지극히 매력적이고 즐기기에도 달콤하며 심지어 선한 것들과 악한 것들이 무엇인지 알려주는 유익까지 끼치는 것이었으나, 여자가 그것을 곧바로 따지 않은 채, 머뭇거리고 미루었기 때문이다. 뱀이 책망하자, 여자는 신중하게 생각할 수 없었으며, 어설프고 섣부르게 판단하여 마침내 그 열매를 따는 일에 동조하고, 그 남자/남편과도 나누었다. 이 사건은 순전하고 소박했던 그 둘의 도덕적 성향을 간교한 성향으로 급격하게 변질시켰다. 아버지(하나님)는 그 사건에 분노하셨는데, 그 행동은 노여움을 일으킬 만한 것이었기 때문이다. 그리하여 그들은 불멸의 생명나무이자 덕의 완성체로부터 배제되었다. 과거에는 그 나무 덕분에 장수하면서 행복한 삶(βίος)을 영위할 수 있었으나, 이제는 그들이 삶(βίος)을 버리고 불운으로 가득한 (덧없는) 시간(χρόνος)을 택했으므로, 그들에게 천벌들(κολάσεις)이 임하리라는 것은 자명한 귀결로서 기정사실이 되었다.

1.157 LVI. 이런 기사들은 신화로 조작한 것들에 불과한 것이 아니라, 시를 짓거나 궤변을 늘어놓는 부류(γένος)가 바라는 바와 달리, 신비한 것들을 알레고리로 풀어씀(ἀποδόσεις)으로써 그 심상들을 환기하여 입증한 사례들이다.[70] 그럴듯한 추측을 인정하는 이라면, 십중팔구는 앞에서 언급한 뱀이 쾌락(ἡδονή)을 상징한다고 말할 것이다. 왜냐하면 첫째, 그는 다리가 없어서 배로 엎드려 기어 다니기 때문이고, 둘째, 그는 지상의 흙덩이들을 음식으로 쓰기 때문이고, 셋째, 그는 이빨들 속에 독을 품고 다니는데, 그것으로 그에게 물린 사람들을 죽일 수 있기 때문이다.

1.158. 쾌락을 사랑하는 자(φιλήδονος)는 앞에서 열거한 악들과 무관한 것이 아무것도 없다. 왜냐하면 그런 자는 부절제(ἀκρασία)가 패대기치고 넘어지게 하므로 무너져내리고 질질 끌려다니느라 고개를 들지 못하기 때문이다. 지혜는 말씀들(λόγοι)과 교리들(δόγματα)을 통하여 관조하는 일을 즐기고 사랑하는 자들에게 하늘의 양식을 주고자 하지만, 악한 자는 하늘의 양식을 먹지 않고, 해를 거듭하며 뒤바뀌는 계절들마다 땅에서 나는 양식을 먹는다. 그로 인하여 술 취함과 사치스러운 삶과 폭식이 발생하고, 복부의 갈망들이 증폭하고 파열하여 자꾸 불타오르므로 음식에 탐닉하는 노예가 되고, 더 나아가 배 아랫부분에서는 욕망들이 발광하다가 분출하게 된다. 그는 곡식을 빻아 음식을 만드는 이들과 요리사들의 고된 노동(κάματος)을 과도하게 착취하고, 추한 몰골의 머리를 쳐들어 휘휘 두리번거

∵

70) 그리스어 ἀπόδοσις는 '반환', '지불', '판매'라는 뜻도 있으나, '해석', '풀이'라는 뜻도 있는데, 이 문장에서는 후자의 의미에 가까운 것 같다. 신비한 것들을 직접적으로 표현할 수 없으므로 알레고리 방식으로 해석하여 간접적으로 표현했다는 뜻이다. 여기서 '신비한 것들'은 '조작되어 실재하지 않는 것들'이 아니라, '실재하지만 직접적으로 드러나지는 않는 것들'이라는 뜻이다.

리면서 다양한 양념을 넣어 만든 음식에서 풍기는 맛있는 냄새를 맡아보기를 갈구하며, 진수성찬으로 차려진 식탁을 보면 그 차려진 것들에 자신을 온전히 투척하여 모든 것을 집어삼킬 듯이 달려든다. 그가 이루려는 목적(τέλος)은 배를 채우는 포만(κόρος)이 아니라 차려진 것들을 남김없이 먹어 치우는 일이다.

1.159. 그리하여 그런 자는 뱀 못지않게 이빨들에 독(ἰός)을 품고 다닌다. 왜냐하면 이것들(이빨들)은 채워지지 않는 갈애의 조수들이자 하인들로서 온갖 음식을 자르고 씹는데, 일단 씹은 것을 혀(γλῶσσα)로 보내어 무슨 맛인지 음미한 다음에야 목구멍(φάρυγξ)으로 밀어 넣기 때문이다. 그러나 당연하게도 과도한 음식 섭취는 치명적이고 유독하기 마련이다. 왜냐하면 먼저 삼킨 것들을 흡수할 겨를도 없이 연달아 음식을 삼키게 되면, 막힌 음식 덩어리 때문에 소화를 할 수가 없기 때문이다.

1.160. 또한 뱀이 인간의 소리를 냈다고 기록하는데, 이는 쾌락이 무수한 옹호자들과 전사들을 거느리고 있기 때문이다. 그 옹호자들과 전사들은 쾌락에 매우 큰 관심(ἐπιμέλεια)과 우선권(προστασία)을 두고서, 쾌락의 세력은 작건 크건 모든 것들과 연관되어 있으므로 쾌락과 무관한 것은 아무것도 없다고 감히 가르친다.

1.161 LVII. 남성(ἄρσην)과 여성(θῆλυς)이 처음 만나 쾌락의 안내로 교합들을 하게 되면, 쾌락을 통하여 임신들과 출산들이 이루어진다. 그로 말미암아 태어난 것들은 쾌락을 가장 친근하게 느끼고 좋아하며, 그와 반대인 고통받기(ἀλγηδών)를 싫어한다. 그러므로 신생아는 세상에 태어나자마자 우는데, 이는 차가워짐(περίψυξις)에 따라 고통을 느끼기 때문일 것이다. 왜냐하면 지극히 따뜻하여 불과도 같은 자궁 속에 오래 머물다가, 갑자기 차갑고 익숙하지 않은 장소인 대기 중으로 나오게 되면, (신생아는) 충격과 고

통을 받아 짜증이 나기 때문이다. 이에 대한 가장 분명한 증거는 (아기가 태어나자마자) 운다는 사실이다.

1.162. 동물은 필연적이고도 본능적인 목적을 가지고 쾌락을 추구하는데, 특히 인간이 그렇다고 한다. 왜냐하면 다른 동물들은 오로지 입맛과 생식기들을 통하여 쾌락을 열망하지만, 인간은 다른 감각 기관들을 통하여도 쾌락을 열망하고, 귀들과 눈들을 즐겁게 하는 온갖 볼 것들과 들을 것들을 탐닉할 수 있기 때문이다.

1.163. 또한 격정(πάθος)을 찬양하기 위하여 많은 이야기가 오가는데, 예를 들면, 격정은 동물들만이 느낄 수 있는 가장 특이하고도 가장 친숙한 것이라고 한다.[71] **LVIII.** 여기에서 지금까지 논한 것들은 뱀이 무슨 이유로 사람 소리를 낸다고 했는지, 그 까닭을 예시적으로 밝히기에 충분하다. 그러므로 내 생각에는 그(모세)가 동물들이 먹어도 좋은 것들과 그 반대 것들에 관한 규정들을 특별하게 율법으로 기록해둔 것 같다. 무엇보다 그는 '기는 것(ἑρπετόν)'이라 불리는 뱀의 천적(ὀφιομάχης)을 칭송했는데, 기는 것은 발들 위에 다리가 있어서 그것으로 땅에서 솟아올라 마치 메뚜기들의 종속처럼 공중으로 튀어 오를 수 있다고 한다.(레 11:21)[72]

1.164. 왜냐하면 내게 뱀의 천적이란, 무절제와 쾌락에 맞서 굴하지 않는 싸움을 감행하고 타협하지 않는 전쟁을 치르는 '자제력(ἐγκράτεια)'을 상징하는 것처럼 보이기 때문이다. 왜냐하면 후자(자제력)는 절약, 검소함 등,

∴

71) 그리스어 πάθος는 영어의 passion과 유사하게, 단순히 '격정(열정)'만을 의미하지 않고 격정(열정) 때문에 실제로 겪는 '고통'도 동시에 의미한다.

72) 그리스어 ἑρπετόν은 일반적으로 '파충류'를 뜻하지만, 역자는 '기는 것'이라고 번역했다. 왜냐하면 레위기는 파충류 자체를 칭송하지는 않고, 파충류 가운데 뱀도 포함되므로, '뱀의 천적'을 '파충류'와 동일시하면 혼란을 일으킬 수 있기 때문이다. 여기서 필론은 마치 모세가 다리를 가진 파충류를 칭찬한 것처럼 쓰고 있다.

엄격하고(φιλαύστηρος) 고결한 생활에 필요한 것이라면 무엇이든 몹시 반기지만, 전자(무절제와 쾌락)는 과용과 낭비를 반기기 때문이다. 그것들(과용과 낭비)은 혼과 몸이 사치(χλιδή)와 유약한 까다로움(θρύψις)에 젖게 만드는 원인이 되고, 형벌을 받아 죽음보다 힘든 삶을 살게 하는 원인이 된다는 것이 현명하게 생각하는 사람들의 견해다.

165 LIX.　그러나 쾌락은 자신의 속임수들과 유혹들을 여자의 남자에게 감히 가져가지 못한 채 여자에게 먼저 가져갔으며, 여자를 통하여 남자에게 가져갔으니, 이는 효과적이고도 적절했다. 왜냐하면 우리 가운데 정신(νοῦς)은 남성의 원리(λόγος)로 작동하고, 감각(αἴσθησις)은 여성의 원리로 작동하기 때문이다. 쾌락은 먼저 감각들에게 호소하여 친해진 다음, 그것을 활용하여 지배적 위치에 있는 정신을 속인 것이다. 감각들 하나하나가 쾌락의 주술적 유혹들에 이끌리면, 그 앞에 펼쳐지는 것들로 인하여 시각은 색깔들과 모양들의 미묘함들에 취하고, 청각은 소리들의 조화들에, 미각은 맛들의 달콤함들에, 후각은 흩날리는 증기들의 향기들에 취하여 즐기게 되고, 그 제공된 선물들을 마치 시녀들을 허용하듯이 허용하여, 그것들을 '이성적인 부분(ὁ λογισμός)'이라는 주인 앞으로 가져가 선보이는데,[73] 설득하는 기술(πειθώ)을 변호자(παράκλητος)로 내세우므로, 주인은 어떤 선물도 거부하지 못하게 된다. 그러면 그(정신)는 여지없이 현혹되어, 지도자가 아니라 하인이, 주인이 아니라 종이, 시민이 아니라 망명자가, 불멸하는 자가 아니라 필멸하는 자로 전락한다.

1.166.　우리 모두 간과하지 말아야 할 것은, 쾌락이 마치 정부(ἑταιρίς)

∴

73) '이성적인 부분'은 전술한 '정신(νοῦς)'을 의미한다. 필론은 정신을 남자에, 감각과 욕망을 여자에 비유한다.

나 창녀(μαχλάς)처럼 자신을 사랑하는 자(ἐραστής)를 얻고자 갈망하며, 사랑하는 자를 알선해줄 뚜쟁이들(μαστροποί)을 찾는다는 사실이다. 감각들(αἰσθήσεις)은 사랑하는 자를 쾌락에게 알선하고 비호하는 도구들로서, 쾌락은 감각들을 끌어들여 정신을 쉽게 굴복시킨다. 쾌락은 정신에게 겉으로 드러나는 외형들을 넌지시 소개하여 알리고, 그것들 각각의 인상을 정신에게 선보여 각인시킴으로써, 정신에서도 그와 유사한 격정(πάθος)이 일어나도록 유도한다. 정신은 감각들을 매개로 하여 마치 밀랍처럼 자신이 본 장관들을 받아들여, 그것들을 몸들에 장착하여 구체화하는데, 이런 일은 내가 이미 전술했듯이 정신 혼자서는 독자적으로 추진할 수 없는 일이다.

1.167 LX. 최초로 쾌락의 노예가 된 자들은 괴롭지만 돌이킬 수 없는 격정에 대한 대가들을 여지없이 치렀다. 여자는 극심한 고통들을 겪되, 해산 때의 고통들과 인생의 다양한 과정에서 끝없이 주어지는 고통들을 겪되, 특별히 아이들이 태어나고, 자라고, 병치레하고, 건강을 유지하고, 성공하고, 실패하는 과정에서 주어지는 고통들을 겪게 되었다. 아울러 여자는 자유를 빼앗기고, 배우자인 남자(남편)의 지배를 받게 되었으며, 필연적으로 남자의 명령들에 순종하게 되었다. 한편, 남자는 생계유지에 필요한 물품들을 구하기 위하여 노동들과 수고들과 부단한 땀 흘림들을 겪어야 했다. 이전에는 농업기술에 대한 특별한 지식 없이도 땅이 스스로 알아서 좋은 것들을 제공했었으나, 이제는 그것들을 공급받을 수 없게 되었으므로, 굶주려 죽지 않으면서 목숨을 부지하고 양식을 얻기 위하여 끊임없이 고된 노동에 시달려야 했다.

1.168. 만물이 처음 창조될 때, 단 한 번의 명령에 따라 해와 달이 영원히 빛을 발하게 된 것처럼, 그리고 악함이 하늘의 경계들 너머로 멀리 추방된 덕분에 그것들(해와 달)이 그 신성한 명령을 지속할 수 있었던 것처럼,

이와 유사한 방식으로 땅의 깊고 생산적인 부분은 농부들의 농업기술이나 도움 없이도 해를 거듭하며 계절마다 넉넉한 풍요로움(ἀφθονία)을 제공했을 것이라고 나는 생각한다. 그러나 악이 덕들을 압도하기 시작한 이래로 오늘날까지 하나님의 은혜들을 끊임없이 분출하던 샘들(πηγαί)은 닫힌 상태에 있으므로, 그것들(샘들)이 무가치한 자들에게 더는 제공되지 않는다.

1.169. 만약에 인간들의 종속이 (자신들이 저지른 죄에) 적합한 심판(δίκη)을 받았다면, 보호자요 구원자이신 하나님께 배은망덕한 대가로 멸종하고 말았으리라. 그러나 자비로운 분(하나님)은 궁휼을 취하고 형벌을 덜어주어 그 종속(인간)은 살려 두되, 이전처럼 저절로 준비된 양식들을 허용하지 않음으로써, 그들이 게으름(ἀργία)과 포만(κόρος)이라는 두 가지 패악을 이용하여 범죄를 저지르거나 교만해지지 않도록 하셨다.

1.170 LXI. 이처럼 인생은, 태초에 무구함(ἀκακία)과 순진함(ἁπλότης)으로 행하였으나, 이후에 덕(ἀρετή) 대신에 악(κακία)을 선호함으로써 추방당하여 마땅한 신세가 된다. 앞서 소개한 세상 창조에 관한 이야기를 통하여, 그(모세)는 다른 많은 것들도 우리에게 해석하여 가르치는데, 그 가운데 다음 다섯 가지가 가장 아름답고 가장 훌륭한 것들이다. **첫째**, 무신론자들을 염두에 두고, 그는 신(τὸ θεῖον)이 존재하며 실재한다고 가르친다. 무신론자들 가운데 어떤 이들은 신성의 존재(ὕπαρξις)에 대하여 유보하고 의심하는 정도에 그치지만, 더욱 과격한 이들은 신이 도무지 존재하지 않으며, 신이란 단지 신화적 조작들로 진리를 가리는 사람들이 꾸며낸 것에 불과하다고 주장한다.

1.171. **둘째**, 그는 다신론적 견해(δόξα)를 취하는 이들을 겨냥하여 하나님이 유일하시다고 가르친다. 그들(다신론자들)로 말하자면, 악한 정체들 가운데 가장 천박한 형태인 '폭민 정체(ὀχλοκρατία)'를 땅에서 하늘로 격상

시키는 일조차 부끄러워하지 않을 자들이다. **셋째**, 전술했듯이 그는 세상이 창조된 피조물이라고 가르친다. 이는 세상을 피조물이 아니라 영원한 (ἀίδιος) 것으로 생각하는 자들을 겨냥한 것인데, 그들은 하나님 덕분으로 된 것이 아무것도 없다고 주장하는 자들이다. **넷째**, 그는 세계(κόσμος)가 하나뿐이라고 가르친다. 조물주(δημιουργός) 자신이 하나이듯이, 그는 자신의 작품(ἔργον)을 자신의 유일성(μόνωσις)에 따라 자신을 닮도록 만드셨고, 질료(ὕλη)를 한꺼번에 투입하여 우주 전체를 창조하는 일에 모조리 쓰셨기 때문이다. 만약에 전체가 아니라 특정 부분들만 모아서 우주가 만들어졌다면, 우주는 전체라고 할 수 없었을 것이다. 어떤 이들은 세계들(κοσμοί)이 하나가 아니라 다수라는 견해를 취하고, 다른 이들은 세계가 무한하여 알 수 있는 범위를 벗어났다(ἄπειρος)는 견해를 취하는데, 그들은 인식 (ἐπιστήμη)할 수 있는 것이 아름다운 일이라는 진리(ἀλήθεια)에 대하여 끝까지 알지 못하고 무지한 자들이다.[74] **다섯째**, 그는 하나님이 세상을 섭리하신다고 가르친다. 왜냐하면, 창조한 이가 창조한 것을 창조 이후부터 영원까지 보살피는 일(ἐπιμελεῖσθαι)은 자연의 법칙들과 규례들에 따르는 필연적인 것으로서, 마치 부모가 자기 자녀들을 앞서 생각하여 보살피는 것 (προμηθεῖσθαι)과 유사하기 때문이다.[75]

∴

74) 여기서 ἄπειρος는 수(數)로도 양(量)으로도 무한하여 인간이 미칠 수 있는 범위를 벗어난다는 뜻이다. 세상이 알 수 없이 무한하다는 입장은 불가지론(不可知論)에 속한다. 필론은 ἄπειρος를 세상과 인간에게 모두 적용하여 세상이 무한하여 알 수 없다고 주장하는 자들은 그 무지의 수와 양이 무한하여 헤아릴 수 없을 정도라고 말놀이(wordplay)를 하고 있다.

75) 필론은 하나님이 섭리하는 것을 표현하기 위하여 접두어 ἐπι가 붙은 동사 ἐπιμελεῖσθαι를 사용하는 반면에, 인간인 부모가 자식을 보살피는 것을 표현하기 위해서는 접두어 προ가 붙은 동사 προμηθεῖσθαι를 사용한다. 하나님의 섭리는 창조 이후에 피조물을 사후 관리하는 일이지만, 부모가 자식을 보살피는 일은 부모가 먼저 경험한 것을 바탕으로 하기 때문이리라.

1.172. 이것들(모세의 가르침들)을 듣는 수준(ἀκοή)에서 멈추지 않고 지적으로 이해하는 수준(διάνοια)까지 앞서 배운 자는, 그 놀랍고도 비할 데 없는[76] 형상들(θαυμάσια καὶ περιμάχητα εἴδη)을 자신의 혼(ψυχή)에 새겨넣을 일이다. 그 가르침은 하나님이 존재하고 실재하신다는 것, 그 존재하는 이가 진실로 유일하시다는 것, 그가 세계를 창조하되, 전술했듯이 오로지 하나만을 창조함으로써 자신의 유일성을 따라 자신을 닮게 창조하셨다는 것, 그리고 그(하나님)는 자신이 창조한 피조물을 영원히 섭리하신다는 것이다. 이처럼 이해하는 자는 축복을 받아 행복한 삶을 영위하리니, 이는 경건함과 거룩함의 교리(δόγμα)로 인친 것이다.

---

76) '비할 데 없는'이라고 번역한 형용사 περιμάχητος가 무슨 뜻인지에 관하여는 논란의 여지가 있으나, 적들과 싸워서라도 반드시 지켜낼 가치가 있다는 뜻을 함축한다.

II

알레고리 해석 1
LEGVM ALLEGORIARVM LIB. I.1-108

—

엿새간 창조 이후의 신성한 율법에 관한 알레고리 해석 제1권[1]

ΝΟΜΩΝ ΙΕΡΩΝ ΑΛΛΗΓΟΡΙΑΣ ΤΩΝ ΜΕΤΑ
ΤΗΝ ΕΞΑΗΜΕΡΟΝ ΤΟ ΠΡΩΤΟΝ

..

1) 필론 작품들을 최초로 영어로 옮긴 용지(Charles Duke Yonge)는 이 작품의 제목을, "The First Book of the Treatise on The Allegories of the Sacred Laws, after the Work of the Six Days of Creation"이라고 번역함으로써, 이 작품의 장르가 학술적 연구 논문임을 강조했다.

1.1. "그리고 하늘과 땅과 세계 모든 것이 완성되었다."(창 2:1)[2] 정신($\nu o \hat{u} \varsigma$)과 감각($\alpha \check{i} \sigma \theta \eta \sigma \iota \varsigma$)의 창조를 앞서 소개한 그(모세)는 그 둘의 완성을 설명하기 시작한다.[3] 그는 더 나눌 수 없는 단자($\check{\alpha} \tau o \mu o \varsigma$) 정신이나 특정 감각의

∴

2) "이렇게 하늘과 땅과 그 안의 모든 것이 이루어졌다."(『성경』 창세 2:1)

3) 플라톤은 '혼($\psi \nu \chi \acute{\eta}$)'과 '몸($\sigma \hat{\omega} \mu \alpha$)'이라는 용어를 선호하여 둘을 대립시키곤 하는데, 필론은 유사한 맥락에서 '혼'보다는 '정신($\nu o \hat{u} \varsigma$)'을 선호한다. 정신/혼은 '보이지 않는 세계'를 대변하며, 감각/몸은 '보이는 물질 세계'를 대변한다. 플라톤은 보이지 않는 '지성적 세계($\kappa \acute{o} \sigma \mu o \varsigma$ $\nu o \eta \tau \acute{o} \varsigma$)'와 보이는 '심미적 세계($\kappa \acute{o} \sigma \mu o \varsigma$ $\alpha \grave{i} \sigma \theta \eta \tau \acute{o} \varsigma$)'를 나누어, 전자를 영원히 '존재하는 세계($\tau \grave{o}$ $\check{o} \nu$)'이고, 후자는 영원히 '변하는 세계($\tau \grave{o}$ $\gamma \iota \gamma \nu \acute{o} \mu \epsilon \nu o \nu$)'라고 정의했다. 전자는 지성으로만 유추할 수 있는 세계지만, 후자는 보이는 물질을 필요로 하는 세계로서 오감으로 지각할 수 있는 '감각적 세계'다. 인간의 '혼($\psi \nu \chi \acute{\eta}$)'은 보이지 않는 세계에 가깝고, 인간의 '몸($\sigma \hat{\omega} \mu \alpha$)'은 보이는 물질 세계에 가깝다. Plato, *Tim.* 28a, 31b, and 92c. 플라톤은 보이지 않는 세계를 다양한 이름으로 불렀고, 몇 가지만 예시하면 다음과 같다. 원인($\alpha \grave{i} \tau \acute{i} \alpha$), 지혜($\sigma o \phi \acute{i} \alpha$), 지식($\grave{\epsilon} \pi \iota \sigma \tau \acute{\eta} \mu \eta$), 지성적 유기체들($\tau \grave{\alpha}$ $\nu o \eta \tau \grave{\alpha}$ $\zeta \hat{\omega} \alpha$), 신의 형상($\epsilon \grave{i} \kappa \acute{\omega} \nu$ $\tau o \hat{u}$ $\theta \epsilon o \hat{u}$), 아버지($\pi \alpha \tau \rho \acute{o} \varsigma$), 이데아($\grave{i} \delta \acute{\epsilon} \alpha$), 불멸하는 시원($\grave{\alpha} \theta \acute{\alpha} \nu \alpha \tau o \varsigma$ $\grave{\alpha} \rho \chi \acute{\eta}$) 위의 것들($\tau \grave{\alpha}$ $\check{\alpha} \nu \omega$), 독보적인 하늘($\mu o \nu o \gamma \epsilon \nu \grave{\eta} \varsigma$

완성을 논하지 않고, 이데아들의 완성을 논하되, 정신의 이데아와 감각의 이데아의 완성을 논한다.[4] 그가 정신을 '하늘'이라고 상징적으로 표현한 이유는 지성으로만 관조할 수 있는 것들(αἱ νοηταί)이 하늘의 속성들을 가지기 때문이며, 감각을 '땅'이라 칭한 이유는 감각이 몸과 같고 땅과 같은 구조를 수용하기 때문이다.[5] 정신의 세계는 몸이 없는 것들로서 지성으로만 관조할 수 있는 것들(νοητά)을 통칭하고, 감각의 세계는 몸이 있는 것들로서 감각으로 지각할 수 있는 것들(αἰσθητά)을 통칭한다.[6]

1.2. "그리고 하나님은 여섯째 날에 창조하는 일을 마치셨다."(창 2:2)[7] 세계가 엿새 만에 지어졌다거나, 시간에 따라 지어졌다고 생각하는 것은 상당히 어리석은 일이다. 왜 그럴까? 모든 시간은 낮들과 밤들로 구성되어 있고, 이것들(낮과 밤들)은 태양이 땅 위로 솟았다가 땅 아래로 내려가는 태양의 움직임으로 인하여 필연적으로 일어나는 현상이기 때문이다. 그런데 태양은 하늘의 일부이므로 시간은 세계보다 젊은 것이 분명하다.[8] 따라서

∴

ὀρανός), 첫 탄생(γένεσις πρώτη), 신(θεός), 빛(φῶς), 진리(ἀλήθεια).

4) 여기서 필론은 '보이는 세계'의 창조가 아니라, 그것의 청사진인 보이지 않는 이데아의 창조를 설명한다. 이데아 전체를 단수로 표현하기도 하고, 이데아를 구성하는 각각의 이데아들을 복수로 표현하기도 한다.

5) 필론은 창세기의 '하늘'과 '땅'을 플라톤의 철학 언어를 사용하여 알레고리로 설명한다. 즉, 플라톤에서 지성으로만 유추할 수 있는 세계는 창세기의 '하늘'에 해당하고, 감각으로 지각할 수 있는 물질세계는 '땅'에 해당한다는 것이다.

6) 플라톤은 '지성적 세계(κόσμος νοητός, 보이지 않는 세계)'와 '감각적 세계(κόσμος αἰσθητός, 보이는 세계)'라는 표현을 선호하는데, 필론은 형용사 대신에 소유격 명사를 사용하여 '정신의 세계(κόσμος νοῦ)'와 '감각의 세계(κόσμος αἰσθήσεως)'라고 표현한다.

7) "하느님께서는 하시던 일을 이렛날에 다 이루셨다. 그분께서는 하시던 일을 모두 마치시고 이렛날에 쉬셨다."(『성경』 창세 2:2)

8) 즉, 태양은 하늘에 포함되고, 하늘과 땅은 세계에 포함되는데, 세계 창조가 먼저 있은 다음에 시간 현상이 일어났으므로, 세계 창조를 시간 개념으로 이해해서는 안 된다는 뜻이다.

세계는 시간에 따라 지어진 것이 아니라, 시간이 세계 때문에 있게 되었다고 말하는 것이 옳겠다. 왜냐하면 하늘의 움직임은 시간의 성질을 나타내기 때문이다.

1.3. 그러므로 그가 "하나님은 여섯째 날에 그의 일들을 마치셨다"고 기록할 때, 그가 창조한 날들의 수량을 의미하는 것이 아니라 6이라는 완전수를 의미하는 것임을 알아야 한다. 왜냐하면 6은 자신을 정확하게 두 부분이나 세 부분이나 여섯 부분으로 나눌 수 있는 첫 번째 숫자이고, 3이 길이가 다른 2와 곱해져서 이루어지는 숫자이기 때문이다.[9] 참으로 숫자 2와 3은 숫자 1이 상징하는 비물질성에서 벗어나는데, 숫자 2는 똑같이 나뉘고 잘릴 수 있는 물질의 형상이기 때문이고, 숫자 3은 입체적인 신체($\sigma\tilde{\omega}\mu\alpha$)의 형상으로서 입체적인 것은 삼중으로 나뉠 수 있는 것이기 때문이다.[10]

1.4. 또한 그것(숫자 6)은 유기 동물들의 움직임들과도 연관이 있다. 유기체는 자연 속성상 여섯 가지 방식으로 움직이는데, 앞으로, 뒤로, 위로, 아래로, 오른쪽으로, 왼쪽으로 움직인다. 그(모세)는 사멸하는 종족들과 불멸하는 종족들이 그에 상응하는 숫자들에 따라 존립한다는 사실을 입증하고자, 내가 앞에서 설명했듯이, 사멸하는 것들을 숫자 6에, 축복을 받아 행복한 것들을 숫자 7에 비유한다.[11]

∵

9) 6을 정확히 두 부분으로 나누면 3+3이 되고, 정확히 세 부분으로 나누면 2+2+2가 되고, 정확히 여섯 부분으로 나누면 1+1+1+1+1+1이 된다.

10) 숫자 1은 신체성이 없는 0차원인 반면에 숫자 2와 3은 비신체성을 벗어나 물질과 신체로 구현되는 형상을 갖는다는 뜻이다. 점의 정사영은 선(1차원), 선의 정사영은 면(2차원), 면의 정사영은 입체(3차원)인데, 입체는 가로, 세로, 높이라는 세 인자로 구분 가능한 3차원 형태다. 유사한 피타고라스 사상이 Plato, *Tim.* 35a—36d에도 나타난다.

11) 플라톤에 따르면, 보이는 세계는 영원히 변화하는 세계로서 태어난 것은 반드시 죽게 되어 있는 세계인 반면에, 보이지 않는 이데아 세계는 영원히 존재하는 세계로서 사멸하지 않는 세계이다. 필론에게 "사멸하는 종족들"이란 '보이는 세계(땅)'에 속하는 종족들을 의미

1.5. 그리하여 첫째로 하나님은 일곱째 날에 사멸하는 것들을 출생하는 일에서 안식하게 하시고, 더 신성한 다른 것들을 조형하기 시작하신다.

III. 왜냐하면 하나님은 멈추지 않고 창조하는 분으로서, 불의 속성이 태우는 것이고 눈의 속성이 차갑게 하는 것이라면, 하나님의 속성은 창조하는 것이기 때문이다. 아울러 다른 것들 모두에게 하나님은, 그들이 하는 일이 무엇이건, 그 일의 시원(ἀρχή)이 되신다.[12]

1.6. 그러므로 "그가 안식하셨다(ἐπαύσατο)"고 하는 대신에, "그가 안식하게 하셨다(κατέπαυσεν)"고 표현한 것은 참으로 옳다.[13] 왜냐하면 그는, 창조하는 것처럼 보이기만 하고 실제로 창조할 능력을 갖추지 못한 것들을 안식하게 하고, 자신은 안식하지 않은 채 창조하시기 때문이다. 그러므로 모세는 이렇게 선언한다. "그가 시작하신 것들을 안식하게 하셨다." 왜냐하면 우리(인간) 기술로 제작한 것들은 무엇이나 완성되자마자 가만히 놓인 채로 있지만, 하나님이 지식으로 제작하신 것들은 무엇이나 완성되자마자 다시 움직이기 때문이다. 그것들의 끝들은 다른 것들의 시작들인데, 그것은 마치 낮의 끝이 밤의 시작인 것과 같고, 한 달과 한 해가 마감된 이후에 곧장 그것들(달과 해)이 재개되는 것과 같다.

1.7. 이처럼 죽는 것들은 새로 태어나고 태어나는 것들은 죽으므로, 창조된 것들은 어떤 것도 죽지 않는다는 말이 옳다. 어떤 것은 분화하여 다른 것과 더불어 다른 모양을 갖게 된다.

∴

하고, "사멸하지 않는 종족들"이란 '보이지 않는 세계(하늘)'에 속하는 종족들(신)을 의미한다. 필론은 특별히 숫자 7을 강조함으로써 플라톤의 숫자 개념에서 약간 벗어나 유대 안식일 전통을 강조한다.

12) 필론은 아리스토텔레스의 부동의 원동자로서의 신 개념을 사용한다.

13) 여기서 필론은 ἐπαύσατο와 κατέπαυσεν을 약간 다르게 사용하는데, 엄밀히 두 단어의 차이가 무엇인지 역자가 완전히 파악하지는 못하였다. 이에 관한 후속연구가 있기 바란다.

1.8 IV. 그러나 자연은 숫자 7로 이루어지기를 기뻐한다. 예컨대, 행성들은 일곱 개로 이루어졌고, 일정하게 움직이면서 서로 균형을 유지한다.[14] 곰자리도 일곱 개의 별들로 이루어졌는데, 그 별자리는 교제의 원인이 될 뿐 아니라 사람들 사이에서 유대와 화합의 원인이 되기도 한다. 또한 달은 숫자 7에 따라 달라지고, 지구상에 있는 것들과 가장 원활하게 소통하면서 대기 중에서 변화들을 일으키는데, 특별히 숫자 7을 주기로 하여 일으킨다.

1.9. 사멸하는 것들은 숫자 7에 따라 하늘에서 신성한 본질을 끌어내어 자신을 살리는 방식으로 움직인다. 일곱 번째 달에 태어나는 신생아들은 살지만, 그보다 더 오랜 시간을 보낸, 예컨대 여덟 달을 자궁에서 머문 신생아들은 대개 유산된다는 사실을 모르는 이가 누군가?

1.10. 그들은 말하기를, 인간은 처음 7년 주기에 이성을 갖추게 된다고 하는데, 그때까지 인간은 일상적인 명사들과 동사들을 상당히 해독할 수 있게 되어 말하는 능력의 달인이 된다. 두 번째 7년 주기에 인간은 성숙하고 씨앗과 같은 (생식) 능력을 갖추므로, 14세 정도의 나이에 우리 인간은 자신을 닮은 것을 출산할 수 있게 된다.[15] 그리고 세 번째 7년 주기는 성장의 마지막 시기로서, 인간은 21세까지 성장하므로 많은 이들은 이 시기를 '성년기'라고 부른다.

1.11. 아울러 혼의 비이성적 부분은 일곱 기관으로 구성되는데, 다섯 개

⁝

14) 16세기에 지동설이 제기되기 이전에는 지구를 태양계 행성에 넣지 않았고, 18세기에 허셸 (William Herschel)이 천왕성을 발견하기 전까지 천왕성 바깥의 태양계 행성들은 알려지지 않았다. 따라서 필론이 뜻하는 일곱 개의 행성들은 태양, 달, 수성, 금성, 화성, 목성, 토성 등일 것이다.

15) 유사한 내용이 "세계 창조에 대하여"에 나온다. Philo, *Opif.* 1.105.

의 감각 기관들(오감)과 발성 기관, 그리고 생식을 대비하는 기관(생식기) 등이다.

1.12. 또한 몸동작들도 일곱 가지로 나눌 수 있는데, 여섯 가지의 유기적 동작들과 회전 동작이 그러하다.[16] 내장들도 일곱인데, 위, 심장, 비장, 간, 폐, 그리고 두 개의 신장 등이다. 유사하게 몸의 지체들도 같은 수로 구성되는데, 머리, 목, 가슴, 손, 복강, 복부, 발 등이다. 또한 동물(τὸ ζῷον)의 가장 중요한 부위는 얼굴이고, 얼굴을 일곱 부분으로 나누면, 두 눈, 두 귀, 같은 수의 콧구멍, 그리고 일곱 번째는 입이다.[17]

1.13. 일곱 가지 분비물들(ἀποκρίσεις)도 있으니, 눈물, 콧물, 침, 생식액, 두 종류의 배설물들, 그리고 몸의 모든 부분에서 분비되는 땀 등이다. 또한 질병에 걸렸을 때는 일주일이 가장 중요하다. 여성의 경우에는 매월 정결을 회복하기까지 일주일이 걸린다.

1.14 V. 숫자 7의 위력은 표현 기술들의 유용성에까지 미친다. 확실히 문법에서도 글자들 가운데 가장 뛰어나고 가장 많은 기능을 가진 것은 숫자 7로 구성되며, 모음들이 그러하다. 음악에서도 일곱 현을 가진 수금(λύρα)이야말로 온갖 악기들 가운데 최고라고 할 수 있다. 왜냐하면 멜로디를 만드는 요소들 가운데 가장 고상한 화음은 특별히 그것(리라)과 연관이 있는 것으로 보이기 때문이다. 공교롭게도 긴장 정도들에 따라 나뉘는 소리들 또한 일곱 가지로서, 고음, 저음, 단축음, 격음, 경음, 장음, 단음 등이다.

∴

16) 수와 운동들의 관계에 관하여는 다음을 보라. Plato, *Tim.* 36c-d.
17) 플라톤도 머리를 생물의 가장 중요한 부위라고 하였으나, 몸 전체를 일곱 부분으로 나누지는 않는다. Plato, *Tim.* 44d-45a. 필론은 플라톤의 언어를 활용하여 안식일을 상징하는 7을 강조한다.

1.15. 숫자 7은 완전수 6 다음에 오는 첫 번째 숫자로서, 숫자 1과 유사한 면이 있다. 10 이하의 다른 숫자들은 10 이하의 숫자들이나 10 자신에 의하여 출생하거나, 10 이하의 숫자들이나 10 자신을 출산한다. 그러나 7은 10 이하의 숫자들 가운데 아무것도 출산하지 않고 어떤 것에 의하여도 출생하지 않는다. 이에 관하여 피타고라스 학파 사람들은 숫자 7을 어머니 없이 출생하여 언제나 처녀로 있는 여신(아테나)에 빗대기도 한다. 아테나는 (무엇에 의하여) 출생하지도 않았고, 무엇을 출산하지도 않을 것이기 때문이다.[18]

1.16 VI. "그러므로 그는 일곱째 날에 그가 창조하신 것들을 그의 모든 일로부터 안식하게 하셨다."(창 2:2) 이 문장은 이런 뜻이다. 하나님은 사멸하는 것들을 제작하는 일을 멈추고, 7의 속성을 따르는 신성한 부류들을 창조하기 시작하신다. 이것을 관습에 기초하여 고찰해보면 이런 뜻이다. 7의 속성을 따르는 거룩한 로고스가 혼에서 깨어날 때마다, 숫자 6과 그것이 만드는 것처럼 보이는 사멸하는 것들은 모두 정지하게 된다.[19]

1.17 VII. "그리고 하나님은 일곱째 날을 축복/인정하여 그것을 성별하셨다."(창 2:3)[20] 하나님은 그와 같이 진실로 신성한 일곱 번째 빛을 따라 운행하는 방식들을 축복하고, 곧장 거룩하다고 선포하신다. 축복받는 자(ὁ εὐλόγιστός)와 거룩한 자(ὁ ἅγιος)는 서로 동류이기 때문이다. 그러므로 그

∴

18) 그리스인들은 아테나여신이 어머니 없이 제우스의 머리에서 중무장한 성인의 상태로 탄생했다고 생각한다.

19) 하나님은 쉬지 않고 7의 원리에 따라 신성한 것들을 창조하지만, 이 단계에서는 사멸하는 것들이 멈추어 안식하므로 사멸하는 것들의 차원에서는 모든 것이 멈춘 것처럼 보인다는 뜻이다.

20) "하느님께서 이렛날에 복을 내리시고 그날을 거룩하게 하셨다. 하느님께서 창조하여 만드시던 일을 모두 마치시고 그날에 쉬셨기 때문이다."(『성경』 창세 2:3)

(모세)는 특별한 서원을 한 자에 관하여 이렇게 기록한다.[21] 만약에 그에게 급작스러운 변화가 생겨서 그 정신을 오염시키게 되면, 그가 더는 거룩하지 않게 되므로 "지나간 날들을 인정받지 못하게 되는 것(ἄλογοι)"은 당연하다.(민 6:12) 왜냐하면 거룩하지 않은 자는 축복/인정받지 못하고 (ἀλόγιστος), 축복/인정받는 자(ὁ εὐλόγιστός)는 거룩하기 때문이다.[22]

1.18. 그러므로 하나님이 일곱째 날을 축복/인정하고 거룩하게 하셨다고 그(모세)가 기록한 것은 옳다. 왜냐하면, "그날에 하나님은 그가 창조하기 시작한 모든 것들이 그의 모든 일들로부터 안식하도록 하셨기" 때문이다.(창 2:3) 일곱 번째의 완전한 빛을 따라 스스로 인도하는 이가 축복받고 거룩한 이유는 그 자연 본성을 따르면 사멸하는 것들이 더는 만들어지지 않고 정지하기 때문이다. 설명하자면 이렇다. 지극히 영롱하고 참으로 거룩한 덕의 광채가 떠오르면, 그와 반대되는 속성은 발생하기를 멈추고 정지한다. 우리가 앞에서 밝혔듯이, 하나님이 안식하게 하신다는 것은 창조하기를 멈춘다는 뜻이 아니라 다른 것들을 출산하기 시작하신다는 뜻이니, 하나님은 피조물들의 제작자일 뿐만 아니라 아버지도 되시기 때문이다.

1.19 VIII. "이것은 하늘과 땅이 출생할 때 그 탄생에 관한 책이다."(창 2:4)[23] 숫자 7에 따라 작동되는 완전한 로고스는 이데아들에 따라 정렬되는 정신(νοῦς)을 출산하고, 이데아들에 따라 정렬되는 정신적 대상을 출산하는 시원(ἀρχή)이며, 만약에 이렇게 말해도 된다면, 감각을 출산하는 시

··

21) '나실인 서약'을 말한다.
22) 민 6:9–12 참조. 이 단락에서 필론은 λόγος와 연관된 εὐλογεῖν, ἀλόγιστος, εὐλόγιστος, ἄλογος 등의 단어를 사용하여 미묘한 뜻을 표현한다.
23) "하늘과 땅이 창조될 때 그 생성은 이러하였다.("「성경」 창세 2:4)

148

원이라고 할 수 있겠다. 그리고 그(모세)는 하나님의 로고스를 **책**이라고 기록했는데, 그 안에는 다양한 것들이 어떻게 존재하게 되었는지 기록되고 새겨져 있다.

1.20.　그러나 신(τὸ θεῖον)이 무언가를 창조할 때마다 마치 시간들의 예정 경로들을 따르는 것으로 그대가 오해하지 않도록 하고, 사멸하는 종속의 관점에서 창조된 것들이란 모두 불확실하고 불분명하고 불가해한 것처럼 보일 뿐이라고 그대가 제대로 생각할 수 있도록, 그(모세)는 '그것들이 출생할 때'라고 덧붙임으로써 그때가 정확하게 언제인지 한정하지 않았다. 이는 만물의 근원에 의하여 출생한 것들은 때를 한정할 수 없기 때문이다. 그러므로 만물이 엿새 동안에 만들어졌다는 생각을 버려야 한다.

1.21 IX.　"그날에 하나님은 하늘과 땅을 창조하셨고, 들의 모든 식물을 창조하여 땅에 나타나게 하고, 들의 모든 풀을 창조하여 솟아나게 하셨다. 하나님이 아직 땅에 비를 내리지 않으셨고, 땅을 경작할 사람은 존재하지 않았다."(창 2:5) 일찍이 그(모세)는 이날을 책으로 풀어놓았으니, 그는 하늘과 땅 모두의 탄생을 기록하였다. 하나님은 가장 분명하고 가장 선명한 그분 자신의 로고스로 그 둘을 창조하되, 정신의 이데아를 상징적으로 하늘이라 부르고, 감각의 이데아를 표징(σημεῖον)으로 표현하여 땅이라 명명하셨다.

1.22.　그리고 그(모세)는 정신의 이데아와 감각의 이데아를 두 가지 영역들에 빗대었다. 정신(ὁ νοῦς)은 정신으로만 인지되는 것들을 결실하며, 감각(ἡ αἴσθησις)은 감각으로 감지되는 것들을 결실하기 때문이다. 그(모세)가 말하는 뜻은 이렇다. 즉, 특정적이고 개별적인 정신이 만들어지기 이전에 그 정신의 원형과 모형으로 어떤 이데아가 먼저 존재하고, 유사하게 특정한 감각이 있기 이전에 감각의 이데아가 먼저 존재하여, 마치 도장처럼 형태를 찍어낼 수 있는 원리를 갖추고 있었다. 즉, 정신으로만 인지할 수 있

는 특정 대상들이 만들어지기 위하여, 정신으로만 인지할 수 있는 원형적 종속(γένος)이 먼저 있었고,[24] 다른 개별적인 대상들은 그 종속을 공유함으로써 명명되었다는 뜻이다. 유사하게, 감각으로 파악할 수 있는 특정 대상들이 만들어지기 위하여, 감각으로 감지할 수 있는 원형적 종속이 먼저 있었고, 그 종속에 참여함으로써, 다른 개별적인 감각적 대상들이 출생한 것이다.

1.23. 그러므로 그(모세)가 '들의 연두색'이라고 한 것은 정신에 속한 것으로서 정신으로만 인지할 수 있는 대상이라는 뜻이다. 들에서 연두색을 띤 것들(식물들)이 싹트고 꽃피우듯이, 정신으로만 인지할 수 있는 대상은 정신에서 싹트기 때문이다. 그러므로 정신으로만 인지할 수 있는 특정 대상을 출산하기 위하여, 그는 정신으로만 인지할 수 있는 종속을 먼저 완성하고, 그것을 '만물(πᾶν)'이라고 옳게 명명하셨다. 정신으로만 인지할 수 있는 특정 대상은 미완성이고 만물이 아니지만, 그 종속은 포괄적이고 충만하게 존재하는 것(τὸ ὄν)으로서 만물이다.

1.24. 그(모세)는, "들에 나는 모든 풀이 싹트기 전에"라고 기록하는데, 이것은 감각으로 감지할 수 있는 특정 대상들이 싹트기 이전에, 창조하신 분의 예견 안에 감각으로 감지할 수 있는 원형적 종속이 존재했다는 뜻이며, 그는 그것을 거듭 '만물'이라고 부른 것이다. 그가 감각적 대상들을 풀에 비유한 것은 매우 지당한 것이다. 풀이 로고스가 없는 비이성적 동물의

∴

24) 역자는 τὸ γενικόν에 해당하는 적절한 우리말을 찾지 못하여 γένος의 의미로 '종속(屬)'이라고 번역했다. 이는 '그 종속에 속하는 모든 개별적인 것들에 공통적으로 적용할 수 있는 보편적 원리 또는 원형'이 있다는 뜻이다. 즉, 하나님은 정신으로 인지할 수 있는 특정 대상들을 일일이 창조하기 이전에 그 개별적 대상들 전체에 공통적으로 적용할 수 있는 종속을 먼저 만드셨다는 뜻이다.

음식인 것처럼 감각적 대상은 혼의 비이성적인 부분에 해당하는데, 여기서 그가 '들의 연두색'을 먼저 언급한 다음에 '그리고 모든 풀'을 덧붙임으로써 마치 풀은 도무지 연두색이 아닌 것처럼 표현하는 까닭은 무엇일까? 왜냐하면 들에서 연두색을 띤 것(식물)은 정신적 대상이요, 정신($\nu o \tilde{\upsilon} \varsigma$)의 싹($\dot{\epsilon} \kappa \beta \lambda \acute{\alpha} \sigma \tau \eta \mu \alpha$)인 반면에, 풀은 감각적 대상으로서 혼($\psi \upsilon \chi \acute{\eta}$)의 비이성적인 부분에서 싹튼 것이기 때문이다.

1.25. "하나님이 땅에 비를 내리지 아니하셨고, 땅을 경작할 사람은 존재하지 않았다"는 기록은 지당한 것이다. 왜냐하면 만약에 하나님이 보이는 것들을 보게 하는 감각 기능들을 주지 않으셨다면, 정신이 감각을 지각하거나 감각적인 행동을 실제로 수행할 수는 없었을 것이기 때문이다. 정신은 스스로 혼자서는 아무것도 할 수 없고, 마치 비를 내려주듯이, 시각에 색깔들을, 청각에 소리들을, 미각에 즙들을, 다른 것들에 그에 해당하는 대상들을 내려주어야 한다.

1.26. 그러나 하나님이 감각적 대상들로 감각에 물을 주시기 시작하면, 정신($\dot{o} \nu o \tilde{\upsilon} \varsigma$) 또한 풍요로운 땅을 경작하는 일꾼으로 드러난다. 감각의 이데아는 양분이 필요하지 않으나, 감각에는 양분이 필요하고, 그는 그것을 '비'라고 불렀다. 감각으로 지각할 수 있는 특정 대상들($\tau \grave{\alpha} \ \dot{\epsilon} \pi \grave{\iota} \ \mu \acute{\epsilon} \rho o \upsilon \varsigma$ $\alpha \grave{\iota} \sigma \theta \eta \tau \acute{\alpha}$)은 보이는 몸들($\sigma \acute{\omega} \mu \alpha \tau \alpha$)이 있으나, 이데아는 몸들과는 무관하다. 그러므로 개별적인 특정 합성체들이 만들어지기 이전에는 하나님이 땅이라고 부르신 감각의 이데아에 비를 내리지 않으셨고, 그 땅에 양분을 주지 않으셨다. 왜냐하면 그때는 감각으로 포착해야 할 대상이 아직 없었기 때문이다.[25]

••

25) 필론은 '감각의 이데아'를 '감각의 합성체들'와 구분한다. 감각의 이데아는 순수하게 정신

1.27. "땅을 경작할 사람이 존재하지 않았다"라는 말은 이런 뜻이다. 정신의 이데아는 감각의 이데아를 작동시킬 수 없다. 나와 너의 정신은 감각적 대상들을 통하여 감각을 작동시킬 수 있으나, 정신의 이데아는 몸의 각 부분과 연결되지 않으므로 감각의 이데아를 작동시킬 수 없는 것이다. 작동시키려면 감각적 대상들을 통하여 작동시켜야 하는데, 이데아들 안에는 감각적 대상이 아무것도 없기 때문이다.

1.28 XI. "샘이 땅에서 솟아나고 땅의 표면(얼굴)을 모두 적셨다."(창 2:6)[26] 여기서 그(모세)는 정신을 땅의 '샘'이라고 표현하고, 감각 기관들을 '표면(얼굴)'이라고 표현한다. 왜냐하면 모든 것을 미리 알고 있는 자연은 몸 전체 가운데서 특별히 이 부분(표면/얼굴)을 감각 기관들에게 자체 동력들을 최적화하는 장소로 사용하도록 배정했기 때문이다. 또한 정신은 감각 기관들을 적시면서, 마치 샘과 같이, 각 감각 기관에 요긴한 시냇물을 흘려보낸다. 보라, 저 동물(τὸ ζῷον)의 능력들이 어떻게 사슬처럼 서로 엮여 있는가를! 정신과 감각 기관과 감각 대상은 서로 다른 세 가지로서, 그 한가운데에 감각 기관이 위치하고, 양극단에 감각 대상과 정신이 위치한다.

1.29. 하나님이 감각 대상에 비를 내리거나 물을 주지 않으시면, 정신은 감각 기관을 작동시키는 일을 할 수 없고, 정신이 마치 샘처럼 자신을 감각 기관까지 확장하여 잠자코 있는 그 기관을 작동시켜 감각 대상이 감지하도록 돕지 않으면, 감각 대상에 비가 내릴지라도 감각 기관은 작동하지 못한다. 그러므로 정신과 감각 대상은 언제나 서로 화답하도록 매개되는

∴

적인 것으로서 비가시적이고 비신체적인 대상이지만, 감각의 합성체들은 이데아가 가시적인 물질에 구체화 되어 개별적 형체들을 갖는 대상들이기 때문이다.

26) "그런데 땅에서 안개가 솟아올라 땅거죽을 모두 적셨다."(『성경』 창세 2:6)

데, 감각 기관에 물질(감각 대상)이 포착되면, 기획자(정신)는 감각 기관을 외부로 움직이게 하여 충동을 일으킨다.

1.30. 동물(τὸ ζῷον)은 환상(φαντασία)과 충동(ὁρμή)이라는 두 가지 면에서 동물이 아닌 것을 능가한다. 환상은 외부 대상이 접근함에 따라 감각 기관을 통하여 형성되는 정신 현상이고, 충동은 환상의 형제로서, 정신의 확장 능력에 따라 감각 기관을 통하여 확장되고, 발견한 대상까지 손을 뻗어 그 것을 위한 자리를 마련하고, 그것에 다가가 파악하고자 애쓰는 현상이다.

1.31 XII. "하나님이 땅에서 흙을 취하여 그것으로 사람을 제작하고, 그 얼굴에 생명의 숨을 불어넣으시자 사람이 살아 있는 혼(ψυχή)이 되었다." (창 2:7) 두 종속(γένος)의 인간이 있는데,[27] 하늘의 인간(ὁ οὐράνιος ἄνθρωπος) 과 땅의 인간(ὁ γήϊνος ἄνθρωπος)이 그것이다.[28] 하늘의 인간은 하나님의 형 상을 따라 출생했으므로 사멸하는 땅의 속성을 갖지 않으나, 땅의 인간 은 흩날리는 물질을 고정하여 만든 것이므로 그(모세)는 그 물질을 흙(χοῦς) 이라고 표현했다. 그러므로 그가 하늘의 인간에 대하여는 '제작되었다'고 하지 않고 '하나님의 형상을 따라 형성되었다'고 표현하는 반면에, 땅의 인간에 대하여는 '제작품(πλάσμα)'이라고 하면서도 그것을 제작자의 '자손 (γέννημα)'이라 부르지는 않는데, 이는 당연하다.

1.32. 땅에서 난 인간은 정신이 몸에 주입된 상태지만 아직 적응된 상태

••

27) *Leg.* 1.22 참조. 필론은 '속(屬)', '종류'의 의미를 갖는 γένος라는 단어를 차원이 서로 다른 대상을 지칭할 때 사용한다. 예컨대, 정신으로만 인지되는 대상들의 '원형'과 정신으로만 인지되는 각각의 특정 대상들은 서로 다른 속에 속한다. 유사하게 필론은 인간을 '하늘의 인간'과 '땅의 인간'이라는 서로 차원이 다른 두 속으로 나눈다. 필론의 방식을 적용하면, 특정 인간인 영희와 철수는 같은 속에 속해 있으나, 영희와 철수 등 신체를 가진 모든 인 간은 보이지 않는 인간 '원형'과 다른 속에 속해 있다고 할 수 있다.

28) 유사하게 '위에서 난' 사람과 '아래에서 난' 사람이라는 개념이 요한복음 8:23에 등장한다.

는 아니었다고 보는 편이 합리적이다. 이처럼 정신이 땅에 속한 상태에 있으면, 그로 말미암아 사멸하게 되므로, 하나님은 정신 안에 참 생명의 능력을 불어넣으셨을 것이다.[29] 여기서 정신은 제작되는 대상이 아니라 '혼(ψυχή)으로' 출생하는 대상이며, 혼은 불활성이거나 무형의 것이 아니라 진실로 살아 있는 지성적 실체이므로, 그(모세)는 "인간이 살아 있는 혼이 되었다"고 기록한다.

1.33 XIII. 그런데 하나님은 왜 이데아와 자신의 형상을 따라 탄생한 정신(νοῦς)뿐만 아니라 땅에서 나서 몸을 사랑하는 정신까지 '신성한 영(πνεῦμα θεῖον)'을 받을 가치가 있다고 생각하셨는지, 누군가는 물을 것이다. 그런 다음에 두 번째로 "숨을 불어넣으셨다"는 말이 무슨 뜻인지 물을 것이다. 세 번째로는 왜 하필 얼굴에 숨을 불어넣으셨는지 물을 것이다. 네 번째로는, "하나님의 영(πνεῦμα)이 수면 위를 운행하셨다"고 표현할 때(창 1:2), 이미 '영(πνεῦμα)'이라는 단어를 알고 있었으면서 왜 '영'이라고 하지 않고 '숨(πνοή)'이라고 기록했는지 물을 것이다.[30]

1.34. 첫 번째 질문에 대하여 설명해야 할 것은 이렇다. 하나님은 좋은 것들을 모두에게 베풀기를 좋아하시고, 완전하지 않은 자들에게까지 베풂으로써 그들이 덕에 참여하여 덕을 열망하도록 격려하는 동시에 자신의 넉

∵

29) 플라톤 전통에서 '살아 있는 인간'은 혼(ψυχή)이 몸(σῶμα)에 주입되어 하나가 된 상태이고, '죽은 인간'은 혼과 몸이 분리된 상태다.(Plato, *Phaed.* 64c 참조) 필론은 플라톤의 '살아 있는 인간' 개념을 응용하여 정신이 몸에 주입된 상태를 언급한 후에, 하나님의 역할을 더하여, 하나님이 정신에 '참 생명의 능력'을 불어넣어 정신을 살아 있는 혼(생령)이 되게 하셨다고 설명한다. 여기서 '참 생명의 능력(δύναμις)'은 '영(πνεῦμα)'을 뜻하는 것 같다.(Philo, *Leg.* 1.33 참조) 그렇다면, 필론에게 '살아 있는 인간'이란 '하나님이 불어넣은 영을 받은 정신이 몸에 주입된 상태'일 것이다.

30) "땅은 아직 꼴을 갖추지 못하고 비어 있었는데, 어둠이 심연을 덮고 하느님의 영이 그 물 위를 감돌고 있었다."(『성경』 창세 1:2)

154

넉한 부요함을 드러내어 그다지 혜택받지 않을 이들조차 후하게 대하고자 하신다. 이는 다른 사례들에서도 지극히 분명하게 드러난다. 예컨대, 하나님은 바다에도 비를 내리고, 황량한 곳들에 샘들이 나게 하고, 척박하고 거칠고 황폐한 땅에 물을 보내어 강들이 범람하여 넘치게 하시니, 이보다 더 하나님의 넘치는 부요함과 선하심을 드러내는 것이 무엇이겠는가? 이 것이 바로, 하나님은 좋은 것을 출산하지 못하는 혼을 창조하신 적이 없으 며, 다만 어떤 이들은 그 기능을 사용하지 못할 뿐이라고 말할 수 있는 근 거다.

1.35. 두 번째 질문에 대하여 설명할 차례다.[31] 그가 그렇게 기록한 이유 는 정의로운 일들이 실현되도록 미리 법제화하려는 것이다.[32] 참 생명을 주입받지 못하여 덕에 미숙한 자는 자신이 죄를 저지른 대가로 벌을 받게 되면 부당하게 벌을 받는다면서 자신은 선한 것에 미숙하여 선에 걸려 넘 어진 것일 뿐이며, 잘못은 자신에게 식견(ἔννοια)을 조금도 주입해주지 않 은 이에게 있다고 주장한다. 그런 자는 자기 잘못이 없다고 주장할 텐데, 왜냐하면 죄를 저지르려는 고의가 없이 무지 때문에 죄를 범한 때에는 범 죄가 성립되지 않는다고 주장하는 이들이 있기 때문이다.

1.36. "숨을 불어넣으셨다"는 표현은 혼(목숨)이 없는 것들에 영을 불어 넣었다거나 혼을 불어넣어 살리셨다는 말과 같은 것이다. 우리는 우스꽝 스러운 것들에 사로잡혀 하나님이 입이나 코 같은 기관들을 사용하여 숨 을 불어넣으신다고 생각하지 말아야 한다. 왜냐하면 하나님은 특정할 수

••

31) Philo, *Leg.* 1.33 참조.
32) 모세는 심지어 완전하지 않은 자들에게조차 하나님이 선한 숨을 불어넣으셨다고 율법에 명시함으로써, 누군가가 자신은 하나님께로부터 선을 부여받지 못하여 죄를 저질렀다고 주장하지 못하도록 미연에 방지하고자 했다는 뜻이다.

도 없을 뿐만 아니라 의인화할 수도 없는 분이시기 때문이다.

1.37. 그런데 숨을 불어넣으셨다는 표현이 더 자연스럽기도 하다. 왜냐하면 그것은 숨을 불어넣는 주체, 불어넣은 숨을 받는 객체, 그리고 불어넣는 내용물 등 세 가지를 전제하기 때문이다. 불어넣는 주체는 하나님이시고, 받는 객체는 정신(νοῦς)이며, 불어넣는 내용물은 영(πνεῦμα)이다. 이것이 무슨 뜻일까? 그 세 가지 연합은 하나님의 능력(δύναμις)을 하나님 자신으로부터 확장하고 영(πνεῦμα)을 매개로 하여 보이는 대상까지 도달하게 함으로써 우리가 하나님에 관한 식견을 가지도록 돕는 것이 아니겠는가?

1.38. 하나님이 숨을 불어넣어 능력으로 만져주지 않으셨다면, 인간의 혼(ψυχή)이 어떻게 하나님을 인식할 수 있었겠는가? 만약에 하나님 자신이 인간의 정신(νοῦς)을 그것이 다다를 수 있을 만큼 최대한 그분 자신에게까지 끌어당겨서 인식하기 쉬운 능력들로 인간 정신을 만들지 않으셨다면, 인간 정신이 어떻게 감히 하나님의 속성에 참여하는 수준까지 비상할 수 있었겠는가?[33]

1.39. 그(하나님)가 얼굴에 숨을 불어넣으시는 것은 자연스럽고도 도덕적이다. 자연스러운 이유는 그가 감각 기관들을 얼굴에 설치하셨기 때문이다. 몸에서 이 부분(얼굴)은 다른 어떤 부분들보다 특별히 생기 있고 활력 있게 만들어졌다. 아울러 도덕적인 이유는 이러하다. 몸(σῶμα)에서 지배적인 부분은 얼굴이고, 유사하게 혼(ψυχή)에서 지배적인 부분은 정신(νοῦς)인데, 오로지 이 속(정신)에만 하나님은 숨을 불어넣으시고, 감각 기관들이나 말하는 부분이나 생식기 같은 다른 부분들에는 숨을 불어넣을 가치가 없

••

33) 혼이 에로스의 갈망에 따라 불멸의 세계로 날아오른다는 플라톤의 사상을 유대 방식으로 변용하는 것 같다. Plato, *Phaed.* 248a-c.

다고 보신다. 다른 기관들은 능력 면에서 부차적이기 때문이다.

1.40. 그렇다면 이 기관들은 무엇에 의하여 활기를 얻었는가? 당연히 정신에 의해서다. 정신은 하나님께 받은 것을 혼의 비이성적인 부분들에게 나누어주는데, 이렇게 함으로써 정신은 하나님께로부터 생기(혼, 목숨)를 받고, 비이성적 부분은 정신으로부터 생기를 받는다. 이처럼 정신은 로고스가 없는 비이성적인 것에게는 신이기 때문에 모세조차 정신을 "파라오의 하나님"이라 부르기를 주저하지 않았다.(출 7:1)[34]

1.41. 창조된 것들 가운데 어떤 것들은 하나님에 의해서, 그리고 하나님을 통해서 창조되었으나, 다른 것들은 하나님을 통해서는 아니고 하나님에 의해서만 창조되었다. 가장 좋은 것들은 하나님에 의해서, 그리고 하나님을 통해서 창조된 것들이기 때문에 그(모세)는 선뜻 다음과 같이 말(기록)한다. "하나님이 낙원(παράδεισος)을 심으셨다."(창 2:8)[35] 이런 것들(가장 좋은 것들) 가운데 정신이 있다. 하나님에 의하여 창조된 비이성적인 부분은 하나님을 통해서가 아니라 혼 안에서 통치하고 지배하는 이성적인 것(정신)을 통하여 만들어졌다.[36]

1.42. 그는 "영(πνεῦμα)"이 아니라 "숨(πνοή)"이라고 표현함으로써 마치 그 둘이 서로 다른 것처럼 기록했는데, 영은 강인하고 활기차고 힘차게 느껴

••

34) 플라톤은 혼을 신체적 혼과 비신체적 혼으로 나누고 비신체적이고 비물질적인 부분을 대개 이성/말씀(λόγος)이라고 하지만, 필론은 정신(νοῦς)이라는 단어를 선호한다.

35) "주 하느님께서는 동쪽에 있는 에덴에 동산 하나를 꾸미시어, 당신께서 빚으신 사람을 거기에 두셨다."(『성경』 창세 2:8)

36) 여기서 필론은 악의 문제를 다룬다. 순수하게 선한 정신은 하나님의 피조물이고, 다른 것들은 이성적인 것의 산물이므로 하나님이 직접 창조하신 피조물보다 열등하고 불완전하다. 유사하게 플라톤은 '세계 혼'만이 데미우르고스의 피조물이라 하고, 물질적인 것들은 열등한 신들의 피조물이라고 한다. Plato, *Tim.* 40e-42e.

지지만, 숨은 공기 같기도 하고, 고요하고도 부드럽게 피어오르는 증기 같기도 하다. 그러므로 그(하나님)의 모양과 형상에 따라 지어진 정신은 영을 배분받았다고 할 수 있다. 왜냐하면 그 생각이 영처럼 강인하기 때문이며, 이와 달리 물질에서 나온 정신은 하찮고 가벼운 공기를 분배받아, 마치 향신료에서 발산하는 증기와도 같이, 건드리지 않고 가만히 두거나 향을 피우지 않아도 어떤 향기가 흘러나오기 때문이다.

1.43 XIV. "그리고 하나님은 해 돋는 동방을 향하여[37] 에덴에 낙원을 심고, 그곳에 자신이 지은 인간을 두셨다."(창 2:8)[38] 그(모세)는 숭고한 천상의 지혜(σοφία)가 다양한 이름들로 칭송되고 있다는 사실에 착안하여, 지혜를 하나님의 시원(ἀρχή)과 형상(εἰκών)과 현현(ὅρασις)이라고 다양하게 표현했다.[39] 이 원형적인 것(지혜)을 복제한 것이 지상의 지혜라는 사실을 그는 이제 낙원을 심고 경작하는 것을 통하여 보여준다. 그런데 마치 하나님이 낙원들을 몸소 경작하고 가꾸시기라도 하는 것처럼 상상한다면, 크나큰 불경이 인간의 생각을 사로잡은 결과일 것이다. 그런 불경을 저지르면, 우리는 이 표현의 뜻을 알지 못하여 이내 당황하게 될 것이다. 하나님이 자신을 위하여 쾌적한 안식처들과 즐거움들을 마련하려고 하신 것은 아닐 테니, 그처럼 황당한 신화가 우리 정신 속에 들어오지 말게 하자.

1.44. 왜냐하면 온 세계조차 하나님의 장소나 거처가 되기에 부족하고, 하나님 자신이야말로 자신이 머무시는 장소로서 스스로 충만하고 충분하

∴

37) 여기서 κατὰ ἀνατολάς를 '해 돋는 동방을 향하여'라고 번역했으나, '(동방의) 해 돋는 방식으로'라고 번역해도 무방할 것 같다. 보다 자세한 설명은 *Leg.* 1.46을 참조하라.
38) "주 하느님께서는 동쪽에 있는 에덴에 동산 하나를 꾸미시어, 당신께서 빚으신 사람을 거기에 두셨다."(『성경』 창세 2:8)
39) 예컨대, 플라톤 전통에서 철학의 대상인 지혜(σοφία)는 이데아, 첫 번째 창조(γένεσις πρώτη), 빛(φῶς), 진리(ἀλήθεια) 등 다양한 명칭으로 불린다.

시기 때문이다. 또한 하나님은 부족하고 황폐하고 공허한 다른 모든 것들을 자신 안에 채우고 담지만, 자신은 그 어떤 것에도 담기실 수 없으므로, 하나님은 홀로 하나요, 만유시다.

1.45. 그러므로 하나님은 지상의 덕(ἀρετή)을 사멸하는 종속(γένος)에 심어 가꾸시고, 지상의 덕은 하늘의 덕의 복제품이요 닮은꼴이다. 하나님은 우리 종속(지상의 인간)이 방대하고도 무수한 악들과 함께 있는 것을 보고 불쌍히 여겨, 지상의 덕을 혼의 질병들에 대처하는 조력자와 감시자로 뿌리내리게 하셨는데,[40] 전술한 바와 같이, 지상의 덕은 다양한 이름들로 불리는 천상의 원형적 덕의 복제품이다. 덕은 상징적으로 낙원이라 표현되었고, 낙원이 거할 장소는 에덴이며, 에덴은 호화롭다는 뜻이다. 덕과 짝하기에 알맞은 것들은 평화와 안녕과 기쁨이고, 이것들이 있어야 진정한 호화로움이 가능하다.

1.46. 또한 '낙원을 해 돋는 동방을 향하여 심었다'고 하는데, 올바른 로고스는 어떤 상황에서도 내려앉거나 소멸하지 않고 언제나 솟아오르기 때문이다. 이는 마치 해가 떠오르면 대기의 어둠이 빛으로 채워지는 것과 같고, 덕이 혼에서 반짝이면서 덕의 안개를 일으켜 짙은 어둠마저 흩어버리는 것과 같다고 나는 상상한다.

1.47. "그곳에 자신이 지은 인간을 두셨다"고 그는 기록한다.(창 2:8) 하나님은 선하시므로 덕(ἀρετή)을 위하여 우리 종속(인간)을 자신에게 가장 친근한 작품으로 만들고, 인간의 정신을 덕에 두셨다. 이는 선한 농부가 덕 외에는 다른 어떤 것도 지키거나 가꾸는 일이 없도록 하기 위한 것이

..

---

40) 플라톤에 따르면, 질병에는 몸의 질병과 혼의 질병이 있다. 혼의 질병은 '어리석음(ἄνοια)' 이요, 어리석음에는 광기(μανία)와 무지(ἀμαθία)가 있다. Plato, *Tim.* 85b.

분명하다.

1.48 XV. 누군가는 하나님의 일들을 모방하는 것이 거룩한 일인데, 왜 내게는 제단 곁에 있는 정원을 가꾸지 않게 하고, 하나님은 낙원을 가꾸시는가, 하고 질문할지 모른다. 왜냐하면, "너 자신을 위하여 정원을 가꾸지 말고, 제단 곁의 모든 나무는 주 너의 하나님의 것이니 너를 위하여 만들지 말라" 하고 그(모세)가 기록하기 때문이다.[41] 그렇다면 우리는 뭐라고 해야 할까? 혼에 덕들을 심고 가꾸는 일은 하나님께 적합한 일이라고 해야 할 것이다.

1.49. 자신을 하나님과 동등하게 일한다고 여기는 이기적이고 불경한 정신은 고통받기 마련이다. 혼(ψυχή)에 선한 것들을 뿌리고 심는 분은 하나님이신데, 그런 정신은 "내가 심는다"고 주장하는 불경을 저지르기 때문이다.[42] 그러므로 하나님이 심으실 때 그대는 심지 말고, 그대가 혼에 무슨 식물이건 떨어뜨리게 되면, 오 지성이여, 모두 열매 맺는 것들만 가꾸고 정원을 가꾸지는 말아야 한다. 왜냐하면 정원에는 경작하는 나무들과 함께 야생나무도 있으며, 혼에 경작하여 열매 맺는 덕만을 심지 않고 불임의 악을 함께 심는 일은 이중적이고 혼란스러운 나병과 같기 때문이다.

1.50. 그런데 만약에 그대가 서로 섞이지 않는 잡다한 것들을 모두 함께 둔다면, 그것들을 하나님께 흠 없는 제물들로 정결하고 순전하게 드리는 상태와 분리하고 구분하여야 하는데, 이 상태가 바로 제단이다. 어떤 것을

∴

41) "여호와를 위하여 쌓은 제단 곁에 어떤 나무로든지 아세라 상을 세우지 말라."(『개역개정』 신 16:21); "너희가 만들 주 너희 하느님의 제단 옆에, 어떤 나무로도 아세라 목상을 박아 서는 안 된다."(『성경』 신명 16:21)
42) 신이 천체와 시간과 피조물에 신의 좋음이라는 씨앗을 뿌린다는 개념은 다음을 보라. Plato, *Tim.* 42d.

혼의 일이라고 말하는 것이 모순인 까닭은 모든 것들이 하나님께 귀결되기 때문이며, 열매 맺지 못하는 것들을 열매 맺는 것들과 뒤섞어 놓는 것이 모순인 까닭은 이것이 결함이기 때문이고, 결함이 없는 것들만 하나님께 드려지기 때문이다.

1.51. 만약에 이런 일들 가운데 어떤 것을 그대가 범하게 된다면, 혼이여, 그대는 하나님이 아니라 그대 자신을 해치게 되리라. 이런 이유로 그는, "너 자신을 위하여 가꾸지 말라"고 기록한 것이다. 하나님을 위하여 일하는 자는 아무도 없고, 특히 천한 일들을 하는 자는 결코 하나님을 위하여 일하지 않기 때문이다. 그리고 그는 다시 "너 자신을 위하여 만들지 말라"고 덧붙이고, 다른 곳에서 "너는 나와 함께 은으로 신들을 만들지 말며, 너희 자신들을 위하여 금으로 신들을 만들지 말라"고 기록한다.(출 20:23) 하나님이 특정 속성만을 갖는다거나, 한 분이 아니라거나, 창조된 적이 없는 분이 아니라거나, 불멸하지 않는다거나, 불변하지 않으신다고 생각하는 자는 하나님이 아니라 자기 자신에게 잘못하는 것이다. 왜냐하면 그(모세)가 "너희 자신들을 위하여 만들지 말라"고 기록하기 때문이다. 그러므로 우리는 하나님이 특정 속성만을 가지지는 않고, 불멸하고, 불변하시는 분이라고 생각해야 한다. 그분을 그렇게 생각하지 않는 자는 자신의 혼을 거짓되고 불경한 '의견(δόξα)'으로 채우는 것이다.

1.52. 하나님은 우리를 덕으로 인도하셨고, 그렇게 인도받은 우리는 열매 맺지 않는 나무를 심지 않고 "모두 먹을 수 있는 나무만"을 심었을 터인데, 하나님은 여전히 "그 불결함을 씻어내라"고 명하신다.(레 19:23) 이는 심는 것 같은 생각을 씻어내라는 뜻이며, 사견(οἴησις)을 잘라내라는 명령이니, 사견은 본질상 부정한 것이다.[43]

1.53 XVI. 여기서 그(모세)는 하나님이 지은 인간을 낙원에 두셨다고 기록

한다. 그런데 이후에 "주 하나님이 자신이 지은 인간을 취하여 그를 낙원에 두고 그것을 가꾸고 지키게 하셨다"고 기록하는데,(창 2:15) 여기서 말하는 이 사람은 대체 누구인가?[44] 이 사람이 하나님의 형상과 모양을 따라 창조된 사람과 다른 사람이라면, 서로 다른 두 사람이 낙원으로 인도된 것이고, 하나는 만들어진 사람이며, 다른 하나는 하나님의 형상에 따라 출생한 사람일 것이다.

1.54. 그리하여 하나님의 형상을 따라 출생한 사람은 덕들을 경작하는 일들을 하고 있을 뿐만 아니라, 그것들의 경작자요 수호자로서 자신이 듣고 실행한 것들에 몰입할 테지만, 만들어진 사람은 덕들을 경작하지도 않고 수호하지도 않은 채, 하나님에게서 벗어나 오로지 허망한 신조들에 입문하여 급기야 덕에서 탈출하려고 할 것이다.

1.55. 그러므로 그는 낙원에 둔 자만을 제작된 '제품'이라 부르고, 그것의 경작자요 수호자라고 밝힌 자에 대해서는 제품이라 하지 않고 '하나님이 지으신 자'라고 기록했다. 하나님은 이 사람을 취하고 저 사람은 버리신다. 하나님이 취하시는 자는 타고난 좋은 성품들을 세 가지로 갖추었는데, 그것은 식견과 끈기와 기억이다. 식견은 낙원에 자리하며, 끈기는 선한 것들의 실천으로서 선한 것들을 행하고, 기억은 거룩한 신조들을 지키는 일과 보전하는 일이다. 그러나 제작된 정신은 선한 것들을 기억하지도 실행하지도 못하고, 오로지 그것들을 식별할 수 있을 뿐이다. 그리하여 그런 자

∵

43) '사견($o\check{\iota}\eta\sigma\iota\varsigma$)'은 '의견($\delta\acute{o}\xi\alpha$)'과 유사한 뜻이다. *Leg.* 1.51 참조. 플라톤은 영원한 존재($\tau\grave{o}$ $\check{o}\nu$)는 로고스로 이해하는 정신적 대상이고, 영원히 변하는 현상($\tau\grave{o}$ $\gamma\iota\gamma\nu\acute{o}\mu\epsilon\nu o\nu$)은 로고스를 결여하는 '의견'으로 추측하는 대상이라고 구분한다. 이런 전통에서 '의견'은 부정적 의미다. Plato, *Tim.* 27d-28a 참조.

44) "주 하느님께서는 사람을 데려다 에덴동산에 두시어, 그곳을 일구고 돌보게 하셨다."(『성경』 창세 2:15)

는 낙원에 잠깐 놓였다가 탈출하고 버려진다.

1.56 XVII. "그리고 하나님은 보기에 탐스럽고 먹고 싶도록 유혹하는 모든 나무가 땅에서 솟아나게 하시고, 생명나무와 선악의 지식을 알게 하는 나무를 낙원 한가운데 두셨다."(창 2:9)[45] 여기서 그(모세)는 하나님이 혼에 심으시는 덕스러운 나무들을 묘사한다. 이것들은 특정 덕들과 그에 해당하는 능력들 및 성공들, 그리고 철학자들이 적절한 것들이라고 일컫는 것들인데, 이들은 낙원에서 가꾸는 식물들이다.

1.57. 그는 이 나무들의 특성들을 묘사하면서 보기에 좋은 것이 즐기기에도 가장 좋다는 것을 보여준다. 기술들 가운데 기하학이나 천문학 같은 것은 이론적이지만 실제적이지 않다. 그러나 목공이나 대장일이나 기계적인 일이라고 불리는 다양한 기술들은 실제적이지만 이론적이지 않다. 그런데 덕은 이론적이면서 실제적이다. 덕이 이론을 겸비한 까닭은 덕에 철학이라는 길이 있어서 세 갈래 영역으로 통하기 때문이니, 논리적인 영역, 도덕적인 영역, 자연적인 영역이 그들이다. 그리고 덕이 실제를 겸비한 까닭은 덕은 삶 전체에 정통한 기술이고, 삶에서는 모든 것들이 실제이기 때문이다.

1.58. 그것(덕)은 이론과 실제를 겸비했을 뿐만 아니라, 이론과 실제 각 분야에서 다른 모든 것을 능가한다. 덕의 이론은 고결하고, 덕의 실제와 기능은 싸워서라도 쟁취할 만한 것이기 때문이다. 그러므로 '그것이 보기에 탐스럽다'는 말은 덕이 관조할 만한 이론적 대상이라는 뜻이고,[46] '먹고

··
45) "주 하느님께서는 보기에 탐스럽고 먹기에 좋은 온갖 나무를 흙에서 자라게 하시고, 동산 한가운데에는 생명나무와, 선과 악을 알게 하는 나무를 자라게 하셨다."(『성경』 창세 2:9)
46) 여기서 필론은 말놀이를 선보인다. '보기에 좋다'는 뜻을 가진 형용사 'θεωρητικός'는 '이론'이라는 뜻의 명사 'θεωρία' 및 '보다', '관찰하다', '관조하다'는 뜻의 동사 'θεωρεῖν'과 동족어

싶도록 유혹한다'는 말은 덕이 유용하고도 실제적이라는 증거다.

1.59 XVIII. 그런데 생명나무는 덕에 가장 가까운 것이므로, 어떤 이들은 그것을 선(ἀγαθότης)이라 부르고, 그것에서 특정 덕들이 파생한다고 주장한다. 이런 이유로 인하여 생명나무는 낙원 한가운데 놓여서 가장 본질적인 장소를 차지하는데, 이는 왕처럼 양쪽의 것들로부터 호위를 받기 위해서다. 생명나무를 심장이라고 부르는 이들도 있는데, 이는 생명나무가 심장처럼 살아 있음의 근거일 뿐 아니라, 몸의 한가운데를 차지하므로 우두머리와 같기 때문이다. 그러나 이들이 자연 속성을 논했다기보다는 의학적 소견을 스스로 밝힌 것에 불과하다는 사실을 간과하지 말아야 한다. 우리는, 앞에서 논했듯이, 생명나무가 가장 보편적인 덕을 표현하기 위한 것이라고 확인한다.

1.60. 그러므로 그는 생명나무에 관하여, 그것이 낙원 중앙에 있다고 분명하게 기록한다.(창 2:9) 그는 선악을 알게 하는 다른 나무에 관하여는 그것이 낙원 안에 있는지 밖에 있는지 설명하지 않은 채, "선악의 지식을 알려주는 나무"라고만 기록하고, 그것이 대체 어디에 있는지 분명하게 말하지 않음으로써, 근원을 탐색하는 일에 입문하지 못한 자가 그 지식(ἐπιστήμη)의 존재를 감상하지 못하도록 한다. 대체 이것은 무슨 말인가? 이 나무는 낙원 안에도 낙원 밖에도 있는데, 본질상[47] 낙원 안에 있으나, 그것의 세력(δύναμις)은 낙원 밖에 있다.

1.61. 어떻게 그럴 수 있는가? 우리 자신을 주도하는 부위는 모든 것을 수용하고, 마치 밀랍처럼 아름다운 모양과 추한 모양을 두루 수용한

<hr />

..

이며, 이들은 모두 시각적인 단어들이다.
47) 명사 οὐσία에 관하여는 *Leg.* 1.21 각주를 참조하라.

다.[48] 이런 이유로 인하여 발꿈치를 잡은 자 야곱은 이렇게 고백하여 말한다.[49] "이 우주 만물이 나를 위하여 출생했구나!"(창 42:36)[50] 이는 만물(τὸ πᾶν) 안에 있는 형언할 수 없는 삼라만상의 모형들이 홀로 존재하는 혼(ψυχή)에게 인도되기 때문이다. 그것(혼)이 온전한 덕의 품성(χαρακτήρ)을 수용하면 생명나무가 생겨나지만, 악의 품성을 수용하면 선악의 지식을 알려주는 나무가 생겨나고, 악은 신성한 무용단(χορός)에서 쫓겨나게 된다.[51] 그러므로 그것(덕)을 수용하는 주도적인 부분은 본질상 낙원 안에 있는데, 이는 덕의 품성이 낙원과 같은 종류이기 때문이다. 그러나 세력(δύναμις) 면에서 그것은 전술했듯이 낙원 안에 있지 않은데, 이는 악의 모양이 신성한 동방의 것들과 이질적이기 때문이다.[52]

1.62. 내가 말하는 것을 어떤 이들은 이렇게 이해할 것이다. 현재 주도적인 부위는 본질상 내 몸 안에 있으나, 내가 이탈리아나 시실리를 생각하게 되면 세력은 그런 지역에까지 확장될 수 있으며, 하늘을 명상하면 세력

∵

48) "우리 자신을 주도하는 부위"란 혼을 뜻하는 것 같다. 아름다움은 온전함을 뜻하고 추함은 부족하거나 일그러져 온전하지 못함을 뜻한다.

49) 야곱이 에서의 발꿈치를 잡고 태어난 것을 뜻한다.(창 25:26)

50) "그들의 아버지 야곱이 그들에게 이르되 너희가 나에게 내 자식들을 잃게 하도다 요셉도 없어졌고 시므온도 없어졌거늘 베냐민을 또 빼앗아가고자 하니 이는 다 나를 해롭게 함이로다."(『개역개정』 창 42:36); "아버지 야곱이 그들에게 말하였다. '너희가 내게서 자식들을 빼앗아 가는구나! 요셉이 없어졌고 시메온도 없어졌는데, 이제 벤야민마저 데려가려 하는구나. 이 모든 것이 나에게 들이닥치다니!'"(『성경』 창세 42:36)

51) "신성한 춤(θείος χορός)"이 정확히 무슨 뜻인지 알 수 없으나, 창세기의 낙원(ὁ παράδεισος)을 아리아드네의 무도장에 빗대어 표현했을 가능성이 있다. 크레테 건국 신화에 나오는 아리아드네의 무도장은 아킬레스의 방패(Homeros, *Iliad* 18)에 새겨져 있는데, 그 방패는 우주의 처음과 끝과 삼라만상을 담고 있다고 한다. 인도 신화에서 시바의 춤도 우주 창조 및 파괴와 연관이 있다.

52) 동방을 신성하게 여기는 이유는 여럿이겠으나, 동방에 에덴이 있고(창 2:8) 동쪽에서 해가 뜨는 것과 연관이 있는 것 같다.

이 하늘에 있을 수도 있다. 이런 원리에 따르면, 본질상 종종 세속적인 곳들에 거하는 이들도 덕에 관한 형상(종류)들을 떠올림으로써 가장 신성한 곳들에 거할 수 있다. 이와는 반대로 신들의 지성소들에 거하는 사람들일지라도 정신적으로 세속적일 수 있는데, 그들의 정신들이 악한 형상들이나 더 악한 것들로 변질하는 것을 허용하면 그렇게 되는 것이다. 따라서 악은 낙원 안에 있는 것도 그 안에 있지 않은 것도 아니다. 왜냐하면 그것이 본질상 그 안에 있을 가능성이 있을지라도 세력 면에서는 그렇지 않을 가능성도 있기 때문이다.

1.63 XIX. "물이 에덴에서 흘러나와 낙원을 적시고 거기서부터 갈라져 네 근원이 되었다. 첫째의 이름은 비손이라, 금이 있는 하윌라 온 땅을 둘렀으며, 그 땅의 금은 순금이요 그곳에는 베델리엄과 호마노도 있으며, 둘째 강의 이름은 기혼이라, 에티오피아(구스) 온 땅을 둘렀고, 셋째 강의 이름은 티그리스(힛데겔)라, 아시리아(앗수르) 앞으로 흘렀으며, 넷째 강은 유프라테스더라."[53](창 2:10-14) 이 말들로 모세는 특정 덕들을 묘사하고자 한다. 그 덕들의 수는 넷인데, 명철, 절제, 용기, 그리고 정의가 그것들이다. 네 근원으로 나뉘는 강들 가운데 가장 큰 강은 덕의 종속(γενικός)이 분명하고, 그것을 우리는 이미 선이라고 불렀다. 네 개의 근원들은 같은 수에 해당하는 덕목들을 뜻한다.

1.64. 하나님의 지혜를 상징하는 에덴에서 덕의 종속이 발원하여 시원들

:.

53) "강 하나가 에덴에서 흘러나와 동산을 적시고 그곳에서 갈라져 네 줄기를 이루었다. 11 첫째 강의 이름은 피손인데, 금이 나는 하윌라 온 땅을 돌아 흘렀다. 12 그 땅의 금은 질이 좋았으며, 그 고장에는 브델리움 향료와 마노 보석도 있었다. 13 둘째 강의 이름은 기혼인데, 에티오피아 온 땅을 돌아 흘렀다. 14 셋째 강의 이름은 티그리스인데, 아시리아 동쪽으로 흘렀다. 그리고 넷째 강은 유프라테스이다."(『성경』 창세 2:10-14)

(ἀρχαί)을 수용하는데, 지혜는 오로지 그녀의 아버지 하나님 안에서 기뻐하고 즐거워하고 뛰놀고 하나님을 영광스럽게 하고 높여드리며, 그 종속에서 형상에 따라 파생한 네 개의 시원들 각각은 마치 강처럼 좋은 행위들의 풍부한 샘을 통하여 의로운 번영들이 가능하도록 물을 공급한다.

1.65. 저자의 표현을 살펴보자. 그는 "강이 에덴에서 발원하여 낙원을 적신다"고 기록한다. 강은 덕의 종속으로서 '선'과 같고, 이것은 하나님의 지혜인 에덴에서 흘러나온다. 그것이 하나님의 말씀인 까닭은 하나님의 말씀에 따라 덕의 종속이 스스로 출생했기 때문이다. 또한 덕의 종속은 낙원을 적신다고 하는데, 이는 그것이 특정한 덕목들을 적신다는 뜻이다. 그것(덕의 종속)이 수용하는 시원들은 국부적인 것들(τὰ τοπικά)이 아니라 주도권을 가진 것들(τὰ ἡγεμονικά)인데, 이는 덕목들 하나하나가 진실로 여제요 여왕이기 때문이다.[54] 그리고 '갈라진다'는 말은 '경계들을 정한다'는 말과 같은 뜻으로서, 명철(φρόνησις)은 해야 할 것들에 경계들을 설정하고, 남자다움(ἀνδρεία, 용기)은 견뎌내야 할 것들에, 절제(σωφροσύνη)는 선택해야 할 것들에, 정의(δικαιοσύνη)는 배분되어야 할 것들에 경계들을 설정하기 때문이다.

1.66 XX. "첫째 강의 이름은 비손인데, 하윌라 온 땅을 둘렀으며, 거기에 금이 있고, 그 땅의 금은 순금이요, 그곳에 베델리엄(ἄνθραξ)과 호마노(πράσινος λίθος)도 있더라."(창 2:11-12) 형상별로 나뉜 네 가지 덕목들 가운데 하나가 명철(φρόνησις)이고, 그것을 그는 '비손'이라고 표현했다. 이는 혼이 불의를 삼가고 거부하는 것과 연관이 있기 때문이다.[55] 혼은 원형으로

∙∙

54) '덕목(ἀρετή)'은 여성 명사이므로, 그에 맞게 여성 명사인 '여제(ἡγεμονίς)'와 '여왕(βασιλίς)'이 사용되었다.

움직이면서 하윌라 온 땅에 두루 흘러가는데, 이는 혼이 너그럽고 온유하고 자비로운 제도를 보위한다는 뜻이다. 아울러 용해할 수 있는 다양한 물질들 가운데 가장 탁월하고 가장 높게 평가받는 물질은 금이고, 유사하게 혼에서 최고로 인정받는 덕목은 명철(φρόνησις)이다.

1.67. 또한 "금이 있는 그곳"이라는 표현은 위치상으로 어떤 곳에 금이 있다는 뜻이 아니라, 그 땅에는 마치 금과 같이 불에 넣어도 변하지 않고 가치를 유지하는 재화가 있다는 뜻이다. 이 재화가 명철이고, 이것(명철)이야말로 가장 좋은 하나님의 재화다. 명철이 자리를 잡으면 두 가지 성향이 나타나는데, 그것은 명철한 성향과 명철하게 행동하려는 성향이고, 그것을 그(모세)는 베델리엄과 호마노에 비유했다.

1.68 XXI. "둘째 강의 이름은 기혼이요, 이것이 에티오피아(구스) 온 땅을 둘렀더라."(창 2:13) 이 강은 남자다움(ἀνδρεία)을 상징적으로 표현한 것이다. 왜냐하면 기혼이라는 이름을 해석하면 '가슴'이라는 뜻과 '뿔로 들이받는다'는 뜻이 있고, 어느 쪽이건 모두 남자다움을 상징하기 때문이다. 또한 가슴 부위에는 심장이 위치하는데, 그것은 방어할 태세를 갖추는 부위다. 남자다움이란 견뎌야 하는 것들과 견디지 말아야 할 것들과 그도 저도 아닌 중립을 지켜야 하는 것들에 관한 지식(ἐπιστήμη)이기 때문이다. 또한 그것(기혼)은 에티오피아를 휘감아 돌며 전쟁을 치르는데, 그 명칭(에티오피아)은 '비굴함'으로 번역되고, 비굴하다는 것은 비겁함을 뜻하며, 남자다움(용기)은 비굴함 및 비겁함과 적대 관계에 있다.

1.69. "셋째 강은 티그리스(힛데겔)이고, 이 강은 아시리아 앞으로 흐른

∴

55) Philo I(F. H. Colson and G. H. Whitaker 옮김; *LCL* 226), 191에 따르면, '비손'은 '모면하다' 또는 '할애하다'라는 뜻을 가진 φείδεσθαι와 동족어라고 한다.

다." 셋째 덕목인 절제(σωφροσύνη)는 인간을 약하게 만든다고 생각되는 쾌락(ἡδονή)에 대항하는 덕목이고, 헬라스어로 '아시리아인들(Ἀσσύριοι)'은 '곧장 치닫는 자들(εὐθύνοντες)'이라는 뜻이다.[56] 그(모세)는 갈망(ἐπιθυμία)을 가장 길들이기 어려운 동물인 '호랑이(τίγρις)'에 빗대었는데, 절제는 갈망을 관장하는 덕목이다.

1.70 XXII. 그러므로 왜 남자다움이 두 번째 덕목이고, 절제가 세 번째이고, 명철이 첫 번째인지, 그리고 왜 그가 다른 덕목들의 순서를 정하지 않았는지 질문할 가치가 있다. 이제 우리는 혼(ψυχή)이 세 부분으로 나뉘고, 이성적인 부분과 열정적인(용감한) 부분과 갈망하는 부분이 있다는 사실을 알아야 한다.[57] 혼의 이성적인 부분이 거할 장소와 거처는 머리이고, 열정적인 부분은 가슴이고, 갈망하는 부분은 배꼽 아래 부위다. 각 부분에 적합한 덕목이 있으니, 이성적인 부분에 분별력이 적합한 까닭은 해야 할 것과 하지 말아야 할 것이 무엇인지 헤아리는 지식(ἐπιστήμη)이 명철이기 때문이고, 열정적인(용감한) 부분에는 남자다움(용기)이 적합하다. 갈망하는 부분에는 절제가 적합한데, 이는 우리가 절제함으로써 갈망을 고치고 치료할 수 있기 때문이다.

∴

56) 여기에 그리스어 동사 εὐθύνειν의 남성 복수 주격 분사형(εὐθύνοντες)이 사용되었는데, 이 동사는 '곧장', '곧바로', '즉시'라는 뜻을 가진 부사 εὐθύς와 동족어다. 즉, 그리스어 '아시리아인들'이라는 뜻은 절제와는 거리가 먼 사람들로서, 천천히 생각/행동하거나 간접적으로 우회하지 않고, '쾌락적 본능을 따라 즉시, 곧장 행동으로 치닫는 사람들'이라는 뜻이라고 필론은 주장하고 있는 것이다. 필론은 역사적으로 유대를 침공하고 착취한 아시리아인들에 대하여 좋지 않은 감정을 드러내고 있다.

57) 혼을 삼분하는 전통의 원천은 알 수 없으나, 플라톤은 소크라테스가 가르쳤다고 전한다. 그 내용은 플라톤의 여러 작품에 산재해 있다. 가장 널리 알려진 본문은 *Resp.* 588a–589b 이다. 이 본문은 이집트 낙함마디에서 발견된 코덱스들 중에도 있었고,(NHC VI, 5 *Republic*) 바울의 '속사람'과 '겉사람' 주제와도 공명한다.

1.71. 머리가 동물의 맨 윗부분을 차지하는 첫 번째 부위고, 두 번째는 가슴, 세 번째는 배꼽 아랫부분이다. 이와 비슷하게 혼에서도 첫 번째는 로고스가 있는 이성적인 부분이고, 두 번째는 열정적인(용감한) 부분이고, 세 번째는 갈망하는 부분이다. 유사하게 덕목들 가운데서도 첫 번째 덕목은 혼의 첫째 부위인 이성적인 것을 관장하는 것으로서 몸의 머리에 거처하는 분별력이고, 두 번째 덕목인 남자다움(용기)은 혼의 두 번째 부위인 열정에 관한 것으로서 몸의 가슴 부위에 자리하며, 세 번째 덕목인 절제는 몸의 세 번째 부위인 배꼽 아랫부분에서 갈망하는 것을 관장하는데, 그것은 혼에서 세 번째 부위를 차지한다.

1.72 XXIII. "넷째 강은 유프라테스(유브라데)더라" 하고 그(모세)는 기록한다.(창 2:14) 유프라테스는 '결실'이라는 뜻이고, 네 번째 덕목인 정의(δικαιοσύνη)를 상징하는데, 정의는 결실함으로써 지성(διάνοια)을 기쁘게 하는(εὐφραίνειν) 속성이 있다.[58] 대체 이런 일은 언제 일어나는가? 혼의 세 부분이 서로 조화(συμφωνία)를 이루어 우수한 부위가 주도권(ἡγεμονία)을 잡을 때 일어나는데, 열등한 두 부위인 열정적인 부위와 갈망하는 부위가 마치 말들과도 같이 이성적인 부위에 고삐를 잡혀 끌려갈 때 정의가 실현된다.[59] 왜냐하면 언제 어디서나 우수한 부위는 지배하고 열등한 부위는 지배당하는 것이 정의롭기 때문이다. 여기서 우수한 부위는 이성적인 부위고, 열등한 부위는 갈망하는 부위와 열정적인 부위를 통칭한다.

1.73. 그러나 반대로 열정과 갈망이 소위 '로고스'라는 마부에게 반란을

..

58) 고유명사 Εὐφράτης가 '결실'이라는 뜻일 뿐만 아니라, '기쁘게 하다'는 뜻을 가진 동사 εὐφραίνειν와 동족어임을 나타내기 위하여 필론은 말놀이(wordplay)를 하고 있다.
59) 플라톤은 인간의 혼을 이성적인 마부(정신)와 용감한 말과 격정적인 말로 구성한 마차에 비유하기도 한다. Plato, *Phaedr.* 246a-254e 참조.

일으켜서 고삐를 풀고 충동적인 폭력을 발휘하여 마부를 끌어다가 멍에를 씌운 뒤에 그 격정들 가운데 하나가 고삐를 잡게 되면 불의가 조장된다. 미숙하고 사악한 마부가 고삐를 잡으면, 필연적으로 끌고 가는 것(마차)을 낭떠러지와 수렁에 빠뜨릴 수밖에 없으므로, 안전하게 운행하려면 경험과 덕목을 갖춘 마부가 필요하다.

1.74 XXIV. 그러면 이제 다시 논의하던 문제로 되돌아가자. 비손을 해석하자면, 입의 변환 행위이고, 하윌라는 산고를 겪는다는 뜻인데, 명철 (φρόνησις)은 그 둘을 통하여 드러난다. 많은 이들은 궤변적인(σοφιστικός) 말들을 고안하는 자를 분별력이 있다(φρόνιμος)고 판단하고, 생각한 것을 해석하는 자를 영리하다(δεινός)고 판단하지만, 모세는 말하기 좋아하는 자가 곧 분별력이 있는 자는 절대로 아니라는 사실을 알고 있었다. 왜냐하면 입의 변환 행위, 즉 해석되는 말(λόγος)의 변환 행위를 통하여 명철함이 드러나고, 명철함은 말로 표현되는 것이 아니라 성실한 행동(실천)들로 나타나기 때문이다.

1.75. 우둔함(ἀφροσύνη) 때문에 산고를 겪고 있는 하윌라를 포위하고 파괴하기 위하여 명철(φρόνησις)은 그 주변을 성벽처럼 에워싼다. '산고를 겪는다(ὠδίνουσα)'는 말은 우둔함에 관한 적절한 표현이다. 왜냐하면 우둔한 정신(νοῦς)은 얻지 못할 것들을 갈구하므로 무시로 산고를 겪기 때문이다. 그것은 돈을 갈구하고, 영광을 갈구하고, 쾌락을 갈구하고, 다른 것을 갈구하며 산고를 겪는다.

1.76. 그러나 그것(무분별한 정신)은 산고만 겪을 뿐, 결코 생산하지 못한다. 왜냐하면 쓸모없는 자의 혼은 생산력을 갖춘 어떤 것도 완성된 상태로 출산하지 못하기 때문이다. 그것이 출산할 것처럼 보이는 것들은 모조리 유산되거나 조기에 출생하며, 혼이 살의 절반을 먹어 치워서 마치 혼

이 죽은 것과 같은 상태가 되기 때문이다. 이런 까닭에 '성스러운 로고스를 상징하는 아론(ὁ ἱερὸς λόγος 'Ααρών)'은 '하나님의 사랑받는 모세(ὁ θεοφιλὴς Μωυσῆς)'에게 마리아(미리암)의 변질(문둥병)을 치료해주기를 요청하며, 그녀의 혼이 악한 것들을 출산하는 산통에 잠식되지 않게 해달라고 한다. "그녀가 어머니의 자궁에서 조기에 출생하여 나오거나, 그녀가 자기 살의 절반을 먹어 치움으로써 그녀가 죽은 것 같은 상태가 되지 않도록 해주십시오."(민 12:12)[60]

1.77 XXV. 그러므로 그는 "그곳에서 금이 난다"고 기록한다.(창 2:12) 그는 금이 그곳에서만 난다고 하지 않고, 다만 그곳에서 금이 난다고 기록한다. 그(모세)가 명철(φρόνησις)을 금에 비유한 까닭은 금의 속성이 속이지 않고(ἄδολος) 순수하며, 불에 넣어서 연단을 해도 가치를 그대로 유지하면서 하나님의 지혜(σοφία) 안에 거하기 때문이다.[61] 또한 그녀(명철)가 거기에 있다는 것은, 그녀가 지혜의 소유라는 뜻이 아니라, 지혜가 그러하듯이 분별력 또한 조물주(δημιουργός) 하나님께 속한다는 뜻이다.

1.78. "그 땅의 금은 좋다(순금이다)."(창 2:12) 그렇다면 다른 금은 좋지(순수하지) 않다는 뜻인가? 그렇다! 명철의 종속은 둘인데, 하나는 보편적인 것(τὸ καθόλου)이고, 다른 하나는 특정한 것(τὸ ἐπὶ μέρους)이다. 내 안에 있는 명철은 특정한 명철로서 좋지(순수하지) 않을뿐더러 나의 죽음과 함께 죽지만, 하나님의 지혜와 하나님의 집에 거하는 보편적 명철은 좋고(순수

∴

60) *Philo I*(F. H. Colson and G. H. Whitaker 옮김; *LCL* 226), 196에 따르면 관련 구절은 민수기 12장 12절이다. 히브리어 이름 '미리암(네)'은 그리스어로 '마리아'다. 신약성서에는 '마리아'라는 이름을 가진 여인들이 여럿 등장한다.

61) 요한복음에서 예수는 나다나엘을 "그 속에 간사함(δόλος)이 없다"고 표현하는데,(요 1:47) 필론는 금이 그러하다고 한다. 이 두 본문을 참조할 때 '간사함(δόλος)'이란 금과 달리 쉽게 변질한다는 뜻이라고 해석할 수 있겠다.

하고) 죽지 않으며 죽지 않는 집에 거한다.

1.79 XXVI. "거기에 베델리엄과 호마노도 있다."(창 2:12) 그 두 속성은 명철한 사람과 명철하게 판단하는 사람인데, 하나는 명철을 갖추고 있는 사람이고, 다른 하나는 명철하게 판단하는 사람이다. 이 두 가지 속성들을 위하여 하나님은 지상의 사람 안에 명철과 덕을 심으셨다. 만약에 이해하는 추리력과 그것의 모양들을 각인하는 능력들이 없다면 덕은 쓸모가 없으므로, 적절하게도 명철이 있는 곳에 명철한 사람과 명철하게 판단하는 사람이 있고, 이 둘은 보석들과 같다.

1.80. 그들이 바로 유다와 잇사갈이 아니겠는가? 하나님의 명철을 수행하는 수련자(ἀσκητής)는 좋은 것을 아낌없이 주시는 분에게 감사하다고 고백하고, 성실하게 아름다운 일들을 행한다. 유다는 그렇게 고백하는 자의 상징이고, 그를 기점으로 레아가 아이 낳기를 멈추었다. 잇사갈은 아름다운 일들을 행하는 자의 상징이고, "그는 자신의 어깨를 뻗어 일했으며,(창 49:15) 땅을 경작하는 남자가 되었는데," 그에 관하여 모세는 혼에 뿌려져 심기면 "보상이 있다"고 기록했다. 그의 노동은 불완전하지 않았으므로 하나님께서 면류관을 씌우고 보상하셨다.(창 30:18)[62]

1.81. 그(모세)는 이런 것들에 대한 기억을 떠올려 다양한 것들을 설명하면서 발까지 닿는 겉옷에 대하여 기록한다. "그리고 너는 그(겉옷) 안에 네 줄로 보석들을 짜 넣을 것이라. 첫째 줄은 홍보석(σάρδιος), 황옥(τοπάζιον), 녹주옥(σμάραγδος)이어야 할 것인데," 이는 르우벤과 시므온과 레위를 상징

··
62) "쉬기에 좋고 땅이 아름다운 것을 보고는 그곳에서 짐을 지려고 어깨를 구부려 노역을 하게 되었다."; "레아는 '내가 남편에게 내 몸종을 준 값을 하느님께서 나에게 갚아주셨구나' 하면서, 그 이름을 이사카르라 하였다."(『성경』 창세 49:15; 30:18)

한다. "그리고 둘째 줄은 석류석(ἄνθραξ)과 남보석(σάπφειρος)"이어야 한다고 그는 기록한다. 여기서 남보석은 녹보석(πράσιονος)과 같다.(출 28:17-18) 그리고 석류석에는 유다의 이름이 새겨졌는데, 그(유다)는 넷째 아들이기 때문이고, 남보석에는 잇사갈의 이름이 새겨졌다.

1.82. 그러면 왜 그는 녹보석(λίθος πράσινος)이라고 하지 않고 석류석(λίθος ἀνθράκινος)이라고 했는가? 왜냐하면 감사하는 성향을 가진 유다는 비물질적이고 비신체적이기 때문이다.[63] 감사(ἐξομολόγησις)라는 말은 자기 자신 밖으로 신앙고백(ὁμολογία)을 표출하는 것인데, 정신(νοῦς)이 자신 밖으로 나와서 자신을 하나님께 데리고 올라갈 때, 마치 이삭의 웃음이 그러했던 것처럼, 바로 그때 존재하는 분을 향하여 고백하게 되기 때문이다.[64] 그러나 정신이 스스로 어떤 것의 원인이라고 착각하면, 하나님께 내어드리는 일에서도 그분을 고백하는 일에서도 영영 멀어지게 된다.[65] 그러므로 우리는 이처럼 감사하는 행위를 혼이 스스로 한다고 생각하지 말고, 하나님이 혼을 도와 감사하게 하신다고 생각해야 한다. 그러므로 감사하다고 고백하는 유다는 비물질적이다.

1.83. 그러나 노동하다 나온 잇사갈은 신체적 물질(몸)을 필요로 한다.

∴

63) 필론은 플라톤 전통에 따라 물질적이고 몸적/신체적인 것을 비물질적이고 영적인 것보다 열등하게 여긴다. 유다가 비물질적이고 비신체(몸)적인 성향(τρόπος)을 가졌다는 말은 그가 하나님을 찬양하고 하나님께 감사하는 영적인 성향의 사람이라는 뜻이다.

64) 플라톤에게 보이지 않는 세계 이데아는 언제나 변함없이 "존재하는 것(τὸ ὄν)"이지만, 보이는 이 세계는 보이지 않는 세계의 복사품으로서 언제나 '변하는 것(τὸ γιγνόμενον)'이며 존재하지 않는 허상에 불과하다. 이것을 필론은 하나님만이 유일하게 '존재'하는 분이라고 유대식으로 재해석한다.

65) 플라톤에 따르면, 소크라테스는 모든 세계를 있게 한 원인(αἰτία)을 찾아 평생을 철학 했으나, 죽음 직전까지 그 원인을 찾지 못했다고 고백하며 자신은 제2의 인생을 살게 된다 해도 그 원인 찾기를 계속하겠다고 한다. Plato, *Phaed.* 99C-D.

소리 내어 읽어야 하는 수련자(ὁ ἀσκητής)가 눈 없이 어찌 읽을 수 있겠는가? 귀가 열리지 않는다면 어떻게 수련한 말들을 들을 수 있겠는가? 소화기와 그에 관한 놀라운 작용이 없다면 어떻게 먹고 마실 것을 섭취할 수 있겠는가? 이런 이유로 잇사갈은 보석에 비유되었다. 색깔들이 참으로 다양하다.

1.84.   또한 달구어진 석탄(ἄνθραξ)[66] 표면은 감사한 마음을 고백하는 이에 비유되는데, 하나님께 감사한 마음을 고백할 때는 벌겋게 달아올라 총명한 취기에 빠지기 때문이다. 노동하고 일(수련)하는 자에게 녹보석(λίθος πράσινος)과 같은 색깔이 적합한 까닭은, 그런 자는 고된 일로 인하여 탈진할 뿐만 아니라, 일을 마친다 해도 간절히 바라는 만큼의 대가를 얻지 못할 수 있다는 공포에 사로잡혀 창백해지기 때문이다.

1.85 XXVII.   또한 의문을 가질 만한 것은, 왜 비손과 기혼이라는 두 개의 강은 어떤 땅들을 휘두른다고 기록하고(하나는 하윌라를 다른 하나는 에티오피아(구스)를 휘두른다), 나머지 강들에 대해서는 어느 강도 휘두른다고 하지 않는지에 관한 것이다. 또한 왜 티그리스(힛데겔)강은 아시리아 땅 앞으로 흐른다고 하면서 유프라테스강은 어떤 땅과도 연관시키지 않는지에 관한 것이다. 더구나 실제로 유프라테스강은 어떤 땅들을 휘두르고 있으며, 맞은 편으로 많은 땅을 접하고 있다. 그러나 그 말은 강 자체를 언급하려는 것이 아니라 관습적 특성의 수정에 관한 것이다.

1.86.   그러므로 명철(φρόνησις)과 남자다움(ἀνδρεία)은 들이닥치는 우둔함(ἀφροσύνη)과 비겁함(δειλία) 같은 호전적인 패악들을 물리치기 위하여 요새

..
66) 달구어진 석탄(ἄνθραξ)도 붉은색이고, 석류석(λίθος ἀνθράκινος)도 붉은색이다. 필론은 두 동족어로 '감사하는 자(유다)'를 표현하고 있다.

와 방호벽을 세우고, 그것들을 사로잡을 수 있다.[67] 두 가지(우둔함과 비겁함) 모두 취약하여 쉽게 사로잡히기 때문이다. 우둔한 자는 명철한 자에게 폐하기 마련이고, 비겁한 자는 남자다운 자 앞에 넘어지기 마련이다. 그러나 절제(σωφροσύνη)는 갈망과 쾌락을 완전히 포위할 수 없다. 왜냐하면 그것들은 가공할 적들로서 웬만해서는 굴복하지 않기 때문이다. 수련의 정도가 높은 자들조차 사멸하는 것의 필연성(ἀνάγκη) 때문에 먹을 것들과 마실 것들을 찾을 수밖에 없으니, 바로 그런 것들 때문에 쾌락들이 복부에 자리하는 것이 아닌가? 그러므로 갈망이라는 종속(γένος)에 대하여는 맞서 싸우는 편이 바람직하다. 아시리아인들에 맞서 티그리스(힛데겔)강이 대항하는 듯한 그 형세는 마치 절제가 쾌락들(아시리아인들)을 맞아 싸우는 모양새와도 같다.

1.87. 그러나 유프라테스강이 상징하는 정의(δικαιοσύνη)는 어떤 것을 포위하거나 방호벽을 치지 않고, 저항하지도 않는다. 왜 그럴까? 왜냐하면 정의는 가치에 따라 물건들을 분배하는 것에 관한 것이고, 원고나 피고 어느 쪽을 편들기보다는 판사처럼 행동하기 때문이다. 판사는 누구를 패배시키고자 판결하지 않고, 누구를 반대하고자 싸우지 않으며, 다만 의견을 제시하고 옳게 판결하므로, 정의는 누구도 적대시하지 않은 채, 각 상황에 맞추어 가치에 따라 분배한다.

1.88 XXVIII. "그리고 주 하나님은 자신이 창조한 인간을 택하여 그를 낙원에 두고, 그것을 경작하고 보존하라고 명하셨다."(창 2:15) 내가 말했듯이, 하나님이 창조하신 인간은 형태를 가진 인간과 다르다. 형태를 가진 제작된 정신(ὁ πλασθεὶς νοῦς)은 땅에 속한 것이지만, 창조된 정신(ὁ

∵

67) 필론은 여성 명사들만을 사용하여 폐악들을 묘사한다.

ποιηθείς)은 비물질적이어서 사멸하는 물질을 포함하지 않으며, (사멸하는 것들)보다 더 깨끗하고 더 순수한 구조를 가진다.

1.89. 하나님은 이 깨끗한 정신(νοῦς)을 받은 자가 밖으로 나가지 않도록 하시고, 그것을 취하여 뿌리를 내리고 새싹을 돋우는 덕목들(ἀρεταί) 가운데 두어, 그 덕목들을 실행하고 지키게 하셨다. 덕을 수련하는 다양한 수련자들이 종국에 가서는 변심하게 되지만, 하나님은 그에게 확고한 지식(ἐπιστήμη)을 부여하고, 이에 두 가지를 더해주셨다. 그 둘은 덕목들을 경작하는 것과 그것들을 배반하지 않고 각 덕목을 영원히 퍼뜨려 보전하는 것이다. 여기서 '경작하다'는 말은 실천한다는 뜻이고, '보전하다'는 말은 기억한다는 뜻이다.

1.90 XXIX. "주 하나님이 아담에게 명하여 이르시되 낙원 각종 나무의 열매는 임의로 먹되 선악을 알게 하는 나무의 열매는 너희가 먹지 말라, 너희가 먹는 날에는 죽음을 죽으리라 하시니라."(창 2:16-17)[68] 대체 하나님은 어떤 아담에게 명령하시며, 아담은 누구인지 질문할 필요가 있다. 왜냐하면 그가 이전에 아담을 언급한 적이 없고, 여기서 처음으로 그를 호명했기 때문이다. 그렇다면 그는 그대(독자)가 이것을 보고 (흙으로) 제작된 인간의 이름임을 알아차리게 하려는 것일까? 그는 하나님이 아담을 흙이라고 부르신다고 분명하게 기록한다.(창 3:19) 이처럼 그 이름이 해석될 수 있으므로, 그대는 '아담'이라는 이름을 들을 때, 그가 땅에 속하여 사멸하는 정신

..

68) "그리고 주 하느님께서는 사람에게 이렇게 명령하셨다. '너는 동산에 있는 모든 나무에서 열매를 따 먹어도 된다. 17 그러나 선과 악을 알게 하는 나무에서는 따 먹으면 안 된다. 그 열매를 따 먹는 날, 너는 반드시 죽을 것이다.'"(『성경』 창세 2:16-17) '죽음을 죽으리라'와 같이 품사를 달리하여 동족어(cognate words)를 연달아 반복하는 것은 유대적 표현 방식이다. 예컨대 '심판을 심판하다(κρίνειν κρίσιν)'는 표현이 칠십인역에 자주 나온다. LXX 창 19:9; 신 16:18; 삼상 24:16; 25:39; 시 118:154; 사 1:23; 11:4 참조.

이라고 이해해야 한다. 왜냐하면 (하나님의) 형상을 따라 창조된 정신은 땅에 속하지 않고 하늘에 속한 자이기 때문이다.

1.91. 그런데 아담은 무엇 때문에 다른 모든 자에게는 이름들을 부여하고 자신에게는 이름을 주지 않았는지 살펴볼 필요가 있다. 뭐라고 말해야 할까? 우리 각자 속에 있는 정신은 다른 모든 것들을 이해하면서도 정작 자기 자신을 이해하지 못하기 때문이다. 눈이 다른 것들은 보면서도 자기 자신은 볼 수 없듯이, 정신도 다른 것들은 인식하면서 자기 자신은 인식하지 못하는 것이다. 대체 그것이 무엇인지, 어떤 종류인지, 영인지, 피인지, 불인지, 공기인지, 다른 몸인지, 아니면 그것이 대체 몸인지, 몸이 아닌지를 어떻게 말할 수 있는가? 말할 수 없다면 하나님의 본질을 캐묻는 자들은 어리석은 것이 아닌가? 스스로 자신의 혼의 본질도 파악할 수 없는 자들이 어찌 우주 혼을 파악할 수 있겠는가? 통찰한 바에 따르면, 우주 혼은 하나님이기 때문이다.

1.92. 그러므로 아담이, 아담의 정신이, 다른 것들을 능히 명명하고 이해하면서 정작 자신에게 이름을 부여하지 못한 이유는 당연히 그가 자기 자신과 자기 속성을 알지 못했기 때문이었을 것이다. 하나님은 이 사람(아담)에게는 명령하지만, 자신의 형상과 모양을 따라 지은 사람에게는 명령하지 않으신다. 왜냐하면 후자는 권고하지 않아도 스스로 덕을 습득하지만, 전자는 별도의 교육을 통하지 않고서는 스스로 명철을 선택하여 취할 수 없기 때문이다.

1.93. 또한 조례(πρόσταξις), 금지(ἀπαγόρευσις), 계명과 권면(ἐντολὴ καὶ παραίνεσις)이라는 세 가지 항목은 서로 다르다. 금지는 잘못들에 관한 것으로서 쓸모없는 자를 위한 것이고, 조례는 바른 질서들을 위한 것이고, 권면은 쓸모없는 자와 성실한 자 사이의 어중간한 자를 위한 것이다. 어중

간한 자는 죄를 짓지 않으므로 누군가 그에게 금지할 필요는 없으나, 그렇다고 그가 매사에 올바른 로고스의 조례를 따라 성취하는 편도 아니기 때문에 그에게는 쓸모없는 것들을 절제하라고 가르치고 고상한 것들을 추구하라고 촉구하는 권면이 필요하다.

1.94. (하나님의) 형상을 닮은 완전한 사람에게 조례나 금지나 권면이 필요 없는 까닭은 그 가운데 어떤 것으로도 완전한 자는 제한받지 않기 때문이다. 그러나 쓸모없는 자에게는 조례와 금지가 모두 필요하고, 어중간하게 어리석은 자에게는 권고와 교훈이 필요하다. 이와 유사하게 완전한 교사나 완전한 음악가에게는 그에 해당하는 기술적 사안들에 관한 가르침이 더는 필요하지 않다. 그러나 그런 과목들에 관한 이론들을 완전하게 터득하지 못한 사람에게는 어떤 규범들에 관한 조례들과 금지들이 필요하고, 기술을 배우고 있는 사람에게는 교육이 필요하다.

1.95. 그러므로 그가 현재 쓸모없지도 근면하지도 않은 중간 상태에 있는 '땅에 속한 정신'에게 명령하고 권면하는 것은 당연하다. 권면(παραίνεσις)은 두 가지 호칭으로 주어지는데, 그것은 '주(κύριος)'와 '하나님(ὁ θεος)'이다. "주 하나님은 명령하신다." 왜냐하면 첫째, 만약에 그 권면들을 순종하면 유익들을 누릴 가치가 있는 자라고 '하나님'께서 인정하시려는 것이요, 둘째, 만약에 그것을 거부하면 통치자이며 주권자이신 '주'께 멸시를 당하게 하시려는 것이다.

1.96. 그러므로 그는 그(아담)가 낙원에서 추방될 때 그와 같은 호칭들을 취하여, "그리고 주 하나님이 그를 찬란함의 낙원에서 추방하고 그가 나온 근원이 된 땅을 경작하게 하셨다"고 기록한다.(창 3:23) 즉, 통치자인 주와 은혜 베푸시는 분 하나님이 명령하셨으므로, 그 두 가지 호칭을 가진 분에게 순종하지 않으면 그를 징벌하겠다는 뜻이다.[69] 이처럼 권세를 가진 호

칭들로 그는 권면하여 명하고, 그것들로 불순종하는 자를 추방한다.

1.97 XXXI. 그에게 주 하나님이 권면하신 것은, "낙원에 있는 모든 나무로부터 나는 것을 네가 음식으로 만들어 먹을 수 있다"는 것이다.(창 2:16) 그는 인간의 혼을 권면하면서 한 나무나 한 덕목에서뿐 아니라 모든 덕목에서 유익을 얻으라고 하신다. 왜냐하면 먹는 것은 혼의 양식을 상징하며, 혼은 좋은 것들을 섭취하고 훌륭한 것들을 실천함으로써 영양을 공급받을 수 있기 때문이다.

1.98. 또한 그는 '먹을 수 있다'는 사실만 언급하지 않고, '음식 만들어 먹기'를 언급하는데, 이는 미숙한 자가 아니라 마치 운동선수처럼 음식을 갈고 준비하여 섭취함으로써 기운과 힘을 유지하라는 뜻이다. 조련사들은 운동선수들에게 음식을 집어삼키지 말고 천천히 씹어 먹음으로써 기운을 차리라고 가르치는데, 이는 나와 운동선수는 영양을 섭취하는 목적이 서로 다르기 때문이다. 나는 단지 살기 위해서 섭취하지만, 운동선수는 살을 찌우고 강해지려고 섭취하기 때문에 음식을 씹는 것도 훈련들 가운데 하나다. 이것이 바로 '음식으로 만들어 먹을 수 있다'는 말의 의미다.

1.99. 그것을 좀 더 상세하게 설명해보자. 부모를 공경하는 방법은 영양 공급과 부양이다. 그런데 성실한 자들과 쓸모없는 자들의 공경 방식이 서로 달라서, 한편은 관습대로 음식을 만들어 먹지 않고 그냥 먹기만 한다. 그렇다면 그들은 언제 음식을 만들어 먹겠는가? 문제의 원인들을 살피고 탐색한다면, 그들도 스스로 이것이 좋다고 판단할 것이다. 그 원인들이란 이런 것이다. 그들(부모)은 우리를 낳아 키우고 가르치고 모든 좋은 것들의

∵

69) "그래서 주 하느님께서는 그를 에덴동산에서 내치시어, 그가 생겨나온 흙을 일구게 하셨다."(『성경』 창세 3:23)

원인을 공급해주셨다. '영양공급'은 존재하는 분(하나님)을 공경하는 일을 뜻하지만, '음식 만들어 먹기'는 주요 사항을 규명하는 일과 함께 그 원인들에 대하여 보상하는 것을 포함한다.

1.100 XXXII. "그러나 선악을 알게 하는 나무에서 나는 것을 너희는 먹지 말라."(창 2:17) 그러므로 이 나무는 낙원에 있지 않다. 왜냐하면 하나님은 낙원에 있는 것들에서 나는 것을 무엇이나 먹으라고 하셨는데, 이것은 먹지 말라고 하시므로, 이 나무가 낙원에 있지 않은 것은 분명하기 때문이다. 그리고 당연히 그것은 내가 앞에서 설명했듯이 본질상 낙원에 있지만, 세력에 있어서는 그렇지 않기 때문이다. 밀랍에 각인될 가능성이 있는 세력들은 다양한 모양들이겠으나, 실제로는 한 모양만 각인될 수 있듯이, 유사하게 혼에도 각인될 수 있는 세력들은 다양한 인상들을 하고 있으나, 결과적으로는 그렇게 하지 못하고 오직 한 성향만이 혼을 차지하는데, 다른 것이 기존의 것을 지우고 더욱 확실한 것을 가장 선명하게 각인시킬 때까지 차지한다.

1.101. 또한 다음 사안에 대하여도 의문이 일어날 수 있다. 하나님이 낙원의 모든 나무에서 나는 것들을 먹어도 된다고 할 때는 한 사람에게 권하시는데, 선악의 원인을 취하지 말라고 금할 때는 더 많은 이들에게 말씀하시기 때문이다. 하나님은 "모든 나무에서 나는 것들을 먹어도 된다"고 하신 다음에 "너희(복수)는 먹지 말라"고 말씀하시고, 네(단수)가 아니라 "너희가 먹는 날에는" 네가 아니라 "너희가 죽으리라" 하고 말씀하신다.

1.102. 이에 대하여 말할 수 있는 것은 첫째, 좋은 것은 희박하고 나쁜 것은 많으며, 한 명의 현자를 찾기란 어려운 일이지만, 쓸모없는 인간들은 셀 수 없이 많기 때문이다. 그러므로 하나님이 한 사람에게 다양한 덕목들을 수련하라 권하시면서, 많은 이들에게는 교활함을 멀리하라고 경고하시

는 것은 당연하다. 왜냐하면 교활함을 취하는 이들이 많기 때문이다.

1.103. 둘째, 덕을 습득하여 사용할 때는 오로지 이성적 능력만이 필요하기 때문이다. 몸(σῶμα)은 덕스러운 일에 절대 협조하지 않고 방해만 된다. 지혜 특유의 일은 몸과 그에 따른 욕망들을 멀리하는 일이라고 해도 과언이 아니다. 그러나 악을 즐기기 위해서는 정신(νοῦς)뿐만 아니라 감각기관(αἴσθησις)과 로고스와 몸(σῶμα)까지 모두 필요하다.

1.104. 쓸모없는 자는 자신의 악함을 충족하기 위하여 이 모든 것을 필요로 한다. 말하는 기관을 갖지 못한 자가 어떻게 신비들을 발설할 수 있겠는가? 배와 감각 기관이 없는 자가 어떻게 쾌락들을 누릴 수 있겠는가? 그러므로 그가 덕의 습득에 관하여 이성적 능력만 언급하는 까닭은, 전술했듯이, 그것만이 덕이 차오르게 하는 데에 필요한 유일한 것이기 때문이고, 악에 관하여 혼, 로고스, 감각들, 몸 등 많은 것들을 언급하는 까닭은 이 모든 것을 사용해야 비로서 악을 실현할 수 있기 때문이다.

1.105 XXXIII. 그러므로 그는, "너희(복수)가 그것(선악을 알게 하는 나무)에서 나는 것을 먹는 날에는 죽음으로 죽으리라"고 기록한다.(창 2:17) 그런데 그들은 (그것을) 먹은 후에도 죽지 않았을 뿐만 아니라, 자녀도 낳고 다른 것들이 태어나는 근원들도 된다. 뭐라고 설명해야 할까? 그것은 죽음이 두 종류이기 때문이다. 그것은 사람의 죽음과 혼에 특이한 죽음이다. 사람의 죽음은 혼이 몸에서 분리되는 것이지만, 혼의 죽음은 덕이 부패하고 악이 들어차는 것이다.[70]

1.106. 그러므로 단순히 죽는다고 하지 않고 '죽음을 죽는다'고 그가 기

••
70) 죽음을 혼과 몸의 분리로 보는 견해는 다음을 보라. Plato, *Phaedo* 67C-D. 플라톤에게 죽음은 혼이 몸(σῶμα)이라는 무덤(σῆμα)에서 해방되는 것이다.

록한 것은 일반적인 죽음이 아니라 특이하고 독특한 죽음을 표현하기 위한 것이며, 그것은 온갖 곤경들과 나쁜 것들에 파묻히는 혼의 죽음을 의미한다. 그런데 이 죽음과 저 죽음은 적대 관계에 있다고 해도 과언이 아니다. 왜냐하면 저 죽음은 합해졌던 몸과 혼이 분리되는 것이지만, 이 죽음은 반대로 그 둘이 결합하여 더 사악한 몸이 지배하고 더 선한 혼은 지배당하게 되는 죽음이기 때문이다.

1.107. 그러므로 그가 '죽음을 죽는다'고 기록할 때는 징벌로서 가해지는 죽음을 의미하고 자연적 죽음을 의미하지 않는다는 사실에 그대는 주목하라. 자연적인 죽음은 그것으로 인하여 혼이 몸에서 분리되는 것이지만, 징벌로 인한 죽음은 혼이 덕스러운 생명을 잃고 악한 생명으로만 사는 것이다.

1.108. 이와 관련하여 헤라클레이토스는 모세의 교훈을 따라서, "우리는 저들의 죽음으로는 살았고 저들의 삶으로는 죽었다"고 탁월하게 표현했다. 이는 우리가 지금 살아 있는 동안에는 우리 혼이 마치 무덤에 갇힌 것처럼 몸 안에 묻혀서 죽은 상태에 있으나, 우리가 죽으면 혼이 붙잡혀 있던 악하고 죽은 몸에서 해방되어 자기 고유의 삶을 살게 된다는 뜻이다.

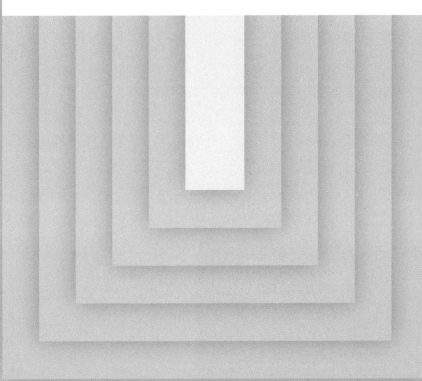

III

알레고리 해석 2

LEGVM ALLEGORIARVM LIB. II.1-108

—

엿새간 창조 이후의 신성한 율법에 관한 알레고리 해석 제2권

ΝΟΜΩΝ ΙΕΡΩΝ ΑΛΛΗΓΟΡΙΑΣ ΤΩΝ ΜΕΤΑ

ΤΗΝ ΕΞΑΗΜΕΡΟΝ ΤΟ ΔΕΥΤΕΡΟΝ

2.1 "그리고 주 하나님은, 인간이 혼자 있는 것이 좋지 않으니 우리가 그를 위하여 돕는 배필을 만들자고 말씀하셨다."(창 2:18)[1] 오, 예언자(모세)여, 왜 인간은 혼자 있는 것이 좋지 않은가? 그의 기록에 따르면, 유일하신 분이 홀로 존재하시는 것은 아름다우나, 오로지 하나님 한 분만이 스스로(καθ᾽ αὑτόν) 유일하신 분이고, 하나님과 같은 이는 아무도 없기 때문이다. 유일하신 분은 스스로 존재하는 유일성에 기인하여 홀로 존재하는 것이 아름답지만, 인간은 홀로 있는 것이 아름답지 않다.

2.2 하나님이 유일하게 홀로 존재하신다는 말은 창조 이전에도 하나님과 함께 존재한 이가 없었고, 창조된 세계의 그 어떤 것도 하나님과 같은

1) "주 하느님께서 말씀하셨다. '사람이 혼자 있는 것이 좋지 않으니, 그에게 알맞은 협력자를 만들어주겠다.'"(『성경』 창세 2:18)

위치에 있을 수 없다는 뜻이다. 왜냐하면 하나님은 아무것도 필요하지 않으시기 때문이다. 그런데 다음과 같은 더 나은 해석이 가능하다. 하나님만이 혼합체(σύγκριμα)가 아닌 단일 속성을 가진 홀로 하나이신 분이고, 우리(인간) 각자와 다른 것들(다른 동물들) 각자는 모두 많은 것들의 복합체(πολλά)라는 것이다. 나 자신도 혼과 몸의 복합체인데, 혼에는 로고스가 없는 비이성적(동물적) 부분과 로고스가 있는 이성적인 부분이 있고, 몸에는 뜨거운 부분과 차가운 부분, 무거운 부분과 가벼운 부분, 건조한 부분과 습한 부분이 있다. 하나님은 혼합체도 아니고, 복합체로 구성되지도 않았으며, 다른 것과 섞이지도 않으신다.

2.3 왜냐하면 하나님과 함께 하나님으로 정의될 다른 것이 있다면[2] 그것은 하나님보다 더 좋거나 더 열등하거나 그와 같아야 하기 때문이다. 그러나 하나님과 같은 것은 없고 하나님보다 더 좋은 것도 없으며, 하나님보다 열등한 것은 하나님이라고 정의될 수가 없다. 그렇지 않으면, 하나님 자신이 열등해져야 하고 열등해지면 사멸하게 되는데, 이런 것은 관습상 도저히 생각할 수 없기 때문이다. 그러므로 하나님은 한 분이고 유일하게 존재하시며, 특별히 그 유일성은 한 분 하나님에게서 기인하는 것이다. 시간이 그렇듯이 모든 숫자는 세계보다 나중에 출생한 것이고, 하나님은 세계보다 먼저 존재하는 세계의 조물주(δημιουργός)시다.

2.4 II. 그러나 어떤 인간도 혼자 있는 것이 좋지 않다. 인간은 두 종속(γένος)이 있기 때문인데, 그것은 하나님의 형상을 따라 태어난 종속과 땅

..

2) 여기에 사용한 προσκρίνειν은 필론의 현존 작품들에서 1회 등장하는 하팍스 레고메나로서 다른 작품에서도 거의 그 용례를 찾아보기 어려운 희소 단어이므로 정확한 의미는 알 수 없으나, 접두어 προς와 동사 κρίνειν이 결합한 것을 미루어 짐작컨대, '함께 정의하다' 또는 '판단하다', '묘사하다' 등의 뜻인 것 같다.

에서 제작된 종속이다. 형상을 따라 태어난 인간에게 혼자 있는 것이 좋지 않은 까닭은 그가 형상을 갈망하기 때문이고, 하나님의 형상은 다른 것들의 원형이기 때문이다. 모든 복사본은 자신이 복사한 것을 갈망하며 그것과 더불어 규정되므로, 제작된 인간에게도 혼자 있는 것은 더더욱 좋지 않을뿐더러 가능하지도 않다. 왜냐하면 감각들과 열망들과 악덕들과 무수한 다른 것들은 정신에 들러붙어 타협하기 때문이다.

2.5. 두 번째 인간에게는 돕는 자(βοηθός)가 주어진다. 첫째, 그(돕는 자)는 피조물이다. 왜냐하면 "우리가 그에게 돕는 자를 만들자" 하고 그가 기록하기 때문이다. 둘째, 돕는 자는 도움을 받는 자보다 젊다. 왜냐하면 하나님은 먼저 정신을 만드셨고, 이어서 그의 돕는 자를 만들려고 하셨기 때문이다. 그런데 이것들은 자연스럽게 알레고리로 묘사된 것이다. 왜냐하면 감각과 혼의 열망들은 혼보다 젊기 때문이다. 그들(돕는 자들)이 어떻게 돕는지는 장차 살펴볼 것이고, 그들이 무엇 때문에 더 젊다고 하는지부터 살펴보자.

2.6 III. 의사들과 자연철학자들 가운데 가장 훌륭한 사람들에 따르면, 심장은 몸의 다른 부분들보다 먼저 제작되었다고 한다. 그들에 따르면, 심장은 마치 (집의) 토대와도 같고, 배 안의 용골(τρόπις)과도 같아서[3] 그 위에 몸의 다른 부분이 세워지고, 심지어 죽음 이후에도 박동하는데, 심장은 가장 먼저 지어졌으므로 (다른 부분들보다) 더 늦게 파괴되기 때문이다. 그러므로 혼의 주도적인 부분(τὸ ηιγεμονικόν)도 (혼) 전체 가운데서 가장 연장자(장로, πρεσβύτερος)이고, 비이성적인 부분은 그보다 더 젊을 것인데, 그것의 출생에 관하여 그(모세)는 여기서 밝히지 않고, 이후에 기록한다. 우리만의

⁚

3) 용골은 배 전체를 떠받치는 기다란 목재로서 배 바닥의 중심 골격을 형성한다.

지나친 판단이 아니라면, 이 비이성적 부분은 감각(αἴσθησίς)이고, 거기서 나온 자손들은 격정들(πάθη)일 것이다. 그러므로 이 '돕는 자'는 더 젊은 하나님의 피조물이라고 보는 것이 적절하다.

2.7. 이제 미뤄둔 사안을 살펴볼 차례인데, 어떻게 그것이 돕는 역할을 하는지에 관한 것이다. 돕는 자로서 시력을 고용하지 않으면, 어떻게 우리의 정신이 어떤 것은 희고 어떤 것은 검은지 알아차릴 수 있겠는가? 돕는 자로서 청력을 고용하지 않으면, 거문고 연주자의 소리가 듣기에 좋은지 아니면 그 반대로 조율이 되지 않았는지를 어떻게 알아차릴 수 있겠는가? 후각을 도우미로 고용하지 않는다면, 어떻게 증기(οἱ ἀτμοί)가 향기를 내는지 악취를 내는지 알 수 있겠는가? 맛의 도움을 받지 않고서 어떻게 서로 다른 과일즙들을 감별하겠는가? 촉각을 통하지 않고서 어떻게 부드러운 것들과 거친 것들을 구별하겠는가?

2.8. 앞에서 설명했듯이, 다른 돕는 자들도 있는데, 그것은 격정들(πάθη) 이다.[4] 격정들 가운데 쾌락은 우리 종속(인간)의 유지를 돕고, 갈망과 비탄과 공포는 혼을 깨물어서 아무것도 가볍게 여기지 못하도록 하고, 분노 또한 방어 도구가 되어 많은 이들에게 큰 유익들을 주며, 다른 격정들도 그러하다. 그러므로 그가 "돕는 자는 자기 자신이다"라고 말한 것은 참으로 적확한 표현이다.(창 2:23) 왜냐하면 이처럼 자신에게 속한 것이 자신에게 마치 형제나 혈족처럼 돕는 자가 되는 까닭은 감각(αἴσθησις)과 격정들이 혼의 지체들이자 혼의 자녀들이기 때문이다.[5]

2.9 IV. 돕는 자의 형태는 두 종류로서, 격정들에 속하는 것들과 감각에

••

4) 열정, 격정 등의 뜻을 가진 πάθος는 '고통'이라는 뜻도 담고 있다.
5) 필론에 따르면, 격정들은 혼의 일부로서, 쾌락, 갈망, 비탄, 공포, 분노 등으로 구성된다.

속하는 것들이 그것이다. 여기서 첫 번째 형태만이 자손을 낳기 때문에 그 (모세)는, "그리고 하나님이 흙으로 들의 온갖 짐승들과 하늘의 온갖 새들을 만들고, 그들을 아담에게 데려와 보여주고, 그(아담)가 그들을 무엇이라고 부르는지 보셨다. 아담이 살아 있는 혼(ψυχή)을 구분하여 부른 것은 모두 그 이름이 되었다"라고 기록한다.(창 2:19)[6] 그대도 알다시피, 우리의 돕는 자들이란 다름 아닌 짐승들로서, 혼의 격정들이다. 따라서 그는 "우리가 그를 위하여 돕는 자를 만들자"라는 글을 기록한 직후에 "그(하나님)가 짐승들을 만드셨다"는 글을 덧붙임으로써,(창 2:18-19) 마치 짐승들이 우리에게 돕는 자들인 것처럼 기록한다.

2.10. 그러나 정확히 말하면, 이들이 돕는 자들이라는 것은 철자 오류에 불과한 표현이고, 실제로 이들은 '적들'이다. 이는 마치 도시국가들 사이에서 동맹군들은 변절자들이나 탈영병들이고, 우정 관계에서 아첨꾼들은 동료들이 아니라 적들인 것과 비슷하다. 그(모세)는 정신(νοῦς)을 마치 하늘이나 밭과 동의어인 것처럼 알레고리 방식으로 묘사하는데, 왜냐하면 정신은 일어남(동이 틈)과 자라남이 무수하게 발생하는 밭과 같은 현장으로서 하늘만큼이나 찬란하고 신령하며 복스러운 속성들을 가지기 때문이다.

2.11. 그리고 그(모세)가 격정들(πάθη)을 짐승들과 새들에 빗대어 표현한

••
6) "그래서 주 하느님께서는 흙으로 들의 온갖 짐승과 하늘의 온갖 새를 빚으신 다음, 사람에게 데려가시어 그가 그것들을 무엇이라 부르는지 보셨다. 사람이 생물 하나하나를 부르는 그대로 그 이름이 되었다."(『성경』 창세 2:19) 한편, 히브리 전통은 동물들과 짐승들에게도 혼이 있다고 본다. 플라톤에서와 달리, 히브리인들에게 혼은 몸/살과 따로 떼어 분리할 수 있는 것이 아니며, 사람이나 짐승의 목숨이 다할 때 혼도 없어진다. 그러나 플라톤은 살아 있는 상태에서 혼이 무덤/감옥과 같은 몸 속에 갇혀 있다가 죽을 때 몸/육체에서 해방되어 따로 이데아 세계나 다른 곳으로 여행할 수 있다고 보았다. 이를 '혼불멸설(immortality of the soul)' 혹은 '혼이주설(transmigration of the soul)'이라고 한다.

이유는 길들지 않는 야만적인 그것들이 정신($\nu o \hat{\upsilon} \varsigma$)을 해치면서 일종의 새들처럼 마음($\delta \iota \acute{\alpha} \nu o \iota \alpha$) 위로 날아다닐 뿐만 아니라, 이들의 습격은 날카로워서 제압할 수 없기 때문이다. '이에 더하여($\acute{\epsilon} \tau \iota$)'라는 말이 '그가 제작하셨다($\acute{\epsilon} \pi \lambda \alpha \sigma \epsilon$)'는 말과 함께 놓인 것은 대충 그렇게 된 것이 아니다. 왜 그런가? 그것은 전술했듯이 그(모세)가 인간 창조 이전에 짐승들을 만들었다고 기록하고, 다음과 같이 여섯째 날에 그러했다고 밝히기 때문이다. "그리고 그(하나님)가 말씀하시기를, 땅이 살아 있는 혼을 내되, 종속에 따라($\kappa \alpha \tau \grave{\alpha}$ $\gamma \acute{\epsilon} \nu o \varsigma$) 네 발 달린 것들과 파충류들과 짐승들을 내게 하자."(창 1:24)[7]

2.12. 그런데 하나님은 왜 이전에 만든 것들에 만족하지 않고 여기서 다른 동물들을 만드시는가? 이는 윤리적으로 설명되어야 한다. 창조된 것 안에는 악한 종속이 풍성하고 그 가운데 가장 쓸모없는 것들이 끊임없이 태어나므로, 그가 처음 엿새 동안에는 격정들과 그에 상응하는 이데아들을 만드시고, 그 이후에 그것들의 형체들을 제작하신 것은 당연한 일이다.[8] 이런 이유로 그(모세)는 '이에 더하여 그가 만드셨다'고 기록한다.

2.13. 이전에 만들어진 것이 종속들($\gamma \acute{\epsilon} \nu \eta$)이라는 것은, 그가 '땅이 살아 있는 혼을' '형체에 따라($\kappa \alpha \tau$ ' $\epsilon \hat{\iota} \delta o \varsigma$) 내게 하자'고 표현하지 않고, '종속에 따라($\kappa \alpha \tau \grave{\alpha}$ $\gamma \acute{\epsilon} \nu o \varsigma$) 내게 하자'고 표현한 것으로 미루어 명백하다. 이런 방식이 모든 곳에서 발견된다. 왜냐하면 그는 형체들을 만들기 이전에 종속들을 먼저 만드셨기 때문이다. 인간을 만드실 때도 마찬가지로, 하나님이 인간 종속을 먼저 만들어 그 안에 남자 종속과 여자 종속이 있게 하시고, 이어

∵

7) "하느님께서 말씀하시기를 '땅은 생물을 제 종류대로, 곧 집짐승과 기어 다니는 것과 들짐승을 제 종류대로 내어라' 하시자, 그대로 되었다."(『성경』 창세 1:24)
8) "격정들과 그 이데아들"은 비물질적인 개념이고, "그 형체들"은 물질적인 실체들인 것 같다. 즉, 비물질적인 것들이 먼저 창조되고 물질적인 것들이 제작되었다는 뜻이다.

서 '아담'이라는 형체를 제작하셨다고 모세는 기록한다.

2.14 V. 모세가 여기서 기록한 내용은 돕는 자들의 형상에 관한 것이고, 다른 형상인 감각들의 형상에 관하여는 여자를 만들기 시작하는 부분까지 미루어두었다가 기록한다. 그렇게 미루어둔 채, 그는 여기서 이름들의 배치부터 체계적으로 설명한다. 상징적이면서도 문자적인 그 설명은 감탄할 만한 것이다. 말 그대로 입법자(νομοθέτης)는[9] 첫 피조물에게 명칭들을 부여하는 책무를 맡긴 것이다.

2.15. 그리스인들 가운데 철학자들은 지혜로운 이들이 처음으로 실물들에 명칭을 부여했다고 주장했으나, 모세는 더 나은 주장을 기록해놓았다. 왜냐하면 그는 이전에 살았던 누군가에게가 아니라 처음 창조된 사람에게 (실물들을 명명하는 업적을) 돌림으로써, 다른 것들(피조물들)의 출생을 위한 시원(ἀρχή)으로 지어진 사람이 언어의 시원으로도 인정받게 했기 때문이다. 명사들이 없었다면 언어도 없었을 것이고, 또한 많은 이들에게 명칭을 부여할 임무를 맡기면 서로 같은 대상에 다른 이들이 서로 다른 명칭들을 부여하게 되어 통일되지 않아 의사소통이 어려웠겠으나, 한 사람이 명칭을 정하게 되면 대상 실물마다 명칭이 통일되어 동일한 명칭을 가지거나 동일한 명칭으로 지시되는 모든 대상에게 일정한 기표(σύμβολον)가 형성될 것이기 때문이다.

2.16 VI. 그것은 다음 설명과 같이 윤리적으로도 타당하다. 우리는 종종 '도대체 왜(διὰ τί)' 대신에 '왜(τί)'를 사용하는데, 그 예를 들면 다음과 같다. 왜(τί) 당신은 목욕을 합니까? 왜 당신은 걷습니까? 왜 당신은 대화합니까? 이 모두가 διὰ τί 대신에 τί를 사용한다. 그러므로 비록 그(모세)는, "그

••

9) '입법자(νομοθέτης)'에 관하여는 다음을 보라. *Opif.* 1.1, 104; *Leg.* 3.145.

가 무엇이라고(τί) 명명하는지 보려고"라고 적었을지라도 그대는, '도대체 왜(διὰ τί) 정신이 이들 각각을 부르고 초대하고 환영하는지 보려고' 하는 뜻으로 읽어야 한다. 사멸하는 종속이 필연(ἀνάγκη)으로 말미암아 격정들과 악덕들에 연루되는 까닭은 오로지 그 보편적 필연성 때문인가, 아니면, 과도하게 넘치는 그 개인의 성질 때문이기도 한가? 그리고 그것(연루되는 까닭)은 지상 종속에게 보편적으로 요구되기 때문인가, 아니면 그것들(격정들과 악덕들)을 가장 훌륭하고 가장 놀라운 것들이라고 개인적으로 판단한 결과인가?

2.17. 예를 들면(οἷον), 피조물(τὸ γεγονός)이[10] 쾌락을 추구하는 것은 필연적이지만, 쓸모없는 자는 그것이 마치 완전한 덕이라도 되는 것처럼 추구한다. 그러나 근면한 자는 필요한 경우에만 쾌락을 추구하는데, 쾌락이 없이는 사멸하는 지상 종속 가운데 아무도 출생할 수 없으므로 어느 정도의 쾌락은 누구에게나 필요하기 때문이다. 쓸모없는 자는 재물의 획득을 가장 완전한 덕으로 여기지만, 근면한 자는 그것을 어느 정도 필요하고 유익할 따름이라고 생각한다. 그러므로 (각 사람의) 정신이 이들 각각을 어떻게 초청하고 영접하는지, 좋은 것들로 여기는지, 대단하지 않은 것들로 여기는지, 아니면 나쁘지만 필요한 것들(필요악)로 여기는지 하나님이 알아보고자 하신 것은 당연하다.

2.18. 그러므로 그는 살아 있는 혼이라 생각하여 초청하고 맞이한 모든

---

10) *Opif.* 1.12 및 41 각주에서 설명했듯이, 플라톤은 영원히 '존재하는 세계(τὸ ὄν)'와 영원히 '변하는 세계(τὸ γιγνόμενον)'를 나눈다. 영원히 존재하는 이데아 세계는 εἶναι 동사를 써서 표현하고, 태어나고 죽으며 변화하는 물질 세계의 특징을 γίνεσθαι 동사를 써서 표현하는 것이다. 그러므로 τὸ γεγονός은 변하는 세계에 태어났다가 죽는 것, 즉 생몰하는 피조물을 뜻하는데, 이것을 필론은 여호와 하나님의 피조물이라고 유대 방식으로 재해석한다.

것을 혼으로 여겼고, 이것이 초청된 대상의 이름이 되었을 뿐만 아니라, 초청한 자의 이름도 되었다. 예를 들면, 즐거움을 영접한 사람은 '즐거운 자'라 부르고, 갈망을 영접하면 '갈망하는 자', 음탕함을 영접하면 '음탕한 자', 비겁함을 영접하면 '비겁한 자'라 부르고, 이런 방식으로 다른 것들에게도 이름을 붙였다. 덕목들도 그와 같이 명명하여, 명철한 자, 절제하는 자, 정의로운 자, 용감한 자 등으로 불렀다. 유사하게 악덕들에 대하여도 특정 습성들(ἕξεις)을 초청하고 맞이하여 불의한 자, 분별하지 못하는 자, 남자답지 못한 자 등으로 명명했다.

2.19 VII. "하나님이 아담에게 무아지경(ἔκστασις)을 보내자 그(아담)는 잠들었다. 그는 아담의 갈비뼈들 가운데 하나를 취하셨다."(창 2:21)[11] 여기에 쓰인 수사는 신화적(μυθώδης)이다. 대체 여자나 어떤 인간이 남자의 갈비뼈로 만들어졌다는 것을 누가 이해하겠는가? 남자를 흙으로 창조하신 근원적 주체(το αἴτιον)가[12] 어찌하여 여자는 같은 흙으로 창조하지 않으셨는가? 창조하신 분이 같고, 그 물질(흙)은 무한히 많았고, 그 물질로 온갖 성질이 만들어지지 않았는가?

2.20. 무엇 때문에 하나님은 그토록 많은 신체 기관들 가운데서 다른 것을 취하지 않고 하필 갈비뼈 가운데서 취하여 여자를 만드셨는가? 사실 모세는 갈비뼈가 몇 개였는지 숫자를 밝히지는 않았으나, 우리가 갈비뼈를 두 개만 있었다고 상정한다면, 대체 그(하나님)는 어느 쪽 갈비뼈를

∴

11) "그래서 주 하느님께서는 사람 위로 깊은 잠이 쏟아지게 하시어 그를 잠들게 하신 다음, 그의 갈빗대 하나를 빼내시고 그 자리를 살로 메우셨다."(『성경』 창세 2:21)

12) '근원적 주체(το αἴτιον)'는 만물의 근원인 창조주를 뜻한다. 소크라테스는 독배를 마시기 전에 자신은 평생토록 만물의 궁극적 근원(αἰτία)을 찾고자 했으나 찾지 못했고, 찾았다는 사람을 만나지 못했으나 시원을 찾아다닌 삶을 후회하지 않으며, 제2의 삶이 주어진다 해도 시원을 찾아다닐 것이라고 고백했다고 한다. Plato, *Phedo* 99c–e.

취하셨다는 말인가? 왼쪽 것인가, 오른쪽 것인가? 그가 다른 부분을 살(σάρξ)로 채우셨다면, 그 나머지 것은 당연히 살로 만들어진 것이 아닌가? 참으로 우리 자매들은 모든 몸의 지체들이 우리와 같은 구성을 하고 있으며, 우리들의 갈비뼈들 또한 살로 구성되어 있다.

2.21. 이것은 무엇을 말하는가? 일상에서 갈비뼈들을 기운들(δυνάμεις)이라고 부르는데, 우리가 그렇게 말하는 까닭은 사람이 갈비뼈들을 가지고 있다고 하면 기운들이 있다는 뜻이고, 운동선수가 좋은 갈비뼈를 가지고 있다고 하면 건장하다는 뜻이며, 거문고 연주자(κιθαρῳδός)가 갈비뼈들을 가지고 있다고 하면 노래할 때 기운이 넘친다는 뜻이기 때문이다.

2.22. 이것을 전제한 채 언급해야 할 것은, 벌거벗고 매이지 않은 정신(νοῦς)은 아직 몸(σῶμα)에 감싸이지 않았기 때문에 다양한 능력들을 보유하되, 관성적, 생장적, 혼적, 이성적, 지성적 능력들 외에도 그 형태들(εἴδει)과 종속들(γένη)에 따라 다른 무수한 능력들을 보유한다는 사실이다. 혼이 없는 것들(무생물들)의 일반적인 습성(ἕξις)은 돌들과 나무들의 습성과 같고, 우리 인간들 안에서도 돌 같은 뼈들이 그런 능력을 공유한다. 자연(φύσις)은 식물들에게까지 영향을 미치는데, 우리 안에서 식물적인 요소는 손발톱과 머리카락 등이 자라는 것이고, 자연은 이미 작동하고 있는 습성이다.

2.23. 또한 혼(ψυχή)은 환상(φαντασία)과 충동(ὁρμή)을 잘 받아들이는 속성(φύσις)이 있고, 이것은 로고스가 없는 비이성적 동물들도 공유하는 것이며, 우리 정신 안에도 비이성적인 동물의 혼과 비슷한 것이 있다. 또한 생각하는 능력(διανοητικὴ δύναμις)은 정신에 고유한 것이며, 이성적 능력은 더 거룩한 속성들에게 공통적인 것으로서, 특별히 사멸하는 인간에게 고유한 것이다. 이런 능력은 두 종류로서, 하나는 우리가 정신을 가지고 누리는

덕분에 이성적으로 판단할 수 있는 능력이고, 다른 하나는 우리가 대화할 수 있는 능력이다.

2.24.   이런 능력들과 자매인 혼의 다른 능력은 감각적 능력인데, 이에 관하여 설명하고자 한다. 그(모세)가 기록한 것은 활기와 로고스에 따른 감각의 탄생 외에 다른 것이 아니다. **VIII.** 정신을 창조한 이후에 곧장 정신의 돕는 자이자 동맹군인 감각을 창조할 필요가 있었다. 그러므로 하나님은 정신 창조를 마무리한 다음에 서열과 능력 면에서 두 번째 창작품(δημιούργημα)인 활기(ἐνέργεια)와 연관되는 감각(αἴσθησις)을 제작함으로써 전체 혼을 완성하고 주변 것들에 도움이 되게 하셨다.

2.25.   감각은 어떻게 만들어졌는가? 모세가 기록한 바와 같이, 정신(νοῦς)이 잠들었을 때 만들어졌다. 왜냐하면 정신이 잠들 때 감각이 살아나고, 반대로 정신이 살아나면 감각이 꺼지기 때문이다. 이를 증명하는 사례로, 우리는 무언가를 신중하게 생각하고 싶을 때 광야로 도망하여 눈들을 감고 귀들을 닫고 감각들을 멀리하게 된다. 그러면 정신이 일어나고 깨어나 감각이 사라지곤 한다.

2.26.   이제 다른 문제, 즉, 정신이 어떤 상태에서 잠들게 되는지에 대하여 알아보자. 눈으로 화가들이나 조각가들의 아름다운 창작품들을 감상할 때면 감각은 깨어나 흥분하고 정신은 흐트러지게 되어 정신적 대상에 대해서는 도무지 생각할 수 없게 되지 않더냐? 귀를 기울여서 조화로운 소리를 감상할 때 정신을 바싹 차리고 일을 처리할 수 있더냐? 절대로 그렇지 않다! 이보다 훨씬 더 정신을 가다듬기 어려운 경우는 입맛이 격렬하게 돋아나 배의 쾌락들을 채워주려고 할 때다.

2.27.   그러므로 모세는 어느 때든지 정신이 잠들거나 완전히 죽지 않도록 주의하라고 경고하면서 다른 곳에서 말(기록)한다. "그것은 네 허리띠에

못이 될 것이요, 그러면 네가 앉을 때 그것으로 파서 네 수치를 덮으리라."(신 23:13) 여기서 '못'은 감추어 둔 사실들을 파헤치는 로고스를 상징적으로 표현한 것이다.

2.28. 그는 그것을 그의 격정 위에 입고, 그것이 풀어지거나 느슨해지지 않도록 둘러 묶으라고 명령하는데, 이 일은 정신이 정신적 대상들에 집중하던 끈을 풀고 쾌락들로 내려앉아서 신체(몸)적 필연(ἀνάγκη)에 굴복하여 그에 따라 이끌릴 때 일어났을 것이다.

2.29. 이런 일은 정신이 호화로운 교류에 빠져 자신을 잃은 채 쾌락들로 이끄는 것들에 사로잡히고, 우리가 가리지 않은 부정함에 노예가 되어 종속될 때 벌어진다. 그러나 로고스가 강력해져서 격정을 말끔히 정화해버릴 수만 있다면, 우리는 마셔도 취하지 않으며, 먹어도 만족감에 제멋대로 하지 않고 바보스러워지지 않은 채, 정신을 차리고 식사를 할 수 있을 것이다.

2.30. 그러므로 감각들이 깨어나면 정신이 잠들고, 정신이 깨어나면 감각들이 불활성 상태가 되는 것이다. 이는 마치 해가 떠오르면 다른 별들의 빛이 보이지 않게 되고, 해가 지면 다른 별들의 빛이 선명해지는 것과 같지 않은가? 해가 뜨듯이 정신이 깨어나면 감각들을 압도하면서 빛나고, 정신이 잠들면 감각들이 번뜩이는 것이다.

2.31 IX. 이것들이 설명되었으니 다음의 기록을 규명해야 한다. 모세는 "하나님이 아담에게 무아지경(ἔκστασις)을 보내시자 아담이 잠들었다"고 기록한다.(창 2:21) 이는 정신의 무아지경과 변화(τροπή)가 참으로 정신의 수면 상태에서 일어나기 때문이다. 정신이 무아지경이 되는 때는 그것(정신)이 정신적 대상들(τὰ νοητά)을 생각하며 활동하기를 멈추는 때요, 정신이 그런 일들을 하지 않고 잠에 빠지는 때다. '그것이 무아지경이 될 때'라는

말은 훌륭한 표현으로서, 정신이 변화된다는 뜻이고, 자기 자신이 아니라 하나님이 그에게 그 변화를 초래하여 가져오고 보내신다는 뜻이다.

2.32. 그것은 이런 뜻이다. 만약에 변하는 것이 정말 나로 인한 것이라면, 내가 원할 때마다 그것(그런 능력)을 사용할 수 있어야 하고, 내가 그것을 선택하지 않으면 나는 변함이 없는 상태로 계속 있어야 한다. 그러나 변화는 내 뜻과 전혀 반대로 나타나므로 때때로 내가 적절한 것을 추리하고자 해도 적절한 것에 대항하는 흐름이 나를 덮치게 되고, 역으로 내가 어떤 부끄러운 생각을 품을 때마다 하나님께서는 내 혼에 소금 대신 단물을 은혜로 부어주셔서 부끄러운 생각을 달콤한 생각들로 씻어내신다.

2.33. 그러므로 모든 피조물이 변화하는 것은 필연적인 일이다. 왜냐하면 변화는 피조물의 고유한 속성이고, 변화하지 않는 것은 하나님의 고유한 속성이기 때문이다. 그런데 변화되는 것들 가운데 어떤 것들은 완전히 부패할 때까지 그대로 놓여 있으나, 어떤 것들은 사멸하는 성질로 인하여 계속 고통을 겪다가 마침내 위로부터 구원을 받는 것들도 있다.

2.34. 그러므로 모세는, "그(하나님)는 파괴하는 자가 너희 집에 들어가서 파괴하는 것을 허락하지 않으실 것이라"고 기록한다.(출 12:23) 이는 하나님이 허락하셔야만 파괴하는 자가 혼에 들어가 혼을 파괴하고 혼의 변화를 일으켜서 피조물 고유의 (사멸적) 특성을 드러낼 수 있다는 뜻이다. 그러나 하나님은 '보는 자' 이스라엘의 자손이 변화되고 그로 인하여 파괴되는 것을 허락하지 않으시고, 싹트고 자라 깊음(βυθός)에서 올라오도록 구원하실 것이다.[13]

2.35 X. "그(하나님)는 그의 갈비뼈들 가운데 하나를 취하셨다."(창

∴

---

13) 필론에게 '이스라엘'은 "(하나님을) 보는 자(ὁ [τὸν θεὸν] ὁρῶν)"이다. Philo, *Post*. 1:64.

2:21) 그는 정신의 무수한 능력들(δυνάμεις) 가운데 하나인 감각적인 것(τὸ αἰσθητικόν)을 취하셨다. '그가 취하셨다'는 말을 '그가 빼내셨다'는 뜻으로 듣지 않고, '그가 계산하셨다' 내지는 '그가 탐색하셨다'는 뜻으로 들어야 한다. 왜냐하면 "너는 그 포로의 전리품들 가운데 가장 좋은 것을 취하라"는 말이 다른 곳에 기록되어 있기 때문이다.(민 31:26)

2.36. 여기서 모세가 제안하는 것은 무엇인가? 감각은 두 종류가 있다고 한다. 하나는 습성(ἕξις)에 따르는 것으로서 우리가 자는 동안에도 작동하는 것이고, 다른 하나는 활기(ἐνέργεια)에 따르는 것이다. 전자는 습성적 감각으로서 별다른 쓸모가 없는데, 왜냐하면 이를 통하여 감지하는 것들 가운데 우리가 의식적으로 활용할 수 있는 것은 없기 때문이다.[14] 그러나 후자는 활기에 따르는 감각으로서 쓸모가 있는데, 이를 통하여 우리는 감각들이 감지한 것들을 활용할 수 있기 때문이다.

2.37. 그러므로 그(하나님)는 습성에 따르는 첫 번째 감각을 태어나게 한 후에 정신(νοῦς)을 태어나게 하고자 무수한 능력들을 휴면상태에 있는 정신에 장착하고, 이어서 활기에 따르는 감각을 완성하신다. 활기에 따르는 감각이 완성되자, 습성에 따르는 감각이 활성화되어 살(σάρξ)과 감각적인 것들에까지 확장되었다. 씨앗이 활성화되어야 자연이 완성되는 것처럼, 습성이 활성화되어야 활기가 완성되기 때문이다.

2.38 XI. "그리고 그(하나님)는 그 자리에 살을 채워 넣으셨다.[15]"(창 2:21)

..

14) 이 문장에 사용된 ἀντιλαμβάνειν은 돌려받다, 대신 받다, 돕다, 도움을 받다, 참여하다, 참견하다, 공격하다, 꾸짖다, 포위하다, 마음으로 포착하다, 감지하다, 이해하다 등 다양한 의미가 있는데, 여기서는 '감지하다'로 번역했다.
15) 여기서 살로 채워 넣은 대상은 여자가 아니라 아담이다. 하나님이 아담의 몸에서 갈비뼈를 빼내고 그 자리에 살을 채워 넣으셨다는 뜻이다. *Leg.* 2.41 참조.

이는 그(하나님)가 습성에 따르는 감각을 채워 넣어 그것이 활기를 띠게 하고 그것을 살과 전체 표피에까지 확장했다는 뜻이다. 그런 다음에 모세는 '그가 여자를 제작하셨다'고 덧붙임으로써 감각에 대한 가장 자연스럽고 적확한 이름이 '여자(γυνή)'임을 드러낸다.(창 2:22) 남자는 적극적으로 행동하고 여자는 소극적으로 겪는 것처럼, 정신은 행동하고 감각은 여자처럼 겪는 것으로 파악되는 것이다.

2.39. 실제 사례를 들면 이해하기가 쉽다. 시각은 보이는 것들이 자극할 때 흰색인지 검은색인지 다른 색인지를 알아차리고, 유사하게 청각은 소리들이 자극할 때 감지하고, 미각은 맛들이 자극할 때 감지하고, 후각은 증기의 냄새들로 감지하고, 촉각은 단단함과 부드러움으로 감지한다. 참으로 모든 감각은 외부로부터 해당 감각을 자극하지 않는 한 휴면상태에 있게 된다.

2.40 XII. "그리고 하나님이 그녀를 아담에게 인도하시자, 아담은, '이것은 내 뼈들 가운데 뼈요, 내 살들 가운데 살이다' 하고 말했다."(창 2:22b–23)[16] 하나님이 활기(ἐνέργεια)를 받은 감각(αἴσθησις)을 정신(νοῦς)에게 인도하신 것이다.[17] 왜냐하면 하나님은 그녀(감각)의 자극과 감지 능력(ἀντίλημψις)이[18] 필연적으로는 정신(아담)에게 되돌아가서 도움이 될 것임을 인지하셨기 때문이다. 그(정신)는 자신의 잠재 능력이 습성에 따라 휴면상태에 있었으나, 이제 완성되어 활기차게 작동하는 것을 발견하고 놀라서 그녀가

⁞

16) "주 하느님께서 사람에게서 빼내신 갈빗대로 여자를 지으시고, 그를 사람에게 데려오시자, 23 사람이 이렇게 부르짖었다. '이야말로 내 뼈에서 나온 뼈요 내 살에서 나온 살이로구나! 남자에게서 나왔으니 여자라 불리리라.'"(『성경』 창세 2:22−23)
17) 필론은 아담을 정신(νοῦς)에, 여자를 감각(αἴσθησις)에 비유한다.
18) *Leg.* 2.36에 사용된 동사 ἀντιλαμβάνειν과 그것의 동족 명사 ἀντίλημψις의 용례와 번역을 참조하라.

자신과 이질적인 것이 아니라 참으로 자신에게 속한 것이라며 탄성을 발한다.

2.41. 그가 '이는 내 뼈들 가운데 뼈'라고 하는 말은 그 뼈가 능력과 힘으로 채워졌기 때문에 그것이 자신의 '능력들 가운데 능력'이라는 뜻이다.[19] 또한 '내 살(육체)들 가운데 살'이라는 표현은 '내 격정들 가운데 격정'이라는 뜻인데, 이는 모든 감각이 감정을 느끼거나 고통을 당할 때[20] 정신과 분리되면 견딜 수 없으므로, 그(정신)는 그녀(감각)에게 샘(πηγή)일 뿐 아니라 그녀가 의지하는 터(θεμέλιος)이기 때문이다.[21]

2.42. 숙고할 가치가 있는 것은, 그(아담)가 '이는 이제(νῦν) 나의 뼈들 가운데 뼈'라고 표현한 것으로서, 왜 여기서 '이제'라는 말이 덧붙여졌는가 하는 것이다. 왜냐하면 감각(ἡ αἴσθησις)은 속성상 현재라는 시간에 매여 있을 수밖에 없기 때문이다. 그러나 정신(ὁ νοῦς)은 세 종류의 시간들을 포착할 수 있으며, 현재의 것들을 인식하고, 과거의 것들을 기억하고, 미래에 있을 것들을 기대할 수 있다.

2.43. 감각은 미래에 있을 일들을 감지할 수 없을뿐더러 기대나 희망을 체험할 수 없고, 과거에 지나간 일들을 기억하지 못하고, 오로지 현재 자극받고 있는 것에만 반응하여 그것을 감지할 수 있을 뿐이다. 예컨대, 눈은 현재 하얀 것만 하얗다고 감지할 수 있고, 현재 그런 것이 없으면 도무지 감지할 수 없다. 그러나 정신은 지금 실제로 존재하지 않는 것에 의해

..

19) *Leg.* 2.38 참조.

20) 명사 πάθος는 '격정'이라는 뜻도 있으나, '고통'이라는 뜻도 있다. 필론은 한 단어로 두 가지 함의를 표현한다.

21) 명사 θεμέλιος의 신약성서 용례는 다음을 보라. 눅 6:48-49; 14:29; 롬 15:20; 고전 3:10-12; 엡 2:20; 딤전 6:19; 딤후 2:19; 히 6:1; 11:10; 계 21:14, 19.

서도 자극을 받을 수 있는데, 지나간 것을 기억하여 자극받고, 장차 올 것을 희망하고 기대하며 자극을 받는다.

2.44 XIII. "이로써 여자라고 불리게 되리라."(창 2:23b) 이 말은 '이런 이유로 인하여 감각이 여자라고 불리게 된다'는 뜻이고, 이는 '그녀가 남자에게서' 자극을 '받기 때문'이라는 것이다. 그러면 여기에서 '그녀(αὔγη)'라는 말이 쓰인 이유는 무엇인가? 그것은 정신에게서 나오지 않고 그(정신)와 함께 지어진 다른 감각과 구분하기 위해서다. 내가 앞에서 이미 설명했듯이, 감각에는 습성에 따르는 감각과 활기에 따르는 감각이라는 두 종류가 있다.

2.45. 두 종류의 감각들 가운데 습성(ἕξις)에 따른 감각은 남자에게 받은 것이 아니라 남자와 함께 나온 것이고, 남자는 정신을 뜻한다. 내가 앞에서 밝혔듯이, 정신은 창조될 때 다양한 능력들 및 습성들과 함께 창조되었는데, 그것은 이성적으로 추론하고, 목숨을 유지하고, 식물처럼 생장하는 습성으로서 감각과 연관이 있다. 이와는 다르게, 활기(ἐνέργεια)에 따르는 감각은 정신에서 나온 것이다. 왜냐하면 정신 안에서 습성에 따라 존재하는 감각이 확장되어 활기에 따르는 감각이 탄생했으므로, 운동/자극(κίνησις)에 따르는 두 번째 감각은 정신 자신으로부터 태어난 것이라고 할 수 있기 때문이다.

2.46. 실제적인 것이 대부분 정신이나 자기 자신에게서 나온다고 생각하는 자는 어리석다.[22] 감각을 상징하는 라헬이 허상들에 앉아서 움직이는 것들(τὰ κινήματα)이 정신에서 나온다고 생각할 때, '보는 자'가 라헬을 꾸짖

⸪

22) 필론은 남자를 '정신'이라 표현하곤 한다. 예컨대, 아담, 모세, 이스라엘(야곱) 등을 '정신' 과 동일시한다.

은 사실을 그대는 알지 못하는가?[23] 그녀가, "나에게 아이들을 낳게 하시오, 안 그러면 내가 죽을 것이오" 하고 말하자,(창 30:1) 그(보는 자)는 "아, 망상에 사로잡힌 여자여, 정신은 무엇의 근원이 될 수 없고, 오로지 정신 이전부터 계시는 하나님만이 근원이 되신다오" 하고 대답한 다음에, "내가 하나님을 대신할 수 없으니, 당신 태의 열매(자녀)를 끊으신 분은 그분이시기 때문이오" 하고 덧붙인다.(창 30:2)[24]

2.47. 그런데 하나님은 자녀를 낳게도 하시는 분이라는 것을 하나님이 레아를 위하여 친히 입증하실 것이므로, 모세는, "주님이 레아가 미움 당하는 것을 보시고 그녀의 태를 여셨으나, 라헬은 불임이었다"고 기록한다.(창 29:31)[25] 본래 태를 여는 일은 남자의 고유한 권한이다. 그러나 자연 속성에 따라 덕은 사멸하는 종속(남자)에게 미움을 받기 마련이므로, 하나님이 그녀(레아)를 높여 미움받은 그녀에게 장자를 낳는 권한을 주신 것이다.[26]

2.48. 모세는 다른 문맥에서, "만약에 한 사람에게 두 여자(아내)가 있는

••

23) 필론은 정신을 남자에, 감각을 여자에 비유한다. 특히 이 맥락에서 '정신'은 '보는 자 이스라엘'로서 야곱을 뜻하고, '감각'은 '라헬'을 뜻한다. '움직이는 것들'은 '아이들'이다.

24) 라헬(감각)은 마치 야곱(정신)이 아이들(움직이는 것들)을 줄 수 있는 것처럼 착각하고, 그런 망상 속에서 야곱에게 아이들을 내놓으라고 조르지만, 야곱은 오로지 하나님만이 아이들을 줄 수 있는 진정한 근원이고 자기 자신(정신)은 아이들을 줄 수 있는 능력이 없다고 책임을 회피한다. "라헬은 자기가 야곱에게 아이를 낳아주지 못하는 것 때문에, 언니를 시샘하며 야곱에게 말하였다. '나도 아이를 갖게 해주세요. 그러지 않으시면 죽어 버리겠어요.' 2 야곱은 라헬에게 화를 내며 말하였다. '내가 당신에게 소생을 허락하지 않으시는 하느님 자리에라도 있다는 말이오?'"(『성경』 창세 30:1-2)

25) "주님께서는 레아가 사랑받지 못하는 것을 보시고, 그의 태를 열어주었다. 그러나 라헬은 임신하지 못하는 몸이었다."(『성경』 창세 29:31)

26) 필론은 사멸하는 종속(인간)에게 덕을 미워하고 쾌락을 사랑하는 속성이 있다고 지적하면서, 인간을 자연 상태로 두면 그 성정에 따라 덕의 상징인 레아보다 쾌락의 상징인 라헬을 사랑하게 되지만, 하나님은 그런 상황을 방치하지 않고 간섭하여 미움받는 덕(레아)으로 하여금 장자를 낳게 하셨다는 뜻이다. *Leg.* 2.48 참조.

데, 그들 중 하나는 사랑을 받고 다른 하나는 미움을 받는다면, 그리고 그 여자들이 각각 그 남자에게 자식을 낳되, 미움받는 이의 아들이 장자로 태어났다면, 그 사람은 장자로 태어난 아들을 미워하는 여자의 아들이라고 무시하면서 사랑받는 이의 아들을 장자로 인정해서는 안 된다"고 기록한다.(신 21:15-16)[27] 왜냐하면 미움받는 덕(ἀρετή)의 자녀들이 가장 처음(장자)이고 가장 완전하며, 사랑받는 쾌락(ἡδονή)의 자녀들은 나중이기 때문이다.[28]

2.49 XIV. "이런 이유로 남자가 부모를 떠나 그의 아내(여자)에게 몰입하여 둘이 한 몸을 이룰지라."(창 2:24) 감각으로 말미암아 정신이 감각에 사로잡히면, 우주의 아버지인 하나님과 만물의 어머니인 하나님의 덕(ἀρετή)과 지혜(σοφία)를 떠나 감각(αἴσθησις)에 몰입하여 하나가 되고, 감각 속으로 흡수되어 그 둘은 격정 가운데 하나의 육체(σάρξ)가 된다.[29]

2.50. 그대가 주목할 것은, 여자가 남자에게 연합되는지, 아니면 반대로 남자가 여자에게, 정신이 감각에 연합되는지에 관한 것이다. 왜냐하면 우월한 정신이 열등한 감각과 하나가 되면, 정신은 열등한 육체의 종속이면서 동시에 격정들의 근원이기도 한 감각에 흡수되기 때문이다. 그러나 반

∴

27) "어떤 사람에게 아내가 둘 있는데, 하나는 사랑을 받고 다른 하나는 미움을 받다가, 사랑받는 여자와 미움받는 여자가 다 그 사람에게 아들을 낳아주었을 때, 맏아들이 미움받는 아내의 아들일 경우, 16 그 사람이 아들들에게 재산을 물려주는 날, 맏아들인 미움 받는 여자의 아들 대신에 사랑받는 여자의 아들에게 장자권을 줄 수 없다."(『성경』 신명 21:15-16)

28) 앞에서 필론은 인간의 속성과 덕과 쾌락의 관계를 야곱(인간), 레아(덕), 라헬(쾌락)이라는 특정 인물에 빗대어 예시했으나, 여기서는 복수 명사들과 형용사들을 사용하여 앞서 예시한 특수 상황을 일반화하고 이론화한다. *Leg.* 2.47 참조.

29) 필론은 남자(정신)가 아버지(하나님)와 어머니(덕과 지혜)를 저버리는 원인이 여자(감각)에게 있다고 주장한다. 또한 여자와의 결합을 정신이 '육체'와 하나가 된 것이라고 표현한다. 남자가 여자 때문에 육체가 되었다고 주장하는 것이다.

대로 열등한 감각이 우월한 정신을 따르고 섬기면, 그 둘은 육체를 극복하고 함께 정신이 된다. 이는 격정에 대한 사랑보다 하나님에 대한 사랑을 선호한다는 뜻이다.

2.51.　이와 반대되는 사례는 레위로서, "그는 아버지와 어머니를 향하여, 내가 당신을 보지 못했다, 그의 형제들을 인정하지 않았다, 그의 자녀들을 거부했다고 말한 사람이다"라고 모세는 기록한다.(신 33:9)[30] 레위가 정신을 상징하는 자기 아버지와 몸의 물질을 상징하는 자기 어머니를 떠나는 까닭은 한 하나님을 분깃으로 얻기 위함이며, "주님만이 그에게 분깃이시기 때문이다."

2.52.　격정(πάθος)은 격정을 사랑하는 자의 분깃이 되지만,[31] 하나님을 사랑하는 레위의 분깃은 하나님이시다. 그(하나님)가, 일곱째 달 열흘째에 두 마리 염소를 분깃으로 가져다가, "한 분깃은 주님께 드리고, 한 분깃은 내보낼 것(아사셀의 염소)이 되게 하라"고 명령하신 것을 그대는 알지 못하는가?(레 16:8, 29) 격정을 사랑하는 자의 분깃은 바로 보내야 하는 격정이기 때문이다.

2.53 XV.　"그 둘이 벌거벗었고, 아담과 그의 여자가 벌거벗었으나, 부끄러워하지 않았다."(창 2:25)[32] "뱀은 땅의 모든 짐승 가운데 가장 간교하였으니, 하나님이 그렇게 만드신 것이다."(창 3:1) 정신은 벌거벗은 상태로서 악덕도 미덕도 걸치지 않으며, 실제로 그 각각을 입지 않은 상태다. 그것

∴

30)　필론은 성서의 인칭과 자신의 관점에서 본 인칭을 혼동하여 인칭 불일치 오류를 범한다. 화자는 레위로서 동일한데, ἑώρακα는 1인칭 단수 완료형 동사를 쓰고, ἐπέγνω는 3인칭 단수 단순과거형을 사용하는 것이다.
31)　전술했듯이, πάθος는 격정뿐 아니라 '고통'이라는 뜻도 포함한다.
32)　"사람과 그 아내는 둘 다 알몸이면서도 부끄러워하지 않았다."(『성경』 창세 2:25)

은 마치 영아의 혼이 미덕이나 악덕 어느 것도 걸치지 않은 채 모든 덮개가 제거되고 벗겨진 상태로 있는 것과 같다. 왜냐하면 겉옷들(ἐσθήματα)은 혼을 위한 것으로서 그것들로 혼이 덮어지고 감추어지며, 근면한 자의 그것(겉옷)은 선한 것(τὸ ἀγαθόν)이고, 쓸모없는 자의 그것은 악한 것(τὸ κακόν)이기 때문이다.

2.54. 세 가지 방식으로 혼(ψυχή)은 벌거벗는다. 일단 그것(혼)이 부동 상태에 들어가 모든 악을 멀리하면, 모든 격정이 벗겨지고 버려진다. 그러므로 "모세는 항상 장막을 취하여 진밖에 침으로써 진과 멀리 떠나게 했으며, 그것은 회막이라고 불렸다."(출 33:7)

2.55. 이것은 이런 뜻이다. 하나님을 사랑하는 혼(ψυχή)은 몸(σῶμα)과 그것으로 사랑하는 것들을 벗고 그것들에서 멀리 떠나 덕의 완전한 교리 안에서 견고함(πῆξις)과 확신(βεβαίωσις)과 거처(ἵδρυσις)를 포착한다. 그로 인하여 혼은 선한 것들을 사랑한다는 사실을 하나님께 입증을 받아 '증거의 장막이라 불리었다'고 그(모세)는 기록한다. 그렇게 부르는 자의 곁을 말없이 지나감으로써[33] 혼이 자극을 받게 하고, 덕을 사랑하는 마음들을 알아보고 입증하는 분이 누구신지를 궁구하게 하는 것이다.

2.56. 그러므로 대제사장은 기다란 겉옷을 입고서는 거룩한 것들 가운데 거룩한 것들(지성소) 안에 들어가지 않을 것이요,(레 16:4) 혼의 의견과 환상이라는 겉옷을 벗어서 진리보다 헛된 의견을 더 존중하고 겉에 보이는 것들을 사랑하는 이들에게 남겨둔 채, 벌거벗은 상태로 안에 들어가 색깔들도 소리들도 드러내지 않은 채, 주이시며 은혜 베푸는 분이신 하나님께 혼의 피를 쏟아부어 온 정신을 번제 드리는 것이다.

•••

33) *Leg.* 2.56에 따르면, "색깔들도 소리들도 드러내지" 않아야 한다.

2.57. 하나님께 가까이 다가가 사멸하는 생명을 버리고 불멸의 생명을 얻은 나답과 아비후는 헛되고 사멸하는 영광을 벗어버린 자들처럼 보인다. 그들이 자신들을 겉옷들로 감싼 채로 들어가지 않은 까닭은,[34] 격정과 몸의 필연을 부르는 모든 사슬을 끊고 벗어버리지 않으면, 자신들의 벌거벗음과 비신체성이 무신론적 생각들에 닿게 되어 혼합될 수 있기 때문이었다. 모두에게 하나님의 숨긴 비밀들을 관조할 수 있도록 허용한 것은 아니고, 오로지 그것들(비밀들)을 은밀하게 지켜 보존할 수 있는 자들에게만 허용했기 때문이다.

2.58. 그러므로 미사엘 형제들은 자신들의 겉옷들을 입지 않고, 나답과 아비후의 겉옷을 입었는데, 나답과 아비후는 불살라져 올림을 당한 자들이다. 왜냐하면 나답과 아비후는 자신들을 가리는 모든 것을 벗은 후에 벌거벗은 몸으로 하나님 앞에 섰고, 그 겉옷들을 미사엘 형제들에게 두고 갔기 때문이다.(레 10:1-5)[35] 겉옷들은 이성적인 것을 가리는 비이성적인 것의 지체들이다.

2.59. 아브라함도 (하나님의 음성을) 들을 때 겉옷을 벗는다. "너의 땅과 일가친척을 떠나라."(창 13:1) 그런데 이삭은 겉옷을 벗지는 않으나, 그는 영원히 벌거벗은 비신체적인 상태에 있다. 왜냐하면 그에게는 이집트에 내려가지 말라는 명령이 주어졌고, 이집트는 몸을 상징하기 때문이다.(창 26:2) 또한 야곱은 나신이 매끄러우므로 자연 상태로 벗고 있기를 좋아한

∴

34) 겉옷을 입지 않고 들어갔다는 뜻이다.
35) 레위기 10장 1절은 나답과 아비후가 겉옷을 입고 나아갔기 때문에 불살라졌다고 하지 않고, 그들이 다른 불로 분향하였기 때문에 불살라졌다고 한다. 그들이 죽자 4절에서 모세는 미사엘과 엘사반에게 나답과 아비후의 시신을 "성소 앞에서 진영 밖으로 메고 나가라"고 하는데, 5절에 따르면 나답과 아비후가 죽을 때 옷을 입고 있었던 것으로 드러난다. 그러나 옷을 입었기 때문에 불살라졌는지 여부는 분명하지 않다.

다. 에서는 털이 많은 남자였으나, 야곱은 매끄러운 남자이므로 레아의 남편이라고 그(모세)는 기록한다.[36]

2.60 XVI. 이것은 가장 훌륭한 벌거벗음이지만, 이와 반대로 다른 것은 덕을 제거하고 혼을 바보스럽고 비정상적으로 변하게 한다. 노아가 포도주를 마시고 벌거벗은 사건이 그에 해당한다.(창 9:21) 그러나 하나님께 감사한 것은, 정신($\nu o \hat{\upsilon} \varsigma$)의 변화와 벌거벗음은 덕이 상실될지라도 경계 밖으로 벗어나지 않고, 집안에서 벌어진다는 사실이다. 왜냐하면 모세는 '그 집안에서 벌거벗은지라' 하고 기록하기 때문이다.(창 9:21) 쓸모없는 자와 달리 지혜로운 자는 죄를 지을지라도 곤두박질치지 않는다. 전자의 악은 경계를 넘어서지만, 후자의 악은 경계 안에 머무르기 때문이다. 이렇게 노아는 다시 정신을 가다듬고, 마치 병에서 회복되듯이 회개한다.

2.61. 벌거벗음이 집안에서만 벌어진다는 말이 무슨 뜻인지 자세히 알아보자. 혼이 변하여서 부적절한 것을 상상하지만 실행해 옮기지는 않을 경우, 죄는 혼의 사적인 거처인 집에 머무른다. 그러나 나쁜 것을 생각할 뿐만 아니라 실행해 옮기기까지 하면 불의한 행위가 문밖으로 나가 퍼지게 된다.

2.62. 그러므로 그가 가나안을 저주하는 이유는(창 9:25) 그가 자기 혼($\psi \upsilon \chi \dot{\eta}$)의 변질($\tau \rho o \pi \dot{\eta}$)을 바깥에 알렸기 때문이다.[37] 이는 그가 그것을 문 밖

∵

36) 그리스어로 '매끈하다'는 남성 주격 형용사는 $\lambda \epsilon \hat{\iota} o \varsigma$이고, 레아의 이름은 $\Lambda \epsilon \acute{\iota} \alpha \varsigma$이므로 두 단어는 모음 하나 차이다. 매끈한 남자 레이오스(야곱)가 매끈한 여자 레이아스(레아)의 남편이라는 말놀이다. 에서는 털이 많고 야곱은 매끈하다는 내용은 다음을 보라. 창 25:25; 27:11, 16.

37) 여기서 '가나안'은 가나안 족속의 조상인 함을 가리키고, '혼'은 그 육신의 선조인 노아의 벗은 몸을 가리킨다. 창 9:18 참조. 혼이 몸속에 있는 것을 혼이 '몸(옷)'을 입었다'고 표현하는 전통과 연관이 있는 것 같다.

으로 퍼뜨리되, 나쁜 의도를 가지고 나쁜 것을 실행해 옮기기까지 했다는 뜻이다.(창 9:22) 이와 달리 셈과 야벳이 칭찬을 받은 까닭은 그들이 그 혼에 해를 가하지 않은 채, 그것(혼)의 변질을 덮어주었기 때문이다.[38]

2.63. 그러므로 혼(ψυχή)의 서원들과 기도들은 아버지나 남편의 집에서 주장들을 정지시키지 않고, 변화시키지 않고, 죄를 제거하면 무효가 된다.(민 30:1-16) 그렇게 하면 만물의 통치자가 '그녀(혼)를 정결하게' 하시기 때문이다. 그는 심지어 과부의 기도와 이혼당한 여자의 기도조차 무효가 되지 않게 하신다. "그녀가 자신의 혼에 반하여 한 기도라도 모두 그녀와 함께 머무른다"고 그는 기록한다.(민 30:9)[39] 만약에 그녀가 쫓겨난 이후에 바깥 것들로 나아가 다른 곳으로 갈 뿐 아니라 죄를 실행해 옮기게 되면, 고침을 받지 못하는 것은 당연하다. 왜냐하면 남편의 가르침을 누릴 권한을 잃고 아버지의 보호받을 권한이 박탈되기 때문이다.

2.64. 세 번째 완전한 벌거벗음은 중간 상태인데, 그것으로 인하여 정신은 로고스를 결여하게 되고(ἄλογός) 덕스럽지도 악하지도 않은 상태가 된다.[40] 이런 벌거벗음은 영아도 공유하는데, 그에 관하여는, "그 둘이 벌거벗었으니, 아담과 그의 아내가 그러했다"는 말씀이 있다.(창 2:25) 이런 상태에서 정신은 생각하지 못하고, 감각은 감지하지 못하므로, 정신은 생각

∴

38) 필론의 저서에서 혼의 변화를 덮거나 숨긴다는 뜻은 혼의 변질이 도에 지나치지 않도록 한다는 뜻이다. 플라톤처럼 필론도 혼이 완전하다고 여기지 않고, 혼 안에 짐승적인 욕구와 사악한 범죄 가능성도 포함되어 있다고 보았다. 그러나 셈과 야벳은 그런 혼의 부정적 가능성을 적극적으로 발전시키거나 활성화하지 않고 겉으로 심하게 드러나지 않을 정도로 절제했다는 것이다.

39) 본인에게 의무를 과하는 불리한 서원을 뜻하는 것 같다. 민수기 30장 참조.

40) 플라톤 전통에서 이데아로 귀향할 수 있는 사람은 로고스에 따라 사는 철학자이고, 로고스는 인간을 인간 되게 하는 특징인데, 로고스를 결여하면(ἄλογός) 동물이나 짐승과 진배가 없다는 뜻이다.

하지 못하는 불모지와 벌거숭이가 되고, 감각은 감지하지 못하는 불모지와 벌거숭이가 된다.

2.65 XVII. 이제 "그들이 부끄러워하지 아니하였다"는 표현을 살펴보자. 이런 상태는 상황에 따라 세 가지 종류가 있다. 수치를 모르는 상태, 가식이 없는 상태, 그리고 수치를 모르지도 가식이 없지도 않은 상태 등이다. 수치를 모르는 것은 쓸모없는 자의 특징이고, 가식이 없는 것은 근면한 자의 특징이며, 가식이 없지도 않고 수치를 모르지도 않는 상태는 아직 어떤 지경에 이르거나 정착하지 않은 자의 상태로서, 그런 자에 관하여 지금 논하고 있는 것이다. 선과 악의 분별력을 갖추지 못한 자가 수치를 모르거나 가식이 없을 수는 없다.

2.66. 수치를 모르는 양상들이란 수치스러운 다양한 행태들로서 정신이 마땅히 그늘 속에 단단히 덮어두어야 할 부끄러운 것들을 적나라하게 드러내어 뽐내고 자랑하는 경우다. 미리암이 모세를 거슬러 말하자, 그녀에 관하여 성경에 다음과 같이 기록되었다. "만약에 그녀의 아버지가 그녀의 얼굴에 침을 뱉었다면 그녀가 이레 동안 부끄러워하지 않겠느냐?"(민 12:14)

2.67. 감각(미리암)은 참으로 수치를 모른 채 대담하므로, 하나님의 온 집에서 신실한 사람(모세)에게 맞서다가 하나님 아버지께 멸시를 당했다. 왜냐하면 감각은 칭찬받아 마땅한 일에 대하여 감히 모세를 욕하고 비난했기 때문이다.(민 12:1-10) 신실한 사람에게 에티오피아 여자를 짝지어주신 분은 하나님 자신이셨는데, 그녀는 변함없이 만족할 줄 모르는 의견을 상징한다. 모세가 가장 칭찬받아 마땅한 일이란 그가 에티오피아 여자를 맞이한 것이며, 그녀는 불에 태워져도 변함없이 자기 본성을 유지한다. 눈에서 보는 부분(눈동자)이 검듯이, (검은) 에티오피아 여자는 혼에서 보는 부

분을 상징한다.

2.68. 그런데 그는 왜 많은 나쁜 일들 가운데서 오로지 수치스러운 것에 관한 것만을 기억하여, "그들은 부끄러워하지 않았다"고 기록했는가? 왜 그들이 잘못하지 않았다거나 죄를 짓지 않았다거나 틀리지 않았다고 기록하지 않았는가? 그 이유는 멀리 있지 않다. 홀로 진실하신 하나님께 맹세코, 나는 스스로 인식할 수 있다거나 감지할 수 있다고 여기는 것보다 더 수치스러운 일은 없다고 생각한다.[41]

2.69. 내 정신(νοῦς)은 인식하는 일을 가능하게 하는 궁극적인 원인인가?[42] 어떻게 그럴 수 있는가? 내 정신은 자기 자신을 알고, 자신이 대체 누구이며 어떻게 태어났는지를 아는가? 감각 기관은 감지하는 기능을 가능하게 하는 궁극적인 원인인가?[43] 감각 기관으로도 정신으로도 파악할 수 없는 것에 대하여는 뭐라고 해야 하는가? 스스로 이해하고 있다고 생각하던 마음이 오만방자하거나 흥청거리거나 광기를 부리는 상태가 되곤 하는 것을 그대도 알지 않는가? 대체 이런 상황들을 인식하는 기능은 어디에 있는가? 감각 기관도 종종 감지하는 기능을 상실하곤 하지 않는가? 우리가 보아도 볼 수 없고 들어도 들을 수 없는 때가 있는데, 그런 때 우리는 마땅히 인지해야 할 대상에 정신을 집중하지 못한 채 간과한다.

⁘

41) 필론은 하나님보다 자기 자신의 능력을 앞세우는 것을 가장 수치스럽게 생각하고 그것보다 더 나쁜 일은 없다고 생각한다. 그리하여 그는 다른 모든 나쁜 일들을 제쳐두고 수치스러움에 관한 것만을 언급한다.

42) 인간의 인식 능력이 정신 때문에 비롯된 것인가를 묻고 있다. 정신이 인식 능력을 가능하게 하는 궁극적 원인인지를 묻는 것이다. 정신이 아니라 하나님이 궁극적 원인이라는 주장을 펼치기 위한 문제 제기라고 할 수 있다.

43) 인간의 감지 능력이 감각 기관 때문에 가능한 것인가를 묻고 있다. 감각 기관이 아니라 하나님이 감지 능력을 가능하게 하는 궁극적 원인임을 주장하기 위한 문제 제기라고 할 수 있다.

2.70. 그러므로 정신이 인지할 대상을 입지 않고 감각이 감지할 대상을 입지 않고 벌거벗은 상태에서 정신과 감각은 수치스러운 것이 없다. 그러나 그것들이 인지하기 시작하면 수치스럽고 교만하게 되어, 건전한 지식(ἐπιστήμη)보다는 종종 단순함과 우둔함을 더욱 사용하여, 오만방자하고 우울하고 광기를 부리며, 다른 유사 행태를 일삼곤 한다. 왜냐하면 감각이 세력을 장악하면 정신이 감각에 종속되어 인식해야 할 대상(νοητός)에 주의를 기울이지 못하고, 반대로 정신이 세력을 장악하면 감각이 작동하지 않는 상태처럼 되어 어떤 감지할 대상(αἰσθητός)도 포착하기를 지속하지 못하기 때문이다.[44]

2.71 XVIII. "주 하나님이 만드신 땅 위의 온갖 짐승들 가운데 가장 간교한 것은 뱀이었다."(창 3:1) 먼저 창조된 두 가지는 정신과 감각이고, 이들은 앞에서 설명한 존재 방식대로 벌거벗은 상태였다. 그 둘을 연결하는 세 번째 것으로서 쾌락(ἡδονή)이 존재해야 할 필연이 있었는데, 쾌락은 인식할 대상들과 감지할 대상들을 쉽게 포착하도록 하기 때문이다. 감각에 역행한 채로 정신 혼자서는 동물이나 식물이나 돌이나 나무 조각이나 그 밖에 다른 몸을 인식할 수 없고, 감각 또한 정신에 역행한 채로는 감지하는 기능을 발휘할 수 없기 때문이다.

2.72. 그러므로 보이는 대상들을 파악하기 위해서는 이 둘(정신과 감각)을 서로 연결해줄 것이 필요했다. 그것들을 서로 연결하여 묶어둘 세 번째 요소인 접착제로서, 쾌락이 통치하고 인도하는 사랑(ἔρως)과 갈망(ἐπιθυμία)보다 더 나은 것들이 있겠는가? 바로 그 쾌락을 그(모세)는 상징적으로 '뱀'이

----

44) 플라톤 전통에서 정신으로만 인지할 수 있는 대상은 보이지 않는 이데아 세계이고, 감각으로 파악할 수 있는 대상은 보이는 세계에 속한 것들이다.

라고 부른 것이다.

2.73. 창조주이신 하나님은 모든 질서를 완벽하고 아름답게 창조하되, 사람 가운데 남자 정신을 가장 먼저 창조하셨고, 이어서 여자 감각을, 그리고 세 번째로 쾌락을 창조하셨다. 그들의 나이는 능력 면에서 서로 다를지언정, 시간상으로는 모두 같다. 왜냐하면 혼(ψυχή)은 스스로 모든 것들을 동시에 담고 있으나, 어떤 것들은 이미 실현된 상태로, 어떤 것들은 아직 종말이 이르지 않은 채 변할 가능성이 있는 상태로 담고 있기 때문이다.

2.74. 여기까지 쾌락을 뱀에 비유한 까닭은 뱀의 동작이 구불구불하게 여러 겹으로 꼬여 있고, 쾌락의 동작도 그와 같기 때문이다. 무엇보다 쾌락들은 시각, 청각, 미각, 후각, 촉각 등 다섯 겹으로 휘감겨 있다. 그런데 가장 격하고 강렬한 쾌락들은 여자와 함께할 때 발생하며, 그것들을 통하여 동일한 것(자손)이 발현하여 출생한다.

2.75. 그러나 우리가 쾌락이 여러 겹이라고 말하는 까닭은 단지 이것 때문만은 아니고, 그것이 혼의 온갖 비이성적인 것들 주변을 휘감아 각 부분 주변에 구불구불하게 얽혀 있기 때문이다. 시각을 통한 쾌락들도 다양하여, 온갖 그림과 조각과 예술적 기술로 만든 작품들이 시각을 즐겁게 한다. 또한 싹틔우고 꽃 피고 열매 맺는 식물의 다양한 생장 과정들과 다양한 동물들의 아름다운 형태들도 시각을 즐겁게 한다. 비슷하게 피리와 거문고 등 온갖 형태의 악기들의 소리들과, 제비들이나 나이팅게일과 같이 로고스가 없는 동물들의 조화로운 소리들은 청각을 즐겁게 한다. 또한 로고스가 있는 자들(인간)도 자연의 소리처럼 조화로운 음악의 선율을 만드는데,[45] 예컨대 거문고 연주자들은 희극과 비극과 기타 공연들로 조화로운

∴

45) 비이성적인 동식물의 자연적인 소리들과 이성적인 인간들의 인위적인 소리들이 대조된다.

소리들을 표현하여 청각을 즐겁게 한다.

2.76 XIX. 무엇 때문에 복부의 쾌락들에 관하여 가르쳐야 하는가?[46) 그것은 아마도 부드러운 맛들이 다양하게 존재하듯이 감각 기관을 자극하는 쾌락의 종류들도 다양하기 때문일 것이다. 쾌락을 뱀과 같이 친친 감는 동물에 빗댄 까닭은 뱀처럼 여러 겹으로 친친 감는 쾌락의 속성 때문이 아니겠는가?

2.77. 그러므로 우리 안에 있는 그 통속적인 지체는 무리를 거느린 채 이집트에 있는 집들에 똬리를 틀고 들어찬 것과도 같은 몸이라는 장애물이다. 그것이 쾌락들에 빠지면 죽음을 초래하는데, 그 죽음은 몸(σῶμα)에서 혼(ψυχή)이 분리되는 죽음이 아니라,[47) 악의 부패로 인한 혼의 죽음이다. 그러므로 모세는 "주님이 죽이는 뱀들을 그 백성에게 보내셨고, 그것들(뱀들)이 그 백성을 물었으며, 이스라엘 자손들 가운데 많은 백성이 죽었다"고 기록한다.(민 21:6)

2.78. 그 멸망하는 부분은 우리 안에서 지배적인 부분이 아니라 지배를 당하는 통속적인 부분이고, 마침내 죽음에 이르러서야 자신의 변질(죄)에 대하여 회개하고 고백한다.[48) 그러므로 그들(이스라엘 백성들)은 모세에게 가서, "우리가 죄를 지었고 주님과 당신을 원망하는 말을 하였사오니 우리에게서 뱀들을 제거해주시라고 당신이 주님께 기도해주십시오" 하고 말한

∵

46) *Leg.* 2.16에 따르면, 당시에 διὰ τί 대신에 τί를 사용하는 경우가 많았으므로, 여기서 τί는 '무엇'일 수도 있고 '왜'일 수도 있겠다. 바로 뒤에 γάρ가 나오므로 τί를 '왜' 내지는 '무엇 때문에'로 번역하는 것이 더 자연스럽겠다.

47) 자연적 죽음이 아니라 윤리적 죽음이라는 뜻이다. 전술했듯이 플라톤 전통에서 자연적 죽음은 혼이 몸이라는 감옥을 빠져나와 해방되는 것이다.

48) 탐욕에 빠져 죽음 같은 시기를 맞이한 다음에야 자신들의 변질이 잘못된 길로 치달은 것을 깨닫고 그때 비로소 수습하기를 원하게 된다는 뜻이다.

다.(민 21:7)[49] 제대로 표현한 것처럼, '우리가 원망하는 말을 했기 때문에 죄를 지은' 것이 아니라, '우리가 죄를 지었기 때문에 원망하는 말을 한' 것이다. 왜냐하면 정신은 죄를 짓고 덕에서 멀어지게 되면 신성한 것들을 원망하면서 자신의 변질(죄)을 하나님 탓으로 돌리기 때문이다.

2.79. 그런데 어떻게 이것이 격정(πάθος)에 대한 치료법이 될 수 있는가? 다른 뱀이[50] 절제(σωφροσύνη)의 로고스와는 정반대가 되는 방식으로 하와를 위하여 만들어졌을 때,[51] 절제는 쾌락(ἡδονή)과 정반대이므로, 다각적인 덕(ἀρετή)은 다각적인 격정(πάθος)에 대항하여 적대적인 쾌락을 물리쳐야 했다. 그러므로 하나님은 모세에게 절제에 따라 뱀을 만들라고 명령하시며, "너 자신을 위하여 뱀을 만들어 그것을 표적으로 세우라"고 말씀하신 것이다.(민 21:8) 그대도 알다시피, 모세는 다른 이가 아닌 자기 자신을 위하여 이 뱀을 만들었고, '네 자신을 위하여 만들라'는 하나님의 명령을 따름으로써, 모두가 절제를 소유할 수 있는 것이 아니라 오로지 '하나님을 사랑하는 자(θεοφιλής)'만이 절제를 소유할 수 있음을 그대에게 알게 한 것이다.[52]

2.80. 생각해보아야 볼 문제는, 어떤 재료로 뱀을 만들라는 명령이 없었는데, 왜 모세는 '구리'로 뱀을 만들었는가 하는 점이다. 어쩌면 이런 것일지 모른다. 먼저, 하나님의 은혜들은 순수하게 비물질적인 이데아들임에도

∴

49) "백성이 모세에게 와서 간청하였다. '우리가 주님과 당신께 불평하여 죄를 지었습니다. 이 뱀을 우리에게서 치워 주시도록 주님께 기도해주십시오.' 그래서 모세가 백성을 위하여 기도하였다."(『성경』 민수 21:7)
50) 모세에게 갔던 뱀이 아니라 하와를 유혹한 다른 뱀을 뜻한다.
51) '뱀(ὄφις)'은 남성이고 절제의 '로고스'도 남성인데, 하와는 여성이므로 이 문장에서 이성과 뱀이라는 남성들은 하와라는 여성을 차지하기 위하여 대립하는 것처럼 읽힐 수 있다. 명사들의 성을 활용하여 그러한 독해를 필론이 의도했을 가능성이 높다.
52) 여기서 '하나님을 사랑하는 자(θεοφιλής)'는 모세가 분명하다. 누가복음과 사도행전에는 '하나님을 사랑하는 자(Θεόφιλος)'가 나온다.(눅 1:3; 행 1:1)

사멸하는 자들에게는 그 이데아들이 물질과 함께 주어지는 것처럼 보인다. 둘째, 모세는 비신체적인 덕들을 사랑하지만, 우리의 혼들은 신체성을 벗어버릴 수가 없고 신체적 덕목을 허용한다.

2.81. 절제에 따른 로고스는 강인하여 망가지지 않으므로 물질 면에서 구리($\chi\alpha\lambda\kappa\acute{o}\varsigma$)의 강함과 견고함에 비교되고, 하나님을 사랑하는 자 안에 있는 절제는 가장 귀하여 심지어 금에 비교되며, 지혜를 수용하는 순서에 있어서 두 번째 위치를 차지한다. 그러므로 누구든지 "뱀에게 물렸을지라도 그것(구리뱀)을 보기만 하면 살게 된다"는 말이 옳다.(민 21:8) 아울러 정신이 쾌락에 물렸을지라도, 다시 말해 정신이 하와의 뱀에 물렸을지라도, 혼(목숨)을 다하여 모세의 뱀이 상징하는 절제의 아름다움을 바라보고 그것을 통해 하나님 자신을 관조할 수만 있다면 그런 자는 살게 되므로, 오로지 바라보고 관조할지어다.

2.82 XXI. 주도적인 지혜를 상징하는 사라가 "누구든지 듣는 자는 나와 함께 웃으리라"(창 21:6) 하고 말하는 것을 그대도 알지 않는가? 누가 들을 수 있는지 상상해보라. 덕이 이삭이라는 행복을 낳을 때, 듣는 자라면 곧장 함께 기뻐하는 찬송을 부를 것이다. '함께 기뻐하는 일'이 듣는 자의 일이듯이, '멸망하지 않는 일'은 절제와 하나님을 순수하게 보는 자의 일이다.

2.83. 인내와 절제를 사랑하여 격정을 멀리했던 혼들은 그 수가 많았으나, 하나님의 주권 아래에 지속적으로 거하지 못한 채, 주권자가 자기 자신과 피조물을 분명하게 보여주심에도 불구하고, 악한 것을 향한 변질(범죄)을 저질렀다. 주권자 자신은 영원히 흔들리지 않고 굳건하게 서 계시지만, 그 피조물은 극과 극 사이를 오가며 흔들리는 것이다.

2.84. 그러므로 모세는, "저 거대하고 두려운 광야는 뱀과 전갈이 물고, 물이 없어 목마른 곳이며, 그곳에서 너를 인도하여 내신 분은 너를 위하여

단단한 반석에서 물을 내시고, 광야에서 네게 만나를 먹이셨으나, 네 조상들이 그것을 알지 못했다"고 기록한다.(신 8:14-16) 그대가 알다시피, 혼이 격정(πάθος)을 상징하는 이집트에서 살게 되면, 뱀들이 있는 곳에 떨어지게 되고, 광야에서 얼룩얼룩하게 뱀처럼 생긴 격정에 물리게 된다. '쾌락이 하는 일'은 적합한 명칭을 얻었으니, 그것은 '깨무는 일(δηγμός)'이라는 명칭이다.

2.85. 광야에서 그들은 쾌락에게 물려 타국으로 흩어지기까지 했다. 나 또한 종종 내 고향 사람들과 친구들과 내 조상들의 고장을 떠나, 가치 있는 것들의 모습들을 관찰하고자 광야로 나아갔으나, 보람도 없이 정신이 산만하게 분산되거나 격정에 물려 정반대의 것들로 후퇴하곤 했다. 그런데 내가 무수한 군중 가운데서 마음을 진정시킬 때, 비로소 하나님은 자연의 무리를 흩으시고 나를 가르치셨다. 참으로 좋고 나쁜 것을 결정하는 것은 장소들만 바꾼다고 되는 것이 아니라, 혼의 수레를 원하는 방향으로 움직이고 이끄시는 하나님께 달려 있다!

2.86. 또한 혼이 전갈(σκορπίος)에 떨어지면, 광야에 흩어진 상태(σκορπισμός)처럼 격정들로 인한 목마름이 혼을 엄습한다. 이런 상태는 하나님이 자신에게서 떼어낸 지혜의 강물을 보내어 변질(범죄)한 혼에게 변하지 않는 건강함을 마시게 하실 때까지 계속된다. 하나님의 지혜는 자른 돌과 같아서, 하나님이 자신의 능력들 가운데서 맨 처음으로 떼어내신 가장 탁월한 것이며, 하나님은 거기(지혜)서 흘러나오는 음료를 하나님을 사랑하는 혼들에게 공급하신다. 지혜의 음료를 마신 혼들은 포괄적인 만나로 채워지는데, 만나는 '무엇'이라는 뜻으로서 만물을 포괄하는 종속이다. 가장 포괄적인 주체는 하나님이시고, 다음은 하나님의 로고스다. 그 밖에 다른 것들은 로고스로 존재하고, 업적들로는 존재하지 않는 셈이다.

2.87 XXII.　이제 광야에서 죄를 범하여 변질한 자와 이집트에서 죄를 범하여 변질한 자의 차이를 보라. 뱀들을 허용하여 죽게 된 자들이 있는데, 그들 가운데 있는 자는 만족할 줄 모르는 쾌락들을 허용하여 죽음을 초래한 부류다. 그러나 수련자(ὁ ἀσκητής)는 쾌락에게 물리고 흩어질 뿐, 죽음을 초래하지는 않는다. 전자는 지혜로운 모세가 만든 구리 뱀이라는 절제로 치유되지만, 후자는 하나님에 의하여 가장 좋은 음료인 지혜를 그 샘으로부터 마실 수 있도록 공급받는데, 그 지혜는 하나님이 자신의 지혜에서 끌어오신 것이다.

2.88.　뱀과 같은 쾌락은 하나님을 가장 사랑하는 모세와 거리가 있으므로, 다음과 같이 기록되었다. "'그런데 만약에 그들이 저를 신뢰하지 않고 저의 소리에 귀를 기울이지 않은 결과로 하나님이 당신에게 나타나지 아니하셨다고 주장하면, 저는 그들에게 무엇이라고 말해야 합니까?' 그러자 주님이 모세에게 '네 손에 있는 것이 무엇이냐?' 하고 물으셨고, 그는 '지팡이입니다' 하고 대답했다. 그러자 하나님은 '그것을 바닥에 던져라' 하고 말씀하셨고, 모세가 그것을 바닥에 던지자 그것은 뱀이 되었으므로 모세는 그것을 피했다. 그리고 주님은 '네 손을 펴서 그것의 꼬리를 잡으라' 하고 모세에게 말씀하셨고, 모세가 손을 펴서 그것의 꼬리를 잡자 그것은 그의 손에서 지팡이가 되었다. 그러자 주님은 '그들이 너를 믿게 하려 함이라' 하고 그에게 말씀하셨다."(출 4:1-5)

2.89.　사람이 어떻게 하나님을 믿을 수 있는가? 모든 것이 변하지만 오로지 하나님은 변하지 않으신다는 것을 알게 되면 믿을 것이다. 그러므로 하나님이 지혜로운 자에게 그 혼의 실천적인 삶에 무엇이 있느냐고 물으시는 까닭은 손이 실천의 상징이기 때문이다. 그(지혜로운 자)는 '교육'이라고 답하면서 교육을 '지팡이'라고 부른다. 그러므로 격정들의 발꿈치를 잡

은 자[53] 야곱은 "내가 지팡이로 이 요단을 건넜다" 하고 말한다.(창 32:10) '요단'은 아래로 내려간다는 뜻인데, 멸망의 속성을 가진 땅으로 내려간 다는 것은 악과 격정에 관한 것들로 내려간다는 뜻이고, 정신은 수련자 (ὁ ἀσκητής)이므로 그것들을 경험하며 교육을 받는다.[54] 교육받는 과정은 곤궁하므로 겸손하게 지팡이 하나를 부여잡고 강을 건너는 것이라고 표현 한다.[55]

2.90 XXIII. 그러므로 하나님을 사랑하는 자 모세는 대답한다. 근면한 자 의 실천적 행동들은 교육으로 운행되는데, 교육은 마치 지팡이처럼 혼의 파란과 격동을 잠재우며 혼의 운행을 돕는다. 그 지팡이가 던져지면 뱀으 로 돌변하듯이, 혼이 교육을 던지면 덕을 사랑하던 혼도 쾌락을 사랑하는 혼으로 돌변한다. 그러므로 모세가 그것을 피한 이유는 덕을 사랑하는 자 는 격정과 쾌락을 피하기 때문이다.

2.91. 그러나 하나님은 피하기를 칭찬하지는 않으신다. 오, 마음이여, 그 대가 아직 완전하지 않았을 때는 격정들로부터 피하고 도망하기를 도모하 지만, 모세는 완전하게 되자 그것들과의 전쟁을 계속하고, 그것들에 맞서 싸웠다. 그렇지 않으면 그것들이 사면을 받고 권세를 받아 혼의 성채로 올 라가 폭군이 하는 방식으로 혼을 모조리 포위하여 항복을 받아내고 약탈

••

53) "발꿈치를 잡은 자(ὁ πτερνιστής)"라는 표현은 야곱이 태어날 때 에서의 발꿈치를 잡은 데 서 유래한다.(창 25:26) πτέρνα는 '발꿈치'를 뜻한다.
54) 수련자는 교육받는 과정에 있는 불완전한 자로서, 하나님과 짐승 사이를 오락가락하는 상 태에 있다. 완전히 지혜롭지도 완전히 야만적이지도 않은 자인 것이다.
55) 플라톤에 따르면 소크라테스는 호메로스가 묘사한 오디세우스의 방랑을 영혼의 순례(the Journey of the Soul)에 비유했다. 그에 따르면, 지혜를 찾아 나선 철학자의 인생은 마치 타고 가던 배가 파선당하여 동료들을 모두 잃은 채 홀로 지팡이 하나를 붙잡고 망망대해 를 건너가는 것과 같다고 한다. Plato, *Phaed.* 85d 참조.

하기 때문이다.

2.92. 그러므로 하나님은, "꼬리를 잡으라"고 명하신다. 이는 쾌락 자체의 야만성이 더는 위협하지 않게 하고, 특별히 그것을 잡고 꽉 눌러서 제압하라는 뜻이다. 즉, 손으로 휘어잡으면 뱀이 지팡이가 되듯이, 쾌락도 휘어잡으면 교육이 되기 때문이다.

2.93. 그러면 그것은 손아귀에 있게 되고 지혜로워서 진실한 자의 행동권 안에 있게 된다. 그러나 쾌락의 꼬리를 휘어잡아 통제하는 일은 손을 먼저 뻗지 않으면 불가능하다. 이는 온갖 실천들과 절차들이 하나님에게서 유래한다는 것을 혼이 고백하게 하고, 자기 자신에게는 아무 공도 돌리지 않게 하려는 것이다. 그러나 보는 자(ὁ βλέπων)는 뱀을 피하고자 결정한 후에 '절제'라는 다른 원칙, 즉 구리 뱀을 준비함으로써 쾌락에 물릴지라도 절제에 주목하면 진실한 생명을 살 수 있도록 했다.

2.94 XXIV. 뱀이 단으로 변하기를 바라고, 야곱은 기도하며 말한다. "이스라엘의 한 지파인 단은 자신의 백성을 심판할 것이다. 단은 그 길에서 뱀이 되어 그 통로에 똬리를 틀고 앉아 말굽을 물고, 그 말을 탄 기병(ἱππεύς)은 뒤로 떨어져 주님의 구원을 기다릴 것이다."(창 49:16–18)[56] 레아에게서 난 다섯째 아들 잇사갈은 야곱의 적자(γνήσιος, 嫡子)이지만, 실바에게서 난 둘을 더하여 계산하면 일곱째가 되고, 야곱의 다섯째는 빌하에게서 낳은 단이 되는데, 빌하는 라헬의 여종이다. 이런 것들의 자초지종을 우리는 더 연구할 것이다. 단에 관하여는 더 알아보아야 한다.

∴

56) "단은 이스라엘의 여느 지파처럼 제 백성을 정의로 다스리리라. 17 단은 길가의 뱀, 오솔길의 독사. 말 뒤꿈치를 물어 그 위에 탄 사람이 뒤로 떨어진다. 18 주님, 제가 당신의 구원을 기다립니다."(『성경』 창세 49:16–18)

2.95. 혼에는 두 종류가 있으니, 신성한 것과 멸망하는 것이다. 혼이 더 좋은 것을 잉태한 후에는 그로 인하여 출산을 멈추게 된다. 왜냐하면 혼이 모든 것을 하나님께 감사하고 바치는 능력을 다한 이후에는 더 나은 소유물을 받을 수 없기 때문이다. 이런 이유로 그녀는 찬송하는 특성을 가진 유다를 낳은 이후에 출산하기를 그쳤다.(창 29:35)

2.96. 이제 혼은 사멸하는 종속을 제작하기 시작한다. 사멸하는 종속은 집어삼키는 일에 매인다. 건물의 토대와 같이 동물들을 지속적으로 살아 있도록 떠받치는 토대는 바로 미각이기 때문이다. '빌하'는 '집어삼키기'라는 뜻이다. 그녀에게서 나온 아들이 '단'이고, 단은 '심판'이라는 뜻이다. 왜냐하면 그 종속은 사멸하는 종속들로부터 불멸하는 종속들을 구분하고 분리하기 때문이다. 그러므로 그는 자신이 절제를 사랑하는 자가 되기를 기도한다. 그러나 그가 유다를 위하여 기도하지 않은 까닭은 그(유다)가 벌써 하나님께 기도하는 일과 찬양하는 일을 하고 있었기 때문이다.

2.97. 그러므로 그는 "단은 길에서 뱀이 될지어다" 하고 기록한다.(창 49:17) 우리의 길(ὁδός)은 혼(ψυχή)이다.[57] 왜냐하면 길에는 다양한 볼거리들이 있는데, 혼이 없는 것들과 혼(생기)이 있는 것들, 비이성적인 것들과 이성적인 것들, 성실한 것들과 쓸모없는 것들, 노예들과 자유인들, 젊은이들과 노인들, 남성들과 여성들, 이방인들과 시민들, 병든 자들과 건강한 자들, 장애인들과 비장애인들 등이 있기 때문이다. 또한 혼에는 황폐한 것들의 무수한 움직임들이 가득하고, 혼이 없는 것들과 성숙하지 않은 것들과 병에

..

57) '혼'을 '길'에 비유하는 것은 플라톤의 '영혼 불멸설(immortality of the soul)', '영혼의 순례 (journey of the soul)' 혹은 '영혼의 이주(transmigration of the soul)' 사상들과 공명한다. 플라톤 전통에서 혼은 죽지 않기 때문에 온갖 육체를 바꿔 입으며 다양한 체험을 하게 되는데, 이를 온갖 정황들이 펼쳐지는 '길'과 같다고 표현하는 것이다.

걸린 것들과 노예들과 여성들이 가득하며,[58] 이와는 반대로 혼이 있는 것들과 정상적인 것들과 남성들과 자유인들과 건강한 것들과 노인들과 근면한 것들과 진실한 것들과 진실로 합법적인 시민들의 움직임들도 가득하다.[59]

2.98. 그러므로 생의 온갖 정황들을 통과할 때 지나가는 길섶과 같은 혼(ψυχή)에 '절제의 덕목을 갖춘 로고스'가 뱀처럼 들어앉아 있도록 해야 한다.[60] 이것이 무슨 뜻인가? 이는 그(야곱)가 권고하는 바에 따르면, 덕의 자리는 지나는 이가 없어서 그것(덕의 자리)을 밟는 이가 적으나, 악의 자리는 지나는 이가 많으므로,[61] '덕'에서 탈영한 이성적인 자들(οἱ φυγάδες ἀρετῆς λογισμοί)은 이 생애로 내려와서 길을 통과할 때[62] 사람들이 자주 다니는 길에 들어가 잠입하고 있다가 격정과 악을 점령해야 한다는 뜻이다.

2.99 XXV. "말의 뒤꿈치를 물음."(창 49:17) '발꿈치를 잡은 자(πτερνιστής)'는 창조되고 사멸하는 것의 안정을 뒤흔드는 성향을 뜻한다. 격정들은 말과 같은 모양을 하고 있는데, 격정은 말처럼 네 개의 다리가 있어서 성향이 충동적이고, 고집불통이고, 제멋대로이기 때문이다. 그러나 절제의 덕목을 갖춘 로고스는 격정을 물어뜯고 상처 내고 멸망시키기를 좋아한다. 격정이 걸려 넘어지면, '말 탄 기병(ἱππεύς)은 뒤로 떨어질 것이다.' 말 탄 기병(ἱππεύς)이란 격정들로 솟구쳐 올라가는 마음이라고 이해해야 하는데, 그

---

58) 혼이 체험한 열악한 것들을 열거하는데, 그 가운데 '여성'이 포함된다.

59) 혼이 체험한 우수한 것들을 열거하는데, 그 가운데 '남성'이 포함된다.

60) 혼이 격정과 쾌락에 넘어가지 않고 절제할 수 있도록 절제력이 뛰어난 로고스가 뱀처럼 지키고 앉아 혼을 제어해야 한다는 뜻이다. 마 10:16 참조.

61) 마 7:14 참조.

62) 로고스를 가진 혼들이 물질적 세계로 진입하여 육체를 가진 인간으로 태어나는 것을 '이 생으로 내려온다'고 표현한다. 플라톤의 동굴비유에서도 혼이 육체를 가진 인간으로 태어나는 것을 이데아 세계에서 물질적 세계로 '내려오기(κατάβασις)'라고 표현한다. 『국가』 제7권 참조.

런 자가 격정들로부터 떨어지는 때는 격정들이 로고스의 공격을 받고 씨름에서 지는 때다.

2.100. 혼은 앞으로 넘어지지 않는 편이 좋다. 왜냐하면 그것이 격정들보다 앞서지 않고 뒤에 서면 절제의 권고를 받을 수 있기 때문이고, 이 말은 교훈적이다. 왜냐하면 만약에 정신이 불의한 일을 저지르고 싶을지라도 너무 늦어 뒤처지면 불의한 일을 할 겨를이 없기 때문이다. 만약에 정신이 비이성적인 격정이 있는 쪽으로 이동될지라도, 앞으로 나아가지 않고 뒤에 남으면, 격정에 무덤덤한 상태(ἀπάθεια)를 유지할 수 있을 터이니, 그것이야말로 최선이다.

2.101. 무엇 때문에 그는 악한 것들로부터 뒤로 넘어지는 것을 반기면서, "나는 주님의 구원을 기다리리라" 하고 덧붙이는가?(창 49:18) 격정들로부터 나가떨어져 하나님께 구원을 받는 자는 기운을 차릴 수 있기 때문이다. 내 혼이 이 죽은 몸을 떨쳐버리고 다시는 말 위로, 무도한 격정 위로 오르지 않아야 축복 가운데 하나님의 구원을 기다리는 복을 누리리라.

2.102. 그러므로 모세는 "말과 그 탄 기수(ἀναβάτης)를 바다에 던지셨다"고 하나님을 찬양한다. 하나님께서 네 개의 격정들과 그 위에 올라탄 불쌍한 정신을 그것들이 한 일들과 함께 멸망시키고 망망한 깊음 속에 던져버리신 것이다. 이것이 노래 전체의 주요 부분이며, 노래의 다른 부분들도 그것을 향하고 있으니, 참으로 그러하다. 왜냐하면 격정에서 물러나 무념무상한 상태에 들어갈 때 비로소 혼은 완전한 행복을 누릴 수 있기 때문이다.

2.103 XXVI. 그런데 왜 야곱은 "말 탄 기병(ἱππεύς)이 뒤로 떨어지리라"고 말하고,(창 49:17), 모세는 "말과 그 탄 기수(ἀναβάτης)가 수장되었다"고 노래하는지, 그에 관하여 알아볼 필요가 있다. 분명한 것은, 수장되는 것은

이집트인의 성향으로서 도망칠수록 물속 같은 격정들의 풍랑 속으로 빠져 드는 것이지만, 이와 달리 뒤로 떨어지는 기병은 격정들을 사랑하는 자가 아니라는 것이다. 그 증거는 후자를 '기병(ἱππεύς)'이라 하고, 전자를 '기수 (ἀναβάτης)'라고 하는 데 있다.

2.104. 기병(ἱππεύς)이 하는 일은 말을 온순하게 만들어 고삐에 저항하지 않도록 길들이는 것이지만, 기수(ἀναβάτης)가 하는 일은 자신을 그 동물이 인도하는 방식으로 끌고 가는 것이다. 바다에서 선장의 역할은 선체를 곧 게 세워 잘 가도록 하는 일이지만, 선원의 일은 배가 직면하는 모든 고통 을 함께 겪는 일이다. 그러므로 격정들을 길들이는 기병은 절대로 수장되 지 않고, 그것들에서 내려와[63] 주권자의 구원을 기다린다.

2.105. 그런데 성경(ὁ ἱερὸς λόγος)은 레위기에서 이렇게 권면한다. "네 개 의 발로 기어 다니는 모든 곤충 가운데, 그 발에 뛰는 다리가 있어 땅에서 스스로 뛰는 것들은" 음식으로 먹어도 되는데, 그 가운데는 메뚜기, 베짱 이, 귀뚜라미 등이 있고,(레 11:21-22), 네 번째로는 뱀과 싸울 수 있는 것이 있다. 만약에 뱀과 같은 쾌락이 먹을 수 없고 해로운 것이라면, (뱀 같은) 쾌락에 맞서 싸우는 속성은 당연히 가장 영양가 있고 구원해줄 만한 것일 텐데, 그것이 바로 절제다.

2.106. 그러므로 그대는 싸울지라! 오, 마음이여, 모든 격정에 맞서되, 특별히 쾌락에 맞서 싸워야 하는 까닭은 "주 하나님이 만드신 땅의 온갖 짐승들 가운데 뱀이 가장 간교하기" 때문이다.(창 3:1) 따라서 모든 것들 가 운데 가장 교활한 것은 (뱀 같은) 쾌락이다.

2.107. 왜 그럴까? 모든 것이 쾌락의 종들이고, 쓸모없는 자들의 삶은

∴

63) 기병은 말(격정들)을 탄 상태에서 휘둘리기보다는 말에서 내려온다는 뜻이다.

쾌락의 손에 지배당하기 때문이다. 하여간에 쾌락이 생산하는 것들은 모두 교활한 방법으로 만들어지는 것들로서, 금과 은과 헛된 영광과 명예와 세력들이다. 우리가 잘못을 저지르는 것도 쾌락이 그 원인이고, 극단적인 교활함이 없다면 범죄들도 없을 것이다.

2.108. 그러므로 그대는 뱀에 맞서 싸우려는 의지를 정비하여 가장 선한 이 싸움을 싸우고, 다른 온갖 것들을 정복하는 쾌락에 대항하여 아름답고 영광스러운 면류관을 차지할지니, 이 면류관은 사람들 가운데 어느 협회도 수여하지 못하는 것이다.[64]

⋮

64) 하나님이 주시는 면류관이라는 뜻이다.

IV

알레고리 해석 3

LEGVM ALLEGORIARVM LIB. III.1-253

———

엿새간 창조 이후의 신성한 율법에 관한 알레고리 해석 제3권

ΝΟΜΩΝ ΙΕΡΩΝ ΑΛΛΗΓΟΡΙΑΣ ΤΩΝ ΜΕΤΑ

ΤΗΝ ΕΞΑΗΜΕΡΟΝ ΤΟ ΤΡΙΤΟΝ

3.1. "그리고 아담과 그의 아내가 주 하나님의 낯을 피하여 낙원의 나무 사이에 숨었다."(창 3:8)[1] 여기서 신조로 가르치는 내용은 쓸모없는 자가 도망친다는 것이다. 왜냐하면 현인들이 사는 도시에 덕(ἀρετή)이 거주하고, 덕에 참여할 수 없는 자는 도시에서 추방되는데, 쓸모없는 자는 덕에 참여할 수 없기 때문이다. 그러므로 쓸모없는 자는 홀로 추방되어 도피하게 된다. 덕에서 도피한 자는 곧바로 하나님께 보이지 않게 된다. 지혜로운 자들은 하나님께 보이고 하나님의 친구들이 되지만, 쓸모없는 자들은 모조리 보이지 않게 되어 아래로 추락하고 올바른 로고스와는 적과 원수가 되는 것이 분명하다.

..

1) "그들은 주 하느님께서 저녁 산들바람 속에 동산을 거니시는 소리를 들었다. 사람과 그 아내는 주 하느님 앞을 피하여 동산 나무 사이에 숨었다."(『성경』창세 3:8)

3.2. 쓸모없는 자는 거주할 도시도 살 집도 없으므로, 이는 털이 많고 온 갖 악한 일들에 연루된 '에서'에 관하여 모세가 증언하여 기록한 것과 같다. "에서는 익숙한 사냥꾼이었으나 '들사람'이 되었다."(창 25:27)[2] 격정들에 종사하여 사냥하기를 좋아하는 악은 많은 어리석음으로 인하여 천박함과 무식함을 추구하므로 덕이 거주하는 도시에서 자랄 수가 없기 때문이다. 그러나 야곱은 지혜로 가득하여 (덕이 거주하는 도시의) 시민일 뿐만 아니라 덕과 같은 집(장막)에서 산다. 그러므로 그에 관하여 모세는, "야곱은 인위적으로 만들어지지 않은 (종용한)[3] 사람이므로 집(장막)에서 산다"고 기록한다.(창 25:27)

3.3. 보이지 않는 하나님의 신비들을 찾는 자들을 예로 들자면, '남자아이들을 살아남게' 하는 등의 덕스러운 업적들을 쌓으면서 그곳에 거주하기를 선택한 자들이다. 이를 통하여 알게 되는 것은, 어떻게 쓸모없는 자가 거주할 도시도 집도 없이 덕을 피해 다니며, 어떻게 근면한 자가 거주할 도시와 집을 배정받아 지혜에 거하는지에 관한 것이다.

3.4 II. 이어서, 누가 어떻게 하나님으로부터 보이지 않게 된다고 할 수 있는지 알아보자. 이 현상은 상징적으로 이해하지 않으면 도저히 이해할 수 없는 것이다. 왜냐하면 하나님은 모든 것을 제작하고 모든 것들을 관통하시므로, 하나님 없이 하나님으로부터 버려지는 것이 있을 수 없기 때문이다. 대체 하나님이 안 계신 장소가 어디에 있으며, 어떻게 그런 장소를 차지하겠다는 말인가? 그(모세)는 다른 곳에서 이렇게 기록한다. "하나님

⁖

2) "이 아이들이 자라서, 에사우는 솜씨 좋은 사냥꾼 곧 들사람이 되고, 야곱은 온순한 사람으로 천막에서 살았다. 28 이사악은 사냥한 고기를 좋아하여 에사우를 사랑하였고, 레베카는 야곱을 사랑하였다."(『성경』 창세 25:27-28)
3) 인위적인 가식이 없다는 뜻이다.

은 하늘 위에도 땅 아래에도 계시므로 다른 것은 없고 오직 하나님뿐이시라."(신 4:39) 또한 이런 기록이 있다. "내(여호와)가 거기서 너(모세)를 대하여 서리니."(출 17:6) 하나님은 모든 피조물보다 먼저 계시고 무소 부재하시므로 하나님으로부터 숨을 수 있는 자는 아무도 없다.

3.5. 그러면 우리는 무엇을 놀라워해야 하는가? 창조된 것들 가운데 우리가 숨기거나 감출 수 있다고 말하기에 적합한 것은 아무것도 없다. 누구든지 땅이나 물이나 공기나 하늘이나 세계 어디에서든 도망쳐 보게 하라. 그 장소가 어디든 하나님이 필연적으로 거기 계실 수밖에 없으므로 누구든 세계 밖으로 도망치기란 불가능하다.

3.6. 아무도 세계의 일부나 세계 자체를 피할 수 없다면, 어떻게 하나님 몰래 도망칠 수가 있다는 말인가? 절대로 그럴 수는 없는데, "그들이 스스로 숨었다"는 말은 무슨 뜻인가? 쓸모없는 자는 하나님이 특정한 장소에 계신다고 생각하고, 포위하지 않고 포위당하는 분이라고 생각한다. 이런 것을 선호하면서 그는 하나님으로부터 숨을 수 있다고 상상하고, 마치 자신이 숨어 있기를 결정한 세계의 그 장소에 하나님이 안 계실 것이라고 착각한다.

3.7 III. 그러므로 이렇게 생각할 수 있겠다. 쓸모없는 자에게는 하나님의 참된 영광이 그림자를 드리운 채 숨게 되므로, 그런 자는 어둠에 휩싸이게 되어 존재하는 것들의 실상을 관조하도록 돕는 신성한 빛(ἐναύγασμα)을 조금도 받지 못하게 된다. 그런 자는 하나님의 무용단에서 도망치되,[4] 마치 문둥병이나 다른 유출병을 앓는 자(ὁ γονορρυής)처럼 도망친다. 또한 하나님과 피조물은 서로 구별되는 두 빛깔을 가진 반대 성향임에도 불구하고,

••
4) *Leg.* 1.61 및 각주 참조.

그런 자는 하나님과 피조물이 모두 동일한 만물의 근원들(αἴτια)이라고 착각하는데, 위대한 일을 행하시는 근원은 유일하신 하나님뿐이시다! 유출병을 앓는 자는 모든 것을 세계에서 나와서 세계로 돌아가는 것으로 착각하고, 하나님에 의하여 창조된 것은 아무것도 없다고 생각하며, 헤라클레이토스의 의견에 대한 옹호자가 되어, 포만과 결핍, 하나의 우주, 만물의 순환 등을 끌어들인다.

3.8. 그러므로 신성한 로고스(성경)는 말(기록)한다. "나병환자와 유출병을 앓는 자와 혼이 불결한 자들을 모두 남녀를 구분하지 않고 거룩한 혼에서 내보내되," 혼의 생산 기능들을 거세당한 환관들을 나가게 하고, 하나의 권위(하나님)를 피하여 그 반대 방향으로 도망친 결과로 하나님의 성회에 들어가는 것이 거절된 자들을 나가게 하라.(민 5:2-3)

3.9. 그런데 지혜로운 이들의 생각들은 감출 수 없을 뿐 아니라, 스스로 드러내려는 경향이 있다. 그대도 알다시피, 아브라함은 "주님 면전에 서서 주님께 다가가, '주께서는 의인을 불경한 자와 함께 멸망시키지 마옵소서',(창 18:23) 당신께 보이고 알려진 자를 당신을 피하여 도망친 자와 함께 멸망시키지 마옵소서. 도망친 자는 참으로 불경하지만, 의로운 자는 당신의 면전에서 도망치지 않기 때문입니다. 그러므로 오, 주권자시여, 당신만이 홀로 경배받기에 합당하십니다' 하고 아뢰었다."

3.10. 그러나 불경한 자의 경우처럼 경건한 자가 쉽게 발견되는 것은 아니므로 의롭기만 하면 충분하게 여겨야 한다. 이런 이유로 인하여 그는 말한다. "의로운 자와 함께 경건한 자를 멸망시키지 마옵소서."(창 8:25) 누구도 하나님을 경배할 정도의 자격을 갖추지는 못하였으므로 의롭기만 하면 되는 것이다. 왜냐하면 누구도 그 부모들처럼 되어서 그 부모에게 받은 똑같은 은혜를 되돌려줄 수 없기 때문이니, 하물며 어떻게 존재하지 않던 것

에서 모든 것을 만드신 하나님께 받은 은혜에 합당한 보답을 하거나 합당한 경배를 드릴 수가 있겠는가? 하나님은 온갖 덕을 내려주신 분이기 때문이다.

3.11 IV. 그러므로 세 번의 절기들에, 즉, 삼중의 시간에, 오, 혼아, 그대는 하나님께 언제나 모든 것을 보여드리되, 여성의 감각적 격정을 끌어내지 말고 남성적이고 인내하는 수련자의 이성적인 생각을 제물로 올려드리라. 매년 세 번씩 모든 남자는 주 여호와 이스라엘의 하나님 앞에 보여야 한다고 성경은 명하기 때문이다.(출 34:23)

3.12. 그러므로 모세는 하나님 앞에 자신을 드러낼 때 파라오의 분열적 성향을 피하는데, 파라오는 주님을 알지 못한다고 교만하게 말하는 자다. 따라서 그(모세)는, "모세가 파라오의 얼굴을 피하여 미디안 땅에 머물러" 정황들을 판단(κρίσις)하기 위하여 "우물곁에 앉았다"고 기록한다.(출 2:15) 그는 하나님께서 마시기에 좋은 어떤 선한 것을 목마르고 갈급한 혼에 부어주시기를 기다린 것이다.

3.13. 그는 하나님을 믿지 않는 격정들의 수장 격인 헛된 의견을 가진 파라오의 낯을 피하여 미디안으로 피하는데, 미디안은 '판단/심판(κρίσις)'이라는 뜻이다. 거기서 그는 침묵을 지켜야 할지, 아니면 그자를 멸망시키기 위하여 그 쓸모없는 자와 결전을 치러야 할지 탐색한다. 그는 자신이 공격을 시도하면 승리할 수 있을지 어떤지를 생각하느라 지체하면서, 내가 전술했듯이, 과연 하나님께서 천박하지 않고 진중한 생각들로 가득한 샘을 동원하여 이집트 왕의 충동(φορά)과 그자의 격정들을 쓸어버리실지 어떨지 생각하는 것이다.

3.14. 참으로 그는 은혜를 받을 만하다! 왜냐하면 덕을 위하여 군사를 일으킨 이후에 쾌락들이 엎어지고 패배하는 것을 눈으로 보기 전에는 결코

전쟁을 멈추지 않기 때문이다. 그러기 위하여 모세는 파라오를 피하여 도망치지 않았고, 달아나려고 돌아서지 않은 채, 그로부터 잠깐 떠나 있었을 뿐이다. 이는 운동선수가 경기 중에 휴식을 취하듯이 잠깐 전쟁을 멈추고, 막간을 이용하여 숨을 고르고 기운을 차려서, 명철과 다른 덕목들이 연합하여 봉기하게 함으로써, 로고스들을 기반으로 가장 힘차게 공격을 가하기 위한 것이다.

3.15.　발꿈치를 잡은 자(ὁ πτερνιστής) 야곱은 방법과 기술로 덕을 얻었으나, 노력하지 않고 얻은 것이 아니다. 그는 아직 '이스라엘'이라는 새로운 이름으로 불리지 않았기 때문에 라반을 따르는 것들에서 도망치는데, 라반을 따르는 것들이란 색들과 외모들과 온갖 신체적인 것들이며, 거기서 도망쳤다는 것은 감각적인 것들을 이용하여 정신에 상해를 가하는 것들에서 도망쳤다는 뜻이다. 그가 그것들과 함께 있을 때는 그것들을 완전하게 제압할 만큼 힘을 쓰지 못하였으므로 그들에게 패할까 두려워서 도망쳤고, 그럴 만한 가치가 충분했다. 왜냐하면 모세가 "너희는 보는 자(이스라엘)의 자손들을 경건하게 만들되" 교만하지 않게 하고, 그들이 탐하는 대로 하지 않게 하라(레 15:31)고 기록하기 때문이다.

3.16.　"그리고 야곱은 시리아 사람 라반을 속이고, 자신이 도망친다는 사실을 그에게 보고하지 않았다. 그리고 자신에게 속한 모든 것을 가지고 도망쳤고, 강을 건너 길르앗산까지 갔다."(창 31:20-21)[5] 라반은 감각 기관에서 우러나오는 생각들에 온전히 의존하는 자였으므로, 그런 자에게 야

··

5)　"야곱은 아람 사람 라반을 속여, 달아날 낌새를 보이지 않고 있다가, 21 자기의 모든 재산을 거두어 도망쳤다. 그는 길을 떠나 강을 건너 길앗 산악 지방으로 향하였다."(『성경』 창세 31:20-21)

곱이 도망친다는 것을 보고하지 않은 것은 지당한 것이다. 때로는 그대도 감각적인 아름다움을 보고 그것에 매혹되어 그로 인하여 넘어지기 일보 직전에 그 환상에서 은밀하게 빠져나오면서 그대의 정신에게 보고하지 않을 때가 있을 것이다. 그것을 다시 생각하거나 상상할 여지를 허용하지 않고 도망치는 것이다. 왜냐하면 어떤 것을 자꾸 기억하려다 보면 그 생각을 하지 않을 수 없게 되고, 심지어 의지와 무관하게 마음을 해치게 되어 가끔은 원치 않게 비정상적으로 될 때도 있기 때문이다.

3.17. 이와 같은 원칙을 온갖 감각들로 인한 유혹들에도 적용할 수 있다. 왜냐하면 유혹들에서의 은밀한 도피는 안전을 보장하지만, 반대로 그것들을 상기시켜 자꾸 말로 표현하는 일은 이성적인 생각을 강하게 제압하여 노예로 만드는 길이기 때문이다.[6] 그러므로 오 지성(διάνοια)이여, 더는 감각적인 것들이 눈에 뜨이게 하지 말라. 만약에 그대가 그것에 사로잡힐 상황이라면, 그대 자신에게 알리거나 상기시키지 않아야 그대가 그것에 사로잡혀 비참하게 되는 일이 없을 것이다. 그러므로 그대는 아직 기회가 있을 때 서둘러 도망쳐서 길드는 노예 상태를 벗어나 길들지 않는 자유를 택할지라.

3.18 VI. 그런데 여기서 왜 그(모세)는, 마치 라반이 시리아 사람인 것을 야곱이 알지 못하는 것처럼, "그리고 야곱은 시리아 사람 라반을 속였다"고 기록하는가?(창 31:20) 여기에는 과도하지 않은 이유가 있다. 왜냐하면 시리아는 '높다'는 뜻이기 때문이다. 정신(νοῦς)을 상징하는 수련자(ὁ ἀσκητής) 야곱은 격정이 형편없이 가난할 때는 그것을 힘으로 물리칠 방

---

6) 감각 기관으로 체험한 유혹들을 자꾸 상기시키고 말로 표현하여 알리기를 반복하면 중독성이 생겨 이성이 마비되고 유혹의 노예가 될 수 있다는 뜻이다.

법을 이성적으로 생각하고, 그곳에 머물며 기다린다. 그러나 그것(격정)이 꼿꼿하게 일어나 오만하게 목을 치켜세울 때는 수련자인 정신이 먼저 도피하고, 이어서 수련하고 있는 그의 모든 지체를 도피시킨다. 그 지체들은 읽기, 명상, 치료, 아름다운 것들을 기억하기, 스스로 통제하는 자제력, 완성에 필요한 적절한 양의 기운들 등이다. 그런 것들을 도피시키면서 수련자는, 혼을 격정들의 격랑으로 휩쓸고 수장시키는 감각적인 것들의 강을 통과하고, 완전한 덕을 갖추어 고상하게 높이 솟은 로고스를 향해 나아간다.

3.19. "그는 길르앗 산까지 서둘러 갔다"고 하는데,(창 31:21) '길르앗'은 '증거의 이주'라는 뜻이다. 하나님은 라반을 따르는 격정들로부터 혼(ψυχή)을 이주시키고, 혼이 유익한 것이 되도록 이주할 필요가 있음을 증명하고, 혼을 가난하고 비참하게 만드는 악한 것들에서 탈출시킴으로써, 덕스럽고 고상하고 위대한 혼이 되도록 인도하신다.

3.20. 그러므로 감각들(αἰσθήσεις)의 벗이어서 정신(νοῦς)이 아닌 감각들에 따라 일하는 라반은 화를 내고 야단을 치면서 다음과 같이 말한다. "네가 어찌하여 나를 속이고 가만히 도망하면서" 몸의 것들이 주는 유희들과 몸과 외적인 아름다움에 관한 것들을 판단하는 신조에 머물지 않느냐?[7] 너는 어찌하여 이러한 부귀영화를 뿌리치고 나에게서 '신중한 이해력(τὸ φρονεῖν)'을 상징하는 레아와 라헬을 강탈해 가느냐?[8] 왜냐하면 그녀들

: .

7) 이 부분은 아마도 라반이 야곱에게 한 말 중에서, "내가 즐거움과 노래와 북과 수금으로 너를 보내겠거늘"(창 31:27)에 해당하는 것 같다. 필론은 칠십인역을 그대로 인용하지 않고 철학적 용어로 수정하여 사용한다. 야곱을 보이지 않는 정신세계에 가까운 로고스로, 라반을 저급한 감각적 세계에 머무는 저급한 몸으로 해석하려는 의도가 깔려 있다.

8) 역자는 여기서 τὸ φρονεῖν을 "신중한 이해력"이라고 번역함으로써 이해하는 '능력'을 강조하였다. 왜냐하면 이것은 라헬이 그 아버지 라반의 집에서 훔친 '드라빔(תְּרָפִים)'을 뜻하는 것 같은데, 당시 문화권에서 드라빔은 작은 우상숭배 도구(신상)의 일종으로서 신성한 능력

(딸들)이 혼에 머물 때는 혼이 신중함을 유지했으나, 그녀들이 떠나자 혼은 무식하고 무지한 상태가 되었기 때문이다. 그러므로 라반은 "네가 내게서 강탈해 갔다"고 덧붙이는데, 이는 '신중한 이해력'을 훔쳐 갔다는 뜻이다.

3.21 VII. '신중한 이해력'이라는 말로 무엇을 가리키고자 했는지에 관하여는 라반이 덧붙이는 말로 짐작할 수 있다. "너는 내 딸들을 인질로 삼아 데려갔느냐? 네가 내게 미리 보고했더라면, 내가 스스로 너를 보냈을 것이다."(창 31:26-27) "당신은 서로 의견 다툼이 있는 것들을 보내지 않았을 것입니다. 만약에 당신이 정말로 보내려고 하셨다면, 그 혼(ψυχή)을 정말로 해방하려 하셨다면, 당신은 그녀를 둘러싼 온갖 육체적인 것들과 감각적인 소음들을 버리셨을 것입니다. 그래야만 지성(διάνοια)이 악들과 격정들로부터 속량 받고 해방될 수 있기 때문입니다. 그런데 지금 당신은 그것(혼)을 자유롭게 보내겠다고 말하고는 있으나, 당신의 행동들은 그것(혼)을 여전히 옥에 가두어 두고자 한다고 고백하고 있는 것 같습니다. 당신이 '음악을 만드는 드럼들과 현악기들을 동원하여' 외적 감각에 쾌락을 주는 것들과 함께 보내려고 한다면 진실로 보내려고 하는 것이 아닙니다."[9]

⁙

을 지닌 것으로 여겼기 때문이다. 주목할 것은 라반이 여호와 하나님과 드라빔을 모두 '엘로힘/신들(אלהים)'(창 31:29, 30, 32)이라고 칭한다는 사실이다. 라반은 드라빔을 "나의 엘로힘/신들"이라 하고, 여호와 하나님을 "너희 아버지들의 엘로힘/신들"이라고 한다. 이런 드라빔을 칠십인역은 εἴδωλα라고 번역하고 엘로힘/신들을 θεοί라고 번역한다.(LXX 창 31:19, 29, 30, 31, 32, 35) 그러나 필론은 굳이 τὸ φρονεῖν이라고 표현함으로써 칠십인역을 따르지 않고 있다. 이는 필론이 칠십인역을 잘 알지 못하여 실수한 결과이기보다는, 의도적으로 철학 언어, 특히 플라톤의 언어를 사용한 결과인 것 같다.

9) 2인칭 주어를 사용한 이 문장들이 성서인용문은 아니다. 이 문장들이 누구의 말인지 필론은 밝히지 않으므로 야곱의 말인지 필론의 말인지 분명하지 않다. 필론은 2인칭을 사용하여 성서 속에 들어가 야곱의 입을 빌어 라반을 훈계하고 있는 것 같다. 자신의 주장을 생생하게 표현하기 위한 수사학적 기법이다.

3.22. "오, 육체들과 색깔들의 벗 라반이여, 나는 당신에게서만 도망치는 것이 아니라, 감각적인 소음들이 격정들과 함께 연출하는 기운들로 가득한 당신의 모든 것들에서 도망치는 것입니다. 우리가 참으로 수련자들이라면, 야곱이 명상한 것과 같이 필요한 명상을 명상하면서 혼에서 이질적인 신들을 제거하고 완전히 근절해야 합니다. 그 신들은 인간이 주물로 만든 것들로서, 모세가 만들지 말라고 금했습니다. 이들은 격정이 조절되는 덕스러운 상태를 파괴하고, 악과 격정들을 혼합하여 만든 주물로서, 부어 섞으면 굳어지는 것들입니다."[10]

3.23 VIII. 그(모세)는 이렇게 기록한다. "그들은 자기 손에 있는 모든 이방 신상과 자기 귀에 있는 고리를 야곱에게 주었다. 야곱은 그것들을 세겜 근처 상수리나무 아래 묻었다."(창 35:4)[11] 묻은 것들은 쓸모없는 자들의 신들이다. 야곱은 그것들을 받겠다고 대답하지 않고 땅에 묻어 제거한다. 모든 것이 분명하게 표현되었듯이, 수련하는 자는 악이 건네는 유익을 취하지 않고, 그것을 묻어두고 감추어 보이지 않게 할 것이다.

3.24. 교묘하게도 소돔 왕이 이성적인 것을 비이성적인 동물의 속성과 바꾸자고 할 때, 즉, 남자들을 말과 바꾸자고 할 때, 아브라함은 그(소돔 왕)에게 속한 것들 가운데서 어떤 것도 받지 않겠다고 말하고, "지극히 높으신 하나님께 손을 들어" 맹세하되, "그(소돔 왕)에게 속한 온갖 것들 가운데 신발 끈 하나"도 취하지 않겠고, 오히려 '보는 자(ὁ ὁρῶν)'를[12] 부자가 되

..

10) 3.21에 이어지는 2인칭 문장들로서 이 문장들로 필론은 야곱의 입을 빌어 라반을 훈계한다.
11) "그들은 자기들이 가지고 있던 모든 낯선 신들과 귀에 걸고 있던 귀걸이들을 내놓았다. 야곱은 스켐 근처에 있는 향엽나무 밑에 그것들을 묻어 버렸다."(『성경』창세 35:4)
12) 전술했듯이 필론은 이스라엘을 "(하나님을) 보는 자(ὁ [τὸν θεὸν] ὁρῶν)"라고 정의하는데, 아브라함은 야곱 이전의 사람이지만 이스라엘 민족의 조상이므로 동일한 호칭을 적용하는 것 같다. Philo, *Leg.* 2.34, 46; *Post.* 1:64 참조.

도록 함으로써, 부요한 덕(ἀρετή)을 가난뱅이(πενία)로 만드는 일이 없도록 하겠다고 맹세하였다.(창 14:21-23) 여기서 '손(χείρ)'은 '혼의 행동(ἡ ψυχικὴ πρᾶξις)'을 상징적으로 표현한 것이다.[13]

3.25. 그는 격정들을 '어깨(ὠμίασις)'라고 해석되는 '세겜'에 가두어 지키게 한다. 왜냐하면 쾌락들에 종사하는 자는 쾌락들을 계속 누리고자 했으나, 그것들은 현자(σοφός)에 의하여 파괴되고 근절될 수 있기 때문이다. 쾌락들이 잠깐만 파괴되는 것이 아니라, '오늘날까지', 다시 말해, 영원히 파괴된다. 이는 모든 세대가 오늘로 측량되고, 하루의 주기가 모든 시간의 척도라는 뜻을 담고 있다.

3.26. 그러므로 야곱은 특별히 세겜의 것들로 상징되는 육체적이고 감각적인 것들을 요셉에게 주는데,(창 48:22) 이는 그(요셉)가 그런 것들 속에서 일하기를 추구하기 때문이다. 그러나 신앙을 고백하는 유다에게는 선물을 주지 않고, 형제들을 위한 찬송과 찬양과 하나님을 향하여 부르는 노래를 준다.(창 49:8) 야곱은 세겜의 것들을 하나님에게서 받지 않고 "칼과 화살들로" 받았는데,(창 48:22) 칼과 화살들은 자르기도 하고 방어하기도 하는 말씀들을 뜻한다. 왜냐하면 현자는 부수적인 것들을 가지게 되면, 그것들을 계속 가지고 있기보다는, 그에 적합한 사람이 나타날 때 그에게 그것들을 선물하기 때문이다.

3.27. 그가 이방신들을 받은 것 같으나, 실은 받지 않은 채 그것들을 숨

∵

13) Plato, *Symp.* 203b-c에 실린 디오티마의 이야기를 전제하고 있다. 소크라테스에게 사랑(에로스)을 가르쳐준 여사제 디오티마에 따르면, 사랑(에로스)의 아버지는 부요함(포로스)이고, 어머니는 가난함(페니아)이다. 필론은 소돔 왕이 주려는 재화가 아브라함을 부자로 만들 수 있을 만큼 큰 재산처럼 보이지만, 실은 아브라함을 비이성적인 동물 수준으로 떨어뜨려 가난뱅이로 만들 수 있고, 진정으로 부요한 것은 재화가 아니라 로고스를 지닌 인간, 특히 남성이며, 덕목이야말로 인간을 부요하게 만든다고 역설한다.

기고 파괴하고 자신으로부터 영원히 근절한다는 것을 그대는 알지 못하는가? 은밀한 신비들을 계시받을 자격이 있다고 하나님이 인정하시는 혼이 있어서 하나님이 그 혼에게 계시를 할 경우에, 그런 혼 외에 달리 누구를 위하여 악을 감추고 파괴하시겠는가? 그러므로 하나님은 말씀하신다. "내가 내 아들 아브라함에게 내가 하는 일들을 숨기겠느냐?"(창 18:17) 오, 구원하시는 주여, 당신은 참으로 아름다운 것들을 갈망하는 혼에게 당신의 일들을 드러내시고 당신의 일들을 아무것도 감추지 않으십니다! 그러므로 그가 악을 피하고 해로운 격정을 덮고 가리며 영원히 그것들을 파괴할 수 있나이다!

3.28 IX. 이제까지 쓸모없는 자가 도망자로 되는 방식을 밝혔으므로, 이제는 그가 어디로 숨는지 알아볼 차례다. 그(모세)는 '동산 나무들 사이'라고 기록하는데, 이것은 정신의 한가운데를 뜻한다. 이는 마치 나무가 낙원 한가운데 있는 것처럼 정신은 혼 전체에서 한가운데를 차지하기 때문이다. 즉, 하나님을 피하는 자는 자기 자신 속으로 숨는 자다.

3.29. 두 가지 존재 방식이 있는데, 하나는 우주적 정신(νοῦς)인 하나님이고, 다른 하나는 개개인의 정신이다. 자신의 개별 정신을 떠나는 자가 우주정신에 귀의하는 까닭은, 개별 정신을 떠나는 자는 인간 정신 혼자서는 아무것도 할 수 없음을 고백하고 만물의 근원을 하나님께 돌리기 때문이다. 그러나 하나님을 떠나는 자는 하나님이 누구의 근원도 아니라고 주장하면서 자기 자신이 만물의 근원이라고 착각한다.

3.30. 많은 이들이 말하기를, 세계 만물은 패권자(ἡγεμών)가 없이 저절로 발생한 것이고, 인간 정신이 혼자서, 인간들과 비이성적 동물들에 관한 기술들과 산업들과 법들과 관습들, 그리고 정치적인 것들과 개인적인 것들과 보편적 정의 등을 고안했다고 한다.

3.31. 그러나 오, 혼이여, 그대가 알다시피, 이런 견해들은 잘못된 것이다. 왜냐하면 이런 견해는 감히 사멸하는 특정 피조물을 창조되지 않고 사멸하지 않는 우주정신(하나님)과 동등하게 취급하는 오류를 범함으로써 하나님께 불경을 저지르고 하나님을 부인하는 것이요, 비록 하나님과 동맹을 맺을지라도 그분은 자신조차 구원하지 못하는 정신이라고 애써 사실을 왜곡하는 것이기 때문이다.

3.32 X. 이에 관하여 모세는 기록한다. "도둑이 뚫고 들어오는 것을 보고 그를 쳐서 죽이면 피 흘린 죄가 없으나, 해 돋은 후에는 그에게 배상할 책임이 있으므로 보복을 받아 죽으리라."(출 22:2-3) 로고스는 곧고 건강하고 바르며, 하나님만이 홀로 모든 것을 행하시는 분이라고 증언하는데, 그런 로고스를 뚫고 나누기 위하여 들어오다가 발견되는 자는, 하나님이 아니라 자기 정신(νοῦς)이 활기의 근원이라고 착각하는 자로서, 다른 이(하나님)의 것들을 훔치는 도둑과 같다.[14]

3.33. 모든 만물이 하나님의 소유임에도 불구하고 자기 자신의 것들이라고 착각하는 자는 다른 이의 것들을 횡령하는 자요, 다른 이의 것들을 자기 것들이라고 착각하는 자는 심한 타격을 받아 다루기 힘든 허영심이라는 불치병에 시달리는 자다. 그런 행동은 배우지 못한 무식한 패거리들이 하는 짓이다. 그런 자가 자기를 가격하는 자에 관하여 말하지 못하고 침묵하는 이유는, 가격하는 자는 다른 사람이 아닌 자기 자신이기 때문이다. 자기 자신을 문지르는 자는 자기에게 문지름을 당하는 자이고, 자기 자신

---

14) 로고스는 하나님이 만물에 활기를 불어넣으시는 분임을 증거 하는데, 로고스의 증거를 부인하고, 로고스를 파괴하면서, 하나님이 아닌 자기 자신이 활기의 근원이라고 생각하는 자는 하나님의 것을 훔치는 도둑과 같다는 뜻이다.

에게 손을 대는 자는 자기의 뻗은 손에 당하는 자이다. 왜냐하면 세력을 행사하는 자의 세력과 격정을 겪는 자의 격정을 그 자신이 경험할 수밖에 없기 때문이다. 그러므로 하나님의 것들을 훔쳐서 자기 것으로 돌리는 자는 자신의 불경함과 허영으로 인하여 스스로 고통을 당하게 된다.

3.34. 그처럼 가격당하는 자는 당하기 전에 죽어서 아예 실행할 수 없게 되는 편이 죄가 덜할 것 같다. 왜냐하면 악들 가운데는 불활성인 상태에 있는 악도 있으나, 실제로 저지르는 악행도 있는데, 실제로 악행을 저지르다가 적발된 자는 목적한 범행을 이루려는 의도가 분명하므로, 악행을 저지르지 않고 불활성인 상태로 있는 자보다 더 벌을 받아 마땅하기 때문이다.

3.35. 그러므로 만약에 지성이 하나님이 아니라 자신을 피조물들의 근원이라고 생각하면서도 그런 생각을 표현하지 않은 채 죽은 상태로 있다면, 다시 말해, 지성이 불활성인 상태로 잠자코 있다면, 지성에게 피 흘린 죄가 없다. 그런 자는 모든 활기의 근원을 하나님께 돌리고 혼을 살리는 (ἔμψυχον) 신조를 완전히 파괴하지는 않았기 때문이다. 그러나 만약에 태양이 떠오른다면, 다시 말해 우리 속에서 (태양 같은) 밝은 정신이 떠올라 반짝인다면, 그 정신이 모든 것을 통찰하고 판별하여 그에게서 아무도 도망칠 수 없을 것이므로, 혼을 살리는 신조를 부인하여 파괴한 자도 죄를 범한 사실이 드러나고 보복을 당하여 죽게 된다. 혼을 살리는 신조에 의하면 오로지 하나님만이 홀로 만물의 근원이시지만, 혼이 없어서 사멸하고 틀린 신조를 지어내는 자에게 그런 하나님은 영향력도 없고 멸절하신 것처럼 보인다.

3.36 XI. 이러한 이유로 성경(ὁ ἱερὸς λόγος)은 장인의 손들로 조각하거나 부어 만든 작품(우상)을 은밀한 장소에 세운 자를 저주한다.(신 27:15) 오,

지성이여, 어찌하여 그대는 하나님이 아무런 속성도 없는 조각품들과 똑같은 속성을 지니셨다거나, 불멸하는 하나님이 주조하여 만든 작품들처럼 사멸하신다는 등의 쓸모없는 견해들을 그대 안에 담아두는가? 어찌하여 그대는 진리를 수련하는 자들에게 배워 마땅한 것들을 마음속에 가져오지 않는가? 아마도 그대는 진리를 거역하는 개연성들을 명상하면서 그대에게 어떤 기술이 있다고 착각하는 모양인데, 사실 그대는 그런 기술도 없는 주제에 혼의 중병인 무지(ἀμαθία)에 걸린 상태에서 치료받기조차 거부하고 있는 꼴이라네.

3.37 XII. 쓸모없는 자는 자신의 분열된 정신 속으로 가라앉으며 자신의 실존에서 도망치기 마련인데, 이에 대하여 모세는 "이집트 사람을 때리고 죽여서 모래에 숨겼다"고 증언한다.(출 2:12) 이는 육체적인 것들을 중요하게 여기고, 혼에 관한 것들을 무시하고, 쾌락들을 완전하다고 착각하는 자를 모세가 유죄로 판시했다는 뜻이다.

3.38. 그는 하나님을 보는 자가 이집트 왕이 부과한 고통에 시달리는 현장을 보았는데, 여기서 '이집트'는 격정들의 우두머리인 '악'을 뜻한다. 아울러 그는 이집트 사람이 보는 자를 가격하고 괴롭히는 모습도 보았는데, 여기서 '이집트 사람'은 인간적이고 사멸하는 격정을 의미한다.[15] 그는 전체 혼(ψυχή)을 이리저리 살펴보고서, 그 주변에는 살아계신 하나님 외에 아무도 계시지 않으며, 다른 것들은 혼란과 무질서 상태에 불과하다는 사실을 깨달았다. 그러므로 그는 쾌락에 집착하는 자(이집트 사람)를 가격하여

15) 필론은 모세의 두 가지 정체성을 마치 서로 다른 두 사람처럼 묘사하는데, 그 하나는 '이집트 사람'이고 다른 하나는 '하나님을 보는 자'이다. 전술했듯이 필론은 이스라엘을 "(하나님을) 보는 자(ὁ [τὸν θεὸν] ὁρῶν)"라고 정의한다.

정죄하고, 분열하여 요동치는 자신의 정신 속에 그것을 숨김으로써, 더는 좋은 것과 어울리고 연합할 수 없는 상태가 되었다.[16]

3.39. 그가 자신 속으로 숨어버린 것이다. 그러나 그와 상반되는 자는 자신에게서 빠져나와 살아계신 하나님께 피신한다.[17] 이에 관하여 그(모세)는 다음과 같이 기록한다. "그를 이끌고 밖으로 나가 가라사대 하늘을 우러러 뭇별을 셀 수 있나 보라."(창 15:5)[18] 그 별들을 우리가 포착하고 탐구하고자 하는 까닭은 덕에 대한 우리의 열망이 충족되지 않고 하나님의 부요하심은 가늠할 수 없기 때문이다.

3.40. 그리고 은혜받기를 사모하는 자에게 은혜가 주어졌다. 모세는, 마치 하늘에 뿌려진 별처럼 매우 맑고 밝은 씨앗들이 혼에 뿌려지고, 모든 정신적인 것들에 뿌려졌다고 기록한다. 그런데 '그를 이끌고'라는 말에 '밖으로'라는 말이 덧붙여진 것은 사소한 것일까? 집안에서 누가 밖으로 나가는가? 이에 관하여 모세는 기록하지 않는다. 그가 그를 이끌고 간 장소는 다른 것들에 의하여 둘러싸일 수 있는 바깥이 아니라 바깥에 가장 가까운 곳이었다. 집들을 보면, 여자들의 방 바깥쪽에 남자들의 거실이 있고, 안쪽에 통로가 있고, 현관은 뜰 바깥쪽과 대문 안쪽 사이에 있다. 이처럼 혼

..

16) 모세의 두 가지 정체가 서로 대립하다가, '하나님을 보는 자'가 '이집트 사람'을 가격하여 죽이고 묻어버렸다는 뜻이다.

17) 모세 안의 두 정체(자아)를 서로 다른 두 사람처럼 묘사하고 있다. 사도 바울도 자기 속에서 두 자아가 대립하는 것을 다음과 같이 묘사했다. "그러므로 내가 한 법을 깨달았노니 곧 선을 행하기 원하는 나에게 악이 함께 있는 것이로다. 내 속 사람으로는 하나님의 법을 즐거워하되 내 지체 속에서 한 다른 법이 내 마음의 법과 싸워 내 지체 속에 있는 죄의 법 아래로 나를 사로잡아 오는 것을 보는도다."(롬 7:21-23)

18) 여기 인용한 본문은 아브라함에 관한 것인데, 그것을 필론은 모세에게 적용한다. 즉, 모세가 이집트 사람에서 보는 자로 바뀐 것은 아브람이 아브라함으로 된 것과 같고, 모세를 이끌어내신 하나님은 아브라함을 이끌어내신 하나님과 동일한 분이라는 뜻이다.

에도 바깥쪽에 있는 것이 있고 안쪽에 있는 것이 있다.

3.41. 그러므로 그가 정신(νοῦς)을 가장 바깥으로 이끌었다는 말을 귀담아들어야 한다. 몸(σῶμα)을 떠나 감각(αἴσθησις)으로 도피하는 유익은 무엇인가? 감각을 떠나 크게 울리는 로고스로 후퇴하는 유익은 무엇인가?[19] 그것은 정신이 밖으로 자유롭게 나아가 해방되고, 몸으로 인한 온갖 필연들과 감각적 기관들, 궤변론적 추리들, 그럴듯한 논리들, 자신의 한계들 등에서 해방될 필요가 있기 때문이다.

3.42 XIV. 그러므로 그는 다른 곳에서 자랑스럽게 선언한다. "하늘의 주 하나님, 땅의 하나님께서 나를 내 아버지의 집에서 데리고 나오셨다."(창 24:7) 몸에 거하는 사멸하는 종속이 하나님과 소통하기란 불가능하므로 하나님께서 그를 그 감옥(δεσμωτήριον)에서[20] 끌어내신 것이다.

3.43. 그러므로 '혼의 기쁨(ἡ τῆς ψυχῆς χαρά)'을 상징하는 이삭은 하나님을 명상하고 하나님과 홀로 있고자 할 때면, 자기 자신과 자기 정신(νοῦς)을 두고 나간다. 이는 모세가 기록한 바와 같다. "해가 저물 때 이삭은 들로 나갔다."(창 24:63) 또한 '예언하는 로고스(ὁ προφητικὸς λόγος)'를 상징하는 모세는, "그 도시에서 나가고자 할 때 내가 손을 뻗으리라"고 기록하는데, 여기서 '도시'는 혼을 뜻한다. 왜냐하면 혼은 살아 있는 것들이 거주하는 도시로서 법들과 관습들을 제공하기 때문이다. '내가 손을 뻗으리라'는 말은 내가 모든 행동들을 하나님께 펼쳐서 보여드리고, 하나님을 내 행동 각각의 증인이자 감독으로 초청함으로써, 그분으로 인하여 악이 숨지 못

⁚

19) 필론은 정신이 몸에서 빠져나와 감각으로 도피하는 데 멈추지 않고, 감각이 이성으로 도피해야 한다고 주장한다. 필론은 정신, 로고스, 감각, 몸의 순서로 인간의 구성 요소들을 평가한다.

20) '감옥'은 '몸'을 뜻한다. 필론은 플라톤의 σῶμα/σῆμα(몸/감옥) 이원론을 전제한다.

하고 펼쳐져서 적나라하게 드러나도록 한다는 뜻이다.

3.44. 참으로 혼이 로고스와 행동를 모두 동원하여 신성에 참여할 때, 감각들의 소리들과 모든 귀찮고 불길한 소음들은 잠잠해진다. 왜냐하면 시각적 대상은 자신에게 시각을 불러들이고, 소리는 청각을 불러들이고, 냄새는 후각을 불러들이고, 대체로 감각 대상은 해당 감각 기관을 작동하도록 불러들이기 때문이다. 그러나 이 모든 것들은 지성이 '혼의 도시(πόλις ψυχῆς)'를 떠나 자신의 행동들과 생각의 흐름들을 하나님께 번제 드릴 때 잠잠해진다.

3.45 XV. 왜냐하면 "모세의 손들은 묵직하기" 때문이다.(출 17:12) 쓸모없는 자의 행동들은 공허하고 경박하지만, 현자의 손들은 묵직하고 중후하여 흔들리지 않기 때문에, 로고스 내지 "'빛(φῶς)'이라는 뜻의 '호르(Ὤρ)'"를 상징하는 아론의 지원을 받는다. 행동들을 밝히는 빛으로서는 진리(ἀλήθεια)보다 분명한 것이 없다. 그러므로 여기서 그(모세)가 상징적으로 설명하고자 하는 것은, 현자는 로고스와 진리의 지원을 받아 행동하고, 로고스와 진리야말로 행동들을 실현하기 위하여 가장 절실하게 필요한 것들이라는 사실이다. 그러므로 아론은 사명을 모두 완수하고 죽을 때, '빛'을 상징하는 '호르산'으로 올라간다.(민 20:25-28) 왜냐하면 로고스의 완성은 어떤 빛보다 더 선명한 '진리'이고, 로고스는 그 진리를 향하여 가기를 열망하기 때문이다.

3.46. 그가 하나님께 '지혜(σοφία)'를 상징하는 회막을 받았을 때, 지혜로운 현자는 지혜안에 회막을 치고 회막에 거하되, 회막을 몸속이 아니라 몸밖에 단단히 고정하고 튼튼하게 세웠다는 사실을 그대는 알지 못하느냐? 그는 그것(몸)을 군대 야영지에 비유하는데, 야영지는 전쟁들을 치를 때 사용하는 막사와 전쟁이 초래하는 온갖 악들로 가득하여 평화에 관한 것이

라고는 아무것도 없는 상태를 의미한다. "그리고 회막은 증거(약속)의 회막"이라고 불렸는데, 지혜는 하나님이 입증하시기 때문이다. "주님을 앙모하는 자는 다 진 밖으로 나아갔다"는 표현은 아름답다.(출 33:7)

3.47. 오, 지성이여, 참으로 그대가 하나님을 앙망한다면, 그대 자신을 떠나 그분을 찾으라! 그러나 그대가 거추장스러운 몸에 머물러 있거나 헛된 의견에 정신을 방치한다면, 그대는 비록 하나님을 찾는 모양새를 하고 있을지라도 신성한 것들을 찾지는 못하리라. 그대가 찾아 나설지라도 하나님을 발견할 수 있을지 없을지 확실하지 않다. 왜냐하면 하나님은 많은 이들에게 자신을 계시하지는 않으셨고, 저들이 노력한 보람도 없이 가진 것을 모조리 소진하기까지 내버려 두신 적도 많기 때문이다. 그러나 덕스러운 일들에 참여하여 하나님을 찾는 일 자체만으로도 충분하게 선하다. 왜냐하면 선한 것들을 추구하는 시도들은 비록 완전한 성공을 거두지 못할지라도 그 자체만으로 시도한 사람들에게 영원한 기쁨을 주기 때문이다.

3.48. 그러나 쓸모없는 자는 덕에서 도망쳐 나와 하나님을 피하여 부실한 도우미에게 피신하는데, 그 도우미는 다름 아닌 자신의 정신(νοῦς)이다. 그러나 근면한 자는 자기 자신에게서 도망쳐 나와 한 분 하나님의 지식을 향하여 돌아서서 아름다운 경주에 참여하고, 모든 것들 가운데 가장 덕스러운 경쟁에서 승리한다.

3.49 XVI. "주 하나님이 아담을 부르시고, 그에게 '네가 어디에 있느냐?' 하고 물으셨다."(창 3:9) 그의 아내도 그와 함께 숨었을 텐데 왜 아담만 부르셨을까? 먼저 언급해야 할 것은, 변질하기(타락)를 멈추고 고침을 받을 때마다 정신(νοῦς)은 부르심을 받고, '어디에 있느냐?' 하는 질문을 받게 된다는 사실이다. 정신 자체만 소환되는 것이 아니라 그의 세력들(αἱ δυνάμεις)이 모두 소환되는데, 이는 그 세력들 없이 정신 자체만으로는 벌거

숭이이고 아무것도 아니기 때문이다. 그 세력들 가운데 하나가 감각이고, 감각은 여자다.

3.50. 그러므로 감각을 상징하는 여자도 정신을 상징하는 아담과 함께 불려간 셈이다. 그러나 하나님은 여자만 부르지는 않으신다. 왜 그럴까? 왜냐하면 여자는 로고스를 결여하므로(ἄλογος) 여자 자체만으로는 유죄 판결을 받을 자격이 없기 때문이다. 시각도 청각도 다른 어떤 감각 기관도 교육을 통하여 학습할 수 있는 주체들이 아니므로 사물들을 이해할 수 없는 것들이다. 일하신 분(하나님)은 보이는 몸체가 있는 것들만 감지할 수 있도록 여자를 만드셨다. 이와 달리 정신은 학습을 받을 수가 있으므로, 하나님이 감각은 따로 소환하지 않으나, 정신은 따로 소환하기도 하신다.

3.51 XVII. '네가 어디 있느냐(ποῦ εἶ)?' 하는 표현은 다양한 의미를 함축한다. 먼저, 곡절 악센트(ποῦ)를 억음 악센트(πού)로 대치하면, '네가 거기 있구나(πού εἶ)!' 하는 말과 같아져서 의문문이 아니고, '네가 가까이 있다(ἐν τόπῳ ὑπάρχεις)' 하고 진술하는 평서문이 된다. 그대는 하나님이 낙원에서 걷고 계시고 낙원에 둘러싸여 계신다고 생각했을 테지만, 이런 생각이 옳지 않음을 깨달아야 하고, 모든 것을 아시는 하나님의 신뢰할 만한 말씀에 귀 기울여야 한다. 하나님은 무엇으로 둘러싸이는 분이 아니라 만물을 둘러싸는 분이시므로, 특정 장소에 태어나는 피조물은 불가피하게도 그 자신이 둘러싸는 것이 아니라 (하나님에 의하여) 둘러싸일 수밖에 없다.

3.52. 둘째, 그 표현은 이런 뜻일 수 있다. 오, 혼(ψυχή)아, 네가 어디 있었느냐? 어찌하여 선한 것들 대신에 악한 것들을 택했느냐? 하나님은 너를 덕에 참여하도록 초대하셨으나, 악의 편으로 가다니, 너를 생명나무로, 생명을 북돋우는 지혜로운 나무로 초대했거늘, 쾌락을 추구하는 무지하고 파멸하는 방향으로 치달아 진정한 생명의 행복을 버리고 처참한 혼의 죽

음(ὁ ψυχῆς θάνατος)을 택하기로 작정했느냐?

3.53. 셋째는 의문문으로 보는 것인데, 그러면 이 질문에 두 가지 답이 가능해진다. 하나는, '네가 어디 있느냐?'에 대하여 '아무 데도 없습니다!' 하고 대답하는 경우인데, 이는 쓸모없는 자의 혼이 들어가거나 자리 잡을 장소가 어디에도 없다는 뜻이다. 이런 이유로 쓸모없는 자는 거주할 장소가 없고, 머물 곳 없이 척박한 처지에 놓인 부류다. 이런 자는 근면하지 않으므로 쉬지 못하고 방황하는 바람처럼 영원히 요동치고 휘둘리고 불안정하여, 확고한 의견이라고는 찾아볼 수 없는 부류다.

3.54. 앞의 질문에 대한 다른 가능한 답은 아담이 한 것과 같은 것으로서, '제가 여기 있으니 들으세요' 하는 것이다. 그곳은 하나님을 볼 수 없는 자들이 있는 곳, 하나님의 소리를 들을 수 없는 자들이 있는 곳, 책망받을 원인이 되는 것(τὸ αἴτιον)을 감추려는 자들이 있는 곳, 덕을 피하는 자들이 있는 곳, 지혜가 결핍된 자들이 있는 곳, 남자답지 못하고 겁이 많은 혼 때문에 두려움에 떠는 자들이 있는 곳이다. 그러므로 아담은 이렇게 말하였다. "제가 동산에서 당신의 소리를 듣고 제가 벗었으므로 두려워하여 숨었습니다."(창 3:10) 그는 이미 언급한 모든 사례를 보여주는데, 그것은 내가 앞에서 장황하게 설명한 것들이다.

3.55 XVIII. 그런데 여기서 아담은 벌거벗고 있지 않다. 왜냐하면 조금 앞에서, "그들은 자신들을 위하여 치마를 만들었다"고 기록하고 있기 때문이다.(창 3:7) 그러나 이 기록을 통하여 그(모세)가 그대를 가르치고자 하는 내용은 그들의 몸이 벌거벗었는지에 관한 여부가 아니라, 그들의 정신이 비참한 상태로 덕을 결핍하고 있었다는 것이다.

3.56. 그는 "그 여자가, 당신이 나와 함께 있으라고 주신 그 여자가 그 나무에서 나는 것을 저에게 주었고, 제가 먹었나이다" 하고 말한다.(창

3:12) "당신이 나에게 주신 여자"가 아니라, "나와 함께 있으라고 주신 여자"라는 표현이 옳다. "당신(하나님)은 나에게 감각을[21] 내 소유물로 주지 않으시고, 내 지성의 명령들(τὰ τῆς ἐμῆς διανοίας ἐπιτάγματα)에 복종하지 않는 어떤 방식을 그녀에게 허용함으로써, 그녀를 자유롭게 풀어주셨습니다."[22] 그러므로 비록 정신(νοῦς)이[23] 시각에게 보지 말라고 명령하고 싶어도 시각(ἡ ὁράσις)이 자기 앞에 놓인 대상을 조금 덜 보는 일은 없으며, 청각(ἡ ἀκοή) 또한 비록 정신이 경쟁심을 느끼며 그녀에게 듣지 말라고 주문한다 해도 자신에게 주어진 소리에 빠짐없이 반응하고, 후각(ἡ ὄσφρησις) 또한 정신이 반응하지 말라고 타일러도 자신에게 밀려오는 냄새를 맡고야 마는 것이다.[24]

3.57.　　이처럼 하나님은 감각을 살아 있는 피조물에게 소유물로 주지 않고 피조물과 함께 있으라고 주셨다. 이것은 이런 뜻이다. 감각(αἴσθησις)이 감지하는 것은 모두 우리의 정신(νοῦς)과 함께 감지하고, 정신과 동시에 감지한다. 예컨대, 시각은 정신과 동시에 보이는 대상을 포착하는데, 눈이 물체(σῶμα)를 보자마자 정신은 그 본 것이 검은색인지, 하얀색인지 옅은 색인지, 짙은 붉은색인지, 삼각형인지, 사각형인지, 원형인지, 아니면 다른 색들과 모양들을 하고 있는지를 곧장 인식한다. 청각 또한 소리에 반응하고 청각과 동시에 정신이 반응한다. 그 증거로 정신은 듣자마자 곧장 그 소리를 판별하여, 그것이 작은 소리인지, 큰 소리인지, 조율이 잘 되었는

∴

21)　필론은 종종 여자를 '감각(αἴσθησις)'에 비유한다.
22)　필론은 1인칭 대명사와 2인칭 동사를 사용하여, 아담이 하나님께 드리는 말씀인 것 같은 형식을 취한다. 필론은 자신의 사상을 아담의 입을 빌어 생생하게 묘사하고자 의도한 것 같다. 그러므로 역자는 이 문장을 인용부호로 처리했다.
23)　남성명사 '정신'은 맥락에 따라 종종 '아담', '모세' 등으로 의인화된다.
24)　시각, 청각, 후각 등이 여성으로 의인화된다.

지, 리듬이 맞는지, 아니면 조율이 되지 않고 화음이 맞지 않는지 등을 가려낸다. 이런 현상이 다른 감각 기관들에서도 발견된다.

3.58. 또한 "그녀가 그 나무에서 나는 것을 저에게 주었다"는 표현은 참으로 적절하다. 왜냐하면 하나님이 정신에게 부여한 것은 목재처럼 감지할 수 있는 중압감이지 감각 자체는 아니기 때문이다. 무엇이 지성에게 물체(σῶμα)나 하얀색을 식별할 수 있게 하는가? 외모가 아닐까? 소리를 알아듣게 하는 것은 무엇인가? 청각은 아닐까? 냄새를 식별하게 하는 것은 무엇인가? 후각이 아닐까? 맛을 알아보게 하는 것은 무엇인가? 미각이 아닐까? 거친 것과 부드러운 것을 알아보게 하는 것은 무엇인가? 촉각이 아닐까? 그러므로 내게 물체들을 감지하는 능력을 부여하는 것은 감각뿐이라는 말이 참으로 옳다는 생각이 든다.

3.59 XIX. "그리고 하나님은 여자에게 '네가 어찌 이것을 하였느냐?' 하고 물으시자, 여자는 '뱀이 나를 유혹하여 내가 먹었나이다' 하고 대답했다." (창 3:13) 하나님은 감각(여자)에게 다른 것을 물으시는데, 여자는 질문과 무관한 대답을 하는 것이다. 하나님은 남자에 관한 것을 질문하시는데, 여자는 남자에 관하여 말하지 않고, 자기 자신에 관하여 말하면서, '내가 주었나이다'라고 하지 않고 '내가 먹었나이다' 하고 대답한다.

3.60. 어쩌면 우리가 알레고리 방식을 취하면 꼬인 문제를 풀게 되고, 그 여자가 먹은 이후에 남자가 먹을 수밖에 없었던 필연이 무엇인지, 답을 구할 수 있을지 모른다. 왜냐하면 감각이 감각 대상에 적용되어 그 대상의 외모로 충만하게 구체화되면, 정신은 곧장 거기에 참여하여 그것을 받아들이기 때문이다. 이는 어떤 음식(감각의 대상)이 있는 것을 (감각이) 감지하면 (정신이 명령하여) 그 음식으로 자신을 배 불리는 것과 같은 방식이다. 그러므로 그녀(감각=여자)는 이렇게 말하는 셈이다. '제가 남자에게 주려고

한 것은 아닙니다. 제가 제 앞에 놓은 사물을 감지하자마자 그가 스스로 작동하여 상상하고 구체적으로 행동한 것입니다.'

3.61 XX. 그런데 남자는 여자가 주었다고 표현하지만, 이와 달리 여자는 뱀이 주었다고 하지 않고 뱀이 속였다고 표현한다는 사실에 주목해야 한다. 왜냐하면 감각은 고유하게 주는 방식을 사용하지만, 쾌락은 뱀처럼 구불구불한 방식을 사용하여 속이고 유혹하기 때문이다. 예를 들면, 감각은 자연 속성에 맞추어 흰색과 검은색, 따뜻한 색과 차가운 색 등을 정신에게 알려주되, 거짓으로 속이지 않고 진실하게 알려준다. 이런 것들은 자연 과학에 투철하지 못한 사람들 대다수에게 보이는 것들이 파악되는 방식이다. 그러나 쾌락은 정신을 교묘하게 속여서 사물 그대로의 고유한 모습을 알려주지 않으므로 좋지 않은 것을 좋은 것으로 착각하게 한다.

3.62. 그런 사례는 창기들 가운데 못생긴 자들이 수치스러운 부분을 가리기 위하여 얼굴을 성형하고 화장하는 것에서 볼 수 있다. 또한 자제력이 없는 자가 배의 쾌락에 쏠려서 희석하지 않은 많은 양의 술과 음식을 준비하는 것을 좋은 일로 착각하는 것도 그러한데, 사실 그는 그것들로 인하여 몸과 혼에 상해를 입는다.

3.63. 또한 그런 사례는 수치스러운 여자들에게 몰두하기를 좋아하는 자들에게서도 종종 볼 수 있다. 이런 일이 일어나는 이유는, 그런 여자들이 마치 멀쩡한 외모와 좋은 피부와 건강한 육체와 균형 잡힌 신체 부위들을 가지거나 한 것처럼, 쾌락이 그런 남자들을 속이고 기만하기 때문이다. 그처럼 쾌락에게 기만당한 자들은 참으로 흠 없는 아름다움을 겸비한 여성들에게는 눈길조차 주지 않고, 앞에서 말한 여자들에게 자신을 소모한다.

3.64. 그러므로 모든 기만은 쾌락과 지극히 밀접한 연관이 있고, 그것이 주는 모든 것은 감각과 지극히 밀접한 연관이 있다. 그것(쾌락)은 정신

을 교묘하게 교란하여 그 앞에 놓인 사물들이 어떤 종류들인지 정확하게 밝히지 않은 채 실체와 다른 것들로 착각하게 만들기 때문이다. 이와 달리 감각은 실체들을 본래 속성 그대로 조작이나 기교 없이 알려준다.

3.65 XXI. "그리고 주 하나님이 뱀에게 이르시되, 네가 이렇게 하였으니 네가 땅의 모든 육축과 모든 짐승보다 더욱 저주를 받아 가슴과 배로 다니고 종신토록 흙을 먹으리라. 내가 너와 여자 사이에 미움을 두어 서로 원수가 되게 하고 너의 후손과 여자의 후손 사이에도 그러하리라. 그(여자의 후손)가 네 머리를 감시할 것이요, 너는 그의 발꿈치를 감시할 것이라."(창 3:14-15) 그는 다른 곳에서 "쌍방이 다투기 위하여 맞서는 경우, 양방의 변론이 있어야" 하고, 서로의 변론이 있기 전에 미리 판단하지 말아야 한다고 명하시는데,(신 19:17) 왜 여기서 하나님은 뱀에게 변호할 기회를 주지 않고 저주부터 하실까?

3.66 그리고 하나님은 여자에 대한 아담의 변론을 미리 판단하지 않고, 여자에게 변론 기회를 주면서, "네가 어찌 이것을 하였느냐?"고 물으셨는데, 이 사실을 그대는 알지 않는가? 그녀는 뱀같이 복잡하게 꼬인 쾌락의 속임수에 넘어갔다고 고백한다. 그러면 왜 그는 여자가 뱀이 자신을 속였다고 말한 이후에, 뱀에게 정말 그가 여자를 속였는지 묻지 않고 변론 기회도 주지 않은 채 저주하기를 멈추지 않으셨는가?

3.67. 말할 수 있는 것은, 감각이란 쓸모없는 자들의 것도 근면한 자들의 것도 아니며, 현명한 자와 우둔한 자 사이에 공유하는 어떤 것인데, 우둔한 자 안에 있으면 쓸모없는 것이 되고, 교양 있는 자 안에 있으면 근면한 것이 된다는 사실이다. 그러므로 감각은 그 자체로 비천한 속성을 갖지는 않지만, 좋은 쪽이나 나쁜 쪽 중에서 한쪽으로 치우칠 수 있는 양면성을 가지기 때문에 나쁜 쪽을 따라갔다고 고백한 후에야 저주를 받는 것은

당연하다.

3.68. 감각과 달리, 뱀은 그 자체로 비천한 쾌락을 상징하므로, 근면한 자에게서 발견되는 것이 아니고, 오로지 쓸모없는 자만이 쾌락을 즐긴다. 그녀(쾌락)는 언제 어디서나 발작을 일으키는 불결한 것이므로, 하나님이 그녀에게 변론 기회를 주지 않고 저주하신 것은 지당하다.

3.69 XXII. 따라서 하나님은 기소 사유를 밝히지 않아도 (유다의 장자) 엘이 악하다는 사실을 이미 알고 계셨고, 그를 죽이기까지 하신다.(창 38:7) 왜냐하면 하나님은 우리를 덮고 있는 가죽, 즉 '몸($\sigma\tilde{\omega}\mu\alpha$)'의 속성을 모르지 않으시는데, '엘'은 '가죽'이라는 뜻으로서, 그것은 악하고, 혼을 기만하여 거역하고, 영원히 멸망하고, 죽은 몸을 상징하기 때문이다. 그러므로 우리 각자의 혼이 각자의 몸을 일으켜 끌고 다니는 일에 지치지 말아야 한다는 것 외에 우리 각자가 실천하고 견뎌내야 할 일이 달리 무엇이라고 그대는 생각하는가? 여기서 몸은 그 자체로 죽은 것이다. 그리고 그대가 원한다면, 혼의 기운($\epsilon\dot{\upsilon}\tau o\nu\dot{\iota}\alpha$ $\psi\upsilon\chi\tilde{\eta}\varsigma$)이 어느 정도인지 알아보라!

3.70. 아무리 건장한 운동선수($\dot{\alpha}\theta\lambda\eta\tau\dot{\eta}\varsigma$)일지라도 자신의 조각상($\dot{\alpha}\nu\delta\rho\iota\dot{\alpha}\varsigma$)을 잠시도 들고 다니지 못한다.[25] 그러나 혼($\psi\upsilon\chi\dot{\eta}$)은 100년 정도까지 사람 조각상(몸)을 지치지 않고 가뿐하게 들고 다니다가 시간이 되면 그것을 멸하지 않은 채 처음부터 죽은 몸이었던 그것에서 소임을 다하고 빠져나온다.[26]

3.71. 내가 앞에서 기록했듯이, 엘은 본성이 악하여 혼을 기만하고 거역

..

25) 실제 인간의 크기로 만든 동상이나 석상을 상상해보라. 자기 몸 크기일지라도 너무 무거워서 혼자서 운반하기는 거의 불가능하다.
26) 필론은 '몸($\sigma\tilde{\omega}\mu\alpha$)'을 '죽은 동상'에 비유하고, 혼($\psi\upsilon\chi\dot{\eta}$)을 그 죽은 몸을 들고 다니는 주체로 표현하며, 인간의 수명을 100세 정도로 길게 잡는다.

했다. 그런데 이런 실상은 모두에게 보이는 것이 아니라, 오로지 하나님께 보이고, 만약에 하나님께 친구가 있다면 하나님과 그 친구에게만 보이는 것이다. 그러므로 (하나님의 친구) 모세는 "엘이 주님 앞에 악하다"고 기록한 것이다. 왜냐하면, 정신(νοῦς)은 높은 것을 명상하고 주님의 신비들(τὰ μυστήρια)에 입문할 때 비로소 몸(σῶμα)이 악하고 나쁘다는 사실을 판단할 수 있기 때문이다. 그러나 정신이 신성한 것들을 추구하는 일에서 물러서게 되면, 몸을 친근한 고향 형제처럼 여기고 몸과 친한 것들로 돌아가 위안을 얻는다.

3.72. 이런 점에서 운동선수(ἀθλητής)의 혼(ψυχή)은 철학자(φιλόσοφος)의 혼과 다르다. 운동선수는 몸의 활기를 증진하는 일에 온 힘을 기울이고, 몸을 좋은 상태로 유지하느라 혼 따위는 중요하지 않게 여긴다. 그러나 철학자는 지극히 선량한 혼이 악하고 죽은 몸과 불협화음을 일으키지 않도록 하는 것을 최선의 목표로 삼고, 죽은 몸보다는 자신 안에 살아 있는 혼을 아름답게 가꾸는 일을 더 사랑한다.[27]

3.73 XXIII. 그대가 알다시피 엘을 죽게 하신 분은 주님(κύριος)이 아니라 하나님(θεός)이시다.[28] 왜냐하면 하나님은 만물의 근원인 선함을 상징하는 이름이기 때문에, 주권의 힘을 무제한으로 사용하여 통치하거나 인도하거나 몸을 죽이지 않으시고, 되도록 선함과 올바름을 사용함으로써, 하나님이 '권세'를 이용하여 혼 없는 무생물들을 창조하신 것이 아니라 '선'을 사용하여 혼 있는 생물들을 창조하신 분임을 그대로 알게 하시려는 것이다. 왜냐하면 우월한 것들을 드러내기 위하여 심지어 열등한 것들을 부차적으

---

27) "악하고 죽은 것"은 '몸'을 뜻한다. 즉, 철학자는 몸보다 혼을 우선시한다는 뜻이다.

28) '주(κύριος)'와 '하나님(ὁ θεος)'이라는 호칭의 역할과 기능에 대하여는 *Leg.* 1.95를 보라.

로 창조할 필요가 있었으며, 그 창조 역시 창조의 근원이신 하나님의 동일하게 선하신 능력에 의한 창조여야 했기 때문이다.

3.74. 오, 혼이여, 그대는 어느 때에 그대 자신이 몸을 가장 잘 이겨냈다고 생각하는가? 그대가 완전하게 되어 면류관을 상으로 받을 때가 아니겠는가? 왜냐하면 그때 그대는 몸을 사랑하지 않고 하나님을 사랑하게 될 것이고, 마치 경기에서 우승한 자가 상들을 받듯이, 그대는 유다의 신부 다말과 같은 아내를 상으로 받을 것이기 때문이다. 다말은 '종려나무'라는 뜻으로서 승리를 상징한다. 그 증거는 엘이 다말을 아내로 데려오자마자 그가 악하다는 사실이 발견되어 죽임을 당한 사실이다. 그 기사는 다음과 같이 기록되었다. "유다가 자신의 장자 엘을 위하여 아내를 취하니, 그 이름은 다말이더라."(창 38:6) 이어서 곧바로 모세는 덧붙인다. "엘은 주님(κύριος) 앞에 악하므로 하나님(θεός)이 그를 죽이신지라."(창 38:7) 정신이 덕의 승리를 쟁취할 때는 죽은 몸에 죽음을 가결하기 때문이다.

3.75. 그대도 알다시피, 그가 뱀에게 변론할 기회를 주지 않고 곧바로 저주하신 까닭은 뱀이 '쾌락'을 상징하기 때문이다. 또한 기소 사유를 소명할 기회조차 주지 않은 채 엘을 죽이신 까닭은 엘이 '몸'을 상징하기 때문이다. 오, 고결한 자여, 그대는 하나님께서 감각에 사로잡혀 스스로 고통받는 속성들과 더불어 책임감을 느끼는 속성들도 혼 안에 함께 창조해 두셨고, 식물들과 동물들에게 하신 것처럼 모든 혼 속에 근면하고 칭찬할 만한 것을 창조해 두셨다는 사실을 발견하게 될 것이다.

3.76. 조물주(δημιουργός)가 식물들 가운데서 어떤 것들은 경작이 쉽고 유익하여 영양을 공급하도록 만드셨으나, 다른 것들은 거칠고 해롭고 병듦과 죽음을 초래하도록 만드셨으며, 동물도 그렇게 만드셨다는 사실을 그대는 알지 못하는가? 의심할 여지 없이 지금 언급되는 뱀의 경우는 그

자체로 파괴적이고 악독한 동물이다. 뱀을 쾌락에 비유하는 이유는, 뱀이 사람을 지나가며 지배하듯이 쾌락도 혼을 지나가며 지배하기 때문이다.

3.77 XXIV. 하나님은 특별한 사유 없이 쾌락과 몸을 미워하시고, 분명한 사유 없이 고결한 속성들을 선호하시되, 그 속성들이 이룩한 업적을 칭찬하기도 전에 선호부터 하신다. 무엇 때문에 모세는 노아가 미리 이룬 업적도 없을 때 '주 하나님 앞에서 은혜를 입은 자로 발견되었다'(창 6:8)고 기록하는지 누군가 질문한다면, 우리의 지식이 미치는 한에서 적절하게 할 수 있는 대답이란 그(노아)가 태생적으로 칭찬받을 만한 속성을 타고났다는 것이다. '노아'는 '안식' 내지 '정의로움'을 뜻하므로, 필연적으로 불의한 행동들과 죄짓는 일들로부터 안식하는 자로서, 아름답고 정의로운 것에 안식하고 그것과 함께 살므로 하나님 앞에 은혜를 입은 자로 발견될 수밖에 없다.

3.78. 은혜를 입은 자로 발견된다는 말은 어떤 이들의 생각대로 그와 함께 있기를 기뻐하는 자라는 뜻이기도 하고, 다음과 같은 뜻이기도 하다. 즉, 의로운 자는 존재하는 것들의 본질을 찾아 그 안에서 가장 좋은 대상을 발견하고, 존재하는 모든 것들은 피조물의 선물이 아니라 하나님 때문에 존재하며, 모든 것들은 피조물의 소유가 아니라 하나님의 소유이므로, 하나님께만 은혜 내리시는 일이 합당하다는 것이다. 창조의 시원이 도대체 무엇인지 찾는 이들에게 해줄 수 있는 최선의 대답은, 하나님의 선하심과 은혜가 그 자신과 함께 (인간) 종속에게 값없이 부여되었고, 세계에 있는 모든 것들이 세계 자체와 더불어 하나님이 주신 선물이자 은혜요, 은총이라는 것이다.

3.79 XXV. 그리고 멜기세덱은 평화를 상징하는 살렘 왕이라는 뜻으로서 하나님이 자신의 제사장으로 삼으셨는데, 이전에 그에게 특별한 업적이 있

어서가 아니라, 하나님이 이 사람을 평화의 왕으로, 무엇보다 자신의 제사장으로 삼으셨기 때문이다.[29] 그가 의로운 왕이라 불리고 폭군과 반대인 왕이라 불리는 까닭은 그가 법들의 주창자이기 때문이다. 이와 반대로 폭군은 불법의 주창자다.

3.80. 그러므로 폭군과 같은 정신은 혼과 몸에 명령들을 내려 난폭하고 해롭고 잔인한 고통을 야기하고, 내가 말하는 악에 따른 행동들과 격정들로 집착할 것을 명한다. 이와 달리, 왕과 같은 정신은 무엇보다 명령 대신 설득하는 편을 택하고, 설득한 것들을 가르침으로써 살아 있는 유기체의 배($\sigma\kappa\acute{\alpha}\phi\text{o}\varsigma$)가 선하고 기술 좋은 선장($\kappa\upsilon\beta\epsilon\rho\nu\acute{\eta}\tau\eta\varsigma$)의 인도로 인생을 순항하도록 이끄는데, 그 선장은 바로 '올바른 로고스($\acute{o}\ \acute{o}\rho\theta\grave{o}\varsigma\ \lambda\acute{o}\gamma\text{o}\varsigma$)'다.[30]

3.81. 그러므로 폭군은 '전쟁 두목($\acute{o}\ \acute{\alpha}\rho\chi\omega\nu\ \pi\text{o}\lambda\acute{\epsilon}\mu\text{o}\upsilon$)'이요, 왕은 '평화의 수장($\acute{o}\ \acute{\eta}\gamma\epsilon\mu\grave{\omega}\nu\ \epsilon\grave{i}\rho\acute{\eta}\nu\eta\varsigma$)', 즉 '살렘'이라 부르고, 그로 하여금 혼($\psi\upsilon\chi\acute{\eta}$)에 희락과 기쁨으로 가득한 음식을 제공하게 할 것이라. 왜냐하면 그(살렘 왕)가 떡과 포도주를 가져왔는데, 그것들은 암몬 사람들과 모압 사람들이 '보는 자($\acute{o}\ \beta\lambda\acute{\epsilon}\pi\omega\nu$)'에게[31] 가져오기를 원하지 않았던 것들이고, 그로 인하여 그들이 신성한 모임인 총회에서 제외되었기 때문이다. 암몬 사람들은 그 어

•.

29) "아브람이 그돌라오멜과 그와 함께한 왕들을 파하고 돌아올 때에 소돔왕이 사웨 골짜기 곧 왕곡에 나와 그를 영접하였고 살렘왕 멜기세덱이 떡과 포도주를 가지고 나왔으니 그는 지극히 높으신 하나님의 제사장이었더라 그가 아브람에게 축복하여 가로되 천지의 주재시요 지극히 높으신 하나님이여 아브람에게 복을 주옵소서 너희 대적을 네 손에 붙이신 지극히 높으신 하나님을 찬송할찌로다 하매 아브람이 그 얻은 것에서 십분 일을 멜기세덱에게 주었더라."(창 14:17-20); "이 멜기세덱은 살렘 왕이요 지극히 높으신 하나님의 제사장이라 여러 임금을 쳐서 죽이고 돌아오는 아브라함을 만나 복을 빈 자라."(히 7:1)
30) 인생을 항해에 비유하여 '영혼의 순례(the journey of the soul)'를 묘사하는 플라톤적 소크라테스의 의견을 참조하라. Plato, *Phaed.* 85d.
31) 전술했듯이, '보는 자'는 '이스라엘'을 지칭하는 필론의 독특한 표현이다.

미의 감각에서 나오고, 모압 사람들은 그 아비의 정신에서 나왔기 때문에, 이 두 종류의 사람들은 정신과 감각만을 존재하는 것들의 본질들로 여기고, 하나님이라는 개념을 도무지 받아들이지 않는다. 그러므로 모세는, (우리가) 이집트에서 나올 때, "그들은 떡과 물을 가지고 우리를[32] 만나러 오지 않았기 때문에 주님의 총회에 들어오지 못할 것이다" 하고 기록한다.(신 23:3-4) 여기서 이집트는 격정들을 상징한다.

3.82 XXVI.　그러나 멜기세덱으로 하여금 물 대신에 포도주를 가져오게 하고, 혼에게 그것을 들이켜 마시게 함으로써, 혼이 맨정신일 때보다 더 멀쩡한 상태가 되는 신성한 취기에 사로잡히게 하라. 로고스는 제사장으로서 존재하는 분(하나님)을 기업으로 가지고, 그분에 관한 높고 숭고하고 장엄한 생각을 하기 때문이다. 로고스가 지극히 높은 분의 제사장이라는 말은 가장 높지 않은 다른 신이 있다는 뜻이 아니라, "위 하늘과 아래 땅에서" 하나님만이 유일하게 존재하시고, "그분(하나님) 외에는 아무도 존재하지 않기" 때문에, 그(로고스)는 하나님을 가난하고 비굴한 방식이 아니라, 지극히 위대하고 순수하게 비물질적이고 고상한 방식으로 떠올리도록 지극히 높은 분에 대한 인상을 불러일으키기 때문이다.

3.83 XXVII.　하나님이 아브라함에게 아버지의 땅과 그의 친족을 멀리하고 하나님 자신이 주실 땅으로 가서 살라고 명하실 당시에(창 12:1) 아브람이 해놓은 선한 업적이 있었는가? 그런데도 그 도시는 아름답고 넓고 극히 번성했으니, 하나님의 선물들은 광대하고 고귀하기 때문이다. 하나님이 아

---

32)　여기서 '우리'는 출애굽 하는 이스라엘 민족을 직접적으로 의미한다. 그러나 필론의 알레고리에 따르면, 이집트는 '격정들'을 상징하므로, "우리"를 격정들에서 벗어나려는 모든 인간들로 확대 해석할 수 있다.

브람의 삶의 방식을 근면한 자가 취할 모범 사례로 만드신 까닭은 아브람이 "고결한 아버지"라는 뜻이고, 그가 아브람과 아브라함이라는 두 이름을 사용하는 내내 칭찬받을 만했기 때문이다.(창 17:5)

3.84. 정신이 혼을 위협하는 통치자 대신에 혼을 선도하는 아버지처럼 되면, 정신은 혼에 유흥거리를 흥청망청 제공하지 않고, (혼의) 의지에 반할지라도 혼에 유익한 것들을 주며, 혼이 사멸하는 것들을 따르는 온갖 비참한 것들을 떠나 높은 것을 추구하고 세계와 그에 속한 것들을 관조하는 데 시간을 쓰도록 돕고, 형언할 수 없는 인식(ἐπιστήμη)에 대한 사랑에 힘입어 위로 솟아올라, 신성한 대상과 그 속성을 탐색하고, 처음부터 있은 교리들에 안주하기보다는 더 나은 거처로 이주할 길을 찾도록 돕는다.

3.85 XXVIII. 그런데 하나님께는 창조 전에 미리 구별하고 특권을 부여하여 더 나은 기업을 소유하도록 택하신 이들이 있다. 그대도 알다시피, 하나님이 아브라함에게 이삭에 관하여 말씀하실 때,(창 17:16) 아들의 아버지가 될 희망조차 없던 아브라함은 그 약속을 듣고 웃었으며, "어찌 백 살 된 자에게 아들이 있을 것이며, 아흔 살의 사라가 자식을 낳겠습니까?" 하고 고했다.(창 17:17) 그러자 하나님은 확신 있게 선포하며, "그렇지 않다, 보라, 사라가 정녕 네게 네 아들을 낳으리니, 너는 그 이름을 이삭이라고 부를 것이며, 내가 그와 내 언약을 맺되 영원한 언약을 맺을 것이라" 하고 말씀하셨다.(창17:19)

3.86. 왜 하나님은 그 사람(이삭)을 출생 전에 축복하셨는가? 좋은 것들이라고 인정받는 것들 가운데는 신체적 건강, 건전한 감각 능력, 부요함 등이 있는데, 이런 것들은 좋은 것이라고 잘못 거론되고, 그것들을 갖게 되면 영광스러운 일이라고 평가받는다. 그러나 어떤 것들은 아직 이루어지기도 전에 장차 그렇게 될 것이라고 기대만 해도 유익한 것들이 있다. 예

를 들면, 혼에 활기를 북돋우는 기쁨(χαρά) 같은 것인데, 이것은 실제로 실현되어 작동될 때만 유쾌한 것이 아니라, 막연하게 기대만 해도 유쾌하다는 독특한 특징이 있다. 게다가 다른 좋은 것들은 그때그때 개별적으로 작동하지만, 기쁨(χαρά)은 개별적으로도 좋고 공통적으로도 좋다. 이런 일이 어떻게 발생하는지 보면, 우리는 모두 건강에 기뻐하고 자유와 명예와 다른 것들에 기뻐하므로 참으로 기쁨이 뒤따르지 않는 좋음이란 없다고 할 수 있다.

3,87. 그런데 우리는 이전에 이미 성취된 좋은 것들과 지금 일어나고 있는 좋은 것들에만 기뻐하지 않고, 장차 일어나리라고 기대되는 것들에도 기뻐한다. 예를 들면, 우리는 부자가 되기를, 지배하기를, 칭찬받기를, 병마들에게서 놓이기를, 정력과 기운을 얻기를, 무식하기보다는 유식하기를 적잖이 기대하고 반기는 것이다. 왜냐하면 기쁨은 이미 실현되어 존재할 때뿐 아니라 기대할 때도 혼에 부어져 유쾌함을 주기 때문에, 하나님이 이삭을 태어나기 전부터 좋은 이름과 훌륭한 선물에 합당한 자로 여기신 것은 당연하다. 왜냐하면 이삭은 혼의 웃음과 기쁨과 유쾌함을 뜻하기 때문이다.

3.88 XXIX. 또한 그가 야곱과 에서에 대하여 기록하기를, 그들이 배속에서부터 이미 야곱은 지배자요 인도자요 통치자이지만, 에서는 종속하는 하인이라고 한다. 왜냐하면 생명을 창조하신 하나님은 자신의 피조물들을 잘 아시되, 그것들을 완전하게 빚어내기 전에 그 능력들을 어떻게 사용할지를, 이들의 일들과 격정들을 어떻게 사용할지를 모두 다 아시기 때문이다. 인내심이 많은 혼을 상징하는 리브가가 하나님께 나아가 문의하자, 하나님은 그녀에게 "두 민족이 네 태중에 있고 두 백성이 네 복중에서부터 나뉠 것인데 한 백성이 다른 백성보다 강하겠고 큰 자가 어린 자에게 종노

릇을 할 것이라" 하고 대답하신다.(창 25:22-23)[33]

3.89. 왜냐하면 하나님께서는 태생적으로 쓸모없고 비이성적인 것은 노예에 불과하지만, 고결하고 이성적이고 더 선한 것은 권위가 있고 자유롭기 때문이다. 그런 성향이 혼 안에서 이미 완성된 경우에만 그런 것이 아니라, 그러한 기미가 보일 때부터 그러하다. 이는 대체로 약간의 덕스러운 기운만 있어도 독립적인 자유 성향과 우수성과 지도력이 나타나지만, 악의 연결고리가 생기면 악의 결과물이 완전하게 만연하지 않은 상태에서도 이성적인 것을 노예화하기 때문이다.

3.90 XXX. 그런데 이러한 야곱이 무슨 이유로, 요셉이 자신의 두 아들인 형 므낫세와 아우 에브라임을 야곱에게 데려왔을 때, 자신의 손들을 바꾸어 오른손을 아우 에브라임에게 얹고 왼손을 형 므낫세에게 얹었는가? 이를 심각하게 여긴 요셉이 자신의 아버지가 본의 아니게 착오로 손을 잘못 얹은 줄로 생각하자, 야곱은 실수한 것이 아니라면서, "안다, 애야, 내가 아는데, 이 아이는 한 백성의 아비가 되고 높여질 것이지만, 그의 형제인 동생이 그보다 위대해지리라"고 말한다.(창 48:12-19)

3.91. 그러므로 절대적으로 필요한 두 가지 속성들(φύσεις)이 하나님에 의하여 혼 안에 창조되었다고 말해야 하지 않겠는가? 그 속성들은 기억(μνήμη)과 회상(ανάμνησις)이다. 기억이 더 나은 것이고 회상은 더 못한 것이다. 기억은 생생하고 분명하게 사건들을 포착하므로 무지로 인한 이탈을 하지 않는 속성이고, 모든 면에서 회상보다 심한 망각(λήθη)은 불구가

⁚⁚
33) "그런데 아기들이 속에서 서로 부딪쳐 대자, 레베카는 '어째서 나에게 이런 일이 일어나는가?' 하면서, 주님께 문의하러 갔다. 23 주님께서 그에게 대답하셨다. '너의 뱃속에는 두 민족이 들어 있다. 두 겨레가 네 몸에서 나와 갈라지리라. 한 겨레가 다른 겨레보다 강하고 형이 동생을 섬기리라.'"(『성경』 창세 25:22-23)

되어 앞을 볼 수 없는 속성이다.

3.92. 먼저 태어난 더 나쁜 것이 회상이며, 기억은 더 나은 것인데, 회상과 기억은 서로 연관이 있고 무관하지 않다. 왜냐하면 우리가 어떤 기술들에 입문할 때 처음 입문하자마자 곧바로 자신이 본 현상들을 기술들에 적용하지는 못하기 때문이다. 즉, 처음에 우리는 망각 상태에 있다가, 이어서 회상하게 되고, 망각하다가 회상하다가를 여러 차례 반복하다가 마침내 기억해 낸다. 이처럼 기억은 회상보다 늦게 나타나는 현상이기 때문에 기억이 회상보다 젊다고 하는 것이다.

3.93. 그러므로 에브라임은 상징적으로 기억을 뜻하고, 배우기를 좋아하는 혼의 열매 맺음이라고 해석되는데, 왜냐하면 혼은 자신이 본 현상들을 확실하게 기억해 낼 때 비로소 그에 합당한 열매를 맺기 때문이다. 이와 달리 므낫세는 회상을 뜻하며, "망각에서 나온" 이후에 나타나는 현상이기 때문에 망각에서 벗어나야만 비로소 회상하게 된다. 그러므로 격정들의 발꿈치를 잡은 자(πτερνιστής)이자 수련자(ἀσκητής)인 야곱이[34] 열매 맺는 기억을 상징하는 에브라임에게 오른손을 얹어 반기고, 회상을 상징하는 므낫세에게 이차적인 가치만을 부여한 것은 지극히 당연한 일이다.

3.94. 그리고 모세가 유월절 희생을 바친 사람들 가운데서 가장 먼저 바친 사람들을 특별히 칭찬한 까닭은 그들이 이집트라는 격정들에서 나와 가던 길을 계속 갔고, 격정들로 다시 몰려가지 않았기 때문이다. 그러나 그가 이차적인 등급에 합당한 가치가 있다고 여긴 이들은 변심하여 변화 이전으로 되돌아가 자신들의 행위들을 잊어버리기라도 한 듯이 과거의 행동을 재개하기 위하여 몰려갔고, 이와 달리 먼저 희생한 이들은 주저함 없

----

34) '격정들의 발꿈치'를 잡았다는 말과 '수련자'에 관하여는 *Leg.* 3.18을 참조하라.

이 가던 길을 계속 갔다. 그러므로 망각에서 나온 므낫세는 유월절 희생을 드린 두 번째 부류의 사람들과 같고, 열매 맺는 자 에브라임은 먼저 희생을 드린 부류의 사람들과 같다.

3.95 XXXI. 이런 이유로 인하여 하나님은 브살렐의 이름을 불러 그에게 지혜와 인식(ἐπιστήμη)을 주겠다면서, 자신의 장막 안에 있는 모든 것들의 조물주(δημιουργός)와 건축자로 삼겠다고 말씀하신다.(출 31:2-5) 이는 혼의 일들에 관한 것이다. 그런데 그는 예전에 브살렐의 일이 누군가 칭찬할 만한 것이라고 적시하신 적이 없다. 따라서 이것은 마치 동전에 각인시키듯 하나님이 그 혼에 형태를 각인시키신 것이라고 말해야 한다. 만약에 우리가 그 이름이 무슨 뜻인지 미리 살펴본다면, 그 특징이 구체적으로 무엇인지 파악할 수 있을 것이다.

3.96. 브살렐은 그림자(σκιά)로 드리운 하나님을 뜻한다. 하나님의 그림자는 그의 로고스로서, 하나님이 세계를 창조하는 도구로 사용하신 것이다. 이 그림자는 다른 것들을 만들기 위한 견본이다. 하나님은 그 형상(εἰκών)의 모형(παράδειγμα)이 되시는데, 그 형상을 그림자라고 부르신 것이다. 그 형상은 다시 다른 것들을 창조하기 위한 모형이 되었으므로, 그는 율법을 만들어 반포할 때 다음과 같이 기록한다. "하나님이 하나님의 형상을 따라 사람을 만드셨다."(창 1:27) 하나님의 형상을 따라 사람을 만드셨다는 말은 그 모형의 능력을 부여받은 형상을 따라 만드셨다는 뜻이다.

3.97 XXXII. 이제 그것이 어떤 특징을 나타내는지 살펴보자. 고대인들은 우리가 어떻게 신성을 생각하게 되었는지를 탐색했는데, 최선의 방식들로 철학화한 것 같은 이들이 말한 내용은 세계와 세계를 구성하는 것들과 그것들에 내재하는 능력들로부터 우리가 만물의 근원이라는 개념을 궁구해냈다는 것이다.

3.98. 현관의 입구들과 회랑들과 거실들과 안방들과 기타 건물 시설들을 제대로 갖추어 지은 집을 보면, 우리는 그것들을 지은 기술자가 있으리라고 추측하게 된다. 왜냐하면 기술이나 조물주(δημιουργός)가 없으면 집을 완공할 수 없기 때문이다. 우리는 그와 같은 방식을 도시나 선박 등에, 규모가 크든 작든 건축된 모든 것에 적용할 수 있다.

3.99. 그러므로 큰 집이나 도시에 들어가듯이, 참으로 누군가 세계에 들어가서, 원을 그리며 움직이는 하늘과 그 안의 온갖 것들이, 즉, 움직이는 별들과 움직이지 않는 별들이, 일정한 방식들로 질서 있고 조화롭고 모두에게 유익하도록 운동하는 모양과 그 한가운데 위치한 지구와 지구 경계 면에 물과 공기의 흐름이 배치된 모양과 사멸하는 생물들과 불멸하는 생물들과 온갖 식물들과 열매들을 눈으로 보게 된다면, 확실히 그는 이것들이 완전한 기술 없이 제작될 수 없으며, 이 삼라만상의 조물주(δημιουργός)였고 제작자이신 분은 하나님이시라는 사실을 추론하게 될 것이다. 이처럼 추론하는 자들은 그림자를 통하여 하나님을 간파하다가, 마침내 그 피조물들을 통하여 제작자를 발견하게 된다.

3.100 XXXIII. 그러나 더 완전하고 더 정화된 정신(νοῦς)이 있어 위대한 신비에 입문하게 되면, 그런 자는 누구나 피조물들로부터 만물의 근원(τὸ αἴτιον)을 배우지는 않는다. 이는 마치 그림자에게서 거기 거하는 실체를 배우지 않는 것과 같다. 대신에 그는 피조물을 넘어 위를 바라보고, 창조되지 않은 이의 윤곽을 포착하여 그와 그의 그림자를 이해하기를, 그것은 로고스였고 이것은 세계였다고 이해한다.

3.101. 이는 모세가, "내게 당신을 알리시어 내가 당신을 여실하게 보게 하소서" 하고 말(기록)한 바와 같다.(출 33:13) 즉, 자신에게 하늘이나 땅이나 물이나 공기나, 요컨대, 창조된 어떤 것으로 나타나거나, 하나님 자신

이 아닌 다른 방식으로 나타나 자신(모세)에게 거울처럼 희미하게 드러나지 마시라는 뜻이다. 왜냐하면 창조되어 만들어진 것들로 드러나는 윤곽들은 사라지지만, 창조되지 않은 것들로 드러나는 윤곽들은 계속 유지되고 안전하며 영원히 존재하기 때문이다. 그리하여 하나님은 모세를 불러 그와 함께 대화하셨다.

3.102. 그리고 그(하나님)는 브살렐을 부르셨으나 모세의 경우와 같은 방식으로 부르신 것은 아니다. 모세에게는 하나님의 윤곽을 그의 근원적인 것으로부터 포착하게 하셨으나, 브살렐에게는 피조물들의 그림자로부터 그 제작자를 계산하여 관찰하도록 하셨다. 그러므로 성막과 그것의 온갖 기물들이 처음에 모세에 의하여 준비되었고, 이어서 브살렐에 의하여 준비되었는데, 모세는 원형들을 만들었고, 브살렐은 그 원형들의 모사품들을 만들었다는 사실을 그대는 발견할 것이다. 즉, 모세는 하나님을 인도자로 모셨으니, "이 산에서 네게 보인 양식을 따라 너는 모든 것을 만들라" 하고 말(기록)한 바와 같다.(출 25:40) 이와 달리 브살렐은 모세를 인도자로 삼아야 했다.

3.103. 이것은 당연하다. 왜냐하면 로고스를 상징하는 아론과 감각을 상징하는 미리암이 (모세와) 반대편에 설 때, 그들은 분명히, "(너희 가운데) 선지자가 주님께 일어나면 그(하나님)가 그에게는 환상 가운데 희미하게 나타나실 것이라" 하는 말씀을 듣게 될 것이기 때문이다. 이는 하나님이 명확하지 않은 그림자로 현현하신다는 뜻이다.(민 12:6) 그러나 "모세는 그 가문 전체에서 신실하였고, 그와는 하나님이 간접적인 수수께끼를 통하지 않은 채 직접적인 형상(εἶδος)으로 현현하여 입에서 입으로 직접 말씀하실 것이라."(민 12:7-8)

3.104 XXXIV. 그러므로 우리는 하나님에 의해서 창조되고 제작되고 완벽

하게 표현된 두 가지 속성들을 발견한다. 하나는 그 자체로 해롭고 고통받고 비난받을 만한 것이고, 다른 것은 유익하고 칭찬받을 만한 것인데, 전자는 그럴싸해 보이는 것이고, 후자는 특성을 인증받은 것이다. 우리는 모세가 드린 기도처럼 아름답게 연합하는 기도를 하리라. "하나님께서 우리에게 자신의 보물창고를 열어주시고," 신성한 빛들을 잉태한 고결한 말씀을 열어주시되, 그가 하늘이라 부른 말씀을 열어주시기를, 그리고 악의 창고를 단단히 잠가주시기를 기도하리라.

3.105. 하나님 앞에는 좋은 것들을 위한 창고도 있고, 악한 것들을 위한 창고들도 있으니, 그가 위대한 찬양으로 기록한 바와 같다. "보라, 이것들이 내 앞에 쌓여 있고, 내 창고들에 봉하여 있으니, 보복의 날에 그들의 발이 실족하게 되지 않겠느냐?"(신 32:34–35) 그대도 알다시피 악한 것들을 쌓는 창고들은 여럿이고, 선한 것들을 쌓는 창고는 하나뿐이다. 왜냐하면 하나님은 한 분이요, 선들을 쌓아두는 창고 또한 하나이기 때문이다. 그러나 무수한 이들(οἱ ἄπειροι)이 죄를 짓기 때문에 악한 것들을 위한 창고들은 여럿이다. 이를 통하여 존재하는 분(하나님)의 선함을 보라. 그는 선한 것들의 창고를 열어두고, 악한 것들의 창고들은 닫아둔다. 왜냐하면 하나님은 좋은 것들을 퍼뜨려 은혜 베풀기를 속히 하시지만, 악한 일들을 속히 하지 않는 분이기 때문이다.

3.106. 그러나 모세는 하나님의 은혜 베푸심과 후히 주심에 견고하게 의지하여 기록하기를, 다른 때에도 악한 것들의 창고들은 단단하게 밀봉되어 있으나, 혼이 올바른 로고스의 걸음을 따라가는 일에 실패하여 심판받아 마땅한 때에도 밀봉되어 있다고 한다. 그(모세)는 보복의 날에도 악한 것들의 창고들이 밀봉된다고 기록함으로써, 하나님은 하나님께 죄지은 자들에게조차 곧바로 보복하지 않고, 회개할 시간과 실수에서 돌아서고 수

정할 시간을 주는 분이심을 성경이 드러내도록 한 것이다.

3.107 XXXV. "그리고 주 하나님은, '네가 땅의 온갖 육축들과 온갖 짐승들보다 더 저주를 받은 자'라고 뱀에게 말씀하셨다."(창 3:14)[35] 기쁨은 기도하여 구할 만한 유쾌한 격정(εὐπάθεια)이고, 쾌락(ἡδονή)은 저주받아 마땅한 격정(πάθος)인데, 쾌락은 가던 길들에서 혼(ψυχή)을 탈선시켜 덕스러움 대신에 격정을 사랑하도록 만들기 때문이다. 모세는 이웃과의 경계표들(τὰ ὅρια)를 옮기는 자가 저주를 받고야 말리라고 저주들을 담아 말(기록)한다.(신 27:17) 하나님께서 덕을 상징하는 율법으로 혼에 경계(ὅρος)를 삼으신 것이 바로 생명나무인데, 쾌락은 그 경계를 악으로 바꾸어 죽음의 나무로 만들기 때문이다.

3.108. "소경으로 길을 잃게 하는 자는 참으로 저주를 받고"(신 27:18) "그 이웃을 속이는 자도 저주를 받는다." 이런 일들은 하나님을 믿지 않는 쾌락이 한다. 감각은 태생적으로 로고스가 없는 비이성적 소경이지만, 이성(τὸ λογικόν)은 눈이 밝기 때문이다. 그러므로 우리는 오로지 이성을 통해서만 실상들(τὰ πράγματα)을 파악하고, 감각을 통해서는 파악할 수 없다. 왜냐하면 감각을 통해서 우리가 보는 것은 몸을 가진 허상들에 불과하기 때문이다.

3.109. 이처럼 감각(αἴσθησις)은 실상들을 왜곡하는 장애가 있는데, 그런 감각을 그것(뱀)이 속이면, 정신(νοῦς)은 조절하거나 바꿀 수 있는 제어 능력을 상실하게 되므로, 감각은 외적인 감각 대상(τὸ ἐκτὸς αἰσθητόν)에 지나

••

35) "주 하느님께서 뱀에게 말씀하셨다. '네가 이런 일을 저질렀으니 너는 모든 집짐승과 들짐승 가운데에서 저주를 받아 네가 사는 동안 줄곧 배로 기어 다니며 먼지를 먹으리라.'"(『성경』 창세 3:14)

치게 호기심을 갖게 된다. 그러면 감각은 시력 장애 때문에 감각적 대상을 소경 인도자 삼아 따라가게 되고, 정신 또한 시력 장애가 있는 감각과 감각 대상에 인도되어 스스로 통제력을 잃고 곤두박질치게 된다.[36]

3.110. 만약에 자연의 이치에 따라 인도되었다면, 장애가 있는 것들은 필연적으로 시력이 온전한 로고스를 따라갔을 것이다. 왜냐하면 그런 방식이야말로 해로운 일들을 최소화하는 길이기 때문이다. 그러나 그것(뱀 또는 쾌락)은 그처럼 교활한 짓(μηχάνημα)을 저질러 혼(ψυχή)에게 소경들을 인도자들로 삼도록 강요하였고, 혼을 속이고 선동하여 덕을 악한 것들로 바꾸고, 순전한 것을 사악한 것들로 뒤바꾼 것이다.[37] **XXXVI.** 그러나 성서 (ὁ ἱερὸς λόγος)는 이처럼 뒤바꾸는 일을 하지 못하도록 명하였으니, "너는 선과 악을 뒤바꾸지 말라"고 말(기록)한 바와 같다.(레 27:33)

3.111. 이로 인하여 쾌락(ἡ ἡδονή)은 저주를 받게 되는데, 쾌락에게 저주를 내리는 일들이 얼마나 적절한지 알아보자. 그(모세)는 말(기록)하기를, 그것이 온갖 짐승들 이상으로 저주를 받아야 한다고 한다.(창 3:14) 짐승들은 로고스가 없으므로 비이성적이고 감각적인데, 각 감각은 쾌락을 가장 해롭고 가장 적대적인 대상이라고 저주한다. 왜냐하면 실제로 그것은 감각과 적대 관계이기 때문이다. 이에 대한 증거는, 우리가 극한의 쾌락에 도취하게 되면, 볼 수도, 들을 수도, 냄새를 맡을 수도, 맛을 볼 수도 없게

∴

36) 여기서 필론은, 쾌락을 상징하는 뱀이 감각을 상징하는 여자를 속여서 감각 대상을 상징하는 선악과를 먹게 하고, 정신을 상징하는 남자의 이성적 통제력을 마비시켜 남자까지 여자(감각)와 선악과(감각 대상)에 넘어가 곤두박질치게 만드는 과정을 형이상학적 언어로 설명한다. 필론은 방해하고 왜곡하는 주체를 명시하지 않은 채 동사의 주체를 남성(뱀)에서 여성(쾌락)으로 바꾼다. 그 여성 주체가 바로 '쾌락(ἡδονή)'이라는 사실은 *Leg.* 3.111까지 읽으면 분명해진다.

37) 좋은 것은 단수로, 나쁜 것은 복수로 표현한 것에 주목하라. *Leg.* 1.102 참조.

되어, 우리를 공격하기 위하여 다가오는 것들(προσβολαί)을 제대로 파악하거나 분별하지 못하게 된다는 사실이다.

3.112. 이런 일은 우리가 쾌락의 작용에 주의를 빼앗기는 사이에 발생하고, 쾌락의 희열들에 도취한 사이에 겪게 되는데, 그럴 때 감각들이 동시에 작동하여 우리가 감각기능을 완전히 상실하게 되면, 감각 장애를 일으킨 듯한 상태에 빠진다. 그러므로 감각이 자신을 감각 장애자로 만든 쾌락에 저주들을 내리는 일이 어찌 적절하지 않을 수 있겠는가?

3.113 XXXVII. 그런데 그것(쾌락=뱀)이 들의 짐승들보다 더 저주를 받는다는 말에서, 그 '짐승들'을 나는 혼에 깃든 온갖 격정들(πάθη)이라고 생각한다. 왜냐하면, 격정들로 인하여 정신이 손상되고 파괴되기 때문이다. 그러면 이것(쾌락)은 왜 다른 격정들보다 더 나쁘게 여겨질까? 왜냐하면 그것(쾌락)은 격정들 가운데도 근원과 토대를 형성하여, 가장 저변이라고 할 수 있는 부분을 공략하고 선동하기 때문이다. 쾌락을 사랑하면 갈망(ἐπιθυμία)이 일어나고, 쾌락을 제거하면 비탄(λύπη)이 싹트며, 쾌락이 없어질까 조바심하면 공포(φόβος)가 발생한다. 그러므로 분명한 것은, 온갖 격정들이 쾌락에 정박해 있으므로, 만약에 쾌락이 격정들을 유발하는 도구로 먼저 투입되지만 않는다면 격정들은 절대로 발생하지 않는다는 사실이다.

3.114 XXXVIII. "네가 가슴과 배로 다니리라."(창 3:14) 격정(πάθος)은 마치 뱀이 소굴에서 유혹하듯이 가슴과 배 같은 신체 부위에서 유혹한다. 그것이 실현할 동기들과 매체들을 얻게 되면 배와 그 주변에서 쾌락(ἡδονή)이 일어나고, 그렇지 못할 때면 가슴 부위에서 분노가 일어난다. 그러므로 쾌락에 탐닉하는 자들은 쾌락들이 부족할 때 화를 내고 성질을 부린다.

3.115. 그러면 분명하게 드러나는 사실이 무엇인지 정확하게 알아보자. 우리 혼은 세 부분으로 되어 있는데, 첫째는 이성적인 부분(τὸ λογιστικόν)

이고, 둘째는 용감한 부분(τὸ θυμικόν)이고, 셋째는 갈망하는 부분(τὸ ἐπιθυμητικόν)이다.[38] 철학자들 가운데는 그 부분들을 능력(δύναμις)에 따라 나누는 이들도 있고, 몸에서 차지하는 부위(τόπος)에 따라 나누는 이들도 있다. 그들은 혼의 이성적인 부분이 거하는 장소를 머리 주변에 배정하고, 그곳에 왕과 경호원들이 있다고 하는데, 정신의 경호원들은 머리 주변에 위치하는 감각들이고 거기에 왕이 있다고 한다. 이는 마치 왕이 도시의 탑(ἄκρα)을 거할 장소로 배정받은 격이다. 혼의 용감한 부분에게는 가슴 부위를 배정하고, 자연은 그 부분을 강화하기 위하여 뼈들을 조밀하고 강력하게 연결했는데, 이는 마치 대적하는 자들을 막아내기 위하여 훌륭한 군인을 호심경과 방패로 중무장시킨 것과 같다. 혼의 탐욕스러운 부분을 위한 장소로는 배꼽 이하 아랫배 부위를 배정했는데, 거기에는 갈망(ἐπιθυμία)이라는 비이성적인 갈애(ὄρεξις)가 거하기 때문이다.

3.116 XXXIX. 그러므로 오, 마음(διάνοια)이여, 만약에 그대가 쾌락(ἡδονή)이 어떤 장소를 배정받았는지 찾고자 한다면, 머리 부위를 살피지는 말아야 한다. 이성적인 부분이 자리하는 머리 부위에서 그대는 쾌락을 발견할 수 없으리니, 로고스는 격정과 싸우는 처지이므로 격정과 함께 거할 수는 없기 때문이다. 로고스가 강하면 쾌락은 사라지고, 쾌락이 만연하면 로고스는 도피한다. 그러므로 그대는 가슴과 아랫배 부위를 살펴야 하리니, 거기에 비이성적인 부분인 용기와 갈망이 자리한다. 우리의 판단과 격정들도

∴

38) 인간의 혼을 로고스의 유무로 '속사람'과 '겉사람'으로 나누고, 다시 겉사람을 사자와 같이 용기 있는 부분(가슴)과 머리 많은 짐승과 같이 쾌락을 추구하는 부분(배꼽 아래)으로 나누는 것은 플라톤에서 볼 수 있다.(Plato, *Resp.* 588a-589e) 플라톤은 혼을 두 마리 말과 마부에 빗대기도 한다.(*Phaedr.* 246a-b) '속사람'에 대한 전치사만을 달리하여 바울도 그의 서신에서 유사한 사상을 전개한다. 롬 7:22; 고후 4:16; (엡 3:16); Philo, *Leg.* 1.70 각주 참조.

거기서 발견된다.

3.117. 그러므로 정신(νοῦς)이 정신으로만 인지할 수 있는 대상들과 그 식솔들을 버리고 더 열악한 대상에 빠진다 한들 그런 사태를 막아낼 방호 벽이 없다. 그런 사태는 전쟁이 혼을 장악할 때 발생하는데, 그런 사태가 발생하려면, 우리 안에 있는 혼의 부분들 가운데서 호전적인 부분이 전쟁 포로가 되지 않고 이성적이고 평화로운 부분이 전쟁포로가 되어야 하기 때 문이다.

3.118 XL. 여하튼 성경은 분노와 갈망 같은 온갖 격정들의 충동이 저마 다 얼마나 대단한지를 알기 때문에, 각 격정에 재갈을 물림으로써 로고스 를 마부와 선장 삼는 일을 방해하지 못하도록 한다. 무엇보다 분노에 관하 여, 그것을 고치고 치료하라고 다음과 같이 말(기록)한다. "너는 판결문(판 결 흉패) 위에 빛과 진리(우림과 둠밈)을 얹고, 아론이 성소로, 주님 앞으로 들어갈 때, 그것이 그 가슴 위에 있게 하라."(출 28:30)

3.119. 이성적인 부분은 우리 안의 언어 기관으로서, 소리를 내어 들리도 록 하는 말이다. 말 가운데는 신중하지 않게 함부로 지껄여 설득력이 없는 말도 있으나, 그 반대로 법정에서 사용하는 말처럼 사실에 근거하여 신중 하게 엮은 말도 있다. 말을 잘 들어보아야 우리는 말의 의도를 파악할 수 있다. 그(모세)는 무질서하거나 속이는 말을 하지 않고 법정에서 사용하는 말들을 하는데, 이는 진실하고 신중하게 판단하여 엄선한 말이다.

3.200. 이런 신중한 말(λόγος)이 갖추어야 할 두 가지 지고한 덕목들로서 그는 또렷함(σαφήνεια)과 진정성(ἀλήθεια)을 언급함으로써 참으로 올바른 판단을 선보인다. 왜냐하면 이웃에게 말을 전달할 때는 무엇보다 사실에 근거하여 실상들을 또렷하고 정확하게 전달해야 하기 때문이다. 그런 기 능이 빈약해지면 외부 것들로 말미암아 격정이 일어난다 해도 대체 어떤

현상이 일어났는지 우리는 혼에게 제대로 전달할 수가 없다. **XLI.** 그러므로 우리는 말을 이웃에게 정확하고 분명하게 전달하기 위하여, 명사들과 동사들과 같이 말의 소리를 상징적으로 표현하는 기호들을 만들고, 모두 그것에 익숙해지도록 한 다음에 그것들을 진정성 있게 전달해야 한다.

3.121. 무엇 때문에 명료하고 또렷하게 해석하여 전달하는 편이 이롭고, 잘못 해석하여 전달하는 편은 이롭지 못한가? 잘못 해석하여 전달하게 되면, 필연적으로 듣는 사람이 기만을 당하고, 무지를 곁들인 무학이라는 커다란 상해를 입을 수 있기 때문이다. 내가 아이에게 명료하고 정확하게 알파(Α)라는 글자를 보여준 다음에 그것이 감마(Γ)라고 말하거나 에타(Η)를 보여주고 오메가(Ω)라고 말하면 어떻게 되겠는가? 혹은 음악가가 초보를 배우러 온 생도에게 화성음계를 보여주면서 반음계라고 말하거나, 반음계를 보여주면서 온음계라고 말하거나, 높음음을 보여주면서 중간음이라고 말하거나, 결합음을 보여주면서 단절음이라고 말하거나, 사분음계를 보여주면서 부가음계라고 말한다면 어떻게 되겠는가?

3.122. 아마도 이런 자는, 비록 명료하고 또렷한 발음으로 말할지라도, 진정성 없이 말하기 때문에 말(λόγος)을 해롭게 만드는 자일 것이다. 그러나 또렷함과 진정성 모두를 갖추어 말하는 자는 학습자에게 말(언어)의 유익을 제공할 수 있는데, 그런 유익은 두 가지 덕목들(또렷함과 진정성)을 모두 활용할 때 비로소 가능해진다.

3.123 XLII. 그러므로 그는 두 가지 고유한 덕목들을 가진 신중한 법정의 말(언어)을 소위 아론의 가슴에, 즉 분노의 가슴에 두어야 한다고 말(기록)한다. 이는 무엇보다 그가 신중한 로고스로 인도되어야 신중한 로고스의 결핍으로 인한 상해를 덜 입게 되고, 그래야만 명료함으로 인도를 받아 명료함의 결핍으로 인한 상해를 덜 입게 되기 때문이며, 분노는 명료함과 친

하지 않기 때문이다. 성난 자들의 마음(διάνοια)과 그 마음이 표현된 언사들(ῥήματα)은 격랑과 혼란으로 가득하므로, 명료함의 결핍으로 인하여 발생하는 분노는 당연히 명료함을 더하여 잠재우는 것이 마땅하다.

3.124. 실제로 분노(θυμός)가 가지는 온갖 특성들 가운데 하나는 거짓말을 하려는 충동이다. 하여간에 이런 종류의 격정(πάθος)을[39] 발하는 이들 가운데는 진실하게 말하는 이가 거의 없으므로, 이런 자는 몸보다는 혼 쪽이 술 취한 상태에 있는 셈이다. 말(λόγος)과 말의 또렷함과 말의 진정성, 이 세 가지는 능력(δύναμις) 면에서 하나다. 그 능력이란 로고스(말)가 진정성과 또렷함이라는 덕목들과 함께 '분노'라는 혼의 고질병을 치료하는 것이다.

3.125 XLIII. 그러면 무엇이 이런 결과들을 낳는가? 내 마음이나 예기치 않은 자의 마음이 아니라, 제사장으로 정결하게 바쳐진 아론의 마음이 그러하다. 아론의 마음조차 영원하지 않고 종종 변하지만, 변함없이 꾸준히 나아갈 때, 즉, 그가 지성소로 들어갈 때, 이성적인 것이 거룩한 의도들을 가지고 들어가 그런 의도들로부터 도망치지 않을 때, 그런 결과들을 낳을 수 있다.

3.126. 정신은 종종 신성하고 거룩하고 정결한 영광들 속으로 들어가기도 하지만, 동시에 인간적인 영광들 속으로 들어가기도 한다. 예컨대, 도달하는 것들의 영광들, 성공하는 것들의 영광들, 기존 법을 위반하지 않은 것들의 영광들, 사람들 사이에서 덕스러운 일이라고 인정받는 것에 관한 영광들 등이다. 정신이 이런 상태가 되면, 그 가슴에 두 가지 덕목들(진정성과 또렷함)을 갖춘 로고스를 담아둘 여력이 없고, 다만 주님 앞에 들어가

• •
39) 격정의 일종인 '분노(θυμός)'를 뜻한다.

는 자만이 로고스를 담을 수 있다. 그런 자는 하나님으로 인하여 모든 것을 하는 자요, 어떤 것도 하나님 수준으로 높이지 않는 자요, 오로지 그 모든 것들을 각각의 가치에 따라 각자에게 분배하며, 그것들에 안주하지 않고, 한 분 하나님으로 말미암는 지식과 인식(ἐπιστήμη)과 명예를 향하여 올라가는 자다.

3.127. 이렇게 정신이 정돈되면, 분노(θυμός)는 정결하게 된 로고스에 의하여 인도되어 비이성적인 것을 벗고, 또렷함에 의하여 인도되어 불명료함과 혼란스러움을 치유하고, 진정성에 의하여 인도되어 거짓을 차단한다.

3.128 XLIV. 그러므로 두 번째 모세인 아론은 가슴을 억누르며, 즉 분노를 억누르며, 가슴이 불분명한 충동으로 인도되지 않도록 하고, 그것이 고삐 풀린 말처럼 날뛰어 혼 전체를 짓밟게 될까 두려워하며 그렇게 하지 못하도록 한다. 그는 먼저 로고스를 활용하여 고치고 잠잠하게 하는데, 최고의 마부를 고용하여 극도로 난동 부리는 일을 막고, 이어서 로고스의 덕목들인 또렷함과 진정성을 고용한다. 왜냐하면 만약에 분노가 교육을 받게 되면, 그것은 로고스와 또렷함에 양보하고, 거짓말하지 않기를 훈련하며, 극한의 격정에서 자신을 해방하고, 혼 전체를 은혜받기에 합당하도록 만들기 때문이다.

3.129 XLV. 그런데 내가 말한 바와 같이, 이 사람(아론)은 격정을 가지고는 있으나 앞서 열거한 구제법들로 치료하려고 노력할 뿐이다. 그러나 모세는 혼을 에워싸는 분노를 아예 제거하고 근절할 필요가 있다고 생각하고, 격정을 저지하는 정도를 넘어서 혼 전체 어디에도 격정이 없는 상태가 되기를 바란다. 내 말을 입증하는 것은 가장 거룩한 신탁(성서)으로서, 그(모세)는 다음과 같이 말(기록)한다. "이에 모세가 숫양(κριός)의 가슴을 취하여 주님 앞에 흔들어 요제를 삼았으니, 이는 모세의 몫이었더라."(레

8:29)[40]

3.130. 정확히 말하면, 그것이야말로 덕을 사랑하고 하나님을 사랑하는 자의 일이기 때문이다. 그는 혼 전체를 마주 본 다음에 분노가 자리하고 있는 가슴 부분을 잡아당겨 제거함으로써 전쟁을 사랑하는 부분을 도려내고 남은 부분을 평화로 인도하고자 한다. 그러나 아무 동물에서나 가슴을 제거할 수 없고, 요제로 삼은 숫양에게서 제거해야 하므로, 비록 어린 소(μόσχος)가 희생되었을지라도 그는 그 소를 지나쳐 숫양에게 갔던 것이다. 왜냐하면 숫양은 들이미는 성질이 있고, 충동적이고, 맹렬하기 때문이다. 그런 까닭에 공략 엔진을 만드는 자들(οἱ μηχανοποιοί)은 많은 전쟁 도구들을 숫양 모양으로 만든다.[41]

3.131. 우리 가운데 숫양처럼 충동적이고 무분별하여 다투기를 좋아하는 성향을 지닌 자들이 있는데, 다툼(ἔρις)은 분노의 어머니이므로, 싸우기를 좋아하는 자들은 토론이나 다른 모임을 가질 때 사소한 것들에 화를 내곤 한다. 그래서 그(모세)는 혼에서 불협화음을 일으키면서 싸우기를 좋아하고 다투는 자손인 분노를 근절하기 위하여 당연히 해야 할 것을 함으로써, 해로운 것들이 태어나지 못하도록 예방하고, 이것이 덕을 사랑하는 일에 참여하는 부분이 되도록 한다. 이 부분은 가슴이나 분노의 자리가 아니라 그것들을 제거한 부분이다. 하나님은 가장 좋은 부분을 지혜로운 자에게 배정하는데, 그 부분은 격정들을 차단하는 능력이 있다. 그대도 알다시

∴

40) "모세는 가슴 부위를 가져다 주님 앞에 흔들어 바치는 예물로 드렸다. 그것은 임직식 제물 가운데에서 모세의 몫이 되었다. 이는 주님께서 모세에게 명령하신 대로였다."(『성경』 레위 8:29)
41) 공략 엔진은 요새나 성채를 무너뜨리기 위한 육중한 전차인데, 공략 엔진의 머리 부분을 숫양의 머리 모양으로 만드는 경우가 많았다고 한다. 숫양은 머리를 들이밀며 공격하는 성질이 있기 때문이라고 한다.

피, 완전한 자는 격정을 도려내는 완전함을 끊임없이 추구하는 자다.

3.132. 내가 전술했듯이, 2인자 아론은 격정을 조절하려 할 뿐, 가슴과 분노를 도려내지는 못한다. 그러나 그는 마부 자신에게[42] 적절한 덕목들과 함께 명료함과 진정성이 담긴 로고스를 장착한다.[43]

3.133 XLVI. 그는 다음과 같이 말(기록)함으로써 분명한 차별성을 보인다. "내가 이스라엘 자손의 화목제 중에서 그 흔든 가슴과 든 뒷다리를 취하여 그것들을 제사장 아론과 그 자손들에게 영원히 주었다."(레 7:34)[44]

3.134. 그대가 알다시피, 그들은 가슴을 가져가는 것만으로 만족하지 않고 뒷다리도 가져간다. 그러나 모세는 뒷다리를 가져가지 않는다. 왜 그럴까? 왜냐하면 그는 완전한 자로서, 부족하거나 저급한 것은 아무것도 생각하지 않고, 격정들을 조절하는 수준을 원하지 않으며, 유리한 입장에서 격정들 전체를 완벽하게 거세하기를 원하기 때문이다. 그러나 격정들과의 전쟁에 미약하거나 힘없이 임하는 자들은 격정들과 타협하여 계약들을 맺고 합의문을 작성하며, 자신은 마부 역할을 맡아 그들의 격렬한 요동에 재갈을 물릴 수 있으리라고 착각한다.

⋮

42) 여기서 '마부'는 아론 자신의 이성적인 혼의 부분을 일컫는다. 그러므로 아론이 마부에 로고스를 장착했다는 말은 다른 마부에게 로고스를 장착했다는 뜻이 아니라 아론 자신의 혼에 로고스를 장착했다는 뜻으로 이해해야 한다.

43) 플라톤은 다양한 방식으로 혼의 형태를 설명하는데, 그 가운데 하나는 두 마리의 말을 이끄는 마부의 형태다. 신들의 혼과 달리 인간의 혼은 그 두 마리 말들이 완전하지 않다고 한다. 인간 혼을 구성하는 말들 가운데 하나는 용감하지만 로고스가 없고, 다른 말은 종잡을 수 없는 욕망에 이끌리기 때문이다. 그러므로 인간의 혼에서 로고스를 대변하는 마부가 두 마리 말을 이끌기는 쉽지 않다고 한다. Plato, *Phaedr.* 246a-b 참조.

44) "'나는 이스라엘 자손들의 친교 제물 가운데 흔들어 바친 가슴 부위와 들어 올려 바친 넓적다리를 그들에게서 받아, 이스라엘 자손들이 지켜야 하는 영원한 규정에 따라 아론 사제와 그의 아들들에게 준다.'"(『성경』 레위 7:34)

3.135. 뒷다리는 노동과 인고를 상징한다. 이런 사람은 거룩한 것들을 예배하는 치유자(ὁ θεραπευτὴς καὶ λειτουργός)로서, 꾸준한 훈련과 노동으로 단련된 자다. 그런데 노동하지 않는 자에게 하나님은 완벽하게 좋은 자신의 것들을 넘치도록 주시기 때문에, 노동으로 덕을 얻는 자는 결과적으로 노동도 하지 않고 노력도 하지 않으면서 하나님께 덕을 선물 받은 모세보다 더 부족하고 덜 완전한 자로 판명된다. 왜냐하면 노동하는 것 자체가 노동하지 않는 것보다 부족하고 열등하듯이, 불완전한 것이 완전한 것보다 부족하고 열등하며, 배운 것이 저절로 터득한 것보다 부족하고 열등하기 때문이다. 그러므로 아론은 뒷다리와 함께 가슴을 가져가지만, 모세는 뒷다리를 빼고 가슴만 가져간다.

3.136. 그가 가슴을 요제로 드리는 이유는, 마치 마부가 성질이 사납고 씩씩거리는 말을 부리는 것처럼, 로고스도 분노의 맹렬함을 누르고 통제해야 하기 때문이다. 그런데 뒷다리는 요제로 드리는 것이 아니라 도려내는 부위라고 한다. 왜냐하면 혼이 덕을 위하여 한 노동을 자신에게 돌리지 않고 그것을 자신에게서 도려내어 하나님께 바치면서, 이처럼 좋은 것을 얻은 까닭은 자신의 힘이나 능력 때문이 아니라 사랑을 값없이 주신 분 때문임을 고백할 필요가 있기 때문이다.

3.137. 가슴도 뒷다리도 구원을 위한 희생이 없이는 인정받지 못하는 것이 당연하다. 왜냐하면 분노가 로고스의 통제를 받을 때, 그리고 노동이 자만심을 준비하지 않고 은혜를 주시는 분이신 하나님께 예속하기를 준비할 때, 비로소 혼은 구원을 받기 때문이다.

3.138 XLVII. 그러나 우리는 쾌락이 가슴뿐만 아니라 아랫배까지 진출해 있음을 이미 논하였고, 쾌락에게 가장 적합한 장소는 '배'임을 분명히 했다. 왜냐하면 배는 거의 모든 쾌락들을 담고 있는 그릇으로서, 배가 채워

지면 다른 쾌락들을 향한 욕구들이 강렬해지지만, 배가 비면 다른 욕구들이 잠잠하고 고요해지기 때문이다.

3.139. 그러므로 그는 다른 곳에서 이렇게 말한다. "배로 밀고 다니는 모든 것과 항상 네 발로 다니는 모든 것과 여러 발을 가진 것은 부정하다." (레 11:42)[45] 이런 종류는 쾌락을 사랑하여 항상 배로 다니고 배에 관한 쾌락들을 추구한다. 그가 배로 다니는 것과 네발로 다니는 것을 하나로 묶은 것은 당연한다. 왜냐하면 탁월하게(κατ' ἐξαίρετον) 표현되어 회자되는 말에 따르면, 쾌락에 빠지는 격정들은 네 가지이기 때문이다. 그러므로 쾌락 하나에 빠진 자는 네 가지 격정들 모두에 정박하고 있는 자만큼이나 부정하다.

3.140. 앞에서 언급한 완전한 자와 완전함을 향해 가고 있는 자 사이의 차이를 보라. 먼저, 완전한 자는 호전적인 혼에서 분노를 모두 제거하고, 그 혼을 말과 행동 면에서 모두 온순해지도록 통제하여 평화롭고 온유하게 만들 수 있는 자다. 그러나 완전함을 향해 가고 있는 자는 격정을 완전하게 근절하지 못하므로 여전히 가슴을 간직한 채, 또렷함과 진정성이라는 두 가지 덕목들을 가진 신중한 법정 언어(λόγος)로 그 가슴을 훈육하는 자다. **XLVIII.** 그러므로 이제 모세는 쾌락들을 완전하게 씻어내고 떨쳐내어 완전하고 지혜로운 자로 판명될 것이지만, 완전함을 향해 가고 있는 자는 모든 쾌락들을 씻어내지 않은 채 어쩔 수 없이 필요하거나 간단하다고 생각하는 것은 허용하고, 요란하고 과도한 것은 거추장스럽게 여기고 피하는 자다.

∴

45) "배로 기어 다니든, 네 발이나 더 많은 발로 기어 다니든, 땅을 기어 다니는 어떤 것도 너희가 먹어서는 안 된다. 그것들은 혐오스러운 것이다."(『성경』 레위 11:42)

3.141. 왜냐하면 모세의 경우에는 그가 다음과 같이 말(기록)하기 때문이다. "그리고 그는 내장과 정강이를 전체 번제물의 물(ὕδωρ τοῦ ὁλοκαυτώματος)로 씻었다."(레 9:14)[46] 참으로 지당하게도, 지혜로운 자는 고의적인 허물과 비고의적인 허물이 없도록 혼 전체를 정화하여 하나님께 나아가기에 합당하도록 성화한다. 그런 상태가 되면, 배와 그것에 속한 것들과 그것과 함께 있는 쾌락들 전체를 말끔하게 씻어내고 정화하여 조금도 남아 있지 않게 하고, 쾌락들을 경멸하면서 어쩔 수 없이 필요한 먹을 것들과 마실 것들조차 허용하지 않은 채, 신성한 것들을 명상(θεωρία)하는 교육적 방식으로 혼에 영양을 공급한다.

3.142. 그러므로 다른 곳에서 그는 스스로 증거한다. "모세는 여호와와 함께 사십일을 거기 있으면서 떡도 먹지 아니하였고 물도 마시지 아니하였다."(출 34:28) 그는 신성한 산에 있을 때 하나님께서 신탁들로 율법을 제정하시는 소리를 들었다. 그는 배 전체로부터 자신을 구별하여 떨어져 있을 뿐 아니라, 그와 동시에 발들도 씻었으니, 그 발들은 쾌락으로 걸어가는 것들이다. 쾌락으로 걸어가는 것들은 쾌락이 일어나게 하는 것들이다.

3.143. 완전함을 향해 가는 자는 아랫배 전체가 아니라 그 내장들과 발들을 씻으라는 말을 듣는다.(레 1:9) 그런 자는 쾌락을 모조리 제거하지 못하므로 쾌락의 내장들이라도 제거할 수 있으면 충분하다. 쾌락의 내장들은 자신의 가장 내면에 있는 것들인데, 그것들에 관하여 쾌락을 사랑하는 자들은, 쾌락들을 증진시키는 것들로서 호기심 많은 요리사들과 제빵사들이 호들갑을 떨며 만드는 것들이라고 말한다.

∵

46) "내장과 다리들은 씻어서 번제물에 얹어 제단 위에서 살라 연기로 바쳤다."(『성경』 레위 9:14)

3.144 XLIX. 아울러 그는 완전함을 향해 가는 자들이 어떻게 격정을 제어하는지, 그 방식에 대하여 보여준다. 완전한 자들은 특별한 명령이 없어도 배의 모든 쾌락을 거부하지만, 완전함을 향해 가는 자는 명령이 있을 때만 그렇게 한다. 그러나 지혜로운 자에 관하여 그는 이렇게 말(기록)한다. "아랫배와 발들을 그가 물로 씻었다."(레 9:14) 지혜로운 자는 명령을 받지 않았음에도 자발적인 의도에 따라 그렇게 한 것이다. 그러나 제사장들에 관하여 그는 이렇게 말(기록)한다. "내장들과 발들을" 그들이 이미 씻었다고 하지 않고 "그들이 씻을 것이요"라고 한다.(레 1:13) 극히 조심스럽게 말해보면, 필연적으로 완전한 자는 덕스러움에서 비롯된 기운들이 자신에게서 자발적으로 나와서 작동하지만, 수련자(ἀσκητής)의 경우는 로고스가 실천하라고 지시할 때 비로소 작동하며, 로고스의 명령에 설득되면 다행이라고 해야 할 것이다.

3.145. 간과하지 말아야 할 것은 모세가 배 전체를, 즉 배 불리는 일을 거부함으로써 대부분의 다른 격정들에서 벗어나 자신을 구별한다는 사실이다. 입법자(νομοθέτης)는 보편적으로 적용할 수 있는 한 가지 원칙적인 부분을 집중적으로 언급함으로써 직접 언급하지 않은 다른 것들에 대하여도 영향력을 발휘하도록 설명한다. **L.** 배 불리는 일은 다른 어떤 격정들보다 지극히 보편적이고 기본적인 바탕이라고 할 수 있기 때문이다. 하여간에 배로 지탱하지 않으면 아무것도 서 있을 수 없도록, 자연은 온갖 것을 배로 지탱하도록 만들었다.

3.146. 이런 이유로 먼저 혼에 유익한 자손들이 레아에게서 태어나다가 찬송하며 고백하는 유다에 이르러 멈추었다.(창 29:35) 하나님은 몸의 창조를 계속하고자 라헬의 여종인 빌하를 준비시켜 그 여주인보다 먼저 출산하게 하셨고, 빌하는 삼켜버린다는 뜻이다. 그는 몸을 가진 어떤 것도 식

도와 배가 없이는 견딜 수 없으며, 배는 모든 몸과 몸덩이가 살아 있도록 제어하고 통치한다는 것을 알았기 때문이다.

3.147. 이 모든 미묘한 주장을 자세히 살펴보면, 어떤 것도 피상적으로 기술한 것이 아님을 그대는 발견할 것이다. 모세는 가슴을 제거하지만, 아랫배(κοιλία)는 제거하지 않고 씻기만 한다. 왜 그럴까? 왜냐하면 완전하게 지혜로운 자는 분노 전체를 거부하고 화를 근절할 수 있으나, 아랫배에 대항하여 그것을 제거할 수는 없기 때문이다. 왜냐하면 (인간의) 자연 속성(φύσις)은 필요한 먹을 것들과 마실 것들을 소비하도록 강요받기 때문이다. 심지어 목숨 유지에 필요한 음식들을 최소한으로만 섭취하고 하찮게 여기면서 그것들을 절제하고자 수련하는 이조차도 강요를 받는다. 그러므로 과도하게 많고 부정한 양식을 준비하지 않도록 그것(아랫배)을 씻고 정결하게 할지라. 이것만으로도 충분한 까닭은 이 방식은 하나님으로부터 덕을 사랑하는 자에게 내려지는 선물이기 때문이다.

3.148 LI. 이런 이유로 인하여 그(모세)는 타락했다고 의심받는 혼에 관하여 말하기를, 만약에 율법에 따라 사는 사람이 올바른 로고스를 저버렸다면, 그는 혼을 오염시킴으로써 격정에 가담한 것이므로, '배(γαστήρ)가 부풀려질' 것이고, 이는 그것이 배의 쾌락들과 탐욕들을 가져도 불만스럽고 만족할 줄 모른다는 뜻이고, 무식함으로 인하여 탐욕스럽게 되기를 멈추지 않으므로 영원한 쾌락이 무수하게 많이 유입될 것이라는 뜻이다.

3.149. 하여간에 많은 이들이 배의 탐욕 때문에 잘못된 길로 빠지고, 다시 그 역겨운 것들을 쓰기 시작하여 독한 술을 비롯한 잘못된 것들에 중독된 사실을 나는 안다. 왜냐하면 스스로 통제하지 못하는 혼의 갈망은 몸덩이들의 경우와는 유사하지 않기 때문이다. 어떤 이들은 용량이 정해져 있는 그릇들처럼, 용량에서 벗어나는 것을 허용하지 않고 넘쳐나면 버리기도

하지만, 갈망은 결코 만족할 줄 모른 채 언제나 갈구하고 목말라하기 마련이다.

3.150. 이런 이유로 인하여 배가 부풀어 오른다는 말에 이어서 '허벅지가 떨어진다'는 말이 더해진다. 그때 선한 것들을 배태하고 태어나게 하는 씨앗인 올바른 로고스가 혼에 떨어지기 때문이다. 하여간에 그(모세)는, "만약에 그녀가 오염되지 않고 순수하여 결백하게 되고 씨앗을 품게 된다면"이라고 말하는데, 이는 만약에 그녀가 격정에 의하여 오염되지 않고, 적법한 남편이자 건강한 인도자인 로고스 앞에서 순결하다면, 그녀는 생산하고 결실하는 혼을 갖게 되고, 명철(φρόνησις)과 정의(δικαιοσύνη)와 모든 덕목의 자손을 낳을 것이라는 뜻이다.

3.151 LII. 그렇게 되면, 몸들에 묶여 있는 우리가 몸이 요구하는 필연적인 것들을 하지 않을 수 있는가? 그대가 알다시피, 그 사제(ἱεροφάντης)는 몸의 필요에 따라 이끌리는 자를 향하여, 그가 필연적으로 해야 하는 것만을 하라고 권한다. 첫째, 그는 "진(παρεμβολή) 밖에 그대를 위한 장소를 마련하라"고 한다.(신 23:12) '진'은 '덕(ἀρετή)'인데, 그 안에서 혼이 진을 치고 자리를 잡는다. 왜냐하면, 명철(φρόνησις)은 몸이 필연적으로 누리는 쾌락(ἀπόλαυσις σωματικῆς ἀνάγκης)과 같은 곳을 차지할 수 없기 때문이다.

3.152. 그런 다음에 그는 말(기록)한다. "너는 거기 바깥으로 나갈 것이라."(신 23:12) 왜 그럴까? 왜냐하면 혼은 명철과 함께 거하고 지혜의 집에 머물기 때문에 몸의 친구들 가운데 어떤 것에도 빠질 수 없기 때문이다. 그럴 때 혼은 인식들(ἐπιστῆμαι) 안에 있는 더욱 신성한 음식으로 스스로 영양을 공급하고, 그 지식들 덕분에 육체적인 것을 지나칠 수 있게 된다. 그러나 덕의 신성한 집들 밖으로 나가게 되면, 혼이 물질들로 변질하여 몸과 불협화음을 일으키고 사로잡히게 된다.

3.153. 그러면 나는 그것들을 어떻게 해야 할까? 그(모세)는 "너에게 못 (πάσσαλος)이 있어야 하고, 그것을 네 허리띠에 대고 박아야 한다"고 하였다.(신 23:13) 격정 위에 대고 박아야 하는 이것은 로고스인데, 구멍을 내어 파내고 그것을 잘 덮어두어야 한다. 왜냐하면 로고스는 격정이 풀어지거나 떨어지지 않게 우리가 그것을 단단히 고정하기를 원하기 때문이다.

3.154. 그러므로 유월절이라고 불리는 것들을 통과할 때 그는 "허리들을 띠로 묶으라"고 명령하는데,(출 12:11) 이는 갈망들을 자제하라는 뜻이다. 그러므로 로고스를 상징하는 못을 격정 위에 박아서 그것이 쏟아지지 않도록 해야 한다. 이렇게 하여야 우리는 반드시 해야 하는 것들만 하는 일에 만족할 것이고, 과도한 것들로부터 거리를 둘 수 있을 것이기 때문이다.

3.155 LIII. 이처럼 우리가 연회를 할 때, 그리고 우리가 이미 준비된 향락과 탐욕스러운 행위에 돌입하려고 할 때, 우리는 로고스와 함께 접근하여 로고스를 일종의 방어 도구로 삼아, 가마우치들처럼 적당량 이상의 음식들을 집어삼키지 않도록 하고, 희석하지 않은 독한 술을 절제하지 못한 채 들이키지는 말아야 하고, 바보가 될 수밖에 없도록 강요하는 일에 넘어가지 말아야 한다. 로고스는 격정의 통로와 돌발행동에 재갈을 물려 차단하기 때문이다.

3.156. 여하튼 나는 종종 그것을 경험한다. 평범하지 않은 연회와 값비싼 만찬에 로고스와 함께 가지 않았을 때, 나는 준비된 향락들의 노예가 되어 보이는 것들과 들리는 것들과 후각과 미각을 통해 실현할 수 있는 모든 쾌락들과 같은 야만스러운 주인들에게 끌려다녔다. 그러나 내가 선호하는 로고스와 함께 하면, 나는 노예가 아니라 주인이 되어 다시 지배력을 얻고, 인내의 선한 승리와 신중함을 회복하여 스스로 통제되지 않는 갈망들을 돌파함으로써 그것들에 저항하고 맞설 수 있게 된다.

3.157. 하여간에 그는, "네가 그 못을 가지고 돌파할 것"이라고 하는데, 이는 로고스의 도움으로 그대가 각각의 격정이 가지는 속성을, 즉, 먹는 것과 마시는 것과 배의 쾌락들에 빠지는 등의 속성을 고스란히 벗겨내고 식별할 수 있게 하고, 그대가 참되게 판단하여 식별하는 법을 배울 수 있게 하려는 것이다. 그때서야 비로소 그대는 그런 것들 가운데 어디에도 선함이 없고, 다만 필연적이고 유용한 것이었을 뿐임을 깨닫게 될 것이다.

3.158. "그리고 너는 돌이켜 너의 부끄러운 것을 덮어야 할 것이라"(신 23:13)는 말은 참으로 훌륭하다. 왜냐하면 이 말은, 오, 혼아, 오라, 모든 것들 위에 로고스를 둠으로써 모든 육체와 격정의 꼴사나움이 덮어지고 가려지고 숨겨질 수 있도록 하라는 뜻이기 때문이다. 로고스와 함께하지 않는 것들이 부끄러운 것이듯이 로고스와 함께한 것들은 적절하기 때문이다.

3.159. 그러므로 쾌락을 사랑하는 자는 아랫배(κοιλία)로 가고, 완전한 자는 아랫배 전체를 씻어내고, 완전함을 향해 가는 자는 아랫배 안에 있는 것들을 씻어내지만, 이제 막 교육을 받기 시작한 자가 격정을 잠재우고자 할 때는 '못(πάσσαλος)'을 상징하는 로고스를 챙겨 문밖으로 나가 아랫배가 요구하는 필연적인 것들(ἀναγκαῖα)을 상대해야 할 것이다.

3.160 LIV. 그런데 다음과 같은 첨언은 훌륭하다. "네가 가슴과 배로 다니게 되리라."(창 3:14) 왜냐하면 쾌락은 잠잠하게 정지될 수 있는 것들 가운데 하나가 아니라, 지속적으로 움직이고 혼란(ταραχή)으로 가득 찬 것이기 때문이다. 마치 화염(φλόξ)이 퍼지듯이, 쾌락 또한 혼 안에서 불덩이처럼 퍼져 혼이 잠자코 있을 수 없게 한다. 그러므로 가만히 있는 차분한 쾌락이란 것은 있을 수 없다. 왜냐하면 가만히 있는 것들은 바위나 나무같이 모조리 혼이 없는(ἄψυχος) 것들인데, 이런 것은 쾌락에게 생소하기 때문이다. 쾌락은 간지럽히고 발작을 유발하여 어디에 정착하지를 못하므로 격

하고 극단적인 움직임을 피할 수 없다.

3.161 LV. 그러나 "네가 사는 동안에 흙(γῆ)을 먹을 것"이라는 표현 또한 매우 적절하다. 왜냐하면 쾌락은 몸의 음식에서 유래하는데 모두 흙에 관한 것이기 때문이다. 과연 그렇게 말할 수 있을까? 우리를 구성하는 두 부분이 있는데, 그것은 혼(ψυχή)과 몸(σῶμα)이다. 몸은 흙으로 만들어졌고, 혼은 신의 구성요소인 공기로 만들어졌다. 즉, "하나님이 사람의 얼굴에 대고 생명의 숨을 불어넣으시니 사람이 살아 있는 혼이 되었다."(창 2:7) 그러므로 자신을 구성하고 있는 물질과 같은 흙에서 영양분을 섭취하는 것은 당연하다. 몸과 달리 혼은 에테르와 같은 속성을 가지므로 에테르와 같은 신성한 것으로 영양을 공급받아야 하며, 몸이 필요로 하는 고기나 음료가 아닌 인식(ἐπιστήμη)으로 영양을 공급받아야 한다.

3.162 LVI. 혼의 음식은 땅의 것들(γήινοι)이 아니라 하늘의 것들(οὐράνιοι)이라고 성서는 다양한 구절들에서 입증한다. "보라, 내가 너희에게 하늘로부터 떡 조각들을 비처럼 내리리니, 백성이 나아가 매일매일 모을 것이요, 나는 그들이 내 율법을 따르는지 따르지 않는지 시험하리라."(출 16:4) 그대도 알다시피 혼은 땅의 것들이어서 부패하는 것들로 영양을 공급받지 않고, 하나님 자신의 고상하고 순수한 속성으로부터 내려주시는 로고스들로 영양을 공급받는데, 그는 그것을 하늘이라 일컬었다.

3.163. "참으로 백성들과 혼의 모든 단체가 함께 나아가 인식(ἐπιστήμη)을 모으게 하되, 한꺼번에 하지 않고 매일매일 쓸 분량씩만 모으게 하라." 왜냐하면 하나님의 풍성하신 은혜는 한꺼번에 소진하지 말아야 개울처럼 넘치고 솟아나기 때문이다. 또한 더욱 유익한 것은 좋은 것들을 각자 분량만큼 취하고 나누어 하나님을 남은 것들의 관리자(ταμίας)로 모시는 것이다.

3.164. 그러나 모든 것을 한꺼번에 자기 것으로 만들려는 자는 엄청난

무분별과 더불어 절망과 불신을 얻게 된다. 만약에 이 시간에만 하나님이 자신에게 좋은 것들을 비처럼 내려주신다고 생각하고 나중에는 절대로 내려주지 않으시리라고 생각하면, 희망 없는 자가 된다. 만약에 지금부터 영원까지 하나님의 은혜가 가치 있는 자들에게 내려지실 것을 믿지 않으면, 신앙이 없는 자가 된다. 만약에 자신이 하나님의 뜻에 반하여 모은 것들을 차지하는 자가 되기에 충분하다고 여기면, 바보가 되고 만다. 자만심에 의한 작은 성향조차도 자신을 안전하고 안정된 것으로 생각하여 권한이 없고 불안정한 것을 모든 것들의 수호자로 착각하기 때문이다.

3.165 LVII. 그러므로 오, 혼아, 충분하고도 적당한 양을 모으되, 충분한 정도를 지나쳐 과도하지 않도록 모으고, 너무 적어서 모자라지 않도록 모으고, 정의로운 척도들을 사용하여 불의를 행하지 않도록 하라. 그들이 격정들로부터 나오고자 유월절 희생을 드릴 때는 전진하여 어린양을 취하되 과도하지 않게 취해야 한다. 왜냐하면 그(모세)는 다음과 같이 말(기록)하기 때문이다. "각자 자신에게 충분하다고 여겨질 만큼 어린양을 취할 것이라."(출 12:3)

3.166. 그러므로 하나님이 우리 종속에게 주시는 온갖 선물들과 만나에 대하여는, 우리의 필요 이상을 취할 것이 아니라 계수하여 측량된 것을 취하는 것이 좋다. 그러므로 혼마다 매일 매일 필요한 만큼을 모음으로써, 좋은 것들의 수호자는 자기 자신이 아니라 후히 주시는 하나님이심을 드러낼지라.

3.167 LVIII. 그리고 내게는 이런 이유 때문에 전술한 내용이 기록된 것 같다. 날은 빛의 상징이고, 혼의 빛은 교육이다. 그러므로 많은 이들이 혼 안에 있는 빛들을 밤과 어둠에 조달하였다. 낮과 빛에 조달한 것이 아니니, 낮과 빛이란 모든 예비교과목들(τὰ προπαιδεύματα)과 일반교과목들(τὰ

ἐγκύκλια)이라고 일컫는 것들과 철학(φιλοσοφία) 자체 같은 것들이며,[47] 그것
은 지도자들에게 주어지는 화려함과 권력 등을 얻기 위한 것이다. 그러나
교양 있는 시민(ἀστεῖος)은 날(ἡμέρα)을 위하여 날을 구하고, 빛을 위하여
빛을 구하며, 다른 어떤 것이 아니라 선한 것 자체를 위하여 선한 것을 구
하고자 애쓴다. 그러므로 그(모세)는 다음과 같이 덧붙인다. "그들이 내 율
법에 따라 진행하는지 하지 않는지를 내가 시험할 것이다."(출 16:4) 왜냐하
면 하나님의 율법은 덕 자체를 위하여 덕을 존중하기 때문이다.

3.168. 그러므로 올바른 로고스는 덕을 수련하는 수련자들(ἀσκηταί)을 마
치 동전을 확인하듯이 확인하되, 그들이 혼의 선한 것을 취하여 외부적인
것들 가운데 어떤 것에 사용하여 더럽혔는지, 아니면 그것(혼의 선한 것)을
지성(διανοία) 안에서만 사용하고, 땅의 것들이 아니라 하늘들 위의[48] 인식
들(ἐπιστῆμαι)로 그것에 영양을 공급했는지를 확인하는 것이다.

3.169 LIX. 그러나 그(모세)는 다른 곳에서 분명하게 다음과 같이 말(기록)
한다. "아침에는 이슬이 진(παρεμβολή) 사면에 있더니, 보라, 광야 표면에
작고 둥글며 고수(κόριον)같이 세미한 것이 있는데,[49] 그것은 마치 땅 위에

••

47) 예비교과목들에 관하여는 다음을 보라. *Leg.* 3:167; *Cher.* 1:8, 10, 101, 104; *Sacr.* 1:38,
43; *Agr.* 1:9; *Congr.* 1:9, 24, 35, 152, 180; *Fug.* 1:2, 183, 187, 213; *Mut.* 1:263; 일반
교과목들에 대해서는 다음을 보라: *Leg.* 3:167; *Gig.* 1:60; *Sob.* 1:9; *Congr.* 1:10, 19, 35,
79, 155; *Fug.* 1:183. "일반교과목들"은 보이는 세계에 관한 교육에 필요한 교과목들로
서 문법, 기하학, 천문학, 수사학, 변증학, 음악 등을 포함하고, 이보다 높은 단계인 "관
상교과목들(τὰ θεωρήματα)"은 보이지 않는 세계에 대한 교육에 필요한 교과목들로서, 철
학과 지혜에 대한 관상을 포함한다.(*Congr.* 1:10-11, 14-19, 79, 155) 필론은 일반교과목
들을 '하갈' 내지 '이집트인'에 비유하고, 관상교과목들을 '사라'에 비유한다.(*Congr.* 1:11,
20-23)

48) 하늘은 하나가 아니라 여러 층으로 되어 있고 지고한 지식과 지혜는 그 하늘들을 지나는
초월적 세계에 속한다고 보았다. 이런 사상은 플라톤의 책들과 영지주의 문헌에도 나타
난다.

내린 서리처럼 하얀색이더라. 그들이 그것을 보고, 이것이 무엇이냐, 하고 서로 말하였으니, 그들은 그것이 무엇인지 알지 못하였기 때문이다. 그들에게 모세는, 이것은 떡이요, 주께서 우리들에게 먹으라고 주신 것이다, 하고 말하였다. 이것은 주께서 명령하신 말씀이다."(출 16:13–15) 그대가 알다시피, 혼의 양식은 그와 같으니, 바로 여상한 하나님의 로고스로서, 이슬처럼 모든 것을 둘러싸기 때문에 그것은 어느 하나도 공유하지 않는 부분이 없다.

3.170. 그러나 이 로고스가 모든 곳에서 분명한 것은 아니고, 격정들과 악덕들로 가득한 광야에서 그러한데, 그것은 미묘하여 이해하거나 이해되기가 쉽지 않고, 극도로 투명하고 맑게 보이며, 생김새는 고수(κόριον)와 비슷하다. 그런데 농업전문가들이 말하기를, 고수 씨앗을 무수하게 나누어 그 조각들을 잘라서 조각들 각각을 뿌리면 마치 온전한 씨앗처럼 싹이 돋아난다고 한다. 이처럼 하나님의 로고스도 온전한 전체로도 유용하고 부분적으로도 유용하며, 특정 부위 각각이 유용하다.

3.171. 그것은 눈동자와 같은 것일지도 모른다. 왜냐하면 눈동자는 비록 지극히 작은 부분일지라도 존재하는 것들의 온갖 윤곽들을 보고, 미지의 바다와 대기의 광활함과 해가 뜨는 곳에서 지는 곳까지 하늘 전체를 보며, 유사하게 하나님의 로고스도 예리하고 재빠른 안목으로 모든 것을 통찰하기에 충분하고, 그것(로고스)을 통하여 보일 가치가 있는 것들이 식별되므로 밝게 빛나기 때문이다. 로고스가 개입하면 다양한 것들이 흐릿한 안개와 깊은 어둠을 몰아내고 혼의 빛에 참여하기를 갈망하나니, 이러한 하나님의 로고스보다 더 빛나고 더 밝은 것이 무엇이겠는가?

∙∙
49) '고수'는 미나리처럼 생긴 한해살이 채소로서 학명은 Coriandrum sativum이다.

3.172 LX. 로고스 주변에서는 독특한 격정(πάθος)이[50] 일어난다. 로고스가 혼(ψυχή)을 자신에게 소환하면, 그것은 모든 흙의 성질을 가진 것과 몸의 성질을 가진 것과 감각적 성질을 가진 것과 함께 응고(πῆξις)를 일으킨다. 그러므로 그것을 "땅 위에 서리(πάγος) 같은" 것이라고 표현한 것이다.(출 16:14) 왜냐하면 하나님을 보는 자(ὁ τὸν θεὸν ὁρῶν)가[51] 격정들에서 도망치려고 생각할 때는 파도들이 엉기는데, 이는 파도들이 급하게 솟구쳐 일어나 언덕같이 장대하게 일어선다는 뜻이기 때문이다. 존재(하나님)를 보는 자(이스라엘)가 격정을 뚫고 지나갈 수 있도록 "파도들이 바다 한가운데서 엉겨 붙는 것이다."(출 15:8)

3.173. 그러므로 이미 로고스를 경험한 혼들조차도 도대체 '그것이 무엇' 인지 설명할 수가 없으므로 서로 묻는 것이다. 왜냐하면 우리는 자주 단 것을 맛보고도 대체 단맛을 내는 즙이 어떤 즙인지를 알지 못할 때가 있고, 단 냄새를 맡고서도 그것들이 무엇인지 확인할 수 없을 때가 있기 때문이다. 이처럼 혼도 자주 기뻐하면서도 무엇 때문에 기뻐하는지 알지 못하는 경우가 있다. 그러나 사제(ἱεροφάντης)이자[52] 선지자인 모세는 가르쳐 말하기를, "'이것은 떡'이요, 하나님이 자신의 말(ῥῆμα)과 자신의 로고스를 전하기 위하여 혼에게 주신 양식"이라고 한다. 왜냐하면 '말'은 우리에게 먹으라고 주신 떡이기 때문이다.(출 16:15)

3.174 LXI. 그(모세)는 신명기에 이렇게 기록한다. "그리고 그는 너를 혹사하고 굶주리게 하였으며, 너희 조상들이 알지 못한 만나를 조금씩만 먹

••

50) 여기서 사용한 단어 πάθος는 격정, 열정, 경험, 고통, 특징, 특성, 사건 등의 뜻을 함축한다.
51) 필론에게 "하나님을 보는 자(ὁ τὸν θεὸν ὁρῶν)"는 '이스라엘'을 뜻한다.
52) *Leg.* 3.151 참조.

게 하였으니, 이는 네게 사람이 떡으로만 살 것이 아니라 하나님의 입을 통하여 나오는 모든 말씀(ῥῆμα)에 의지하여 살 것임을 선포하려는 것이다."(신 8:3) 이처럼 혹사하는 것은 죄를 소멸시키려는(ἱλασμός) 것이다. 왜냐하면 그(하나님)은 우리의 악한 혼들에서 ,1/10씩 죄를 소멸하시기 때문이다. 즐기던 것들이 벗겨질 때 우리는 혹사를 당한다고 생각하지만, 사실 그것은 혹사가 아니라 자비로운 하나님이 우리 죄를 소멸하시는 과정이다.

3.175.   그리고 그(하나님)는 우리를 굶주리게 하시는데, 덕을 굶게 하는 것이 아니라 격정과 악을 굶게 하시는 것이다. 이를 입증하는 것은 그가 자신에게 고유한 로고스를 통하여 우리를 지켜주신다는 사실이다. 왜냐하면 만나를 번역하면, '무엇'이라는 뜻이고, 이는 존재하는 것들이 가장 보편적으로 공유하는 속성이기 때문이다. 하나님의 로고스는 우주 만물 위에 있고, 가장 연장자이며, 창조된 것들 어디에나 보편적으로 존재한다. 이 로고스를 조상들은 알지 못하여 진리와 함께 하지 않았고 시간에 따라 백발로 퇴색하여 "우리로 한 장관을 세우게 하고 이집트로 돌아가게 하라"고 말하는데, 이는 이집트가 상징하는 '격정(πάθος)'으로 되돌아가자는 뜻이다.(민 14:4)

3.176.   그러므로 하나님이 혼에게 다음과 같이 상징적으로 선포하시게 할지라. "사람이 떡으로만 살 것이 아니라 하나님의 입으로부터 나오는 모든 말씀(ῥῆμα)에 의지하여 살 것이라."(신 8:3) 이는 모든 로고스와 로고스의 부분(μέρος)을 통하여 혼이 영양을 공급받게 된다는 뜻이다. 왜냐하면 입은 로고스를 상징하고 말씀(ῥῆμα)은 로고스의 부분이기 때문이다. 더 온전한 이들의 혼은 온전한 로고스로 영양을 공급받겠으나, 우리는 로고스의 부분만을 통해서라도 영양을 공급받을 수 있으면 다행으로 여겨야 한다.

3.177 LXII. 그런데 하나님의 로고스로 양식 얻기를 간구하는 이들은 이런 사람들이다. 예컨대, 야곱은 스스로 로고스를 바라보며 하나님께로부터 양식을 얻는다고 말하면서 다음과 같이 말한다. "내 조부 아브람과 이삭이 즐거이 섬기던 하나님, 나를 어릴 적부터 오늘날까지 보호하신 하나님, 천사를 통하여 나를 모든 환난에서 건지신 하나님께서 이 자녀들을 축복하시기를 원하나이다."(창 48:15-16) 이런 기도 방식이 성숙한 것이라고 말할 수 있는 이유는 로고스가 아니라 하나님을 양식 공급자로 여기고 로고스를 상징하는 천사를 악들을 고치는 의사로 여기기 때문이다. 이것은 당연하다. 존재하는 분(하나님)은 전술한 선한 것들을 그에게 직접 주고, 부차적인 것들을 그(하나님)의 천사들과 로고스를 통해 주기를 기뻐하시기 때문이다. 부차적인 것들이란 악들에서 구해내는 모든 것을 의미한다.

3.178 그러므로 나는 병이 감히 몸을 해칠 수 없을 만큼 완전하게 건강한 상태는 오로지 하나님이 자신을 통해서만 주실 수 있다고 생각한다. 하나님은 기술과 의술을 통하여 병을 낫게 하여 지식과 기술이 병을 고치는 것처럼 보이게 하시지만, 실상은 그분 자신이 인식(ἐπιστήμη)과 기술을 통하여 또는 그런 것들의 도움 없이 치유하시는 것이다. 이는 혼이 경우에도 마찬가지다. 하나님은 자신을 통하여 선한 것들, 즉 (혼의) 양식들을 아낌없이 주시며, 천사들과 로고스들을 통하여 악에서 건져낼 수 있는 방편이 되는 것이라면 무엇이든 아낌없이 주신다.

3.179 LXIII. 그(야곱)는 그런 기도를 하면서 감히 다음과 같이 말한 정치인 요셉을 비난하였다. "내가 그곳에서 당신을 봉양할 것입니다."(창 45:11) 이어서 요셉은 말하였다. "당신들은 속히 아버지께로 올라가서 고하기를 그렇게 요셉이 말한다고 하세요." 그리고 덧붙이기를, 모든 것을 가지고 "내게로 지체 말고 내려오시면, 내가 거기서 당신을 봉양하리니, 아직 흉년

이 다섯 해 남았기 때문입니다."(창 45:9-11) 그러므로 그(야곱)는 그 자고 한 자(요셉)을 비난하는 동시에 가르치며 다음과 같이 말한다. "여보게, 혼의 양식인 인식(ἐπιστήμη)을 공급하시는 분은 감각으로 감지할 수 있는 로고스(αἰσθητὸς λόγος)가 아니라 하나님이며, 그렇게 먹이는 하나님이 나를 어릴 적 처음 꽃 피울 때부터 장성할 때까지 이끌어주실 것임을 명심하시게."

3.180. 그러므로 요셉은 그의 어머니 라헬처럼 고생했다. 왜냐하면 그녀도 마치 피조물이 무언가를 할 수 있다고 착각하여, "나로 자식을 낳게 하라" 하고 말하기 때문이다.(창 30:1) 그러나 발꿈치를 잡은 자(야곱)는 그녀를 나무라며 말한다. "그대는 큰 실수를 범하는군. 왜냐하면 나는 하나님을 대신할 수 없으며, 하나님만이 홀로 혼(목숨)들의 태들(μῆτραι)을 열 수 있고, 그 안에 덕들을 뿌려 임신을 시키고 좋은 것들을 태어나게 하실 수 있기 때문이오. 그러므로 그대의 자매 레아를 보고, 오직 하나님 자신 외에 다른 이에게서 씨와 자손을 얻을 수 없음을 알아야 할 것이오."(창 30:2) "왜냐하면 여호와께서 레아에게 총이 없음을 보시고 그의 태를 여셨으나 라헬은 자식이 없었기 때문이다."(창 29:31)

3.181. 여기서 다시 미묘한 필치를 눈여겨보라. 하나님은 덕의 태들을 여시고 그 태들 안에 좋은 행위들을 뿌리시는데, 태는 하나님으로부터 덕을 받아서 자손들을 낳지만, 하나님께 자손들을 낳아드리지는 않는다. 왜냐하면 존재하는 분(하나님)은 필요한 것이 아무것도 없으므로 하나님께 자손들을 낳아주는 것이 아니라 나 야곱에게 낳아주는 것이다. 왜냐하면 하나님이 덕에 씨를 뿌리신 까닭은 당신 자신을 위해서가 아니라 나를 위해서 하신 일이기 때문이다. 그러므로 레아의 다른 남편은 침묵을 지키고 있는 반면에 레아가 낳은 자녀들에게는 다른 아버지가 있는 셈이다. 왜냐하

면 남편은 자궁을 열지만, 자녀들의 아버지는 그에게 자녀들을 낳아준다고 언급되는 대상이다.

3.182 LXIV. "내가 너와 여자 사이에 미움을 두리라."(창 3:15) 쾌락(ἡδονή)과 감각(αἴσθησις)은 비록 어떤 사람들에게는 매우 친밀한 사이처럼 보일지라도, 사실은 서로 적대 관계다. 아첨(κολακεία)은 우정(φιλία)의 병적인 증상이므로 아첨하는 자(κόλαξ)를 동료(ἑταῖρος)라고 부르지 않는 것처럼, 창녀(ἑταίρα)는 사랑하는 자(ἐραστής)와 유사하지 않다. 왜냐하면 창녀는 자신을 사랑하는 한 사람이 아니라 자신에게 도움을 주는 여러 사람들과 관계하기 때문이다. 그러므로 잘 살펴보면 쾌락은 감각과 서로 비슷한 것이 아님을 그대는 발견하게 될 것이다.

3.183. 진정으로 우리가 쾌락을 느낄 때면, 우리 감각 기관들은 감지하려는 긴장(τόνος)을 풀어버린다. 그대는 포도주나 사랑에 빠져서 보아도 볼 수 없고 들어도 듣지 못하며, 다른 감각 기관들이 기능을 상실하여 정확하게 감지할 수 없는 사람들을 볼 수 있지 않는가? 어떤 경우에는 음식을 절제하지 못하고 과식하여 감각 기관들의 기력들이 모두 풀어져 잠에 빠지게 되는데, 잠(ὕπνος)이라는 이름은 기력들이 풀어진다(ὑφιέναι)는 말에서 유래한 것이다. 잠에 빠지면 외부의 것을 감지하는 기관이 느슨해진다. 그 기관들이 깨어 있어야만 긴장을 하고, 긴장해야만 외부 충격에 무감각해지기를 멈추어 소리를 명료하게 알아듣고 마음에 전달할 수 있다. 왜냐하면 마음은 외부 충격을 받아야만 비로소 외부의 사물을 인지하고 그 형상을 명료하게 파악할 수 있기 때문이다.

3.184 LXV. 그(모세)는, "내가 너와 여자에게 적대감을 두리라" 하고 말하지 않고, "내가 너와 여자 사이에 적대감을 두리라" 하고 말하는데, 이에 주목해보라. 왜 그렇게 했을까? 왜냐하면 이들의 전쟁은 중간 단계에 관

한 것이고, 쾌락과 감각 사이의 경계선상에 놓인 것이기 때문이다. 둘 사이에 놓인 것은 마실 수 있고, 먹을 수 있고, 그런 상태 모두로 될 수 있는 것들로서, 그런 상태들 각각은 감각 기관으로 지각할 수 있는 대상이기도 하고 즐거움을 자아낼 수도 있다. 그러므로 이런 것들을 무절제하게 즐기는 쾌락은 곧장 감각 기관을 망가뜨린다.

3.185. "네 씨와 그녀의 씨 사이에"라는 표현 역시 매우 지당한 것이다. 왜냐하면 모든 씨가 창조의 시작($\dot{\alpha}\rho\chi\acute{\eta}$)이기 때문이다. 쾌락의 시작은 격정($\pi\acute{\alpha}\theta\sigma\varsigma$)이 아니라 비이성적 충동이지만, 감각의 시작은 정신이다. 이것(정신)에서부터 감지하는 능력들($\delta\upsilon\nu\acute{\alpha}\mu\epsilon\iota\varsigma$)이 마치 샘처럼 뻗어 나온다. 특별히, 가장 성스러운 모세에 따르면 아담에게서 여자가 만들어졌다고 하는데, 이는 정신($\nu\sigma\hat{\upsilon}\varsigma$)에서 감각($\alpha\check{\iota}\sigma\theta\eta\sigma\iota\varsigma$)이 만들어졌다는 뜻이다. 여기서 쾌락을 감각으로 격정을 정신으로 바꾸어서 살펴보면, 앞의 두 요소(쾌락과 감각)가 서로 적대 관계이고, 뒤의 두 요소(격정과 정신)도 서로 적대 관계인 것을 알 수 있다.

3.186 LXVI. 그리고 이들 사이에 전쟁이 있다는 것은 분명하다. 어쨌거나 정신의 우월함을 유지하면서 지성으로만 포착할 수 있는 비물질적인 것들 사이로 유영하다 보면, 격정이 종적을 감추게 된다. 그와 반대로 격정이 사악한 승리를 쟁취하면, 정신은 움츠러들어 자신과 자신에 관한 일들에 온통 집중하지 못하게 된다. 어쨌거나 그(모세)는 다른 곳에서, "모세가 손들을 들어 올릴 때는 이스라엘이 이기고, 내릴 때는 아말렉이 이겼다"고 하였는데,(출 17:11) 이는 정신이 사멸하는 것들을 벗어나 높이 솟아오르면, '하나님을 보는 자'가 강해진다는 뜻이다. 여기서 하나님을 보는 자는 '이스라엘'이다. 이와 반대로 정신이 추락하면, 그 기력들도 약해져서 곧바로 격정이 기승을 부린다. 이 격정은 아말렉을 상징하며, 아말렉이라는 말

은 '핥는 백성'이라는 뜻이다. 참으로 그것(격정)은 혼 전체를 야금야금 핥아먹기 때문에, 혼 안에서 덕의 불씨를 일으키는 씨앗을 조금도 남겨두지 않는다.

3.187. 이런 이유로 인하여 "아말렉은 열국의 시작(ἀρχή)"[53](민 24:20)이라고 한다. 왜냐하면 뒤섞이고 혼란스럽고 문란한 것들을 무분별하게 지배하고 통치하는 것이 바로 격정이기 때문이다. 격정 때문에 혼의 모든 전쟁이 야기된다. 그런 마음들에 평화를 아낌없이 주는 분은 하나님이신데, 하나님은 그 마음들에게 "하늘 아래에서 아말렉을 도말하여 기억함이 없게 하리라"고 말씀하신다.(출 17:14)

3.188 LXVII. 그리고 "**그는**(αὐτός) 네 머리를 지키고 너는 **그의**(αὐτοῦ) 발꿈치를 지키리라" 하는 말은 야만적인 것 같지만 제대로 표현한 것이다. 왜냐하면 그는 뱀에게 여자에 관하여 이야기하는데, 여자는 '그는(αὐτός)'이 아니라 '그녀는(αὐτή)'이라고 해야 하기 때문이다. 이것을 뭐라고 설명해야 할까? 그는 여자에 관한 이야기에서 벗어나 그 씨와 그녀의 시작(ἀρχή)에 관하여 말한 것이다. 감각(αἴσθησις)의 시작은 정신(νοῦς)이고, 정신은 남성이며, 남성이기 때문에 '그는(αὐτός)'과 '그의(αὐτοῦ)' 등이라고 표현해야 한다. 그러므로 그(하나님)는 쾌락에게 다음과 같이 말한 셈이다. '정신은 너의 주요하고 주도적인 교리를 지키고, 너는 정신의 종적들(ἐπιβάσεις)과[54]

∴

53) 명사 ἀρχή는 단순히 시간적으로 이르다는 뜻이 아니라 원초적이고 근원적이라는 의미를 함축한다. 요한복음 1:1과 마가복음 1:1의 용례 참조.
54) 명사 ἐπίβασις는 '종적'이나 '발자취'뿐 아니라 '공격하려는 수단'이라는 의미도 함축한다. 즉, '공격하려는 수단을 지켜본다'는 말은 적이 어떤 공격을 해올지를 잔뜩 긴장한 채 지켜보며 방어 태세를 취하고 있다는 뜻이다. 명사 ἐφίδρυσις는 필론의 저서들 가운데 이 본문에만 사용된 희소한 단어로서 그 뜻이 분명하지 않으나, 중요한 유사 의미들을 병렬시켜 뜻을 강조하고 풀이하는 셈어의 특징을 고려할 때 ἐπίβασις의 의미를 부연 설명하는 역할

그 즐기는 것들이 딛고 선 자리들(ἐφιδρύσεις)을 지킬 것인데, 이것들(발자취들과 딛고 선 자리들)과 발꿈치는 원리상 서로 유사하다.'

3.189 LXVIII. 그런데 "지킬 것이다"라는 말은 두 가지 의미를 함축한다. 하나는 '보호할 것이다' 내지는 '구해낼 것이다'라는 뜻이고, 다른 하나는 '해치기 위하여 지켜볼 것이다'라는 뜻이다. 필연적으로 정신은 쓸모없거나 근면하기 마련이다. 어리석은 자는 쾌락의 수호자요 집사가 되어 쾌락으로 기뻐하는 한편 근면한 자에게는 적대적이며, 공격을 가하면 쾌락을 완전히 무너뜨릴 수 있으리라고 생각한다. 그러나 쾌락은 그와는 정반대로 어리석은 자의 종적을 주시하면서, 지혜로운 자의 계획을 부수고 망가뜨리기 위하여 그것을 물리칠 방법을 모색한다. 그렇게 함으로써 어리석은 자는 무엇보다 안전을 확보하려는 것이다.

3.190. 그러나 그가 태생이 고결한 사람을 발꿈치로 차며(πτερνίζειν)[55] 그를 속이고 있다고 생각할지라도, '격투하는 자' 야곱과의 격투에서 정작 발꿈치로 차이는 자는 어리석은 자 자신이다. 그 격투는 몸으로 하는 것이 아니라, 혼이 자신에게 적대적인 성향들, 즉, 격정들과 악들을 동원하여 공격하는 성향들에 맞서 싸우는 투쟁이다. 이 투쟁은 마침내 적이 격투를 포기하면서, 자신이야말로 태생적 권한과 축복받는 권한을 포함하여 발꿈치로 두 번이나 차여 패한 자임을 시인하기까지, 격정이라는 적의 발꿈치를 절대로 놓아줄 수 없는 투쟁이다.

3.191 그(에서)는 다음과 같이 말한다. "그의 이름을 야곱이라 부르는 것

∴

을 하는 것 같다.

---

55) 동사 πτερνίζειν는 발꿈치라는 명사 πτέρνα와 동족어다. 필론의 글에서 "발꿈치를 잡은 자(ὁ πτερνιστής)"는 야곱을 뜻하고,(창 25:26) 야곱과 같이 '하나님을 보는 자', '이스라엘'이 되기 위하여 애쓰는 '수련자(ἀσκητής)'를 상징한다. *Leg.* 1.61; 2.89, 99; 3.15, 93, 180 참조.

이 합당한 까닭은 저가 나를 벌써 두 번이나 발꿈치로 걸어찼기 때문입니다. 전에는 내 장자의 명분을 빼앗더니, 이제는 내 복을 빼앗나이다."(창 27:36)[56] 쓸모없는 자는 몸에 관한 것들을 더 우선적인 것들(πρεσβύτερα)로 여기지만, 태생이 고결한 사람은 진리와 더불어 혼에 관한 것들을 보다 우선적인 것들로 여긴다. 그것들은 시간적인 면에서뿐만 아니라 능력과 가치 면에서도 우선적이고 우수하므로 마치 도시국가의 통치자와 같다.[57] 그 집합체의 여주인(ἡγεμονίς)은 바로 혼(ψυχή)이다.

3.192 LXIX. 그러므로 덕에 있어서 최고인 자가 최고로 좋은 것들을 받았고, 그 좋은 것들은 그에게 속하게 되었다. 왜냐하면 완전한 기도들과 함께 축복하는 말을 그가 받았기 때문이다. 그러나 가치도 없으면서 스스로 지혜롭다고 생각하는 자는, "그가 내 복들과 장자의 명분을 빼앗았다"고 말한다. 그러나 그대여, 그가 취한 것들은 그대의 것이 아니라, 그대에게 속한 것들과는 정 반대 것들이라네. 왜냐하면 그대의 것들은 종에게 속한 것들이지만, 그가 가진 것들은 통치자에게 어울리는 것들이기 때문일세.

3.193. 만약에 그대가 지혜로운 현자의 종이 되고자 한다면, 그대는 가르침과 자기 수련을 공유하고 혼을 파멸시키는 무지와 무식을 몰아내야 할 것이다. 왜냐하면 그대의 아버지가 기도하면서 그대에게, "네가 네 형제를 섬길 것이라" 하고 말하기 때문이다.(창 27:40) 그러나 지금은 아니다. 왜냐하면, "그대가 그대 목에서 멍에를 풀려고 할 때," 즉, 그대가 스스로

⁙

56) "그러자 에사우가 말하였다. '이제 저를 두 번이나 속였으니, 야곱이라는 그 녀석의 이름이 딱 맞지 않습니까? 저번에는 저의 맏아들 권리를 가로채더니, 보십시오, 이번에는 제가 받을 축복까지 가로챘습니다.' 그러고서는 '저를 위해선 축복을 남겨두지 않으셨습니까?' 하고 묻자."(『성경』 창세 27:36)

57) 플라톤은 이상국가(καλλίπολις)의 시민들을 통치자, 수호자, 생산자로 나누고, 진정한 철학자들이 통치자가 되어야 한다고 주장했다. Plato, *Resp.* 2–4.

를 격정들의 마차에 매달아 멍에를 씌운 이후부터 그대가 얻게 된 바로 그 오만과 무례를 풀어버리고자 할 때, 쓸모없는 자는 그대가 그 멍에를 벗으려고 반항하는 것을 참지 못하기 때문이다.

3.194.   이제 참으로 그대는 까다롭고 참을성 없는 자들의 종이요, 그대 자신 안에 있는 통치자들의 종이며, 그들에게 법($\nu\acute{o}\mu o\varsigma$)이란 누구도 자유롭게 풀어주지 않는 것이다. 그러나 만일 그대가 그것들을 벗어나 도망친다면, 종을 사랑하는 통치자가 자유에 적합한 희망들로 그대를 받아들이고, 이전의 통치자들에게 되넘기지는 않을 것이다. 이는 모세가 필수 교안과 규정으로 가르친 바와 같다. "어린 종이 그 주인을 피하여 어떤 이에게(너에게) 나아오거든, 그는 그 종을 그 주인에게 돌려보내서는 안 되고, 그 종이 살기 원하는 장소가 어디든 그곳에서 종은 그(너)와 함께 거할 것이라." (신 23:15-16)

3.195 LXX.   그러나 그대가 도망치지 않고 그 주인들의 고삐들에 계속 묶여 있으면, 그대는 지혜로운 현자의 종이 될 자격이 없다. 그대는 자유롭지 못한 노예근성을 적나라하게 입증해 보이면서, "장자에게 속한 내 것들과 내 복들을"이라고 말할 것이다.(창 27:36) 그러나 이는 분별력을 상실한 무지에서 나온 말에 불과하다. 왜냐하면 '내 것'이라는 주장은 오로지 하나님께만 합당하고, 참으로 만물은 오로지 하나님께 속한 소유물이기 때문이다.

3.196.   그러므로 그(하나님)는 "나의 선물들과 나의 제물들과 나의 첫 열매들을 너희가 지킬 것이라"고 선언함으로써 선물들($\delta\tilde{\omega}\rho\alpha$)이 제물들($\delta\acute{o}\mu\alpha\tau\alpha$)과 다름을 입증하실 것이다.(민 28:2) 왜냐하면 선물들은 하나님이 완전한 자들에게 아낌없이 주시는 완전하고 선한 것들의 광대함을 뜻하지만, 제물들은 짧은 기간에만 보관할 수 있는 것들로서 잘 자라서 진보하고

있는 수련생들에게 주어지는 것이기 때문이다.

3.197. 이를 위하여 아브라함은 하나님의 뜻을 따르면서 하나님이 자신에게 주신 재산들은 무엇이나 보관하는 한편, 소돔 왕이 보낸 말은 되돌려 보낸다."(창 14:21) 첩들이 보관하고 있던 것들도 그렇게 했다. 또한 모세는 지극히 막대한 것들에 관하여는 최대한 정의를 실현하기에 합당하도록 처리하는 한편, 부차적인 것들에 관하여는 간소한 재판들이 심리하도록 허용한다.

3.198. "내가 내 주와 내 아내와 내 자녀들을 사랑하므로 나가서 자유하지 않겠노라" 하고 그가 말한 것처럼,(출 21:5; 신 15:16) 무엇이든 감히 자기 것이라고 말하는 사람은 누구나 영원히 종이 될 것이다. 그가 스스로 종이라고 고백한 것은 잘한 일이다. 자신의 것이야말로 주인이고 정신(νοοῦς)이라고 말하며, 그 주인이 절대 주권자라고 말하는 이가 어떻게 종이 아닐 수 있겠는가? 내게 속한 것은 감각이요, 몸에 관한 것들로 자족하는 종류라고 말하는 자도 그러하고, 내게 속한 것은 그런 것들의 자손들이라면서 정신의 자손들인 정신적인 것들과 감각의 자손들인 감각적인 것들이 모두 자신에게 속한 것으로 착각하고, 생각하는 것과 감지하는 것이 모두 자기 일이라고 주장하는 자들도 그러하다.

3.199. 그러나 그는 결과적으로 자신에게 불리한 증언을 하는 일에 그치지 않고, 귀가 뚫어질 정도로 명령을 해대는 자의 종살이를 영원히 변함없이 하라는 하나님의 선고를 받게 된다. 그리하여 덕스러운 로고스들을 받지 못한 채 영원히 악하고 무자비한 정신과 감각에게 종살이를 하게 되는 것이다.

3.200 LXXI. "또 그(여호와)가 여자에게 이르시되, 내가 너의 비통함들(λῦπαι)과 설움(στεναγμός)을 더하여 무겁게 하고 무겁게 하리라."(창 3:16)[58] 감

각(αἴσθησις)을 상징하는 여자에게 전형적인 고통은 격정(πάθος)으로서, 그 것은 곤경(λύπη)이라고 불린다. 왜냐하면 쾌락을 주는 것 주변에는 고통을 주는 것도 있기 때문이다. 우리가 감각들을 통하여 쾌락을 느낄 때마다 바로 그 감각들을 통하여 우리는 필연적으로 고통도 겪어야 한다. 그러나 근면하고 성결한 정신은 고통을 최소한으로 받는다. 왜냐하면 그런 자에게는 감각들이 최소한으로 작용하기 때문이다. 이와 달리 어리석은 자에게는 격정이 극도로 가중된다. 왜냐하면 그런 자의 혼에는 외부 감각들로 인한 해악들과 그 감각들을 통해서만 감지되는 대상들로 인한 해악들을 물리칠 만한 해독제(ἀλεξιφάρμακος)가 없기 때문이다.

3.201. 운동선수(ἀθλητής)와 종(δοῦλος)은 서로 다른 방식으로 고통을 당한다. 종은 비참하게 잔학행위들로 떼밀려 복종해야 하지만, 운동선수는 자신에게 가해지는 타격들을 방어하고 저항하여 마침내 떨쳐낸다. 그대가 한편으로는 사람을 면도하고 다른 편으로 양털을 면도하게 된다면, 양은 면도를 당하기만 하고, 사람은 그에 상응하는 반응을 취하여 스스로 면도받는 자세를 취하며 능동적으로 대처하는 것을 보게 될 것이다

3.202. 그러므로 비이성적인 자는 노예들이 받는 벌을 받아서 다른 이에게 복종하고, 마치 안주인들의 얼굴을 감히 마주 대할 수 없듯이 고통들에 머리를 조아리고 부복하느라, 남자답고 자유로운 합리적인 계산들을 도무지 해내지 못하기 때문에, 전례 없이 많은 고통스러운 것들이 감각들을 통하여 그에게 쏟아지는 것이다. 그러나 노련한 사람은 용감한 운동선수처

---

58) "그리고 여자에게는 이렇게 말씀하셨다. '나는 네가 임신하여 커다란 고통을 겪게 하리라. 너는 괴로움 속에서 자식들을 낳으리라. 너는 네 남편을 갈망하고 그는 너의 주인이 되리라.'"(『성경』 창세 3:16)

럼 강한 힘과 능력으로 고통스러운 모든 것들에 저항하고 맞섬으로써 그 것들에 의하여 상해를 입지 않고 그것과 완전히 무관한 상태가 된다. 나에게 그런 사람은 마치 당당한 기세로 고통에 맞서며 다음과 같은 비극의 소절을 외치는 듯하다. '내 육체들을 말리고 태워라, 내 탁한 피를 마셔서 채우라. 일찍이 땅 아래로 별이 내려가고 땅은 대기를 향해 솟아올랐으니 아첨하는 말이 나를 떠나 네게 가도다.'

3.203 LXXII.   하나님은 고통을 주는 모든 것들을 증대시켜 감각 기관에 장착하는 한편, 선한 것들은 근면한 혼에 아낌없이 저장되게 하셨다. 그 (모세)는 완전한 사람 아브라함에 관하여 다음과 같이 말(기록)한다. "주가 말씀하시기를, 내가 나를 가리켜 서약하노니, 네가 이같이 행하여 네 사랑하는 아들을 아끼지 아니하였은즉 내가 네게 복을 주고 복을 주며 네 씨로 번성하고 번성하게 하여 하늘의 별과 같고 바닷가의 모래와 같게 하리라." (창 22:16-17)[59] 이는 하나님께 적합한 방식의 서약으로 서약하여 약속을 확인하기 위한 것이다. 왜냐하면 그대도 알다시피 하나님보다 더 위대한 이는 없고 하나님은 다른 것으로 서약할 수 없으므로, 하나님은 만유 가운데 으뜸인 자신으로 서약하시기 때문이다.

3.204.   그러나 어떤 이들은 서약하는 것이 적합하지 않다고 말했다. 왜냐하면 서약은 신실함을 담보하기 위한 것이고, 하나님만이 신실하기 때문에, 만약에 누군가가 하나님과 가깝다면 (그 또한 어느 정도 신실할 테니),

⋮

59) "주님의 천사가 하늘에서 두 번째로 아브라함을 불러 16 말하였다. '나는 나 자신을 걸고 맹세한다. 주님의 말씀이다. 네가 이 일을 하였으니, 곧 너의 아들, 너의 외아들까지 아끼지 않았으니, 17 나는 너에게 한껏 복을 내리고, 네 후손이 하늘의 별처럼, 바닷가의 모래처럼 한껏 번성하게 해주겠다. 너의 후손은 원수들의 성문을 차지할 것이다.'"(『성경』 창세 22:15-17).

마치 모세가 "온 집에서 신실하게" 되었다고 성서에 기록된 것과 같을 것이기 때문이다.(민 12:7) 또한 하나님의 로고스(말씀)들은 가장 신성한 하나님의 서약들과 율법들과 규범들로서, 그 자신의 능력을 증거 하는 것들인데, 그 증거는 그가 말씀하신 것은 반드시 이루어진다는 것이고, 이것이야말로 가장 전형적인 서약이다. 그러므로 하나님의 로고스들(성경)은 모두 서약들로서 그것들에 관한 행동들이 성취되어 확인되는 것들이라고 말하는 것이 가장 적절하다.

3.205 LXXIII.　　그러므로 저들은 말하기를, 서약이란 쟁점이 되는 문제에 관하여 하나님이 인증하시는 것이므로 하나님이 자신을 위하여 인증하고 서약하신다고 하면 부적절하다고 한다. 왜냐하면 인증하는 이는 인증받는 이와 달라야 하기 때문이다. 이에 관하여 뭐라고 해야 할까? 먼저, 하나님이 스스로를 위하여 인증하시는 것은 비난할 일이 아니다. 하나님 외에 달리 누가 하나님을 위하여 인증할 수 있겠는가? 둘째, 하나님은 스스로 가장 명예로운 모든 것이므로, 친근한 동류요 친구이며, 덕, 행복, 축복, 인식(ἐπιστήμη), 통찰력, 시작, 완전, 온전, 만유, 재판관, 심판, 결정, 법, 행동, 패권 등 모든 것이시다!

3.206.　　아울러 '내 스스로 서약하였다'는 방식을 반드시 이루어야 할 필연적인 것으로 이해한다면, 우리는 궤변을 상당히 멈출 수 있다. 그것은 이런 것이 아닐까? 사람이 신뢰할 수 있다고는 해도, 끝까지 변함없이 확고하게 하나님을 신뢰할 수 있는 사람은 아무도 없을 것이다. 왜냐하면 하나님은 자신의 본성을 누구에게도 보여주지 않고, 모든 종속에게 자신을 보이지 않게 제시하시기 때문이다. 만물의 근원(τὸ αἴτιον)에 관하여 몸이 없다거나 몸이 있다거나 어떤 특성을 가졌다거나 어떤 특성을 가지지 않았다고 감히 말할 수 있는 이가 누구며, 그분의 본질(οὐσία), 특성(ποιότης), 상

태($\sigma\chi\acute{\epsilon}\sigma\iota\varsigma$), 움직임($\kappa\acute{\iota}\nu\eta\sigma\iota\varsigma$) 등을 확실하게 파악할 수 있는 이가 과연 누군가? 오로지 하나님 자신만이 자신의 본성에 관하여 틀림없이 정확하게 인지할 수 있으므로 하나님만이 자신에 관하여 확신하실 수 있다!

3.207. 다른 누구보다 하나님 자신이 자신과 자기 일들에 관하여 가장 확신하실 수 있으므로 하나님 스스로 신뢰하고 스스로 서약하는 것이 옳으며, 다른 이에게는 그런 것이 불가능하다. 그러므로 하나님으로 서약한다고 주장하는 이들은 불경하다. 왜냐하면 누구도 그분의 속성을 제대로 알 수 없으므로, 누구도 그분으로 서약하지 말아야 하기 때문이다. 우리는 그분의 이름으로 저 번역자 로고스로 서약하면 족하다. 왜냐하면 로고스는 불완전한 우리들의 하나님이고, 지혜롭고 완전한 자들의 으뜸이기 때문이다.

3.208. 참으로 모세는 창조되지 않은 분의 탁월함을 경탄하며, 너는 그로 서약할 것이라고 하지 않고, "너는 그 이름으로 서약할 것이라"고 말(기록)한다.(신 6:13) 왜냐하면 피조물은 하나님의 로고스(말씀)로 확인받고 입증받으면 충분하기 때문이다. 이와 달리 하나님은 스스로 신뢰하고 확고하게 입증하신다.

3.209 LXXIV. 아울러 "네가 이같이 행하였으니"(창 22:16)라는 표현은 경건($\epsilon\mathring{\upsilon}\sigma\acute{\epsilon}\beta\epsilon\iota\alpha$)을 상징한다. 왜냐하면 단지 하나님 한 분 때문에 모든 것을 행하는 것이야말로 '경건'이기 때문이다. 경건 때문에 우리는 번영을 가져오는 덕의 사랑받는 자녀를 아낌없이 조물주께 내어드리며 그 자녀를 그 어떤 피조물의 소유가 아니라 하나님의 소유라고 생각하기를 결단한다.

3.210. 그런데 다음 말씀은 옳다. "내가 축복할 때 축복하리라." 왜냐하면 어떤 이들은 좋은 일을 많이 하고서도 아직 복을 누릴 자격을 갖추지 못한 경우가 있기 때문이다. 예컨대, 쓸모없는 자가 좋은 습관을 충분

히 익히지 못한 미숙한 상태에서 제대로 일을 하거나, 취한 자와 미친 자가 정신이 온전하지 않은 상태에서 정신을 차린 것과 같은 말과 행동을 하거나, 아직 자연이 이성적 판단 능력을 충분하게 부여하지 않아서 이성적으로 판단하는 습관을 충분히 익히지 않은 상태에서 이성적인 사람들처럼 행동하고 말하는 경우가 있는 것이다. 그러나 입법자(νομοθέτης)는 지혜로운 자가 아직 미숙한 상태에서 일시적으로 쉽고도 우연히 지혜롭게 보이기보다는, 복을 누릴 자격이 있는 습관과 성향을 충분하게 갖춘 덕분에 지혜로운 자로 인정받기를 바란다.

3.211 LXXV. 한편, 불운한 감각은 무수한 고통을 초래하는 정도에 그치지 않고 "신음하기"를 초래하곤 한다. 신음하기란 격하고 지독한 고통이다. 우리는 종종 고통스러워하지만 신음하지는 않는다. 그러나 신음하게 되면 고통이 극심해지고, 지독하게 구슬픈 온갖 고통에 짓눌린다. 신음하기는 두 종류다. 하나는 불의한 것들을 갈망하고 욕망하지만 얻지 못한 결과로 발생하므로 어리석은 것이고, 다른 하나는 과거의 잘못을 회개하고 비통해하는 이들에 관한 신음으로서, 그런 이들은 '비참한 우리가 바보 같은 병에 걸려 어리석음과 불의를 일삼으며 그처럼 오래 허송세월하였다'고 고백한다.

3.212. 그러나 이런 일(회개하는 신음)은, "여러 해 후에 이집트 왕은 죽었다"고 한 것처럼(출 2:23) 무신론적이고 쾌락을 추구하는 경향을 상징하는 이집트 왕이 죽어 혼에서 제거되지 않는 한 일어나지 않는다. 그렇게 악이 죽으면 곧바로 '하나님을 보는 자(이스라엘)'가 그 자신의 변질(τροπή)에 대하여 신음하므로, "이스라엘 자손들이 몸적인 이집트의 일들로 인하여 신음했다"고 한다.(출 6:5)[60] 이집트 왕과 쾌락을 추구하는 성향이 우리 안에 살아 있으면, 그것이 우리의 혼에게 죄를 짓도록 부추기지만, 그 성향이

죽으면 혼은 (회개하며) 신음하는 것이다.

3.213. 그리하여 더는 변질하지 않고 불완전하게 마무리하지 않도록 해 달라고 주권자에게 부르짖는다. 왜냐하면 회개($\mu\epsilon\tau\acute{\alpha}\nu\omicron\iota\alpha$)하기를 원했던 혼들이 많았으나, 하나님이 허락하지 않으셨으므로 그들은 본래의 성향으로 마치 썰물처럼 되돌아가야 했기 때문이다. 예컨대, 롯의 아내는 소돔을 사랑하여 하나님에 의하여 멸망 당하는 본성들로 되돌아가 돌이 되었다.

3.214 LXXVI. 그러나 이제 "그들의 부르짖음이 하나님께 다다라" 그들이 살아계신 하나님을 증명했다고 그(모세)는 말(기록)한다.(출 3:9)[61] 만약에 그 탄원하는 말(로고스)을 그(하나님)가 자신에게 불러들이지 않았다면, 그 말은 위로 자라지도 옆으로 커지지도 못했을 것이고, 땅에 속한 것들의 비천한 상태를 극복하고 솟아오르지도 못했을 것이다. 그러므로 다음 구절에서 그(모세)는 이렇게 말(기록)한다. "보라, 이스라엘 자손의 부르짖음이 내게 오도다."(출 3:9)

3.215. (이스라엘 자손의) 탄원이 하나님께 상달되는 것이 아름답게 표현된다. 만약에 (탄원을) 소환하는 분이 훌륭하지 않았다면, 그것은 올라가지 못했을 것인데, 소환하는 분은 어떤 혼들에게는 직접 찾아가기까지 한다. "내가 네게 가서 너를 축복하리라." 그대는 만물의 근원($\dot{o}$ $\alpha\ddot{\iota}\tau\iota\omicron\varsigma$)의 은혜가 아직 실행하지 않은 우리의 의도에까지 찾아와 우리의 혼이 그것을 완전하게 실행하도록 돕는 데까지 미치는 것을 본다. 여기서 표현된 신탁은 교리적이다. 왜냐하면 하나님의 통찰($\ddot{\epsilon}\nu\nu\omicron\iota\alpha$)이 우리의 마음($\delta\iota\acute{\alpha}\nu\omicron\iota\alpha$)에 찾아

⁝

60) "그리고 나는 이집트인들이 종으로 부리는 이스라엘 자손들의 신음소리를 듣고, 나의 계약을 기억하였다."(『성경』 탈출 6:5)

61) "이제 이스라엘 자손들이 울부짖는 소리가 나에게 다다랐다. 나는 이집트인들이 그들을 억누르는 모습도 보았다."(『성경』 탈출 3:9)

오면, 곧바로 마음을 축복하고 마음의 모든 병을 치료하기 때문이다.

3.216. 그러나 감각(αἴσθησις)은 언제나 슬퍼하고 신음하며, 치유 불가능한 격한 고통과 비통 가운데 감각 작용을 출산한다. 그러므로 하나님 자신이 "수고하며 자식을 낳을 것이라"고 말씀하신다.(창 3:16) 시각은 보기를 출산하고, 청각은 듣기를 출산하며, 미각은 맛보기를 출산하고, 일반적으로 감각은 감각 작용을 출산한다. 그러나 어리석은 자는 각각의 감각이 감지하는 작용을 출산할 때 극심한 비탄 없이는 도무지 출산하지 못한다. 왜냐하면, 어리석은 자는 보고 듣고 맛보고 냄새 맡는 등 대체로 감각할 때 고통스럽기 때문이다.

3.217 LXXVII. 이와는 반대로 그대는 덕이 넘치는 기쁨과 함께 임신하여 웃음과 평온한 환희를 동반한 상태에서 근면한 자녀를 낳고, 그 둘의 자녀 역시 웃음 자체인 것을 볼 것이다. 이처럼 지혜로운 자는 비통해하지 않고 기쁨 가운데 자녀를 낳으므로, 신성한 로고스는 다음과 같이 말(기록)하여 증거한다. "하나님이 아브라함에게 말씀하셨다. 네 아내 사래는 사래라 불리지 않고 그녀의 이름은 사라가 될 것이다. 내가 그녀에게 복을 주어 그녀를 통하여 네게 자식을 선물할 것이다."(창 17:15-16) 그런 다음에 그(모세)는 덧붙인다. "그런데 아브라함이 얼굴을 떨구고 웃으면서, 어찌 100세 된 자에게서 아이가 나오겠으며 90세인 사라가 출산할 수 있겠는가, 하고 말했다."(창 17:17)

3.218. 여기서 이 사람(아브라함)은 기뻐하고 웃는 것처럼 보이는데, 그것은 '행복을 주는 아이(τὸ εὐδαιμονεῖν)', 즉, 이삭을 낳으려던 참이었기 때문이다. 덕(ἀρετή)을 상징하는 사라 역시 웃는데, 이에 관하여 동일한 사람(모세)은 후에 다음과 같이 기록하여 입증한다. "사라는 여자로서 여성이 하는 것들(경수)을 멈추었으므로 마음속으로 웃으며, '그처럼 행복을 주

는 아이가 지금까지 내게 태어난 적이 없습니다, 내 주여' 하고 말했다."(창 18:11-12) 여기서 '주'는 신성한 로고스로서 "더 나이가 많으며," 그로 인하여 이 일이 일어날 수밖에 없고 확신할 만하다고 천명하는 것이니, 그 자녀는 웃음이요 기쁨이다. 이것이 바로 이삭이라는 이름의 뜻이다.

3.219.　그러므로 감각은 비통해하도록 두고, 덕은 영원히 기뻐하게 하라! 왜냐하면 '행복을 주는 아이'를 출산한 후에 그녀는 찬양하며 다음과 같이 말하기 때문이다. "주께서 내게 웃음을 만들어주셨으니 듣는 자가 나와 함께 기뻐하리라."(창 21:7) 그러므로 오, 입례자들이여, 그대들은 귀들을 열고 가장 신성한 입문예식들을 받아들이라. 웃음은 기쁨이고, "만들어주셨다"는 말은 낳았다는 뜻이니, 여기서 말하고자 하는 것은 '주님(κύριος)이 이삭을 낳으셨다'는 뜻이다. 왜냐하면 주님은 온전한 속성의 아버지요, 혼들 속에 '행복을 주는 씨앗'을 뿌리고, 그런 아이를 낳는 분이시기 때문이다.

3.220 LXXVIII.　그가 말(기록)한다. "네 의욕이 남편을 향해 있으리라."(창 3:16) 그러므로 감각에게는 두 남편들이 있다. 하나는 적법한 남편이지만, 다른 하나는 유혹자다. 마치 유혹하는 남편과도 같이, 시각 대상은 시각을 유혹하고, 소리는 청각을, 맛은 미각을 그리고 다른 감각 대상은 그에 상응하는 감각을 유혹한다. 이런 대상들은 비이성적인 감각이 자신들에게 향하도록 불러들여 지배하고 다스린다. 아름다운 것은 시각을 노예 삼고, 단맛은 미각을, 다른 감각 대상들은 각각 그에 상응하는 감각들을 제각기 노예 삼는다.

3.221.　보라, 저 탐닉하는 자가 요리사들과 제분업자들이 한껏 기술을 발휘하여 만드는 것들에 어떻게 노예가 되고, 저 선율에 심취한 자가 현악기나 피리나 노래를 잘하는 이에게 어떻게 매혹되는가를! 그러나 감각이 자

신의 적법한 남편, 즉, 정신(νοῦς)을 바라보게 되면 막대한 유익이 따른다.

3.222 LXXIX. 다음으로, 정신이 올바른 로고스를 거슬러 유혹을 받을 때 어떤 것들이 정신에 관여하는지 살펴보자. "하나님이 아담에게 이르시되, 네가 네 아내의 음성을 듣고 내가 네게 먹지 말라고 명령한 나무에서 취하여 먹었으므로, 너의 일들 때문에 땅이 저주를 받으리라."(창 3:17) 그러므로 가장 무익한 것은 정신이 감각에 복종하는 것이고, 감각이 정신에 복종하는 것이 아니다. 왜냐하면 언제나 더 좋은 것이 지배하고 더 못한 것이 지배당해야 할 필요가 있고, 정신은 감각보다 더 좋은 것이기 때문이다.

3.223. 그러므로 마부가 고삐들로 동물들(말들)을 제압하고 이끌면, 그가 원하는 곳으로 마차가 제대로 가지만, 말들이 반항하면서 기선을 제압하면, 마부는 끌려가기 마련이고, 동물들이 격하게 움직이면 노선을 벗어나 구덩이에 빠지기도 하는데, 그러면 모든 것이 정도를 벗어나 균형을 잃게 된다. 또한 선장이 방향타들을 꼭 잡고 추진하면 배는 바른길로 순항하지만, 바다에 역풍이 불어 파도가 밀려오면 배가 요동치기 마련이다.

3.224. 그러므로 혼(ψυχή)의 마부 내지 선장 격인 정신이 마치 도시의 행정관처럼 이 동물 전체를 장악하고 통제할 때 비로소 삶은 올곧게 나아간다. 그러나 비이성적인 감각이 우위를 장악하면, 끔찍한 혼란이 일어나고 노예들이 주인들 위에 서는 상태가 된다. 이에 관하여 누군가 진리를 말해야 한다면, 정신(νοῦς)은 달구어져 대화재를 일으키고(ἐμπρᾶναι),[62] 감각들은 그 화염을 더욱 타오르게 하여 감각 대상들을 은밀하게 매수하는 일에 사용하는 상태라고 할 것이다.

∵

---

62) 동사 ἐμπρᾶναι는 '대화재를 일으키다'는 뜻으로서 *Leg.* 3.225에서 '대화재'는 뜻하는 명사 ἔμπρησις와 동족어다.

3.225 LXXX. 그러한 대화재(ἔμπρησις)에 관하여 모세는 감각들이 정신에 작용하여 일어난 현상임을 다음과 같이 설명한다. 즉, "여자들이 모압에 계속 불을 지폈다"고 하는데,(민 21:28) 이 불을 해석하면, "아버지에게서" 나온 것이고, 우리들의 아버지는 정신이다.[63] "왜냐하면 그때" 하고 그(모세)는 다음과 같이 말하기 때문이다. "수수께끼로 말하는 자들(시인들)이, 너희는 헤스본으로 와서 시혼의 성을 세우고 견고하게 할지어다, 하고 말하였다. 왜냐하면 불이 헤스본에서 나오고, 화염이 시혼의 도시에서 나왔고, 모압까지 집어삼키고, 아르논의 기둥들까지 살랐으니, 화로다, 너 모압이여! 그모스 백성아, 네가 멸망하였다! 그들의 아들들이 살아남기 위하여 굴복하였고, 그들의 딸들은 아모리 족속의 왕 시혼에게 포로로 잡혔도다. 그들의 자손은 멸망할 것이요, 헤스본에서부터 디본에 이르기까지 그러하리라. 그리고 그 여자들은 모압에서도 계속 불을 지폈다."(민 21:27-30)

3.226. 헤스본은 번역하면 추리한다(λογισμός)는 뜻이다. 이것들은 불가해한 수수께끼들로 가득 찬 것들이다. 다음과 같은 의사의 추리를 보라. "내가 아픈 자를 고치고 그를 보살피리라, 내가 약들과 음식들로 치료하며, 제거하고 태우리라." 그러나 자연은 때때로 그런 치료법들 없이도 치료하였고, 그런 치료법들이 있을 때 오히려 환자를 죽였으니, 이로써 의사의 모든 이성적인 추리들은 불가해하고 수수께끼들로 가득 찬 꿈들임이 드러났다.

3.227. 거듭하여 농부는 말한다. 나는 씨앗들을 뿌리고 심을 것이며, 식

..

63) 여기서 '여자들'은 롯의 딸들을, '아버지'는 롯을 에둘러 표현한 것이다. 즉, 멸망하는 소돔을 빠져나온 롯의 딸들이 아버지 롯과 동침하여 낳은 자식들 중 하나가 '모압'인데, 롯의 딸이 아버지 롯의 감각적 불길을 그 아들인 모압에게 전달하고, 그 불길이 아들 모압에게서 계속 살아나게 했다는 뜻이다.

물들은 자라고 이것들이 열매들을 낼 것이니, 이들은 필요한 즐거움에 유익할뿐더러 과분한 풍요를 주기에도 충분하다. 그러나 이후에 갑자기 불이나 폭풍이 몰아치거나 홍수가 계속되어 모든 것을 망가뜨리곤 한다. 그러나 계획된 것들이 이루어진다 해도 그것들을 계획한 이가 그에 대한 보상을 충분히 누리지 못한 채 죽게 되어, 힘들게 일하여 이룬 결실을 누릴 것이라는 예상을 헛되게 뒤엎곤 한다.

3.228 LXXXI. 그러므로 인간의 불분명한 추리들과 불확실한 예측들을 신뢰할 것이 아니라 하나님을 신뢰하는 것이 최선이다. "아브라함이 하나님을 믿으매, 그가 의롭게 여김을 받았다."(창 15:6) 아울러 모세는 "그가 집안 전체에서 신실하다"고 증언하여 말한다. 그러나 우리가 우리의 이성적 추리력을 스스로 과신하면, 우리는 정신의 도시를 세우고 지음으로써 진리를 해치게 될 것이다. 왜냐하면 시혼은 해친다는 뜻이기 때문이다.

3.229. 그러므로 잠에서 깨어난 후에 그는 그것이 꿈이었음을 발견하였다. 어리석은 자의 행동들과 주장들은 모두 진리를 담고 있지 않은 꿈에 불과하다. 왜냐하면 그의 정신은 헛된 꿈으로 드러날 것이기 때문이다. 하나님을 믿는 것만이 교리적 진리요, 헛된 추리들을 신뢰하는 것은 허황된 거짓이기 때문이다. 비이성적인 충동은 밖으로 나가서 진리를 해치는 정신과 추리들 사이에서 오락가락하며 방황한다. 그러므로 그(모세)는 말한다. "불이 헤스본에서 나왔고, 화염이 시혼의 도시에서 나왔도다." 왜냐하면 그럴듯한 추리들을 신뢰하는 것이나 진리를 파괴하는 정신을 신뢰하는 것은 모두 불합리한(ἄλογος) 것이기 때문이다.

3.230 LXXXII. "그것이 모압까지 집어삼킨다"는 말은 정신까지 집어삼킨다는 뜻이다.(민 21:28) 거짓된 의견이 기만할 수 있는 대상이란 비참하게 방황하는 정신 외에 달리 무엇이겠는가? 거짓 의견은 정신을 집어삼키고

먹어 치우며, 참으로 그 정신 안의 기둥들까지 삼키는데, 이는 기둥에 주조되고 새겨진 것과 같은 헛된 주장들을 뜻한다. 기둥들은 아르논이고, 아르논은 "그들의 빛"이라는 뜻인데, 이는 그 실상들 각각이 추리로 인하여 구체화되기 때문이다.

3.231. 그러므로 그(모세)는 자고하고 이기적인 정신을 다음과 같이 애도한다. "화로다, 너 모압이여, 네가 멸망하였다!"(민 21:29) 만약에 네가 그럴듯한 것들의 왜곡된 의도에서 나온 수수께끼들에 주의를 빼앗긴다면, 너는 이미 진리를 파괴한 것이다(ἀπολώλεκας).[64] "그모스 백성"이란 그러한 그대의 백성을 뜻하며, 그런 백성의 능력은 이미 훼손되어 불구가 되었고 눈이 멀었다. 왜냐하면 그모스는 "더듬는 것과 같다"는 뜻이고, 이런 행동은 '볼 수 없는 자(ὁ μὴ ὁρῶν)'의 특징이기 때문이다.[65]

3.232. 이들에게 있는 아들들은 추론들 특유의 망명자들이며, 그 딸들의 의도들(γνῶμαι)은 아모리 족속의 왕에게 포로가 되기에 적합한 능력을 지녔다. 아모리 족속은 궤변론자와 말하는 자들로서, 아모리인들이란 말하는 자들이라는 뜻이고, 떠들썩하게 하는 말을 상징한다. 이들의 우두머리는 언변의 기교들을 개발하는 능력이 뛰어난 궤변론자로서, 이자로 인하여 진리의 경계를 벗어나 왜곡하는 자들이 이득을 취한다.

3.233 LXXXIII. 그러므로 시혼은 진리의 온전한 규칙을 해치는 자로서 그의 자손도 파괴를 일삼는다. 헤스본은 궤변론자들과 같은 수수께끼들로서 디본에까지 이르는데, '디본'은 판단을 뜻한다. 지당하게도 이 판단은 진리

..

64) 동사 ἀπολώλεκας는 ἀπολλύναι의 2인칭 단수 능동태 완료형이다.

65) 여기서 '볼 수 없는 자(ὁ μὴ ὁρῶν)'라는 표현은 '하나님을 보는 자(ὁ τὸν θεὸν ὁρῶν)'가 아니라는 뜻이다. 그런데 필론은 '이스라엘'을 '하나님을 보는 자'라고 정의하므로, '볼 수 없는 자'는 '이스라엘이 아니다'라는 뜻이다. *Leg.* 3.172; *Post.* 1.63 참조.

의 인식(ἐπιστήμη)과 무관한 허울뿐인 것들로서 그럴싸한 심판과 쟁론과 다투기 위한 소송 같은 것들이다.

3.234. 그러나 정신은 지성으로만 간파되는 정신 특유의 재앙들을 맞이하는 것으로 끝나지 않았고, 그 여자들은 추가로 불을 질렀으니, 감각들을 상징하는 그 여자들은 정신에 엄청난 대화재를 일으켰다. 참으로 이 말이 무슨 뜻인지 살펴보라. 우리는 한밤중에 감각들 가운데 어떤 것으로도 활성화되지 않아서 예상치 않게 온갖 다양한 것들을 생각하는 경우를 매우 자주 경험한다. 왜냐하면 혼(ψυχή)은 끊임없이 움직이며 무수하게 다양한 상태들로 변화할 수 있기 때문이다. 따라서 혼은 혼 자신에게서 나온 것들을 스스로 멸망으로 이끌곤 한다.

3.235. 이제 감각들의 무리가 수습하기 어려운 엄청난 재앙들을 초래했으니, 보이는 것들로 인한 것과 들리는 것들로 인한 것과 맛볼 수 있는 것들과 냄새 맡을 수 있는 것들로 인한 것이다. 대체로 그것들에서 나오는 불은 감각 기관들을 동원하지 않은 채 혼 자체의 태생적인 것보다 혼에 더욱 치명적인 어려움을 가한다.

3.236 LXXXIV. 이런 여자들 가운데 하나가 펠테프레인데, 그녀는 파라오의 시위대장의 아내다.(창 39:1-7) 거세당한 환관이었던 시위대장이 어떻게 아내를 가질 수 있었는지에 관하여 알아보아야 한다. 왜냐하면 율법의 말씀들을 알레고리로 받아들이지 않는 사람들에게 그런 생각은 당혹스러울 수 있기 때문이다. 참으로 그런 정신은 환관과 시위대장으로서 단순한 쾌락들뿐만 아니라 과도한 쾌락들을 누리고, 생산력이 없는 지혜의 환관이라고 불리므로, 좋은 것들을 낭비하는 파라오의 환관 외에 다른 것이 아니다. 달리 표현하자면, 만약에 우리의 혼이 악을 떠나 격정을 배우지 않을 수만 있다면, 환관이 되는 것이야말로 가장 바람직할 것이다.

3.237.　　그러므로 절제하는 성향의 요셉은, "그대는 나와 함께 눕고 남자가 되어서 남자가 겪는 일을 하고 인생이 주는 즐거움들을 누리라" 하고 말하는 쾌락을 거절하며, 다음과 같이 단호히 말한다. "내가 쾌락을 사랑하게 되면, 덕을 사랑하는 하나님께 죄를 짓게 되고, 이는 악한 일이다."

3.238 LXXXV.　　이제 그는 언쟁할 뿐만 아니라 힘을 다하여 저항하면서, 혼이 그녀의 집으로 들어와 그녀의 의지들에 따라 달려오자, 그는 몸에 따른 것들을 거부하고 혼만이 할 수 있는 일들을 감행하고자 하였다. 요셉의 집에서도 아니고 펜테르페의 집에서도 아니고, "그 집에서" 감행하고자 했던 것이다.(창 39:11) 아울러 그(모세)는 어떠한 말도 더하지 않는데, 이는 그대가 "그의 일들을" 호기심을 불러일으키는 회의적인 알레고리로 만들지 않도록 하기 위해서다.

3.239.　　그 집은 바로 혼(ψυχή)인데, 그는 바깥 것들을 모두 뒤로 한 채 그곳에 들어가 자기 내면에서 오간 말이 이루어지도록 하려는 것이다. 그러면 절제하는 자가 한 일들이 더는 하나님의 의지대로 한 것은 아니라고 할 수 있는가? 왜냐하면 혼 안에 은밀하게 거하는 일에 익숙한 이들 가운데 다른 추론은 없었기 때문이다. 그러나 쾌락은 물러서지 않고 몸부림을 치면서 옷자락들을 붙잡고 말하기를, "나와 함께 눕자"고 한다. 그 옷들은 몸을 덮는 것으로서 동물이 먹고 마시는 대상들에 불과하다.

3.240.　　이에 대하여 그녀는 말한다. 쾌락 없이는 살 수 없는데 그대는 왜 쾌락을 거절하는가? 보라, 쾌락이 만들어내는 것들을 내가 붙잡고 있으며, 그대가 존재하는 한 쾌락이 만들어내는 것들을 어느 정도 사용할 수밖에 없다. 그러면 절제하는 자가 뭐라고 할까? 그는 말한다. 내가 쾌락을 초래하는 물질 때문에 격정의 노예가 되어야 할까? 나는 격정을 떠나 밖으로 나가리라. "그리하여 그녀의 손들에 그 옷자락들을 남겨둔 채, 그는 도

망쳐 밖으로 나갔다."(창 39:15)

3.241 LXXXVI. 아마도 이렇게 말할 것이다. 누가 집안에서 밖으로 나가겠는가? 많은 이들이 그렇게 못하지 않는가? 어떤 이들은 신성모독을 피하면서도 사사로운 집에 들어가 약탈하고, 자기 아버지를 구타하지는 않으나 타인의 아버지를 모욕하지 않는가? 이들은 죄들로부터 떠나는 한편 다른 죄들 속으로 들어가는 것이다. 그러나 완전하게 절제하는 자는 크고 작은 죄들을 모두 떠나 아무런 죄와도 연루되지 말아야 한다.

3.242. 한편, 요셉은 젊기도 하거니와 이집트인과 몸으로 싸워서 쾌락을 극복할 만큼 강하지 못했으므로 도망친다. 그러나 하나님을 위한 열정이 컸던 제사장 비느하스는 도망쳐서 자신의 안위를 도모하기보다는 질투하는 로고스를 상징하는 "날카로운 창"을 잡고 물러서지 않았으며, 마침내 "미디안 여인을 꿰뚫기"까지 하여 "그녀의 태를 관통함으로써" 신성한 무용단(θεῖος χορός)에서 제거하고, 악한 자손 내지 씨앗이 더는 생겨나지 않도록 하였다.(민 25:7-8)[66] **LXXXVII.** 어리석음을 근절한 대가로 혼은 평화(εἰρήνη)와 거룩(ἱεφωσύνη)이라는 이중 상품과 지분을 받게 되는데, 그 둘은 친근한 자매 같은 덕목들(ἀρεταί)이다.

3.243. 그러므로 비천한 감각을 상징하는 여자의 말에 귀 기울이지 말아야 한다. 왜냐하면 "하나님이 산파들을 잘 준비시켜 두셨으므로" 그 산파들은 흩뜨리는 자 파라오의 규례를 무시하고 "남아들의 목숨을 살려주었기 때문이다."(출 1:17) 파라오는 여성적인 물질을 사랑하고 남아들을 죽이기를 원하면서, 만물의 근원이신 분을 알지 못한 채, "나는 그를 알지 못한다"고 말하였다.

∵

66) 필론에게 "신성한 무용단(θεῖος χορός)"은 '이스라엘'의 별칭이다. *Leg.* 1,61의 각주 참조.

3.244. 또한 다른 여자, 즉, 덕을 선도하는 사라가 된 여자에 대한 믿음을 가져야 한다. 지혜로운 자 아브라함은 그녀가 마땅히 해야 할 것들을 천거할 때 그녀의 말을 듣는다.(창 21:12) 그녀가 완전해지기 이전에도, 그녀의 이름이 변화되기 이전에도, 그녀는 하늘의 고결한 것들에 대하여 철학적 사유를 하였으며, 완전한 덕으로부터 자녀를 낳을 수 없음을 알고, 그에게 자신의 여종에게서, 즉, 일반교과교육(παιδεία ἐγκυκλίου)으로부터, 자녀를 얻으라고 조언하였다. 그 여종은 하갈이며, 하갈은 이웃이라는 뜻이다.(창 16:2)[67] 완전한 덕에 거하며 명상하는 자는 자신이 그 도시에 (시민으로) 등록되기도 전에 일반교과목들을 학습하는 이방인으로 살면서 이것들을 통하여 완전한 덕을 향하여 거침없이 다가간다.

3.245. 그런 이후로 자신이 완전해져서 이제 씨를 뿌릴 수 있음을 알게 되면, 비록 그 학습들 덕분에, 그 학습들이 덕을 천거한 덕분에, 자신이 그처럼 진보하였고, 그것들을 끊어버리기가 어려울지라도, 그는 하나님이 자신에게 하시는 말씀에 순종하게 될 것이다. "사라가 네게 이르는 말을 무엇이나 그녀의 말을 들으라."(창 21:12) 우리 각자에게 율법이 덕스럽게 여겨지도록 하라! 덕이 명하는 것이 무엇이건 그것에 우리가 청종고자 하면, 우리는 행복하게 될 것이기 때문이다.

3.246 LXXXVIII. "내가 네게 먹지 말라고 명령한 나무에서 나는 것만을 제외하고 너는 먹을지라."(창 2:16–17) 이 말은 네가 해악에 관하여 동의하였으니 너는 있는 힘을 다하여 그것을 물리칠 필요가 있다는 말과 같다. 이로 인하여 "저주받은 것(ἐπικατάρατος)"은 그대(σύ)가 아니라, "그대가 하는 일들 가운데 땅이(ἡ γῆ ἐν τοῖς ἔργοις σου)" 받은 것이다. 왜 그런가? 쾌락

∴

67) 일반교과목들(τὰ ἐγκύκλια)에 관하여는 *Leg* 3.167을 보라.

(ἡδονή)을 상징하는 뱀(ὄφις)은 혼(ψυχή)을 비이성적으로 허풍스럽게 부풀리기 때문이다. 쾌락(뱀)은 그 자체로 저주를 받아 반드시 쓸모없는 자에게만 들러붙고, 근면한 자에게는 들러붙지 않는다. 아담은 중도에 있는 정신으로서 어느 때는 더 좋은 자로, 어느 때는 더 나쁜 자로 나타난다. 왜냐하면 정신은 그 자체로 쓸모없지도 근면하지도 않으며, 덕과 함께 있느냐 악과 함께 있느냐에 따라 좋은 것으로 변하기도 하고 나쁜 것으로 변하기도 하기 때문이다.

3.247. 그러므로 그가 자기 자신 때문에 저주받지는 않은 것이 당연하다. 왜냐하면 그의 존재 자체가 해악인 것도 아니고 그가 해악을 따라 행동한 것도 아니며, 다만 땅이 그의 일들에 저주를 내린 것이기 때문이다. 행위들은 혼 전체를 통하여 이루어지는데, 그는 그것을 '땅'이라고 불렀으며, 그것들이 저지르는 각각의 해악에 따라 고통을 받고 비난을 받는 것이다. 그러므로 그는 "너는 고통을 통하여 그것을 먹으리라" 하고 덧붙인다. 이는 '네 혼이 고통스럽게 얻은 것을 네가 사용할 것'이라는 뜻이다. 왜냐하면 쓸모없는 자는 삶 전체를 통하여 자신의 혼을 고통스럽게 살게 하고 기쁨의 근원을 누리지 못하기 때문이다. 그런 기쁨의 근원은 정의와 명철이 낳는 것으로서 이들은 혼의 덕들과 함께 보좌에 앉는 동료들(σύνθρονοι)이다.

3.248 LXXXIX. "그러므로 땅은 가시들과 엉겅퀴들을 네게 낼 것이다."(창 3:18) 어리석은 자의 혼에서 자라고 싹트는 것이 그것을 찌르고 해치는 격정들 외에 달리 무엇이겠는가? 그 상징들을 그(모세)는 가시들이라고 불렀다. 그것들로 인하여 비이성적인 충동이 발생하는데, 처음에는 불과 같이 일어나 서로 정렬한 후에 그 모든 것들을 태우고 삼켜버린다. 그리하여 그(모세)는 다음과 같이 기록한다. "불이 나서 가시들을 **발견**하고 타작마당

(ἄλων)이나 낟알들(στάχυς)이나 평원(πεδίον)을 태우면 불 놓은 자가 반드시 배상할지니라."(출 22:6)

3.249. 그대가 알다시피, 비이성적인 충동을 상징하는 불이 나왔는데, 그것이 가시들을 태운다고 하지 않고 **발견**한다고 표현하였다. 왜냐하면 격정들이 찾고자 하는 것들은 갖기를 갈망하다가 발견한 것들이기 때문이다. 찾아낸 다음에는 그것이 완전한 덕(ἀρετή)과 진보(πρκοπή)와 좋은 성품(εὐφυΐα) 등 세 가지를 태워버린다. 그러므로 그(모세)는 덕을 타작마당에 빗대었으니, 마치 그곳에 곡식이 쌓이듯이 좋은 것들은 지혜로운 자의 혼에 쌓이기 때문이다. 그는 또한 진보를 낟알들에 빗대었으니, 그 둘은 모두 덜 여물었으나 완전하게 여물어가기 때문이다. 또한 그는 좋은 성품을 전원에 빗대었으니, 좋은 성품은 평원처럼 덕의 자손들을 받을 준비가 되어 있기 때문이다.

3.250. 그(모세)는 격정들의 각각을 엉겅퀴들(τρίβολοι)이라고 불렀으니(창 3:18) 격정에는 세 종류가 있기 때문이다. 즉, 격정 그 자체와 격정을 만드는 원인과 이 둘이 만들어내는 결과 등이다. 유사하게 쾌락 자체와 쾌락을 주는 것과 쾌락의 결과가 있고, 갈망 자체와 갈망하게 하는 것과 갈망한 결과가 있으며, 고통 자체와 고통스럽게 하는 것과 고통의 결과가 있고, 두려움 자체와 두렵게 하는 것과 두려워한 결과가 있다.

3.251 XC. "네가 밭의 채소를 먹으리라. 네 얼굴에 땀이 흘러야 네가 네 떡을 먹으리라."(창 3:19) 그는 여기서 채소와 떡을 마치 동의어인 것처럼 혹은 똑같은 것처럼 취급한다. 채소는 비이성적인 동물의 먹이인데, 쓸모 없는 자는 올바른 로고스를 결여한 비이성적인 동물과 같고, 감각들은 비록 혼의 일부일지라도 비이성적이다. 그런데 정신(νοῦς)은 비이성적인 감각들을 통하여 감각 대상들을 욕구하지만, 노동과 땀이 없이는 얻을 수 없

다. 어리석은 자는 항상 쾌락들과 해악들이 성취하고자 하는 것들을 추구하고 갈구하므로 그의 삶은 극히 고통스럽고 괴롭다.

3.252. 언제까지인가? 그가 말하는 바와 같이, "네가 땅에서 나왔으니 땅으로 돌아갈" 때까지다.(창 3:19) 그가 하늘의 지혜를 떠났으므로 이제 땅에 속하여 일관성 없는 것들 가운데 하나가 아니겠는가? 그러므로 그가 어느 방향으로 돌아서는지 살펴보아야 한다. 그런데 그가 말하는 것은 다음과 같은 것이 아니겠는가? 어리석은 정신은 올바른 로고스를 영원히 등지고 말았으므로, 위로 오르는 고결한 속성에서 나온 것이 아니라 땅에 속하는 어떤 물질에서 나온 것이며, 정지되어 있을 때나 움직이고 있을 때나 그것은 동일하여 동일한 것들에 이끌린다.

3.253. 이런 이유로 그는 "너는 땅이니 땅으로 돌아가리라" 하고 덧붙이는데, 이는 앞서 설명한 바와 같다. 또한 이것은 다음과 같은 뜻이기도 하다. "네 시작과 끝은 하나이고 동일하며, 너는 땅의 부패한 몸들에서 태어났으므로 삶의 중간에 죽어서 다시 그 몸들로 돌아가리니, 탄탄대로가 아니라 거친 길을 통과하여, 가시덤불과 엉겅퀴가 가득 돋아나 찌르고 해치는 길을 통과하여 가리라.

V

케루빔에 대하여

DE CHERVBIM 1-130

———

케루빔과 화염검과 사람에게서 태어난 첫 사람 가인에 대하여

ΠΕΡΙ ΤΩΝ ΧΕΡΟΥΒΙΜ ΚΑΙ ΤΗΣ ΦΛΟΓΙΝΗΣ ΡΟΜΦΑΙΑΣ ΚΑΙ
ΤΟΥ ΚΤΙΣΘΕΝΤΟΣ ΠΡΩΤΟΥ ΕΞ ΑΝΘΡΩΠΟΥ ΚΑΙΝ

1.1 I. "그리고 그는 아담을 추방하였고, 찬란함의 낙원 맞은편에 살게 하였고, 케루빔과 휘도는 화염검을 두어 생명나무로 가는 길을 지키게 하였다."(창 3:24) 여기서 그(모세)는 "추방했다(ἐκβάλλειν)"고 말(기록)하지만, 직전에는 "보냈다(ἐξαποστέλλειν)"라고 표현했다.(창 3:23)[1] 그가 표현들을 우연히 그렇게 배치한 것이 아니라 그것들을 주도면밀하게 사안별로 적절하고도 적확하게 정렬한 것이다.

1.2. 보내어진 자는 다시 돌아올 기회를 차단당하지 않으나, 하나님에 의하여 추방당한 자는 영원히 도피 생활(φυγή)을 유지해야 한다. 왜냐하면 전자는 아직 악에 의하여 강력히 전복된 상태는 아니기 때문에, 비록 그가 덕에서 벗어나 추락했을지라도, 마치 아버지의 나라(고향)에 다시 돌

••

1) *Leg.* 1.96 참조.

아가듯이, 다시 회개하고 덕에게 돌아갈 기회가 주어지지만, 이와 달리 과도한 불치병에 사로잡히고 현혹된 자에게는 지독한 것들을 영원히 견뎌야 할 필연이 주어지며, 그런 자는 죽지 않고 영원한 저주들을 당하되, 불경한 자들을 위한 북서쪽 땅으로 끌려가 지독하고 지속적인 불행을 견디어야 한다.

1.3. 왜냐하면 우리는 일반교과목들(τὰ ἐγκύκλια)을 습득하는 중간 교육 과정을 아갈(하갈)의 경우에서 보는데, 아갈은 통솔하는 덕을 상징하는 사라를 두 번 떠나기 때문이다. 처음에 자신이 도망쳤던 길로 되돌아올 때는 추방되지 않고 천사를 만나 자기 주인의 집으로 다시 내려갈 수 있었으니, 그 천사는 바로 신성한 로고스였다.(창 16:6-9) 그러나 재차 도망쳤을 때는 다시 돌아올 수 없도록 추방당했다.(창 21:14)

1.4 II. 이제 그(아갈)의 첫 번째 도주 원인과 그 이후에 있은 영원한 탈주 원인이 무엇인지 이야기해야 한다. 그 이름들(아브람과 사래)이 그 혼들의 특징들을 더욱 잘 나타내도록 조정되어 바뀌기 이전까지 그의 이름은 여전히 '숭고한 아버지(πατὴρ μετέωρος)' 아브람으로서, 그는 대기 중에 발생하는 현상들과 하늘에 존재하는 것들을 탐구하는 고상하고 숭고한 철학을 하였는데, 수학은 그 철학을 자연과학(φυσιολογία)의 최고 형태(εἶδος)로 분류한다.

1.5. 또한 (이름이 바뀌기 전에) 그녀는 여전히 '나의 권위(ἀρχή μου)'를 상징하는 사래로서, '나의 권위'라는 뜻의 이름으로 불리며, 아직 '포괄적 덕 (γενικὴ ἀρετή)'으로 바뀌지 않아 완전히 불멸하는 덕의 종속 그 자체(γένος)가 되지 못한 채 (필멸하는) 덕목들 가운데 특정 부분이나 특정 형태로 있다. 이를테면 내 안에 있는 명철, 절제, 용기, 정의 등과 같은 종류로 있는 것이다. 이런 특정 덕목들이 필멸하는 까닭은 그것들(특정 덕목들)을 수용

하는 장소인 나 자신이 필멸하는 존재이기 때문이다.

1.6. 중간 단계인 일반교과목(τὰ ἐγκύκλια)을 상징하는 아갈(하갈)은 비록 덕을 사랑하는 자들의 엄격하고 담담한 삶에서 서둘러 도망치다가도 다시 그 삶으로 되돌아올 것이다. 왜냐하면 그런 삶은 아직 포괄적이고 불멸하는 탁월함들(포괄적 덕)을 수용하지는 못할지라도 특정 부분이나 특정 형태의 덕목들을 맛보고 그 덕목들 가운데서 선택한 평범한 것들을 수용할 수 있기 때문이다.

1.7. 그러나 아브람이 아브라함으로 이름이 바뀐 후에는 자연과학자 (φυσιολόγος) 대신에 하나님을 사랑하는 지혜로운 자가 되었다. 아브라함은 '소리의 탁월한 아버지'라고 해석되는데, 로고스는 발화하면 소리가 나기 때문이다. 이 로고스의 아버지는 근면 성실한 것을 취한 정신(νοῦς)이다. 아울러 사래는 '나의 권위' 대신에 '사라'가 되었고, 사라는 통치하는 직책을 뜻하는데, 이는 특정 형태의 필멸하는 덕목 대신에 포괄적이고 불멸하는 덕 자체가 되었다는 뜻이다.

1.8. 또한 행복의 종속인 '이삭'이 빛을 발하여, 모든 여성적인 것들을 끝내고 기쁨과 즐거움을 향한 걱정들을 멸하고, 그 이후에는 종들을 위한 놀이들이 아니라, 신성한 것들을 근면 성실하게 추구하게 되어, '아갈'이라는 이름이 상징하는 예비교과목들(τὰ προπαιδεύματα)이 추방될 것이고, 그것들 (예비교과목들)의 아들인 '이스마엘'이라 불리는 궤변론자(σοφιστής)도 추방될 것이다.

1.9 III. 그들은 영원한 도피 생활(φυγή)이라는 옷을 입을 것이고, 하나님은 그들이 추방되었음을 확인하되, 사라가 말한 것들에 복종하도록 지혜로운 자에게 명할 때마다 확인하실 것이다. 그는 직접적으로 "여종과 그 아들을 추방할 것"을 명한다. 덕으로 설득하는 것이 좋고, 특히 다음과 같

은 교리들을 소개함으로써 설득하는 것이 좋다. 즉, 가장 온전한 자연적 속성들(φύσεις)은 중간 단계의 학습들(ἕξεις)과 엄청난 격차를 보이고, 지혜 는 궤변론(σοφιστεία)과 이질적이라는 것이다. 왜냐하면 그것(궤변론)은 혼 에 해로운 거짓 의견(δόξα)을 장착하려고 그럴듯한 것들(τὰ πιθανά)을 만들 어냈으나, 지혜(σοφία)는 올바른 로고스를 통한 인식(ἐπιστήμη)으로 진실한 것들을 습득하고 추구함으로써 지성(διάνοια)에 막대한 유익을 가져왔기 때 문이다.

1.10. 그렇다면 우리에게 의아한 것은 왜 하나님은 정신(νοῦς)을 상징하 는 아담이 불치병인 어리석음에 걸린 후에 '덕목들의 장소(낙원)'에서 그를 단번에 추방하여 다시 돌아올 기회를 허용하지 않으셨는가 하는 것이다. 모든 궤변론자(이스마엘)와 예비교과목들(τὰ προπαιδεύματα)을 상징하는 궤 변론자의 어머니(아갈)의 경우에 그(하나님)는 그녀를 먼저 내보낸 이후에 '지혜(σοφία)'와 '지혜로운 자(σοφός)'로부터 그녀를 추방하셨다. 그(하나님)는 지혜로운 자의 이름을 아브라함으로, 지혜의 이름을 사라라고 부르신다.

1.11 IV. 그때, 화염검과 케루빔이 낙원 맞은편에(ἀντικρύ) 거처하는 장소 를 갖게 된다. '맞은편'이란, 첫째, 반대편의 적을 의미하기도 하고, 둘째, 마치 기소당한 사람이 판사를 마주하고 있는 것처럼 판결에 관한 것들과 연관이 있기도 하며, 셋째, 긍정적인 의미로서 마치 처음 만들어지는 그림 들과 조각상들이 그것을 만드는 화가들과 조각가들의 맞은편에 놓인 경우 처럼, 그 외관이 더 정확하게 관찰되어 더 친근하고 익숙해지도록 한다는 의미도 있다.

1.12. 맞은편에 놓인 적대적인 것의 한 예는 가인에 관하여 기록된 것이 다. "그가 하나님의 얼굴 앞을 떠나 에덴 건너편 놋(Ναίδ) 땅에 거하였다." (창 4:16) 여기서 '놋'은 소란으로 해석되며, '에덴'은 호화로움으로 해석되

는데, 전자는 악이 혼을 혼란에 빠뜨리는 것을 상징하고, 후자는 덕이 가져오는 안녕(εὐπάθεια)과 덕으로 얻어지는 호화로움(τρυφή)을 상징한다. 후자는 쾌락을 추구하는 비이성적 격정이 초래하는 방탕함을 뜻하는 것이 아니라, 고통이 없고(ἄπονος) 역경이 사라진(ἀταλαίπωρος) 기쁨으로서 엄청난 평안(εὐμάρεια)을 수반하는 상태를 뜻한다.

1.13. 한편, 지성(διάνοια)이 하나님을 상상하는 상태(φαντασία)에서 벗어나면, 그것(하나님을 상상함)으로 인하여 아름답고 평온하게 집으로 가다가 갑자기 바다에 들어선 배처럼 되어 강풍을 맞아 이리저리 휘둘리게 되어 아버지 나라와 집에 폭풍(σάλος)과 파란(κλόνος)을 제비뽑아 몰고 온다. 그것들은 혼의 평안(βεβαιότης)과 상반되는 것들인데, 혼의 평안이란 '에덴'과 동의어로서 한결같은 기쁨을 유지하는 상태다.

1.14 V. 이제 판결을 받기 위해 (판사) 맞은편에 있는 사례를 들자면,[2] 간음했다고 의심받는 여자의 경우를 들 수 있다. 왜냐하면 그(모세)가 다음과 같이 말(기록)하기 때문이다. "제사장은 주인(남편) 앞에 여자를 세우고 여자의 머리를 드러낼 것이라."(민 5:18)[3] 이로써 그(모세)가 무엇을 뜻하고자 했는지 알아보자. 때로는 되는 일이 되어야 하는 방식으로 되지 않고, 적절하지 않은 일이 종종 적절한 방식으로 이루어질 때가 있다. 전자의 사례는, 보증금의 반환이 온전한 의도로 이루어지지 않고 반환받을 사람에게 해를 가하면서 이루어지거나, 더 큰 가치의 담보 거부를 꾀하는 방식으로 이루어짐으로써 적절한 일이 부적절한 방식으로 성취되는 경우다.

⋮

2) *Cher.* 1.11 참조.
3) 히브리어 본문은 "그 여자의 머리를 풀다(ἀρτά΄ ὄΠ.)"로 되어 있으나, 필론은 "그 여자의 머리를 드러내다(ἀποκαλύπτειν τὴν κεφαλὴν τῆς γυναικός)"라는 칠십인역 본문을 사용한다.

1.15. 후자의 사례(적절하지 않은 일이 적절한 방식으로 이루어지는 경우)는, 의사가 환자를 방치하려고 결정했거나, 집도 시술 또는 불 시술을 시행하려고 결정하고서도 환자에게 이롭게 하고자 진실을 이야기하지 않는 경우인데, 이는 환자가 극심한 통증들이 있을 것을 예상하고 치료받기를 피하거나 나약해져서 치료가 어렵다고 속단하지 않게 하려는 것이다. 또한 현명한 자가 자기 고국(아버지 나라)을 구하려고 적들에게 거짓을 말하고, 적들에게 유리하게 될까 두려워서 진실을 말하지 않는 경우는 적절하지 않은 일이 올바른 방식으로 이루어지는 사례라고 할 수 있다. 그러므로 모세는, "의로운 것을 의롭게 추구하라"고 말(기록)함으로써(신 16:20) 판결을 내리는 자가 온전한 의도에 관심을 두지 않는다면 불의하게 판결할 수도 있음을 시사한다.

1.16. 왜냐하면 말해지거나 행해지는 것이 모두에게 공개적으로 알려진다 해도, 말해지는 것들이 말해지고 행해지는 것들이 행해진 배후의 숨은 의도(διάνοια)는 알려지지 않은 채, 그것이 온전하고 정결한 의도인지 아니면 엄청난 부패들로 더럽혀진 불건전한 발상인지 분명하지 않기 때문이다. 아울러 창조된 자(피조물)는 아무도 보이지 않는 숨은 의도를 간파할 수 없고, 오로지 하나님(창조주)만이 숨은 의도를 간파할 수 있다. 따라서 "주 하나님께는 숨긴 것들조차 알려지게 되고, 피조물에게는 겉으로 드러난 것들만 알려지게 된다"고 모세는 말(기록)한다.(신 29:29)

1.17. 로고스를 대변하는 제사장과 선지자에게 의뢰하여, 머리를 드러낸 채 (여자의) 혼(목숨)을 '하나님 앞에 세운다'는 것은, 주요한 판단(τὸ κεφάλαιον δόγμα)을 받게 하려고 혼을 벌거벗겨 어떤 의도였는지를 낱낱이 밝힘으로써 혼이 자신의 모습을 가장 적나라하게 드러낸 채 뇌물을 받지 않는(정의로운) 하나님의 판결을 받도록 하려는 것이다. 이는 은밀하게 불

타고 있는 은폐를 위조화폐 적발하듯이 찾아내어 밝히기 위해서고, 그녀가 아무런 악과도 연관이 없는 경우에는 그녀와 더불어 합석한 증언자가 벌거벗은 혼을 확인함으로써 그녀에 대한 잘못된 혐의들을 씻게 하기 위해서다.

1.18 VI. 이런 사례가 바로 판결을 받기 위하여 맞은편에 있는 경우다. 한편, 친근하고 익숙해지기 위하여 맞은편에 있는 사례로는 지혜롭기 그지없는 아브라함에 관하여 언급된 것이 있다. 그(모세)는 "그가 여전히 주의 맞은편에 선 채로 있었다"고 말(기록)한다.(창 18:22) 그것이 친근하고 익숙해지기 위한 것임은 "그가 가까이 다가간 후에 말했다"는 표현이 입증한다.(18:23) 왜냐하면 누군가와 서로 적대감을 가지면 서로 피하고 떨어지려 하지만, 친근하고 익숙해지면 서로 가까이 다가가려 하기 때문이다.

1.19. 또한 곧게 서서 변함없이 한결같은 마음을 유지하는 상태는 하나님의 능력에 가까이 다가간 상태다. 왜냐하면 신성(τὸ θεῖον)은 변함없이 한결같으나, 피조물의 자연 속성은 끊임없이 변하기 때문이다. 그러므로 창조의 당연한 귀결인 변동성(φορά)을 최소한으로 억제하고자 인식에 대한 사랑(ἔρως ἐπιστήμης)을 강행하며 곧게 서 있고자 애쓰는 자가 있다면, 그런 자는 신성한 행복(θεία εὐδαιμονία)에 가까운 상태임을 모르지 말아야 한다.

1.20. 그(하나님)는 낙원 맞은편에 케루빔과 화염검을 위한 도시(거소)를 적절하게 마련해주시는데, 이는 서로 맞서 싸우려는 적들이 아니라 식구들과 친구들에게 마련해주신 것이다. 즉, 능력들이 함께 있으면서 상대편의 외견을 구석구석 지속적으로 관조함으로써 서로를 향한 열망(πόθος)을 유지하고 있다가, 은혜를 후히 주시는 하나님이 새처럼 날개를 단 하늘의 사랑(ἔρως)에게 성령을 불어넣으실 때 그 능력들이 서로를 향하여 불타오르도록 하신 것이다.

1.21 VII.　이제 알아봐야 할 것은 케루빔과 휘도는 화염검이라고 수수께끼처럼 표현한 것들이 무엇이냐 하는 것이다. 어쩌면 그(모세)는 하늘 전체가 움직이는 변화(φορά)를 함축적으로 표현한 것일지도 모른다. 왜냐하면 천구들(αἱ κατ᾽ οὐρανὸν σφαῖραι)은 서로 마주 보며 움직이도록 정해져, 어떤 것은 고정된 항성운동을 하며 오른쪽으로 움직이고, 다른 것은 행성운동을 하며 왼쪽으로 방랑하도록 정해졌기 때문이다.

1.22.　그리하여 소위 항성들로 구성된 가장 바깥쪽의 한 천구는 동쪽에서 서쪽을 향하여 주기적으로 휘돌지만, 행성들로 구성된 안쪽의 일곱 개의 천구들은 두 가지 상반되는 운동들, 즉, 자발적 운동과 강제적(비자발적) 운동을 동시에 지속한다.[4] 그 운동들 가운데 하나는 항성들의 경우와 같이 비자발적인 것으로서 매일 동쪽에서 서쪽으로 가는 것 같고, 그들 특유의 자발적 운동은 서쪽에서 동쪽으로 향하며, 그런 자발적 운동에 따라 일곱 개의 별들이 일정한 시간 길이를 공전주기로 배분받아 정해진 원주 궤적을 따라 움직이는 것이다. 태양, 금성, 수성이 그러한데, 이 셋은 공전 속도가 같기 때문이며, 속도가 다른 행성들은 자기들끼리의 관계에서나 전술한 세 별들과의 관계에서 속도의 상대적 배율을 유지한다.

1.23.　그러므로 케루빔 가운데 하나는 가장 바깥쪽에 있는 것으로서 하늘 전체에서 맨 끝에 위치하고, 그 바퀴(궤도) 안에서 항성들은 일정하고 한결같은 원칙에 따라 진실로 신성한 원무를 추되, 그들을 창조한 아버지가 세상에 부여하신 질서에서 벗어나지 않는다. 그리고 안쪽은 다른 천구

---

4) 필론은 아리스토텔레스의 우주론을 전제하는 것 같다. 그에 따르면, 바깥쪽 궤도에 항성들이 배치되고, 안쪽 일곱 개의 궤도에는 달, 수성, 금성, 태양, 화성, 목성, 토성 등이 배치되며, 태양을 포함한 이 일곱 별들을 '행성'으로 분류했다. 그림 4 참조.

가 차지하는데, 그(하나님)는 그것을 여섯 번 나누어 서로 유사한 일곱 개
의 고리 궤도들(κυκλοί)을 만들고, 행성들 각각을 그 궤도들에 조화롭게 배
정하셨다.

1.24. 이어서 마치(마부를) 마차에 안착시키듯이 별 하나하나를 적절한
고리 궤도에 안착시킨 후에 안착한 것들 가운데 어떤 별에도 고삐들만은

[**그림 4**] "Schema huius praemissae divisionis sphaerarum", Peter Apian's Cosmographia(Antwerp,
1539), 5; Edward Grant, "Celestial Orbs in the Latin Middle Ages", Isis, Vol. 78, No. 2,(Jun., 1987), 152-
173에서 재인용. 이 우주 체계는 아리스토텔레스가 제안하고 톨레마이오스(Claudius Ptolemaeus, 약
100~170년)가 수용한 것으로서 지동설이 자리를 잡기까지 큰 영향을 끼쳤다. 그림에서 천구는 지구를
중심으로 열 개의 고리로 구성되고, 고리들 바깥쪽에는 초월자 하나님과 택함받은 자들의 거소가 존재
한다. 각 고리에 배치된 천체들은 다음과 같다. 달, 수성, 금성, 태양, 화성, 목성, 토성, 8천층, 9천층(수정
바다), 10천층(부동의 원동자). 항성들은 토성 궤도 바깥 8천층에, 행성들은 1~7천층에 있다고 보았는데,
행성 중에는 달과 태양도 포함된다.

맡기지 않으셨는데, 이는 운영상의 부조화가 발생하지 않도록 하기 위한 것이다. 대신에 그는 모든 고삐들을 자신에게 귀속시키셨으니, 이는 무엇보다 그렇게 하여야만 움직임의 조화로운 질서가 차질없이 유지되리라고 생각하셨기 때문이다. 왜냐하면 하나님과 함께 있는 모든 것은 찬양받을 만하지만, 하나님 없이는 모든 것이 부실하기 때문이다.

1.25 VIII.　　이것은 왜 케루빔이 알레고리로 표현되었는지를 이해하는 하나의 방식이다. 아울러 의심해보아야 할 것은, 휘도는 화염검이라는 표현이 케루빔의 운동과 하늘 전체가 영원히 움직이며 만드는 변화(φορά)를 암시하는가에 관한 것이다. 아니면 관점을 달리하여, 이것을 두 개의 마주 보는 반구들을 상징하는 두 개의 케루빔이라고 이해하면 어떨까? 왜냐하면 그(모세)는 그것들(케루빔)이 서로 얼굴과 얼굴을 마주 보며 속죄소(τὸ ἱλαστήριον)를 향하여 날개를 펼친 채 끄덕이고 있다고 말(기록)하는데, 이 반구들이야말로 서로 마주 보며 우주의 중심인 지구를 감싼 채 끄덕이고 (움직이고) 있으며, 그 중심(지구)을 기준으로 서로 양분되기 때문이다.[5]

1.26.　　세상 전체를 구성하는 다양한 부분들 가운데 든든하게 서 있는 한 부분이 있다. 적절하게도 고대인들은 그것을 '헤스티아('Εστια)'라고 불렀는데, 이는 반구들 각각이 서로 균형을 잡고 회전할 수 있도록 가운데서 단단하게 중심을 잡아주는 것을 지칭한다. 또한 화염검은 태양을 상징한다. 왜냐하면 태양은 무수한 화염들의 집합체로서 우주에 존재하는 것 가운데 가장 빨리 움직이고, 하루 만에 세상 전체를 한 바퀴 돌 수 있을 정도이기 때문이다.

∴

5) "케루빔이 그 날개를 높이 펴서 그 날개로 속죄소를 덮으며 그 얼굴을 서로 대하여 속죄소를 향하였더라."(출 37:9); "그들의 날개들로 속죄소(τὸ ἱλαστήριον)를 덮으며."(LXX 38:8)

1.27 IX. 언젠가 나는 내 혼(ψυχή)을 더욱 근면성실하게 이성적으로 적응시키면 장차 어떻게 될지 알 수 없는 무수한 것들에 관하여 영감을 얻게 한다는 로고스에 관하여 들은 적이 있으므로, 나는 그것(로고스)에 관하여 기억나는 대로 기술해보겠다. 그에 따르면, 한 분으로 존재하시는 하나님께는 가장 높고도 가장 중요한 두 가지 능력이 있는데, 그것은 선함 (ἀγαθότης)과 권위(ἐξουσία)다. 하나님이 선함으로 만물을 창조하셨다면, 창조된 것을 통치할 때는 권위를 사용하신다. 그리고 이 둘을 가운데서 연합시키는 세 번째 것이 로고스인데, 로고스를 통하여 하나님은 선한 통치자의 역할을 수행하신다.

1.28. 여기서 통치하는 권위와 선함이라는 두 가지 능력을 상징하는 것이 케루빔이고, 로고스를 상징하는 것이 화염검이다. 가장 신속하고 급한 것이 로고스인데, 특히 만물의 근원(αἴτιον)의 로고스가 그러하다. 왜냐하면 그 근원 자체가 만물보다 앞서고, 만물을 능가하며, 만물보다 먼저 생각되고, 만물에 나타나기 때문이다.

1.29. 그러므로 오, 지성적 마음이여, 그대는 케루빔 각각의 심상을 순전하게 받아들이되, 만물의 근원(αἴτιον)이 통치하시는 분이고 선하시다는 것을 분명하게 습득함으로써 행복한 지분을 얻어 누릴지어다. 왜냐하면 그렇게 하여야 그대는 곧바로 희석되지 않은 능력들의 연합과 조합을 알게 되고, 어떻게 통치의 장엄한 가치가 드러나는지와 어떻게 통치자의 선함이 드러나 하나님이 선하신지를 알게 될 것이기 때문이다. 그러면 그대는 이런 것들에서 야기되는 덕목들을 얻게 되리니, 그 덕목들은 하나님을 사랑하고 경외하는 것으로서, 그것들을 얻으면 그대는 통치하시는 왕의 위대함을 알고 허세를 부리지 않을 것이며, 위대하고 후히 주시는 하나님의 자비를 알게 되어, 예기치 않은 일이 닥쳐와도 더 나은 일이 있으리라는 희망

을 포기하지 않을 것이다.

1.30. 그리고 화염검이 움직이는 까닭은 실제 일어나는 일들을 불같이 뜨거운 로고스로 면밀하게 탐구해야 하기 때문이다. 로고스는 좋은 것들을 택하고 그와 반대되는 것들(나쁜 것들)을 피하고자 온통 신속하게 움직이기를 멈추지 않는다.

1.31 X. 심지어 지혜로운 아브라함조차 피조물에게는 아무런 여지를 남기지 않은 채 모든 것을 하나님 기준으로 판단하기 시작했을 때, 화염검과 비슷한 것인 '불과 검'을 택하여(창 22:6) 자신에게서 사멸하는 부분을 도려내고 태움으로써 벌거벗은 순수 지성(διάνοια)이 깨어 일어나 하나님을 향해 날아오르도록 했다는 사실을 그대는 알지 못하는가?

1.32. 모세는 무익한 백성을 상징하는 발람을 소개하면서 '무장하고 도망친 자요, 탈영병'이라고 한다. 이는 깨달음(ἐπιστήμη)을 얻기 위하여 목숨(ψυχή)까지 개입시켜 싸우는 전쟁이 있다는 것을 그가 알았기 때문이다. 왜냐하면 그는 생의 목적이 이성과는 동떨어진 짐승이라서 어리석은 자가 모두 올라타는 나귀에게 "나에게 검이 있었다면 내가 너를 벌써 죽였을 것이다" 하고 말하기 때문이다.(민 22:29) 또한 그가 만물의 건축자(하나님)에게 크게 감사하는 이유는 그(건축자)가 어리석은 것의 광기(λύσσα)를 아시기 때문이다. 즉, 어리석은 것에게 로고스의 말하는 능력(δύναμις λόγων)을 주는 것은 마치 광인에게 검을 주는 것과 같으므로, 그는 어리석은 것에게 말하는 능력을 주지 않으셨으니, 이는 그것이 만나는 모든 이에게 크고도 부당한 몰락을 초래하지 못하도록 하신 것이다.

1.33. 발람의 말들은 정결함을 받지 못하고 끊임없이 어리석은 말을 하는 사람들이 일삼는 비난의 말과 비슷한데, 그런 사람들을 예로 들면, 상업이나 농업이나 기타 여러 업종에 종사하며 삶을 영위하는 사람들이다.

그런 자는 저마다 하는 일이 잘 될 때는 즐겁게 올라타고 고삐를 꽉 붙잡은 채 고삐를 늦추는 것을 옳지 않게 여긴다. 그러다가 장차 어떤 일이 일어날지 알 수 없으니 내려와서 욕망을 제어하라고 말하는 이들이 나타나면, 그는 그들의 질투와 부러움을 질책하며 그들이 좋은 의도로 그런 제안을 한 것은 아니라고 주장한다.

1.34. 그러나 예기치 않은 불운이 자신에게 닥치면, 그는 그들이야말로 훌륭한 선견자들로서 무엇보다 장차 일어날 일들을 미리 알고 경고할 수 있는 능력자들이라고 반기는 한편, 결코 어떤 악의 근원도 될 수 없는 것들을 비난하는데, 농업이나 상업이나 기타 돈을 버는 데 이용할 수 있는 생활 수단들(ἐπιτηδεύσεις)을 비난한다.

1.35 XI. 그러나 비록 그것들(생활 수단들)은 말할 수 있는 기관들을 가지고 있지 않으나, 실제 활동들을 소리로 발설할 수 있으며, 그 소리는 혀를 통해 나오는 언어보다 더 선명하게 말한다. "오, 참으로 간사한 아첨꾼아, 너는 마치 나귀들 위에 올라타듯이 올라타고 기고만장하구나! 그런데 네가 올라탄 것들은 바로 우리가 아니냐? 우리가 너에게 교만하게 굴거나 사고를 친 적이 있더냐? 하나님과 마주한 로고스가 무장한 천사처럼 선 것을 보라, 그로 인하여 길한 것도 그렇지 않은 것도 성취되어 이루어진다는 것을 너는 알지 못하느냐?"

1.36. "전에 네가 벌인 일들이 순탄하게 돌아갈 때는 아무런 타박도 하지 않던 네가 어찌하여 지금은 우리를 질책하느냐? 우리 자신은 본질상 원래 있던 그대로요, 변한 것이라고는 하나도 없다. 그런데 어찌하여 너는 타당한 이유도 없이 옳지 않은 판단 기준들을 들이대며 우리에게 짜증을 내느냐? 만약에 네가 추구한 생활방식이 무엇이든 그것 때문에 네가 좋은 것들과 나쁜 것들에 관여하게 된 것이 아니라 만물의 통치자요 선장인 신

성한 로고스가 그런 결과를 초래한 원인임을 네가 처음부터 깨달았다면, 너는 네게 닥친 일들을 좀 더 편하게 감당하면서 우리를 그릇되게 타박하는 일을 멈추었을 것이고, 우리 능력으로 할 수 없는 것들을 우리 탓으로 돌리는 일도 멈추었을 것이다."

1.37. "그러므로 만약에 그러한 깨달음이 무익한 전쟁과 그 전쟁으로 인하여 확산한 근심들과 우울함을 가라앉히고 삶에 평화를 가져다준다면, 너는 즐겁고 기뻐하면서 네 오른손을 우리에게 내밀 테지만, 우리는 여전히 한결같은 상태로 있을 것이다. 우리는 너의 호의에 우쭐하지도 않고 너의 적개심에 요동하지도 않을 것이니, 우리는 스스로 좋은 일들이나 나쁜 일들의 원인들이 될 수 없다는 것을 알기 때문이다. 너는 우리를 그런 것들을 초래하는 원인들이라고 생각하겠으나, 선원들이 순항을 하거나 난파하는 원인을 바다 탓으로 돌릴 것이 아니라, 순풍이 불다가도 가장 광폭한 태풍이 되어 휩쓸고 지나가는 변화무쌍한 바람 탓으로 돌리는 것이 마땅하지 않겠느냐?"

1.38. "왜냐하면 비록 모든 물이 본질상 고요하게 만들어졌을지라도, 바람직한 바람이 불 때면 배들은 닻을 올려 모든 밧줄을 감아올리고 한껏 노를 저어 항구에 다다라 정박할 수 있으며, 반대로 예기치 않게 폭풍이 일어나 뱃머리에 불어닥치면 엄청난 파도와 소란이 일어나서 배가 뒤집히기 때문이다. 그럴 때, 비록 일어난 일의 원인과 무관한 바다가 그 일의 원인처럼 보일지라도, 실제로는 바람 때문이며, 바람이 잔잔하거나 격해진 결과로 바다가 고요해지거나 요동쳤을 뿐이다."

1.39. 이 모든 것들 덕분에 내가 충분히 짐작할 수 있었던 것은, 자연이 로고스를 인간의 가장 강력한 조력자로 삼았으며, 로고스를 바르게 활용할 수 있는 자는 행복하고 합리적인 자가 되지만, 로고스를 활용하지 못하

는 자는 비합리적이고 불운한 자가 되는 것이 분명하다는 사실이다.

1.40 XII. 또한 아담은 그의 아내(여자)를 알았다. 그리고 가인을 임신하고 낳은 후에 그는 내가 하나님 덕분에 한 사람을 얻었다고 말하였다. 이에 더하여 그(아담)는 가인의 형제 아벨을 낳게 하였다.(창 4:1) 이들에 관하여 입법자는 덕이 있음을 입증하였으나, 이들이 아내들을 알았다고 소개하지 않고, 아브라함, 이삭, 야곱, 모세의 경우와 같은 열정으로 소개하지 않는다.

1.41. 왜냐하면 우리는 아내(여자)가 감각에 대한 은유적 상징이고, 인식(ἐπιστήμη)은 감각이나 몸과는 이질적이라고 말하기 때문이며, 지혜를 사랑하는 자들이라면 감각을 취하지 않고 감각을 멀리할 수 있다는 것을 입증해야 하기 때문이다. 그렇지 아니한가? 이들과 함께 사는 이들은 말로는 아내들이라고 하지만, 실제로는 덕목들을 상징하기 때문이다. 예컨대 사라는 통치하고 인도하는 덕이며, 리브가는 아름다운 것들에 관하여 인내하는 덕이고, 레아는 계속되는 훈련을 맞이하여 불굴의 의지로 넘어지며 애쓰는 덕이다. 어리석은 자는 그런 훈련을 당하게 되면 물러서거나 그릇된 길로 가거나 거부하게 된다. 또한 십보라는 모세의 아내로서 지상에서 하늘로 올라가 그곳에서 신령하고 축복을 받은 속성들을 보았으므로 그녀는 작은 새(ὀρνίθιον)라고 불리었다.

1.42. 우리가 덕목들의 개념(κύησις)과 해산의 고통(ὠδίν)을 논하고자 하니, 미신에 치우친 자들은 듣기를 멈추거나 떠나가라. 왜냐하면 우리는 가장 거룩한 신비들에 입문할 자격이 있는 입례자들을 가르쳐야 하기 때문이며, 그들은 진실하고 꾸밈이 없는 경건과 교만하지 않은 생활을 실천하는 이들이기 때문이다. 그러나 우리는 치료되지 않는 악에 사로잡혀 교만한 말들과 허풍스러운 명칭들과 요란스러운 습관들에 젖어 흠 없고 거룩

한 것을 무가치한 다른 것과 비교하는 자들에게는 신비 의식을 치러주는 사제가 되어주지 않을 것이다.

1.43 XIII. 그러면 이제 신비 의식을 시작할 차례다. 남편은 아내와, 남성 인간이 여성 인간과 연합하여 자녀들을 생산하기에 적합한 속성을 따라 친밀한 교합들을 성사시켜야 한다. 그러나 관습은 완전한 자녀들을 낳는 많은 덕목들이 사멸하는 남편을 배정받지 못하도록 한다. 그런데 다른 것으로부터 생산할 수 있는 자궁을 받지 못하면, 덕목들 스스로는 어떤 것도 임신하지 못한다.

1.44. 그렇다면 창조되지 않은 하나님이요 만물을 탄생시킨 우주의 아버지 외에 다른 누가 그 덕목들 안에 좋은 것들을 뿌리는 분이겠는가? 그러므로 이분은 자신이 뿌린 씨앗을 뿌리고 자신이 뿌린 자녀를 낳는 분이시다. 왜냐하면 하나님은 필요한 것이 없으므로 자신을 위하여는 아무것도 출산하지 않고, 모든 것을 수용할 수 있는 자를 위하여 출산하시기 때문이다.

1.45. 나는 내가 말한 것들을 확증할 만한 보증인으로서 가장 거룩한 모세를 제시할 것이다. 왜냐하면 그는 사라가 아이를 갖게 된 것을 하나님이 그녀가 혼자 남겨진 것을 보셨을 때라고 소개하기 때문이다. 사라는 자연을 탐구하는 자에게 아이를 낳아주지 않고 지혜 얻기를 갈망하는 자에게 아이를 낳아준다고 하는데, 그 이름은 바로 아브라함이다."(창 21:1-2)

1.46. 그는 익숙한 것을 레아에게도 적용하여 가르쳐 말(기록)하기를, 하나님이 그녀의 태를 여셨다고 하였다. 태를 여는 일은 남편에게 고유한 것이고, 임신한 그녀는 하나님에게 아이를 낳아드리지 않았으니, 하나님은 홀로 충분하여 스스로 자족하는 분이시기 때문이다. 대신에 그녀는 아름다운 것을 위하여 수고하는 자에게 아이를 낳아주었으니, 그가 바로 야곱

이다. 그러므로 덕은 만물의 근원(αἰτία=하나님)에게서 신성한 씨앗들을 받아서 자신이 사랑하는 자들 가운데 하나에게 아이를 낳아주는데, 그는 모든 구혼자 가운데 선택받아 마땅한 자이기 때문이다.

1.47. 또한 이삭이 하나님께 탄원하자, 인내의 덕을 상징하는 리브가는 탄원받은 분(하나님)을 통하여 임신하게 되었다. 그러나 모세는 탄원이나 간청 없이도 날개를 단 숭고한 덕을 상징하는 십보라를 취하여 그녀가 임신한 것을 발견하는데, 그녀는 결코 사멸하는 자로 인하여 임신한 것이 아니었다.(출 2:21-22)[6]

1.48 XIV. 오, 입문하는 자들이여, 귀들을 정결케 하고 이것들을 거룩한 신비들로 여겨 너희 혼들 속에 깊숙이 받아들이고, 입문하지 않은 자들 가운데 아무에게도 발설하지 말며, 너희가 보물 지키는 자들이 되어 이것들을 보물창고에 간직하되, 금과 은과 부패하여 없어질 재물들과 함께 두지 말고 가장 아름다운 소유들(κτήματα)과 함께 둘지니, 그 소유들이란 만물의 근원(αἰτία)에 관한 인식(ἐπιστήμη)과, 덕(ἀρετή)에 관한 인식과, 세 번째로는 그 둘의 자손(γέννημα)에 관한 인식이다. 만약에 네가 신비 의식에 완전하게 입문한 자들 가운데 하나와 조우하거든, 열정적으로 그에게 전념하되, 그가 더욱 새로운 것에 입문하고도 네게 숨기지 않도록, 네가 그것을 확실하게 알 때까지 전념할 것이다.

1.49. 왜냐하면 나는 하나님의 친구(θεοφιλής)인 모세가 집전한 자리에서 장엄한 신비들(τὰ μεγάλα μυστήρια)에 입문하였고, 그 직후에 예레미야 선지자를 보고 알게 된 사실은 그가 단순한 입례자일 뿐만 아니라 신비 의

---

6) 필론은 하나님뿐 아니라 모세도 필멸하지 않고 불멸하는 존재로 소개한다. 즉, 십보라는 불멸하는 하나님과 불멸하는 모세를 통하여 임신한 것이다.

식을 주도하는 사제(ἱεροφάντης)가 되기에 충분하다는 것이었으므로, 나는 그에게 전념하여 배우기를 주저하지 않았기 때문이다. 그는 많은 것들을 하나님의 면전에서 받아 신탁을 발설하고, 지극히 덕스러운 태도로 다음과 같은 것들을 말하였다. "너는 나를 집이요 아버지라 부르고 네 처녀성(παρθενία)의 남편이라 부르지 않느냐?" 이것은 바로 하나님이 집이고 비신체적인 형상들의 비신체적인 장소이며 삼라만상의 아버지로서 삼라만상을 탄생시킨 분이고, 지혜의 남편으로서 사멸하는 종속(인류)을 위하여 좋은 처녀 땅에 행복의 씨앗을 뿌리는 분이시기 때문이다.

1.50. 왜냐하면 우리와 달리 하나님은 더럽혀지지 않고 훼손되지 않고 순수한 자연 속성과 더불어, 즉, 진리와 함께 처녀와 더불어 대화하시는 것이 적절하기 때문이다. 왜냐하면 인간과 연합하여 자녀들을 낳는 일은 처녀들을 아내들(부인들)로 뒤바뀌게 하기 때문이다. 그러나 하나님이 혼(여성)과 대화하기 시작하면 이전에 부인이었던 혼도 다시 처녀가 된다. 왜냐하면 비천하고 남편도 없는 격정들은 부인으로 만드는 경향이 있으나, 하나님은 그런 격정들을 제거하고 진정성 있고 훼손되지 않은 덕들로 교체하시기 때문이다. 하여튼 그(하나님)는 사라가 부인들 특유의 모든 속성들을 떠나 순전한 처녀 형태로 돌아오기 전에는 사라와 대화하지 않으실 것이다.(창 18:9-15)

1.51 XV. 그러나 어떤 경우에는 처녀 혼이 통제되지 않는 열정 때문에 더럽혀지고 수치를 당할 수도 있다. 그러므로 이런 경우를 대비하여 신탁은 하나님을 처녀(παρθενία)의 남편이라고 하지 않고 "처녀성(παρθένος)"의 남편이라고 하였으니, 처녀는 변하기 쉽고 사멸하지만, 처녀성은 영원히 같은 상태로 있으며 같은 형태를 유지하기 때문이다. 왜냐하면 특정 성질들을 가지는 것들은 본질상 태어났다가도 죽을 수밖에 없으나, 특정한 것들을

형성하는 능력들 자체(δυνάμεις)는 불멸하는 지분을 받았기 때문이다.

1.52. 그러므로 창조된 적이 없고 변하지 않는 하나님은 부인 안에 불멸하는 처녀 덕목들의 형상들(ἰδέαι)을 뿌려 부인의 모습을 처녀성 자체로 바꾸시는 분이다. 그러므로 오, 혼이여, 그대는 하나님의 집에서 처녀로 살면서 인식하는 능력(ἐπιστήμη)에 몰입해야 마땅하거늘, 어찌하여 이런 일들에는 냉담한 채 감각을 반겨 맞아 네 자신을 나약한 부인으로 만들어 더럽히느냐? 그 결과로 그대는 잡다한 것들이 섞이게 되어 불순하고 멸망하는 자녀를 낳으리라. 그가 바로 형제를 죽이고 저주를 받은 가인이요, 아무도 소유하고 싶지 않은 소유물이니(κτῆσις οὐ κτητή), 가인이란 소유물이라는 뜻이기 때문이다.

1.53 XVI. 누군가는 유대 입법자(모세)가 자주 습관처럼 사용하는 말의 해설 방식이 평소 어법과 다른 것에 관하여 의아해할 것이다. 땅에서 창조된 것들을 설명한 이후에 그는 인간에게서 처음 탄생한 장자에 대하여 설명하기 시작하는데, 그에 관하여는 이전에 언급한 것이 아무것도 없음에도 불구하고, 마치 그의 이름을 이전에 벌써 여러 차례 언급했고 이제야 그 이름을 말로 표현한 것이 아닌 것처럼, 그(모세)는 그녀가 '가인'을 낳았다고 말(기록)한다. 오, 작가(τεχνίτης)여, 무슨 일인가? 그(가인)에 관하여 그대는 짧게도 길게도 이전에 설명한 적이 없지 않은가?

1.54. 더구나 그대는 이름들을 적절하게 적용해야 한다는 것을 모르는 것도 아니다. 그대는 이전에 벌써 같은 인물에 대하여 설명하면서 이렇게 주장하였다. "아담이 자기 아내 하와를 알았다. 그리고 그녀가 임신하여 아들을 낳고, 그의 이름을 셋이라 불렀다."(창 4:25) 더구나 장자(πρωτότοκος)는 그들 사이에서 태어난 인류의 첫 번째 자손이므로 그가 태어난 경위를 밝히되, 첫째 그가 아들이라는 것을 밝히고, 이어서 그에게 주어진 이름이

'가인'임을 밝혀야 마땅하다. (그러나 그는 그렇게 하지 않았다.)

1.55. 이는 그가 경험이 없어서 누구에게 어떤 이름을 적용해야 하는지 알지 못해서가 아니라, 가인에 관하여 기술할 때 자신의 관습적 사용례에서 벗어났기 때문인 것이 분명하다. 그는 태어난 자녀들에게 일정한 예를 따라 정식으로 이름을 부여하곤 하는데, 어찌하여 첫 사람들에 관하여는 그런 예를 따르지 않고 어쩌다가 이름을 언급하는지, 우리는 그 이유를 살펴보아야 한다. 추측하건대, 적어도 내게는 그 이유가 이러할 것 같다.

1.56 XVII. 인류는 모두 서로 다른 실물들이나 실상들(πράγματα)에게 이름을 붙여주기 마련이며, 그렇게 함으로써 보이는 것들을 명명하여 부를 수 있게 된다. 모세가 이름 붙인 방식들은 각각의 실물들과 실상들을 분명하게 드러내므로 실물 자체가 지어진 이름에 필연적으로 적합하고 붙여진 이름과 다른 점은 아무것도 없을 정도다. 그대는 그러한 사실을 내가 전에 언급하여 제시한 것에서 더욱 분명하게 알 수 있을 것이다.

1.57. 우리 안에 정신(νοῦς)이 있다면, 그것을 아담이라 부르게 하자. 아담이 감각을 만나 그녀와 함께 살면 목숨이 있는 것들이 나타나는데, 그녀의 이름은 이브다. 그녀와 교합하기를 열망하여 다가가면 그녀는 마치 그물로 사로잡듯이 사로잡으려 하면서 자연스럽게 '외적 감각 대상(τὸ ἐκτὸς αἰσθητόν)'을 추적하는데, 눈들로 색깔을, 귀들로 소리를, 코들로 냄새를, 미각 기관들로 맛을, 인대와 힘줄 등으로 모든 신체 기관을 추적하여 사로잡아 임신하고, 곧바로 해산의 고통을 겪고, 마침내 혼의 폐악들 가운데 가장 나쁜 것을 출산하게 되는데, 그것은 바로 허영심(οἴησις)이다. 왜냐하면 허영심은 자신이 본 모든 것을, 자신이 들은 모든 것을, 자신이 맛본 모든 것을, 자신이 흠향한 모든 것을, 자신이 만진 모든 것을, 자기 소유들 (κτήματα)로 여기고, 자신을 만물의 창시자요 고안자로 착각했기 때문이다.

1.58 XVIII. 그(정신)가 비이성적이기 때문에 이런 일을 겪은 것은 아니다. 왜냐하면 정신(νοῦς)이 감각과 대화하지도 않고 감각을 갖지도 않은 때가 있었고, 떼로 몰려다니며 함께 먹고 사는 것들과 멀찌감치 떨어져서 마치 혼자 고독하게 사는 동물들과도 같은 때가 있었기 때문이다. 그때는 참으로 그가 스스로 면밀하게 점검하면서 몸과는 아예 엮이지도 않았고, 자기 정신을 둘러싸는 신체 기관을 가지고 있지도 않았으며, 신체 기관을 이용하여 외적 감각 대상을 추적할 일도 없었기 때문에, 그는 감각 면에서 소경(τυφλός)처럼 무능력했다. 여기서 소경이란 뭇사람들이 일컫는 경우와 달리, 겉모습을 보고자 해도 볼 수 없는 소경이 아니다. 왜냐하면 그런 (뭇사람들이 일컫는) 소경은 한 가지 감각 기관(시각)만 마비되었을 뿐이고 다른 감각 기관들은 여전히 왕성하기 때문이다.

1.59. 그러나 그것(정신)은 모든 감각 능력들을 절단한 상태로서 무능력했고, 온전한 혼(ψυχή)의 절반에 불과했으며, 감각 능력의 결핍으로 인하여 몸을 자라게 하여 차지할 수도 없었고, 스스로 절단한 조각은 자연스러운 것(감각)이 결핍되어 잘 자랄 수도 없었으며, 지팡이들처럼 지탱해줄 감각 기관들이 없으므로 자신(정신)이 흔들릴 때 지탱해줄 것이 충분하지 않았다. 이런 이유로 인하여 엄청난 어둠(πολὺ σκότος)이 몸 전체에 쏟아져 아무것도 보이지 않았다. 왜냐하면 판별하여 알게 할 '감각(αἴσθησις)'이란 것이 아예 없었기 때문이다.

1.60. 하나님은 그(정신)에게 비신체적인 것들뿐 아니라 딱딱한 신체들까지도 감지할 수 있는 능력을 부여하고자 혼(ψυχή) 전체를 채우되, 그(하나님)가 이미 만든 것에 다른 조각을 엮어 넣으며, 그것을 일반명사로는 '여자'라 부르고, 고유명사로는 '이브'라고 불러 감각을 우회적으로 표현하셨다.

1.61 XIX. 곧바로 그녀는 자신을 구성하고 있는 부분들 각각을 통하여 엄

청난 빛을 정신(νοῦς)에게 쏟아붓기 시작했는데, 마치 어떤 구멍들을 통하여 쏟아붓는 것 같았다. 그녀는 희미한 안개를 깨끗이 흩어버림으로써, 그(정신)로 하여금 신체들의 속성들까지 극히 선명하게 볼 수 있는 주권자(δεσπότης)가 되게 하였다.

1.62. 그(정신)는 마치 어둠에서 빠져나와 태양의 빛들을 받은 것처럼 환히 빛나기 시작했는데, 깊은 잠에서 깨어난 것과도 같고, 소경이 예상치 않게 시력을 회복한 것과도 같이, 창조된 군상 전체와 조우하기 시작했다. 그는 하늘과 땅과 물과 대기와 식물들과 동물들과 그것들의 얼개들과 품질들과 능력들과 성장단계들과 구성 요소들과 움직이는 방식들과 기운의 정도들과 행동 양식들과 발달 단계들과 상함의 정도 등을 보고 듣고 맛보고 냄새 맡고 만져볼 수 있게 되었다. 어떤 것들은 즐거움들을 자아내므로 그(정신)는 그것들에 이끌렸고, 어떤 것들은 고통들을 유발하므로 피하게 되었다.

1.63. 그렇게 그(정신)는 여기저기 사방을 둘러보고, 자신과 자신의 능력들을 살피더니, 마치 마케도니아의 알렉산더 왕과 같은 자부심으로 의기양양하게 선언했다. 왜냐하면 그(알렉산더)가 유럽과 아시아의 주권을 장악하고자 생각했을 때, 편안한 장소에 서서 사방을 둘러보면서, "여기에 있는 것들도 저기에 있는 것들도 모두 내 것이다" 하고 말함으로써 왕이라기보다는 소년이나 어린아이 수준의 영적 경솔함을 내보였기 때문이다.

1.64. 무엇보다 정신(νοῦς)이 감각 능력을 장착하고, 그 능력으로 몸을 가진 것들의 형태(ἰδέα)를 모두 파악할 수 있게 되자, 그는 비이성적인 포부로 가득 차서, 마치 만물이 모두 자기 소유들이고 다른 이에게 속한 것은 아무것도 없는 듯이 기고만장해졌다.

1.65 XX. 이것은 우리 안에 있는 성향을 모세가 가인이라는 인물로 구

체화한 것이다. '소유물($\kappa\tau\hat{\eta}\sigma\iota\varsigma$)'을 뜻하는 가인은 어리석음뿐 아니라 불경($\dot{\alpha}\sigma\acute{\epsilon}\beta\epsilon\iota\alpha$)으로 가득한 자이기도 하다. 왜냐하면 그는 만물을 하나님의 소유들로 여기지 않고 자신의 소유들로 착각하지만, 자기 자신을 안전하게 소유할 수도 없을뿐더러, 자신의 본질이 무엇인지도 모르기 때문이다. 그는 감각들을 과신하여, 감각들이 마치 외적 감각 대상($\tau\dot{o}$ $\dot{\epsilon}\kappa\tau\dot{o}\varsigma$ $\alpha\dot{\iota}\sigma\theta\eta\tau\acute{o}\nu$)을 파악하기에 충분한 것인 양 착각한다. 그런 자는 자신이 얼마나 잘못 보지 않을 수 있고, 얼마나 잘못 듣지 않을 수 있고, 다른 감각 기관으로 얼마나 잘못 감지하지 않을 수 있는지를 말할지어다.

1.66. 이처럼 빗나가는 오류들은 우리 각자 주변에서 항상 일어날 수 있는 필연으로서 비록 우리 인간이 가능한 한 가장 정확한 감각 기관을 부여받았을지라도 그러하다. 왜냐하면 자연 재해를 몰고오는 케라 여신($\kappa\hat{\eta}\rho\alpha$)과 예기치 않은 협잡군($\pi\lambda\acute{\alpha}\nu o\varsigma$)에게서 완전하게 벗어난다는 것은 어려울 뿐아니라 심지어 불가능하기 때문이고, 거짓된 의견들을 낳을 만한 것들은 우리 내부와 우리 주변과 우리 외부 어디에나 무수하고, 사멸하는 종속(인간) 모두 안에 예외 없이 도사리고 있기 때문이다. 그러므로 만물을 자기 소유로 생각하는 것은 정상이 아니며, 그가 아무리 교만하여 고개를 빳빳하게 세우고자 할지라도 그러하다.

1.67 XXI. 내게는, 특질들에 집착한 라반이 그 특질들을 초월하여 비특질적인 자연 속성을 바라보던 야곱에게 유쾌한 큰길을 제공한 순간이 있었던 것 같은데, 그것은 그(라반)가 그(야곱)에게, "그 딸들은 내 딸들이요, 그 아들들은 내 아들들이요, 그 가축들은 내 가축들이요, 네가 보는 모든 것들은 내 소유요, 내 딸들의 소유다" 하고 감히 말한 때인 것 같다.(창 31:43) 왜냐하면 그는 이것 하나하나가 '내 것'이라고 덧붙이면서 자신을 앞세워 말하고 교만하게 표현하기를 그치지 않기 때문이다.

1.68. 그렇다면 그대는 그대의 딸들에 대하여 내게 말해보라, 혼(ψυχή)의 인식과 혼의 작품들인 그 딸들이 정녕 그대의 딸들이라고 말할 수 있는가? 어떻게 그럴 수 있는가? 첫째, 그대는 가르치는 정신(νοῦς)에게서 그 딸들을 얻지 않았는가? 그리고 이후에 그대는 다른 아버지들처럼 딸들을 잃을 수도 있으니, 많은 생각들 때문에 잊어버린다거나, 몸이 회복할 수 없는 끔찍한 병에 걸렸다거나, 노인들의 경우에는 여지없이 찾아오는 늙음이라는 불치병 때문이거나, 그 밖에 헤아릴 수 없는 무수히 많은 이유들 때문에 잃을 수 있는 것이다.

1.69. 그다음은? 그대의 아들들이라는 아들들은 혼의 특정 부분에서 유래한 이성적인 이들인데, 그들을 그대의 소유라고 주장하는 그대는 제정신인가, 아니면 그렇게 생각한 그대는 정신이 나간 것인가? 왜냐하면 그대에게 우울증들이나, 정신이상들이나, 불건전한 추측들이나, 실체들을 제대로 포착하지 못하여 보이는 망상들이나, 공상들과 발작들을 스스로 유발하는 꿈들로 인하여 개념들이 부재한 헛것들이 이성적인 것들처럼 보이는 증세라든가, 혼에 늘상 발생하는 망각증세라든가, 기타 언급한 것들보다 더 많은 다른 것들이 찾아오면, 그대는 (아들들을 소유한) 주인으로서 마땅히 발휘해야 할 힘들을 잃게 되어, 그들(아들들)이 다른 이의 것들이고, 그대의 것들도 소유물도 아님이 입증되기 때문일세.

1.70. 또한 가축들(κτήνη)이 자기 가축들이라니, 가축들은 비이성적이고 짐승 같아서 감각들을 상징하는데, 그대는 정녕 감각이 그대 자신의 것이라고 감히 주장하는 것인가? 내게 말해보게, 그대가 잘못 보고, 끊임없이 잘못 듣고, 단맛들을 짜다 하거나 아니면 쓴맛들을 달다고 생각할 때, 그대가 온통 감각을 따를 때, 제대로 판단하기보다 잘못 판단하곤 하는 경우가 더 많지 않았는지, 아니면 그대는 마치 혼을 둘러싼 온갖 능력들과 기

력들이 전혀 실수하지 않는다는 듯이 행동함으로써 기고만장해져 허풍을 떨 텐가?

1.71 XXII. 그러나 그대가 만약에 마음을 바꾸어 마땅히 생각해야 할 것들에 마음을 쓰게 되면, 지성적인 것들, 인식에 따른 것들, 기술을 사용한 것들, 명상하는 대상들, 이성적인 특정 대상들, 감각적인 것들, 이것들 때문이거나 이것들 없이 일어나는 혼의 기운들 등을 포함하여 모든 만물이 하나님의 소유이며 그대의 것들이 아님을 발견할 것일세. 그러나 만약에 그대가 가르쳐주는 스승도 없이 배우지도 않으면서 스스로를 완전히 방치한다면, 그대는 영영히 끔찍한 여주인들(δέσποιναι)에게 종노릇을 할 터인데, 그 여주인들이란 허영심, 격정, 쾌락, 불의, 우둔함, 거짓, 틀린 의견 등이라네.

1.72. 왜냐하면 그(모세)가 다음과 같이 말(기록)하기 때문이다. "만약에 그 종(아이)이, 나는 내 주인과 내 안주인과 그 자녀들을 사랑하므로 놓여 자유롭게 되지 않겠습니다, 하고 대답하여 말한다면, 그를 하나님의 재판정(κριτήριον)으로 데리고 가서 재판을 받게 하고, 그가 요청한 것을 안전하게 얻도록 하되, 먼저 송곳으로 그 귀를 뚫음으로써, 혼의 자유에 관한 신성한 소리(θεία ἀκοή)를 듣지 못하게 할 것이라."(출 21:5-6)

1.73. 이성적인 부분이 참으로 어리석고 참으로 유치하여 거룩한 전쟁에서 추방되고 배척될 경우에는 정신(νοῦς)을 드높이고 정신을 자신의 주인으로 여기고 정신을 은인(εὐεργέτης)이라 천명하는 한편, 감각을 지극히 사랑하여 그것(감각)을 자신의 소유물이자 좋은 것들 중에서 제일 좋은 것으로 여겨 존중한다고 천명한다. 이 둘의 자손들이란 먼저 정신의 자손으로서 이해하기, 합리적으로 계산하기, 지성적으로 숙고하기, 의도하기, 노력하기 등이 있고, 감각의 자손으로서 보기, 듣기, 맛보기, 냄새 맡기, 만지

기 등의 감지하는 일체의 행위가 있다.

1.74 XXIII. 필연적인 것은 이런 것들에 적응하게 되면 자유의 꿈도 꿀 수 없다는 것이다. 왜냐하면 그런 것들에서 도망치고 탈출해야 비로소 우리는 사면(ἄδεια)을 받을 수 있기 때문이다. 그런데 그 옆에서 또 한 사람이 이기심과 광기를 드러내며, "누군가 나를 제거하고 내 소유물들을 가지려고 다툴지라도 나는 내 주권을 보전할 것이다" 하고 말한다. 왜냐하면 그는, "나는(그를) 추격하여 사로잡아 전리품들을 나누고, 내 혼을 만족시키리라. 나는 검으로 살육하고, 내 손이(그들을) 멸하리라" 하고 말하기 때문이다.(출 15:9)

1.75. 그에게 내가 말하고자 한다. 오, 어리석은 자여, 그대가 간과한 것은 자신이 태어날 때 박해자라고 생각하는 모든 이가 박해를 받게 된다는 사실이다. 왜냐하면 질병들과 늙음과 죽음은 자발적으로건 비자발적으로건 발생하는 많은 폐악들과 더불어 우리 각자를 격동시키고 괴롭히고 박해하기 때문이며, 사로잡거나 정복하리라 생각하는 자는 사로잡히거나 정복당하게 되고, 포로의 전리품들을 가져갈 것을 기대하고 그것을 배급한 자는 사로잡은 적들에 의하여 패배하게 되고, 풍족함 대신에 공허함을 얻어, 자신의 혼(ψυχή)에게 주인이 되기보다는 종이 되고, 죽이기보다는 죽임을 당하고, 무언가 대단한 일을 하려고 할 때마다 되레 고통을 당하게 되기 때문이다.

1.76. 왜냐하면 이런 자는 진실로 바람직한 로고스와 혼의 속성을 대적하는 원수와 같고, 창조하는 모든 일을 자신의 것으로 귀속시키고, 고통당하는 일들 가운데 어떤 것도 기억하지 않은 채 마치 각 고통에서 발생하는 모든 재앙에서 이미 벗어난 것처럼 착각하기 때문이다.

1.77 XXIV. 왜냐하면 그(모세)가 다음과 같이 말(기록)하기 때문이다. "대

적은, 내가 추격하여 사로잡으리라, 하고 말했다."(출 15:9) 그렇다면 교만하게도 신에게 특유한 속성을 자신에게 귀속시키는 자보다 혼에게 더욱 대항하는 적이 누구겠는가? 창조하는 일은 하나님에게 고유한 것인데 그것을 어떤 피조물에게 귀속시키는 것은 관습에 위배된다. 피조물에게 고유한 일은 고통받는 것이다.

1.78.　무엇이 적합하고 필연적일지를 누군가 미리 예측했다면, 그는 자신에게 닥친 것들이 아무리 부담스러울지라도 쉽게 이겨낼 것이다. 그러나 만약에 그가 자신의 운명에 합당한 것이 아니라고 생각하는데 엄청난 재앙을 맞아 고통을 당하게 된다면, 그는 시시푸스(Σίσυφος)처럼 고통에 짓눌리는 벌을 받게 되어, 단 한 순간도 똑바로 서지 못하고, 들이닥쳐 형틀을 채우는 온갖 끔찍한 형벌들에 내던져진 상태로, 그 형벌들 하나하나가 닥칠 때마다 추하고 남자답지 못한 혼의 고통들을 속수무책으로 받아들여 견뎌야 할 것이다. 왜냐하면 그는 의지를 굳건히 하고, 가장 강력한 덕목들인 자신의 인내와 끈기로 성벽을 쌓아 올린 채, 필연적으로 참고 저항하고 맞서 싸울 것이기 때문이다.

1.79.　이는 마치 털 깎기가 두 가지로서, 하나는 상호 협력하는 호혜적인 경우이고, 다른 것은 유순하게 순종하는 경우인 것과도 같다. 왜냐하면 양이 피부 전체나 소위 양모 부분을 깎일 때는 스스로 아무것도 하지 못한 채 오로지 당하기만 하면서 다른 이(털 깎는 자)에 의하여 털을 깎이게 되지만, 사람의 경우는 (털 깎는 자와) 협력하고, 자세를 취하고, 스스로 필요한 상태를 제공하면서, 깎이는 것과 깎는 것을 적절하게 조율하기 때문이다.

1.80.　또한 두들겨 맞을 만한 일이 벌어지는 경우가 있다. 예컨대 집에 속한 노예가 잘못하여 두들겨 맞거나, 자유인이 범죄를 저질러 수레바퀴 위에 사지가 펼쳐져 두들겨 맞거나, 아니면 무생물들 가운데서도 두들겨

맞는 일이 있어서 바위, 나무, 금, 은 등의 재료들 가운데 어떤 것이 대장간에 끌려가 얻어맞고 절단되거나, 승리와 면류관을 얻기 위하여 권투선수나 격투기선수가 다투다가 구타를 당하는 경우 등이다.

1.81. 운동선수는 손을 번갈아 움직여 가해지는 타격들을 맞받아치고 목을 이쪽저쪽으로 돌리면서 맞지 않으려고 자신을 방어하는 한편, 발가락 끝으로 최대한 높이 서기도 하고, 뒤로 물러서거나 거리를 두었다가 다시 다가오며 적을 유도하여 허공에 대고 헛손질을 하게 만들기도 한다. 그러나 집에 속한 노예나 금속은 아무런 반격을 하지 못한 채 속수무책으로 당하며 무엇이나 구타를 가하는 자가 하려고 하는 것들을 모두 겪어야 한다.

1.82. 그러므로 무릇 사멸하는 것(인간)은 필연적으로 고통받아야 한다면, 우리는 이런 고통(일방적으로 당하는 고통)을 몸이나 특히 혼에 허용하지 말고, 대신에 맞서 대응할 수 있는 고통 쪽을 허용하자. 그렇게 함으로써 영적인 능력들의 무력화로 인하여 여자 같아지거나, 분열되거나, 나약해지지 않게 하고, 오히려 활발하게 되어, 마음의 끈을 조임으로써 닥칠 수 있는 끔찍한 재앙들이 주는 부담을 줄이고 쉽게 하여 넉넉히 이겨내도록 하자.

1.83. 왜냐하면 진실로 사멸하는 자라면 누구도 이견 없이 안전하게 무언가의 주인이 될 수는 없고, 소위 지배자라고 하는 자들은 겉으로 드러나는 것(δόξα)으로만 그럴 뿐 실은 그렇게 불릴 수 없음이 입증되었기 때문이다. 따라서 필연적인 사실은 하인과 노예가 있듯이 만물(우주)에는 지도자와 주인이 있고, 그 통치자와 지도자는 오로지 한 분 하나님뿐이시므로, 우리가 그를 향하여 고백해야 할 말은 만물이 그의 소유(κτήματα)라는 것이다.

1.84 XXV. 이에 관하여, "그가 말하기를 모든 것들이 내 것이다"라고 위

엄있고 숭고하게 표현한 것이 무엇인지 살펴보자. '모든 것들'이란, "나의 예물들(δῶρα)과 봉헌물들(δόματα)과 산물들(καρπώματα)로서 그들이 보물처럼 구별하여 저장한 것들을 삼가 내 명절날에 너는 내게 가져올 것이라" 하고 그가 말한 것이다.(민 28:2) 매우 분명하게 표현된 사실은, 존재하는 것들 가운데 중간 은혜에 합당한 것들은 헌물(δόσις)이라 불리는 것이고, 그보다 더 나은 은혜에 합당한 것들은 그 적절한 명칭이 예물(δωρεά)인데, 이것들은 덕목들(ἀρεταί)을 결실할 수 있을 뿐만 아니라 전체적으로 이미 먹을 수 있는 열매로 성장해있기 때문에 그것만으로도 관조하기를 좋아하는 자의 혼(ψυχὴ τοῦ φιλοθεάμονος)은 영양을 공급받을 수 있다는 것이다.

1.85. 이런 것들을 배우고 이런 것들을 그 마음(διάνοια)에 보석처럼 담아 보관할 수 있는 자는 '믿음'이라는 흠 없고 가장 아름다운 희생제물을 하나님께 가져오되, 사멸하는 자들의 명절이 아닌 명절들(ἑορταί)에 가져온다. 왜냐하면 하나님은 명절들을 자신에게 배정했고, 이것을 철학에 취한 신도들(θιασῶται)에게 필수불가결한 교리(δόγμα)로 삼으셨기 때문이다.

1.86. 그 교리는 이와 같다. 오로지 하나님만이 거짓 없이 명절을 지키신다. 왜냐하면 하나님은 홀로 즐거워하고 홀로 기뻐하고 홀로 반가워하시며, 오로지 하나님만이 전쟁이 섞이지 않은 평화를 홀로 이끌어내실 수 있기 때문이다. 그(하나님)는 걱정도 두려움도 없고, 악한 것들이 조금도 없고, 물러서지 않으며, 고통에서 자유롭고, 지치지 않고, 불순물이 섞이지 않은 순수한 행복으로 충만하신 분이다. 이런 분의 속성은 완전하며, 무엇보다 하나님 자신은 행복(εὐδαιμονία)의 정점이요 완성이며 경계로서 더 나아지기 위하여 다른 것을 필요로 하지 않으며, 그분 자신의 아름다운 샘(πηγή)에서 개별적인 모든 것에 적합한 부분을 퍼 올려 공급하신다. 왜냐하면 세상에서 아름다운 것들은 원형(ἀρχέτυπος)을 본떠 만들지 않았다면 결

코 이처럼 아름다울 수 없었을 것이고, 그 원형은 참되고 아름다우며, 창조된 적이 없고 복스러우며, 불멸하는 만물의 모형이기 때문이다.

1.87 XXVI. 이런 이유로 인하여, '안식일'은 '하나님'의 안식을 의미한다고 그(모세)는 말(기록)한다. 모세는 율법의 많은 곳에서 사람들의 입장이 아니라 자연철학의 필연적 입장을 취하면서, 존재하는 것들 가운데 안식할 수 있는 것이란, 진실을 말해야 한다면, 하나님 한 분뿐이라고 한다. 여기서 '안식'이란 활동하지 않음을 일컫는 것은 아니다. 왜냐하면 본성상 활동적인 우주의 근원($\alpha i \tau i \alpha$)은 가장 아름다운 것들을 창조하는 일을 결코 멈출 수 없기 때문이다. 여기서 안식이란 고통 없이 매우 편안하여 노동에서 자유로운 기운($\dot{\epsilon}\nu\dot{\epsilon}\rho\gamma\epsilon\iota\alpha$)을 의미한다.

1.88. 왜냐하면 해와 달과 하늘 전체와 세상은, 스스로 움직이거나 서로 지탱하며 보존할 독립적인 권한이 없으므로, 관습이 알려주는 바에 따르면, 고통을 겪을 수밖에 없기 때문이다. 그것들이 노동한다는 가장 단적인 증거는 해마다 바뀌는 계절들($\dot{\omega}\rho\alpha\iota$)이다. 왜냐하면 이들은 하늘에서 서로 지탱하기 위하여 끊임없이 움직임들을 바꾸되, 북쪽으로 가다가 남쪽으로 가다가 다른 방향으로 가기도 하면서 회전들을 만들기 때문이다. 대기 또한 따뜻해졌다가 차가워졌다가 온갖 변화를 겪고 그에 따른 고통들을 입증하며 고되게 노동하는데, 활동 변화($\mu\epsilon\tau\alpha\beta o\lambda\dot{\eta}$)를 일으키는 가장 근본적인 원인은 바로 고된 노동($\kappa\dot{\alpha}\mu\alpha\tau o\varsigma$)이기 때문이다.

1.89. 육지에 사는 것들이나 물속에 사는 것들에 관하여 그것들이 어떻게 변하는지 그 과정들을 일일이 모두 장황하게 설명하는 일은 어리석을 것이다. 왜냐하면 이것들은 가장 열악하고 세속적인 질료들로 구성되어 있으므로, 위에 있는 숭고한 것들(천체들)보다 훨씬 더 노쇠할 가능성이 크기 때문이다.

1.90. 왜냐하면 이처럼 변하는 것들은 고된 노동으로 인하여 변화를 일으키지만, 하나님은 달라지지 않으며, 변하지 않으며, 본질상 쇠퇴하지 않으며, 약함이 조금도 없으며, 만물을 움직이게 하면서도 영원토록 안식하기를 절대 멈추지 않으시기 때문이다. 그러므로 안식하기는 오로지 하나님에게만 적합한 것이다. **XXVII.** 또한 명절을 지키는 일도 그분에게만 해당한다는 사실이 드러났다. 그러므로 안식일들과 명절들은 오로지 만물의 근원(αἰτία)에 속하며, 인간들 가운데 누구에게 속한 것이 아니다.

1.91. 오라, 왜냐하면, 그대가 원한다면, 우리의 유명한 축제들을 함께 생각해볼 수 있기 때문이다. 참으로 야만인들과 헬라스인들을 막론하고 다른 민족들은 누구나 예외 없이 신화적으로 조작된 것들에 기초하여 건국되었고, 다른 이들에 의하여 헛된 허영심을 목적으로 삼을 때 그들은 사라졌다. 왜냐하면 인간들의 생애는 아무리 길어봤자 존재하는 이상한 모순들을 모두 철저하게 규명하기에 충분하지 않기 때문이다. 따라서 많은 것들을 말하고 싶더라도 주어진 시간에 맞게 전체에서 몇 가지만 선별하여 조금만 이야기해야 할 것이다.

1.92. 우리 가운데 존재하는 모든 명절과 절기 모임에서 가장 기이하고 쟁취할 만하다고 여겨지는 일들이란 소위 이런 것들이다. 사면, 긴장 완화, 일손을 멈춤, 만취, 술주정, 흥청거림, 사치, 방탕, 야영, 철야, 꼴사나움, 오락, 매일 벌어지는 결혼식들, 난폭한 교만, 상습적 무절제, 어리석은 추태, 부끄러운 일들을 추구함, 아름다운 것의 철저한 파괴, 채워지지 않는 격정들을 만족시키려고 뜬눈으로 밤을 샘, 깨어 있어야 할 시간인 낮에는 잠을 잠, 자연스러운 일상의 뒤집힘.

1.93. 그날에 덕(ἀρετή)은 유해한 것이라고 조롱당하는 반면에 악(κακία)은 유익한 것이라고 높임받는다. 그날에 해야 할 일들은 존중받지 못하고,

하지 말아야 할 일들은 존중받으며, 그날에 음악과 철학과 모든 교육체계와 참으로 영광스러운 형상들로서 신령한 혼의 신령한 것들은 침묵 속에 물러서고, 복부와 복부 주변에서 일어나는 쾌락들을 유인하고 유지하는 것들은 소리를 낸다.

1.94 XXVIII. 이것들은 소위 복 받은 자들의 명절들이다. 그런데 그들이 집들과 불경한 장소들에서 문란한 행위를 하는 것이 내게는 그나마 덜한 범죄 행위처럼 보인다. 왜냐하면 그들은 때때로, 마치 겨울의 급류가 사방으로 돌진하며 퍼지듯이, 성전의 가장 거룩한 곳들에 들이닥쳐 난입하고, 그 안(지성소)에 있는 기물들 일체를 내던지고, 부정한 제사들을 감행하며 희생되지 않은 동물을 제사하고, 이루어지지 말아야 할 기도를 드리고, 불경한 신비 의식들과 문란한 예식들을 치르고, 출처를 알 수 없는 경건 의식과, 간음한 거룩함과, 불순한 정결 예식과, 거짓된 진실과, 방탕한 방식으로 하나님께 예배하기 때문이다.

1.95. 이에 더하여 그들은 목욕들과 세척들로 자기 몸들은 깨끗하게 씻으면서도, 자기 혼들에 낀 격정들을 씻어내고자 원하거나 실천하지는 않는다, 그런 격정들 때문에 인생이 망가짐에도 불구하고. 그들은 성전에 들어가려고 흰옷을 입고 흠 없는 겉옷들을 차려입기에만 바쁠 뿐, 가장 깊숙한 내면들까지 타락한 마음으로 성전에 들어오는 일을 부끄러워하지는 않는다.

1.96. 만약 가축들 가운데 어떤 것이 완전하거나 온전하지 못한 상태로 발견된다면, 비록 그것이 자기 뜻과 상관없이 비자발적으로 그러한 신체적 결함들을 가지게 되었을지라도, 그 짐승은 피 뿌리는 제단들 밖으로 끌려가 제단들 가까이에는 얼씬하지도 못하게 될 것이다. 그러나 가공할 악의 위력으로 가격당한 후에 혼들이 극심한 질병에 걸려 상처를 입고, 특별

히 가장 아름다운 것들(τὰ κάλλιστα), 예컨대 명철, 용기, 정의, 경건과 기타 인간 종속이라면 자연스럽게 함양할 수 있는 온갖 다른 덕목들을 제거당하고 절단당한 이들은, 그런 상태에도 불구하고 감히 거룩한 제사를 한다. 그들은 마치 하나님의 눈은 태양이 밝혀주는 겉모습들만 볼 수 있을 뿐, 스스로 빛(φῶς)을 밝혀 보이는 것들보다 우월한 보이지 않는 것들을 꿰뚫어 보실 수는 없으리라고 나름대로 착각한다.

1.97. 그러나 존재하는 분의 눈은 무언가를 포착하기 위하여 다른 빛(φῶς)을 구할 필요가 없으며, 스스로 존재하는 자신의 시원적 광원(ἀρχέτυπος αὐγή)에서 무수한 광선들(ἀκτῖνες)을 쏟아낸다. 그 광선들 가운데 어떤 것도 감각으로는 파악되지 않는 까닭은 그것들이 온통 정신으로만 관조할 수 있는 대상이기 때문이다. 이런 이유로 인하여 정신으로만 관조할 수 있는 하나님만이 그 광선들을 사용하실 수 있으며, 창조 과정을 거친 자들 가운데서 그것들을 사용할 수 있는 자는 아무도 없다. 왜냐하면 피조물은 감각으로 포착할 수 있는 대상이지만, 정신으로만 파악할 수 있는 속성(φύσις)은 감각으로 포착할 수 없는 대상이기 때문이다.

1.98 XXIX. 이처럼 그(하나님)는 보이지 않는 방식으로 혼의 영역까지 파고드는 분이시므로, 우리는 우리 혼의 영역을 가장 아름다운 것이 내주하게 하고, 하나님이 내주하시기에 합당한 장소가 되도록 준비하자! 그렇지 않으면, 그는 (우리를) 떠나, 조물주가 거하기(δεδημιουργῆσθαι)에 더욱 좋아 보이는 다른 집으로 옮겨가실 것이다.

1.99 XXIX. 만약에 우리가 왕들을 맞이하게 된다면, 우리는 집들이 더 반짝이도록 밝게 꾸미고, 장식을 위해서라면 아무것도 아끼지 않고, 모든 것을 거침없이 넉넉하게 사용함으로써, 왕들이 기꺼이 내려앉을 만하고 그들의 명예에 어울리는 장소가 되도록 최선을 다할 것이다. 그런데 만약에 왕

들의 왕이요, 삼라만상의 통치자인 하나님이 자비와 인간에 대한 사랑 때문에 그분이 창조한 세계를 방문하여 우리 종속(인간)에게 은혜를 끼치고자 하늘 저 끝의 경계들을 넘어 낮고 낮은 이 땅까지 내려오신다면, 우리는 대체 어떤 집을 마련해야 할까?

1.100. 돌들과 나무 재료는 가라! 언급하기에 도무지 거룩하지 않다. 왜냐하면 비록 지구 전체가 금이나 금보다 귀한 것으로 갑자기 돌변한다 해도, 그리하여 건축가들의 기술들을 모조리 쏟아부어 주랑들과 출입구들과 연회장들과 현관들과 사원들을 마련한다 해도, 그(하나님)가 발로 밟으시기에 충분히 가치 있는 곳들은 아니기 때문이다. 혼(ψυχή)이야말로 그분에게 적합한 집이다!

1.101 XXX. 그러므로 만약에 보이지 않는 혼을 보이지 않는 하나님이 거하시는 지상의 집이라고 말한다면, 우리는 올바르게 법대로 말하는 셈이다. 그러나 그 집이 든든하고도 아름답기 그지없게 되기를 원한다면, 좋은 성향(εὐφύια)과 가르침(διδασκαλία)으로 기반들(θεμέλιοι)이 되게 하고, 그 위에 덕목들과 함께 아름다운 행실들을 쌓아 올리고, 예비교과과정들(τὰ προπαιδεύματα)의 일반교과목들(τὰ ἐγκύκλια)의 진보가 있게 하여 현관 장식들로 삼을지라!

1.102. 왜냐하면 좋은 성향에서 영리함, 인내, 기억력이 나오고 가르침들에서 배우는 자세와 집중력이 나오는데, 이는 마치 나무뿌리가 먹을 수 있는 열매를 결실하는 것과 같이 그것 없이는 지성이 성숙될 수 없기 때문이다.

1.103. 그런데 덕목들과 그에 따른 실천들에서 나오는 안전성과 견고함은 건물이 견고하게 지속할 수 있도록 하며, 혼(ψυχή)이 아름다운 성질(τὸ καλόν)에서 벗어나 항해하거나, 도망치거나, 방랑하려는 일이 발생할 때 그

것을 알아차리고 저항하는 힘을 무력화시킨다.

1.104. 예비교과과정들의 일반교과(ἐγκύκλιος) 훈련을 통하여 혼의 장식에 필요한 것들이 마치 제단을 장식하듯 장착된다. 왜냐하면 석고들과 글자들과 명판들과 값비싼 돌들로 구성된 것들의 경우처럼, 마치 그것들로 벽들뿐만 아니라 바닥들도 장식하듯이, 이런 것들은 무엇이나 힘을 지탱하는 역할만 하는 것이 아니라, 그곳에 사는 이들에게 독보적으로 기쁨(τέρψις)을 누리게 하기 때문이다.

1.105. 따라서 일반교과목들에 관한 지식은 혼이 거하는 집 전체를 장식한다. 문법(γραμματική)은 시에 관한 것들을 탐색하고 고대 사건들의 역사(ἱστορία)를 추적한다. 기하학(γεωμετρία)은 논리에 따른 균등을 학습하고, 우리 가운데 흐름이 깨지거나 분량이 적당하지 않거나 비율이 맞지 않는 것을 치유하되, 적절한 운율이나 치수나 비율을 가하여 세련된 음악 기법으로 치유한다. 또한 수사학은 모든 사안에서 섬세한 정확성들을 탐색하고, 모든 것에 적절한 해석들을 부여하고, 모든 강도들과 세기들을 조절하고, 그와 반대가 되는 이완 작용들과 오락들을 조절하는 것을 목적으로 하되, 이런 것들을 발음과 발성 기관들을 잘 작동시켜 달변으로 할 수 있게 한다.

1.106 XXXI. 그러한 집이 사멸하는 종속(γένος) 가운데 마련되면, 지상의 모든 것들은 더 나은 희망들로 채워져 하나님의 능력들(δυνάμεις)이 다시 내려오기를 기대할 것이다. 그들(능력들)은 자기 아버지(하나님)의 권고에 따라 하늘에서 법들과 규례들을 가져와서 성결하게 하고 거룩하게 하는 분(아버지)의 은혜를 알게 하리라. 그러면 능력들이 덕을 사랑하는 (인간의) 혼들과 더불어 살고 먹은 후에 그 혼들 속에 행복이라는 종속을 씨처럼 뿌리는데, 이는 마치 그들이 현명한 아브라함에게 거처를 제공해준 것에 대한 가장 완전한 감사의 표시로 이삭을 선물한 것과 같은 이치다.

1.107. 깨끗해진 지성(διάνοια)은 자신의 주권자를 모시는 일과 만물의 통치자가 있음을 고백하는 일보다 더 기뻐하는 일이 없다. 왜냐하면 하나님을 섬기는 일이야말로 가장 큰 자랑이고, 자유나 부나 권세나 기타 사멸하는 종속(인간)이 반기는 그 무엇보다 더욱 명예로운 일이기 때문이다.

1.108. 존재하는 분의 통치권에 관한 진실한 증거로서 신탁(χρησμός)은 이렇게 말(기록)한다. "땅은 영원히 확고부동하게 팔리지 않을 것이다. 왜냐하면 땅은 모두 내 것이기 때문이며, 너희는 내 앞에서 나그네들이요 체류자들이기 때문이다."(레 25:23)[7] 이것은 참으로 만물이 소유권에 있어서는 하나님께 속하며, 사용권에 있어서만 피조 세계와 연관이 있음을 가장 분명하게 설명하는 말이 아닌가?

1.109. 왜냐하면 우주의 소유권이 절대적으로 확실하게 귀속하는 한 분이 존재하므로, 피조 세계에서는 어떤 것도 누군가에게 영원히 확고부동하게 팔릴 수 없다고 그가 말(기록)하기 때문이다. 왜냐하면 하나님은 모든 피조물을 서로서로 쓰도록 창조하였고, 그 어떤 것도 개별적으로는 완전하지 못하도록 했으며, 다른 것에게 전혀 신세 지지 않아도 되는 것은 없도록 만드셨기 때문이다. 즉, 무언가를 얻으려면 필연적으로 그것을 제공할 수 있는 것과 연합하고, 저것이 이것과 연합하여 서로를 서로에게 제공하도록 만드신 것이다.

1.110. 왜냐하면 그렇게 함으로써 그들이 서로 소통하고 뒤섞이되, 마치 리라가 조화로운 소리를 내기 위하여 서로 다른 음들이 서로 연합하고 소통하고 화합할 필요가 있듯이, 만물은 세상 모든 것의 완전한 성취

---

7) "'땅을 아주 팔지는 못한다. 땅은 나의 것이다. 너희는 내 곁에 머무르는 이방인이고 거류민일 따름이다.'"(『성경』 레위 25:23)

(ἐκπλήρωσις)를 위하여 만물 전체를 통하여 서로를 견디고 지탱해야 하기 때문이다.

1.111. 그리하여 혼이 없는 무생물들은 혼이 있는 것들과, 이성이 없는 짐승들은 이성이 있는 것들과, 나무들은 인간들과, 인간들은 식물들과, 길들이지 않은 것들은 길들인 것들과, 가축은 야생 동물들과, 남자는 여자와, 여자는 남자와, 그리고 요컨대, 육상동물들은 수중동물들과, 수중동물들은 공중을 나는 것들과, 날개 달린 것들은 전술한 것들과, 그리고 하늘은 땅과, 땅은 하늘과, 공기는 물과, 물은 바람과, 그리고 중간의 자연 속성(φύσις)을 가진 것들은 자기들끼리뿐만 아니라 극한의 자연 속성을 가진 것들과, 그리고 극한의 속성들은 중간 속성들뿐만 아니라 자기들끼리도 서로 사랑하도록 하신 것이다.

1.112. 또한 겨울은 여름을, 여름은 겨울을, 봄은 그 둘을, 가을은 봄을, 서로가 서로를 원하고 필요로 하며, 이로써 우주가, 그것의 부분들인 이것들이, 이러한 세상이 조물주의 완벽한 작품으로서 손색이 없도록 하신 것이다.

1.113 XXXII. 그는 그것들을 조화롭게 만든 후에 그것들 전체의 주권을 자신하게 귀속시키는 한편, 그것들을 이용하고 즐기는 사용권을 자신에게 순종하는 이들에게 배분함으로써 그들이 스스로를 이용하고 즐기거나 다른 것들과 서로서로 이용하고 즐길 수 있도록 하셨다. 그리하여 우리는 우리 자신들과 우리 자신에 관한 것들을 무엇이나 이용할 수 있는 것이다. 하여간에 나는 혼(ψυχή)과 몸(σῶμα)으로 이루어졌고, 정신(νοῦς)과 이성(λόγος)과 감각(αἴσθησις)을 가지고 있는 것 같으며, 그것들 가운데 내 것은 아무것도 없음을 발견한다.

1.114. 내가 태어나기 전에 내 몸은 어디에 있었을까? 내가 떠난 이후에

그것은 어디에 자리할까? 어디에서부터 나이에 따른 차이들이 발생한다고 해야 할까? 영아기는 언제인가? 유아기는 언제인가? 소년기는 언제인가? 사춘기에 접어드는 나이는 언제인가? 사내가 되는 때, 처음으로 수염이 나는 때, 젊은이가 되는 때, 성숙한 남자가 되는 때는 언제인가? 혼(ψυχή)은 어디에서 왔고, 어디로 가서 살며, 얼마나 오랫동안 우리와 함께 사는가? 우리는 그 본질(οὐσία)을 뭐라고 말할 수 있는가? 그것(혼)을 우리는 언제 얻었을까? 태어나기 전이었을까? 그때는 우리가 존재하지 않은 상태가 아니었던가? 사후에는 어떨까? 사후에는 우리가 몸과 결합한 상태들로 존재하지 않고 대신에 갑작스럽게 새로운 것으로 다시 태어나 몸이 없는 비신체적인 것들과 결합한 상태로 변하는 것이 아닐까?

1.115. 그리고 지금 살아 있는 동안에 우리는 통치하기보다는 지배당하고, 알기보다는 알려지게 된다. 왜냐하면 그것(혼)은 우리를 이미 알고 있으나, 우리에게 알리지 않으면서 명령들을 부과하는데, 우리는 마치 집안 노예들이 안주인에게 복종해야 하듯이 필연적으로 그 명령들에 복종할 수밖에 없기 때문이다. 게다가 그것(혼)이 우리를 버리고자 자신의 통치자인 분(하나님)에게 돌아가기만 하면, 우리 집(몸)은 생명이 없는 황량한 곳이 되어버리고, 우리가 아무리 남아 있어 달라고 부탁해도 그것은 떨쳐버리고 갈 것이다. 왜냐하면 그것의 자연 속성(φύσις)은 몸이 조금도 관여할 수 없는 미세한 것들로 이루어졌기 때문이다.

1.116 XXXIII. 그러면 정신(νοῦς)은 내 것이고 내 거소(διαίτημα)인가? 그것은 거짓된 것들을 추측하는 자, 방랑하는 자, 고집불통, 정신분열자, 어리석은 자, 황홀경에 빠지거나 우울증에 빠지거나 노쇠하여 정신 나간 상태로 발견되는 자가 아닌가? 그것도 아니라면, '말할 수 있는 이성(λόγος)'이 내 소유(κτῆμα)인가? 소리를 내는 신체 기관들은 어떤가? 자질구레한 병치

레만 해도 혀가 마비되고, 엄청 말을 잘하던 사람들조차 입이 막혀버리지 않던가? 무서운 일이 벌어질 것이라고 예상만 해도 무수한 사람들의 말문이 막히지 않던가?

1.117. 나는 내 감각 기관을 통치할 수 있는 자도 아닌 것으로 발견되고, 도리어 그것이 이끄는 대로 색깔들을, 모양들을, 소리들을, 냄새들을, 맛들을, 그리고 다른 몸들을 쫓아다니는 노예 상태인 것으로 발견된다. 이 모든 것들은, 다른 누군가가 소유하고 있는 것들을 우리가 사용하고 있을 뿐이며, 영광도, 부도, 명예도, 권세도, 기타 우리 몸들이나 혼들에 관한 어떤 것도 진실로 우리가 소유한 것은 아무것도 없고, 심지어 목숨조차도 우리 소유가 아니라는 사실을 분명하게 알려준다고 나는 생각한다.

1.118. 그런데 이런 것들을 사용할 때 우리가 그런 사실을 알아차릴 수만 있다면, 이것들을 하나님의 소유답게 잘 관리할 것이고, 주인이 원할 때는 언제든지 주인에게 돌려주는 것이 법($νόμος$)임을 예상하고 대처할 수 있을 것이다. 그러면 그것들을 상실할 경우에도 고통들이 덜할 것이기 때문이다. 그러나 지금은 많은 이들이 만물을 자신의 소유로 생각하고, 무언가 부재하거나 결여할 때마다 곧바로 걱정에 휩싸인다.

1.119. 그러므로 진실할 뿐만 아니라 특별히 기운을 북돋아 위로를 주는 것들 가운데 하나는 바로 세상과 세상에 있는 모든 것들이 그것을 창조한 분의 작품들이고 소유라는 사실이다. 그 작품을 소유하는 분이 자신의 것인 그것을 선물로 주시는 까닭은 그분에게 그것이 필요하지 않기 때문이다. 그러나 그것을 사용하는 자가 소유권을 가진 것은 아니니, 삼라만상의 주인이자 주권자는 하나이기 때문이다. 그는 "온 땅이 내 것이다" 하고 말씀하실 것인데, 이는 곧, "모든 피조물이 내 것이다" 또는 "너희는 내 앞에서 나그네들이요 체류자들이다" 하는 말과 같은 뜻이다.

1.120 XXXIV.　왜냐하면 피조물들이 서로를 바라보며 평가할 때는, 모두 원래부터 땅에서 태어난 원주민들이고, 고결한 가문 출신들이고, 모두 시민권자에게 동등하게 부여된 존엄성과 책임을 누리고 있다는 논리(λόγος)를 갖게 되지만, 하나님 앞에서 그들은 나그네들이요 체류자들에 불과하다는 논리를 갖게 되기 때문이다. 왜냐하면 우리는 저마다 마치 태어나기 전에 전혀 경험한 적이 없는 낯선 도시국가에 온 것처럼 이 세상에 왔고 여기서 살되, 인생으로 주어진 시간을 소진할 때까지만 살 수 있기 때문이다.

1.121.　그러나 동시에 그(모세)는 오로지 주 하나님만이 진정한 시민이고, 모든 피조물은 체류자요 나그네이며, 소위 시민이라고 불리는 자들은 진리($\dot{\alpha}\lambda\dot{\eta}\theta\epsilon\iota\alpha$)에 따라 그렇게 불린다기보다는 명칭을 과도하게 확대 적용하여 그렇게 불리게 된 것뿐이라는 지혜롭기 그지없는 교리를 소개하기도 한다. 그런데 현명한 남자들에게는, 유일한 시민권자인 하나님 앞에서 자신들이 나그네요 체류자 신분에 불과하다는 사실은 받고 싶은 선물이 되기에 충분하다. 왜냐하면 솔직히 어리석은 자들 가운데 하나님의 도시국가에서 나그네나 체류자가 될 수 있는 자는 아무도 없고, 하나같이 도망자로 밝혀질 것이기 때문이다. 이는 그(모세)가 특별교리로 부연 설명한 바와 같다. "그 땅은 영원히 확고부동하게 팔리지는 않을 것이다" 하고 그는 말(기록)하는 것이다. 여기서 그는 '누구에 의하여' 그렇게 될 것인지에 관하여 침묵함으로써, 자연의 근원을 탐색하지 않는 자가 침묵으로 지나친 것에서 벗어나 인식하는 단계로 진입하지 못하도록 한다.

1.122.　그러므로 모든 이들을 자세히 살펴보면, 우리가 소위 대가를 받지 않고 주기만 하는 자들이라고 생각하는 자들은 실제로 선물하는 자들이 아니라 대가를 받고 판매하는 자들이며, 우리가 혜택을 입은 자들이라고 생각하는 자들은 실제로 대가를 지불하고 구입하는 자들임을 그대는

발견하게 될 것이다. 왜냐하면 칭찬이나 명예와 같은 대가를 바라고 주는 자들은 선물이라는 허울 좋은 이름으로 자신들이 베푼 호의에 대한 대가를 구하므로 실제로는 판매한 셈이기 때문이다. 또한 판매하는 자들에게는 자신들이 제공한 것들에 대하여 대가를 받는 것이 일상적 관행(ἔθος)이기 때문이다. 그러나 선물을 받는 자들은 그에 대하여 보답하는 것을 도리로 여기고 때가 되면 보답하기 때문에 실제로는 구입하는 일을 한 셈이다. 왜냐하면 그들은 받은 만큼 돌려줘야 한다는 것을 알기 때문이다.

1.123. 그러나 하나님은 판매자가 아니고, 자기 소유물들의 가격을 낮추어 삼라만상의 모든 것들을 선물하되, 영원한 은혜의 샘들에서 쏟아부어 주면서도 그에 대한 대가를 바라지 않는 분이시다. 왜냐하면 그분 자신은 부족한 것이 없으시고, 피조물 가운데는 자신이 받은 선물에 상응하는 충분한 대가를 치를 수 있는 자가 아무도 없기 때문이다.

1.124 XXXV. 그러므로 만물이 하나님의 소유라는 사실이 말씀들(λόγοι)과 진리들과 증언들로 거듭 진술되었고, 이에 대하여 거짓을 주장할 방편이 도무지 없다. 왜냐하면 모세가 거룩한 책에 새겨넣은 신탁들(χρησμοί) 때문이며, 그 신탁들이 증언하는 바에 따라 참으로 거부해야 마땅한 것은 바로 정신(νοῦς)이 감각(αἴσθησις)과 연합한 결과로 태어난 자식(τὸ γεννηθέν)을 자기의 소유물로 생각하여 그것을 '가인'이라 불렀고, "내가 하나님으로 인하여 사람을 소유로 얻었다" 하고 말한 것인데, 이로써 그는 잘못된 길로 가고야 말았기 때문이다.

1.125. 대체 무엇이 문제란 말인가? 왜냐하면 하나님은 만물의 근원으로서 생체기관(ὄργανον)이 아니시지만, 피조물은 만물의 근원(하나님)에 의하여 생체기관을 거쳐서 탄생하기 때문이다. 왜냐하면 무언가를 탄생시키려면 필연적으로 많은 것들이 서로 협력해야 하기 때문이다. 예컨대, 무엇

에 의하여 무엇을, 무엇을 가지고 무엇을, 무엇을 통하여 무엇을, 무엇 때문에 무엇을 탄생시키는 방식이다. 그리고 '무엇에 의하여'의 무엇은 근원(αἴτιον)이고, '무엇에서'의 무엇은 질료(ὕλη)이며, '무엇을 통하여'의 무엇은 도구(ἐργαλεῖον)이고, '무엇 때문에'의 무엇은 발생 동기(αἰτία)다.

1.126. 그대는 누군가가 다음과 같이 질문한다고 생각해보라. 집이나 도시국가가 건설되려면 어떤 것들이 서로 협력해야 하는가? 건축가와 석재들과 목재들과 기구들이 아니겠는가? 그렇다면 건축가란 그에 의하여 집이나 도시국가가 건설되는 근원(αἴτιον)이 아니고 무엇인가? 또한 석재들과 목재들은 그것에서 건물로 된 질료(ὕλη)가 아니고 무엇인가? 또한 기구들이란 그것을 통하여 건설하는 수단들이 아니고 무엇인가? 또한 무엇 때문에 건설하는지는 안식하고 보호하기 위한 것이 아니고 무엇이며, 이것이 건설하는 동기가 아니겠는가?

1.127. 이제 이런 개별적인 건물들에서 벗어나 그대는 더욱 큰 집이나 도시국가를, 여기서는 세상(κόσμος)을 생각해보라. 그대는 그것(세상)이 누구에 의하여 창조되었는지 그 발생 근원(αἴτιον)은 하나님이시고, 무엇에서 세상이 조합되었는지 그 질료(ὕλη)는 4원소(τὰ τέσσαρα στοιχεῖα)이며, 무엇을 통하여 세상이 설립되었는지 그 도구는 하나님의 로고스이며, 무엇 때문에 세상을 설립했는지 그 설립 동기(αἰτία)는 조물주의 선함(ἡ ἀγαθότης τοῦ δημιουργοῦ) 때문임을 발견하게 될 것이다. 이것은 어디까지나 진실하고 건전한 인식(ἐπιστήμη)에 도달하기를 열망하는 자들로서 진리를 사랑하는 자들(φιλαλήθης)이 분별하여 내린 판단(διάκρισις)이다. 그러나 어리석은 자들(φάσκοντες)은 하나님을 통하여(διὰ τοῦ θεοῦ) 무언가를 자신들이 소유하고 있다고 주장함으로써 만물의 근원(αἴτιον)인 조물주(δημιουργός)를 창조 기구(ὄργανον)로 간주하고 창조 기구인 인간의 정신(νοῦς)을 만물의 근원으

로 간주한다.

1.128. 올바른 로고스는 요셉이 하나님을 통하여(διὰ τοῦ θεοῦ) 꿈들에 대한 분별력(해몽능력)을 갖출 수 있다고 말한 것을 문제 삼을 것이다(αἰτιάομαι).(창 40:8) 왜냐하면 그(요셉)는 참으로 만물의 근원(하나님) 덕분에 흐릿하여 보이지 않던 것들이 환하게 열리고 분명해지리라고 말했어야 했기 때문이다. 왜냐하면 우리는 기구들(ὄργανα)에 불과하므로 우리를 통하여 특별한 개별적인 기운들(ἐνέργειαι)이 강해지거나 약해지면서 작동하는 역할을 하지만, 건축자(τεχνίκτης)는 몸과 혼이 능력을 발휘하도록 박차를 가하며 그에 의하여 만물이 작동되게 하는 근원이기 때문이다.

1.129. 그러므로 사안들마다 어떤 차이점들이 있는지 분별할 수 없는 자들은 배운 것이 없는 자들임을 알아야 하고, 논쟁하기를 좋아하는 마음 때문에 중요한 것들의 순서들을 뒤바꾸는 자들은 논쟁을 열망하는 자들이니 피해야 할 것이며, 제기된 문제들을 엄밀하고 정확하게 탐구하여 그 대상들 각각을 발견된 적확한 장소에 배정하는 자들은 거짓 없는 철학을 추구하는 자들이므로 칭찬받아 마땅할 것이다.

1.130. 하여간에 모세는 언제나 전력투구하여 추격하는 악한 자에 의하여 멸망 당할까 두려워하는 자들에게 "가만히 멈춰서서, 주님이 너희를 위하여 몸소 행하시는 구원을 보라"고 말(기록)함으로써,(출 14:3) 구원하는 행위(τὸ σώζεσθαι)는 하나님을 통해서(διὰ τοῦ θεοῦ)가 아니라, 구원의 근원(αἴτιον)이신 하나님 자신에 의하여(παρ' αὐτοῦ) 이루어진다는 사실을 가르친다.

VI

아벨과 가인의 제사에 대하여

DE SACRIFICIIS ABELIS ET CAINI 1-139

———

아벨과 그 자신 및 그의 형제 가인이 드린 제사들에 관하여

ΠΕΡΙ ΓΕΝΕΣΕΩΣ ΑΒΕΛ ΚΑΙ ΩΝ ΑΥΤΟΣ ΤΕ ΚΑΙ Ο ΑΔΕΛΦΟΣ
ΑΥΤΟΥ ΚΑΙΝ ΙΕΡΟΥΡΓΟΥΣΙΝ

1.1 I. "그리고 그는 그녀(하와)가 그(가인)의 형제 아벨을 낳아야 했다고 덧붙였다."(창 4:2) 어떤 것을 더하는 것은 다른 것을 뺀다는 뜻인데, 이는 산수에서 수치들이나 혼에서 이성적인 부분들도 마찬가지다. 그러므로 아벨을 더한다는 것은 가인을 뺀다는 뜻이라고 해야 한다. 그러나 익숙하지 않은 명칭들이 많은 이들에게 장애가 되지 않도록, 우리는 그 뜻을 밝혀줄 적합한 철학을 찾아내도록 시도할 것이다.

1.2. 참으로 서로 맞서서 다투는 두 가지 의견들이 있을 수 있다. 하나는 추리하고, 느끼고, 움직이고, 멈추는 모든 행위를 통제하는 통치자 역할을 정신에게 돌리는 의견이고, 다른 하나는 창조와 관련된 것들을 하나님의 것으로서 하나님께 돌리는 의견이다. 전자의 입장을 대변하는 이는 가인으로서, 가인이란 '소유'라는 뜻이고, 만물을 소유하고 있는 것처럼 보이기 때문이다. 다른 입장을 대변하는 이는 아벨로서, 아벨은 하나님께 의뢰한

다는 뜻이다.

1.3. 그러므로 하나의 혼(ψυχή)이 두 개의 의견들을 해산하고자 산고를 겪었다. 두 의견들은 필연적으로 해산되자마자 구별되어야 했다. 왜냐하면 적들이 함께 사는 것은 영원히 불가능했기 때문이다. 그때까지 혼은 하나님을 사랑하는 교리인 아벨을 낳지 않았고, 자신을 사랑하는 자인 가인이 그녀 안에 살았다. 그러나 그녀가 '만물의 근원(τὸ αἴτιον)과 일치하는 자(ἡ πρὸς τὸ αἴτιον ὁμολογία, 아벨)'를 낳았을 때, 그녀는 '스스로 지혜롭다고 착각하는 정신과 일치하는 자(ἡ πρὸς τὸν δοκησίσοφον νοῦν ὁμολογία, 가인)'를 떠났다.

1.4 II. 그리고 이런 것들은 '한결같은 인내(ὑπομονή)'를 상징하는 리브가에게 전달된 신탁이 보다 선명하게 밝혀줄 것이다.(창 25:24) 왜냐하면 그녀 또한 두 개의 서로 대적하는 속성인 선과 악을 잉태했고, 그녀의 명철한 성격이 권하는 바에 따라 그 둘 각각의 모습을 최대한 떠올려보았기 때문이다. 그녀는 그 둘이 태동하는 것과 접전을 통해 전쟁하고자 시도하며 열병하는 것을 본 후에, 그 고통(πάθος)이 무엇이며 그 고통의 치유 방법이 무엇인지 자신에게 설명해주시기를 간청한다. 그러자 그(하나님)가 질문에 응답하여 말씀하신다. "두 민족(δύο ἔθνη)이 네 태(γαστήρ)에 있구나." 이 고통은 선과 악의 탄생이다. "그리고 두 백성들(λαοί)이 네 자궁(κοιλία)에서 나뉠 것이다." 그리고 치유 방법은 이것이니, 이들이 서로서로 나뉘고 떨어져서 다시는 같은 장소에 함께 살지 않는 것이다.

1.5. 그러므로 하나님은 아벨이라는 선한 교리(δόγμα)를 혼(ψυχή)에 더하고, 가인이라는 부적절한 의견(δόξα)을 혼에서 빼신 것이다. 왜냐하면 아브라함 또한 필멸하는 것들을 떠난 후에 "하나님의 백성에 더해져"(창 25:8) 불멸성(ἀφθαρσία)을 얻어 천사들과 같이 되었기 때문이다. 왜냐하면 천사

들은 하나님의 군대로서 비신체적이고 행복한 혼들이기 때문이다. 같은 방식으로 수련자(ἀσκητής) 야곱은 더 악한 것을 떠났을 때 비로소 더 선한 것에 더해질 수 있었다고 한다.(창 49:33)[1]

1.6. 그리고 스스로 터득하게 하는 인식(ἐπιστήμη)을 얻기에 합당한 이삭은 자기 혼에 뒤섞인 신체적 습성을 모조리 버림으로써 '종속(γένος)'에 더해져 분깃을 받는데,(창 35:29) 이는 전술한 이들이 '백성(λαός)'에 더해져 분깃을 받은 것과는 전혀 다른 것으로서, 모세가 말(기록)하는 바와 같다. 즉, 종속은 하나요 최고지만, 백성은 '많음'을 일컫는 이름이다.

1.7. 대부분의 사람들은 학습과 교육을 통하여 진보하고 완전해지며, 그런 이들은 누구나 '많음'에 편입된다. 듣기와 가르침(ὑφήγησις)을 통하여 배우는 이들의 수가 적지 않기 때문에 그(모세)는 그들을 '백성'이라고 불렀다. 그러나 어떤 이들은 인간들의 가르침들을 버리고 성품이 훌륭한 하나님의 제자들이 되어 노력 없이 인식(ἐπιστήμη)에 도달한다. 그런 이들은 죽지 않을 뿐만 아니라 가장 완전한 종속으로 옮겨가 이전 사람들보다 더 나은 지분을 받게 되었는데, 그들 가운데 하나인 이삭은 (진정한 바쿠스의) 신도(θιασώτης)로 인정받았다.

1.8 III. 분명한 또 한 가지는 이것인데, 바로 정신(νοῦς)이 불멸한다는 것이다. 그(하나님)는 어떤 사람들을 높이 들어 올림으로써 모든 속(εἶδος)과 종(γένος)을 초월하여 날아오르게 하여 자기 곁에 앉히시는데, 이는 모세가, "너는 나와 함께 서라" 하고 말(기록)한 바와 같다.(신 5:31) 그러므로 이 사람(모세)은 생을 마감하는 순간에 (어디를) 떠나지도 않고 어디에 더해

∴

1) 여기서 필론은 세상을 떠나 열조에 돌아가는 것을 더 악한 것(세상)을 떠나 더 나은 것(열조)에 더해진 것으로 해석한다.

지지도 않았으며, 이는 그의 이전 조상들이 더해지고 빠진 것과 다른 것이다. 그(모세)는 만물의 근원(하나님)의 "말씀을 통하여(διὰ ῥήματος)" (하늘로) 거처를 옮겼는데, 온 세상 또한 바로 그 말씀을 통하여 창조되었으니, 이는 하나님이 지혜로운 사람을 세상 자체와 똑같은 수준으로 자랑스럽게 여기기 때문에 만물(세상)을 창조한 것과 똑같은 로고스로 수명을 완수한 자(지혜로운 자)를 지상의 것들에서 하나님 곁에까지 높이 들어 올리신다는 사실을 그대가 배우게 하고자 함이다.

1.9. 그런데 그(하나님)가 그에게 지상의 것들을 사용하고 그것들과 소통할 수 있도록 허락하셨을 때, 그는 그에게 통치자나 왕에게 공통되는 어떤 덕목을 배당하여, 그것에 따라 혼의 격정들을 힘으로 다스리도록 하지 않으셨다. 대신에 그를 하나님 같은 위치로 지명하여 몸에 관한 모든 영역과 그것의 지도자인 정신으로 하여금 그에게 복종하고 섬기도록 하셨다. 그러므로 그(모세)는 다음과 같이 말(기록)한다. "왜냐하면 내가 너를 파라오의 하나님으로 지명하기 때문이다."(출 7:1) 그런데 하나님은 언제나 자기 자신으로 충만하고 자기 자신과 동일하기 때문에 빠지거나 더해지는 일을 겪지 않으신다.

1.10. 그리하여 이 사람(모세)의 묘지를 알 수 없다고 한다.(신 34:6) 왜냐하면, 완전한 자의 혼이 존재하는 분(하나님)께 이주해가는 것을 인식하여 볼 능력을 갖춘 자가 과연 있겠는가? 심지어 혼 자신마저도 자신이 점차 신들처럼 변모해가는 동안에 자신이 무슨 일을 겪고 있는지 자신의 진보를 전혀 알아차리지 못했으리라고 나는 생각한다. 왜냐하면 하나님은 어떤 이들에게 은혜를 끼치려고 할 때, 사전에 그와 상의하지 않은 채 전혀 기대하지 못한 혜택들을 부어주곤 하시기 때문이다. 이는 하나님이 무언가 좋은 것을 창조하여 완전한 자의 마음(διάνοια)에 더해주신다는 뜻이다. 그

좋은 것은 거룩함이며, 그것의 이름은 아벨이다.

1.11 IV. "그리고 아벨은 양치는 목자가 되었고, 가인은 땅을 경작하였다."(창 4:2) 그런데 그(모세)는 (앞에서) 가인을 아벨보다 연장자로 소개했었는데, 왜 여기서는 그 순서를 바꾸어, 그들이 생업으로 어떤 선택을 하여 살아가는지를 언급하면서 연소자를 먼저 소개할까? 왜냐하면 농사짓는 일을 하는 연장자를 먼저 소개한 다음에 이어서 가축들을 돌보는 연소자를 소개하는 것이 적절했을 것이기 때문이다.

1.12. 그러나 모세는 그럴듯한 것들이나 괜찮아 보이는 것들을 달가워하지 않고, 희석되지 않은 순수한 진리를 따른다. 그가 혼자서 하나님께 나아갈 때도 그는 과감하게 자신이 말을 잘하지 못한다고 한다.(출 4:10) 이는 그가 말을 잘하는 일들이나 설득하는 일들에는 관심이 없다는 뜻이며, 이런 일은 하루이틀 만의 문제가 아니라 그 이전부터 하나님이 그 종(모세)과 더불어 이야기를 시작하신 때부터 벌어진 것이다.

1.13. 왜냐하면 인생의 파고와 격랑 속에 들어온 자들이 필연적으로 할 일이란 끊임없이 헤엄치면서 살아남는 것이지, 머리로 인식(ἐπιστήμη)하는 것들 가운데 무언가를 의지하고 파악하는 일이 아니기 때문이다. 그런 자들은 당장 그럴듯한 것들이나 적절해 보이는 것들을 꽉 붙잡아야 하는 것이다. 그러나 하나님을 예배하고 섬기는 자(θεραπευτής)에게 적절한 일이란, 말 잘하는 이들의 추측과 불확실한 신화를 만들어 즐기는 일을 그치고 진리를 붙잡는 일이다.

1.14. 그렇다면 이들 가운데 드러나는 진실은 무엇인가? 시간 면에서는 악이 덕보다 연장자이나, 능력 면에서는 악이 덕보다 연소할 수 있다는 것이다. 그러므로 그 둘의 출생이 언급될 때는 가인이 먼저 언급되게 하라. 그러나 그들이 종사하는 일들을 비교하여 탐구할 때는 아벨이 먼저 나오

게 하라!

1.15. 왜냐하면 생명으로 태어나는 자에게 배내옷들을 입기 시작할 때부터 활기가 정점에 달한 장년이 되어 격정들의 뜨거운 열기를 소진할 때까지 벌어지는 일이란 젖동생을 가지고, 어리석음과 성질과 불의와 두려움과 소심함, 그리고 그와 더불어 출생한 다른 재앙들을 갖는 것인데, 그것들 하나하나를 유모들과 교사들은 보살피고 성장시켜, 그들의 습관들과 관행들로 경건을 내쫓고, 불경(ἀσέβεια)과 형제지간인 미신 행위를 소개하고 정착시켜 조장하기 때문이다.

1.16. 그러나 나이가 들어가고 격정들이 숨 가쁘게 고동치는 병이 잦아들면, 마치 바람이 잔잔해지듯 어떤 이는 고요함을 반기기 시작하고, 느지막하게 어렵사리 덕의 견고함이 그에게 정착하면, 덕은 혼에서 가장 나쁜 해악인 격동이 지속적으로 연달아 밀려오던 것을 경감시킨다. 그러므로 시간 면에서는 해악들이 연장자로서의 우위를 차지하지만, 명예와 영광을 얻을 만한 가치 면에서는 덕이 우위를 차지하는 것이다.

1.17. 입법자 자신이 이에 대한 신뢰할 만한 증인이다. 왜냐하면 그는 어리석다는 뜻의 이름을 가진 에서를 소개하기 때문이다. 에서는 시간상으로는 연장자이나, 출생에 있어서 자신보다 연소한 자에게 장자 권한들(τὰ πρεσβεῖα)을 넘겨주는데, 그 연소자의 이름은 아름다운 것들을 수행하는 야곱이다. 그러나 전자는 경쟁에서 적대관계를 단념하기 위하여 그 손들을 약한 것 아래에 내려놓고 화해할 수 없고 불명예스러운 전쟁을 일으켜 격정들에 맞서는 자에게 상들과 면류관을 양보하기 전에는 장자 권한들을 가지려고 주장하지 않을 것이다.

1.18. 왜냐하면 그(모세)는, "그가 자신의 장자의 명분들(τὰ πρωτοτόκια)을 야곱에게 팔았다"고 말(기록)하기 때문이다.(창 25:33) 그가 역으로 고백한

내용은, 능력에 있어서 최고의 것들과 덕에 있어서 명예로운 것들은 어리석은 자에게 속한 것이 아니라 오로지 지혜를 사랑하는 자에게 속한 것이며, 이는 피리와 리라와 다른 악기들이 음악가에게만 속하는 이치와 같다는 사실이다.

1.19 V. 이 교리에 관하여 그(모세)는 지극히 아름답고 적절하게 만든 율법을 기록한다. 그것은 이와 같다. "만약에 어떤 사람에게 두 아내가 있고, 그 둘 중 하나는 그의 사랑을 받고 다른 하나는 미움을 받는데, 사랑받는 아내와 미움받는 아내가 각각 그에게 아들을 낳았고, 미움받는 아내의 아들이 장자가 되었을 경우에, 그가 자신의 아들들에게 자신이 가지고 있는 소유들을 지분으로 나누어주어야 하는 날이 오게 되더라도 미움받는 아내의 아들인 장자를 무시한 채 사랑받는 아내의 아들에게 장자권을 주지는 말아야 하고, 미움받는 아내의 아들인 장자를 인정하여 그에게는 자신이 얻게 된 전 재산에서 두 몫을 줄 것이니, 왜냐하면 이 장자는 자기 자녀들의 시작이요 장자의 명분들이 그에게 놓였있기 때문이다."(신 21:15-17)

1.20. 오, 혼아, 누가 미움받는 아내이고 누가 미움받는 아내의 아들인지 신중하게 생각하여 알라! 그러면 곧장 장자 권한들(τὰ πρεσβεῖα)이 다른 이가 아니라 바로 그에게만 있음을 감지할 것이다. 왜냐하면 우리 각자와 동거하는 두 아내가 있어서 서로 대적하고 적개심이 가득하며, 질투 때문에 혼의 거처를 다툼들로 가득 채우기 때문이다. 이들 중에서 우리는 다루기 쉽고, 온순하며, 가장 사랑스럽고, 우리 자신들과 가장 친근하다고 생각하는 하나를 사랑하는데, 그녀는 쾌락(ἡδονή)이라 불린다. 반면에 다른 하나를 미워하는데, 그것은 고분고분하지 않고 사나워서 그들이 우리와 가장 야만스러운 싸움을 일으킨다고 생각하는데, 이 여자의 이름은 덕(ἀρετή)이다.

1.21. 그러므로 그녀는 매춘부와 창녀처럼 바람기 있는 모습으로 요란하게 차려입고, 잰걸음으로 눈동자를 굴리면서 다가오고, 그것들로 젊은 이들의 혼을 유혹하며, 수치를 모르는 과감함으로 눈을 똑바로 뜨고, 목을 꼿꼿이 세우고, 본래의 자기 키보다 커 보이게 하고, 이를 드러내고 웃으며 개똥지빠귀처럼 재잘거리고, 해괴한 장식으로 머리카락을 말아 올리고, 연필로 얼굴에 그리고, 눈썹에 덧대고, 뜨거운 목욕을 자꾸 하고, 발그레한 색을 칠하고, 기교를 다하여 수놓아 만든 값비싼 옷을 두르고, 팔찌들과 목걸이들과 기타 값비싼 보석들로 만든 장신구들과 여성스러운 장식품을 매달고, 극히 달콤한 향수 냄새를 풍기면서, 시장을 마치 자기 집처럼 여겨 여기저기 난잡하게 쏘다니고, 진정한 아름다움이란 찾아볼 수 없는 천한 것을 쫓아다닌다.

1.22. 그녀와 가장 가까이 지내며 함께 다니는 것들로는 교활, 경솔, 불신, 아첨, 속임, 사기, 거짓말, 위증, 불경, 불의, 방종 등인데, 이들 한가운데에 그녀는 마치 원무단(χορός) 단장처럼 우뚝 서서 자기 정신(νοῦς)에게 이렇게 말한다. "오, 그대여, 인간이 누릴 수 있는 모든 진귀한 보물들이 담긴 창고들이 내게 있고 신령한 것들은 하늘에 있으니, 그것들 외에 그대가 발견할 것이란 없도다. 너희가 나와 더불어 살고자 하면, 내가 이 모든 보물창고들을 열어 그 안에 담긴 것들을 영원히 사용하고 즐길 권한을 아낌없이 퍼주리라."

1.23. "내가 그곳에 보관해 둔 진귀한 많은 것들에 관하여 나는 그대에게 미리 알리고자 하는데, 이는 그대가 그것을 자발적으로 기꺼이 받아들이며 동조하고, 무지 가운데 거부하여 잘못된 길로 가지 않게 하려는 것이다. 나와 함께 하는 것들은 긴장 풀기, 죄에 대한 무책임, 휴전, 노동 없음, 다양한 색깔들, 가장 조화롭게 조율된 소리, 값비싼 먹을 것들과 마실 것들,

온갖 종류의 달콤한 향기들, 잇따른 사랑, 선생 없는 교육들, 상대를 묻지 않는 교합, 책망받지 않는 말들, 책임지지 않는 행동들, 신중하지 않은 삶, 극히 달콤한 잠, 만족할 줄 모르는 포식 등이다."

1.24. "그러므로 그대가 나와 더불어 소일거리들을 즐기기를 원한다면, 나는 그대가 무엇을 먹고 무엇을 마실 때 행복해 보이는지, 그대의 눈들이 무엇을 볼 때 그러하며, 그대의 귀들은 무엇을 들을 때 그러하며, 그대의 코들이 어떤 냄새를 맡을 때 즐거워하는지를 신중하게 관찰하여 내가 이미 준비한 모든 것들 가운데서 그대 취향에 맞는 것들을 줄 것이다. 또한 그대가 원함에도 갖지 못할 것은 아무것도 없을 것이니, 왜냐하면 그대는 소비한 것들보다 생산된 것들이 훨씬 더 많음을 발견할 것이기 때문이다."

1.25. "왜냐하면 앞서 언급한 보물 창고들에서는 언제나 푸른 식물들이 자라고 끊임없이 열매들을 맺기 때문에, 막 익어서 신선한 한창때의 열매들이 이미 물러진 것들을 밀쳐내고 갈아치운다. 어떤 전쟁도, 동족 간의 전쟁이나 외적과의 전쟁을 막론하고, 이 식물들을 잘라낼 수 없었으며, 그것들은 지구가 그것들을 처음 받은 때부터 살아왔고, 지구는 마치 좋은 유모처럼 그것들을 수유하여 보살피되, 그 뿌리들을 아래로 밀어내어 튼튼한 반석들처럼 가장 강인하게 만드는 한편, 새싹은 땅을 기반으로 하늘 높이 올라가 가지들을 뻗어 올리도록 하였으니, 가지들은 흡사 동물들의 손들과 발들을 닮았으며, 거기서 피어나는 이파리들은 가지를 덮어주고 장식하는 머리카락 같았으니, 이 모든 것들은 열매를 맺기 위한 것이다."

1.26. 한편, 다른 아내가 보이지 않게 서서 이 말들을 들은 후에 그녀는, 혹여 정신(νοῦς)이 알아차리지 못한 채 (그 여자가 제안하는) 그토록 많은 선물들과 약속들에 사로잡혀 노예가 되어 끌려다니고 외모에 쉽게 넘어가지 않을지 두려워했다. 왜냐하면 그 아내는 속이기 위하여 다양한 기교들을

갖추고 장신구들과 권모술수들을 동원하여 공격하고, 유혹하고, 간지럽히곤 했기 때문이다. 이런 이야기를 보이지 않게 듣고 섰던 그 다른 아내는 갑자기 모습을 드러내며, 자유로운 시민이 갖춘 모든 것들을 보여주는데, 그것은 확고한 발걸음, 몸체 본연의 색깔, 정직한 성향, 순전한 생활, 꾸밈없는 견해, 허풍스럽지 않은 말, 건전한 마음, 가장 정직한 작품활동, 가장하지 않는 태도, 조급하지 않은 행동, 단아한 옷차림, 금보다 값진 명철과 덕으로 만든 장신구 등이다.

1.27. 그녀와 함께한 것들은 경건, 거룩, 진리, 전통, 신실함, 정의, 평등, 예배, 약속 이행, 소통, 차분함, 절제, 예의, 자제력, 온유, 검소함, 성실, 꾸밈없음, 소박한 삶, 기개, 고결함, 양심, 선견지명, 명철, 집중력, 개선하려는 의지, 명랑함, 솔직함, 친절, 자비, 박애, 자신감, 행복, 착함 등이었다. 언제든 그 덕목들의 이름들을 일일이 열거하기란 내 능력을 넘어서는 일이 될 것이다.

1.28. 그녀의 양편에 이것들(덕목들)이 섰고, 한가운데 있는 그녀를 경호하기 시작했다. 그리고 그녀는 자신에게 익숙한 평상시 모습으로 이렇게 말하기 시작했다. "내가 쾌락을 보았는데, 그녀는 기적을 일으키는 자, 바람둥이, 신화를 꾸며내는 자로서, 비극에 출연할 것 같은 옷을 입고, 세련된 기교를 다하여 빈번하게 그대에게 다가와 관계 맺으려 하고 있었다. 나는 태생적으로 위선적인 것을 싫어하므로, 수와 양적인 측면에서 선한 것들을 능가하는 사악한 것들을 떨쳐버리지 못한 채 그대가 현혹되어 그것들을 찬양하는 데 가담할까 두려워하였으므로, 모든 진실을 담아 저 여자와 함께 하는 것들을 미리 경고하는 편을 택하였으니, 이는 그대가 무지한 상태에서 유익한 것들 중 무언가를 거절하거나, 비자발적으로 불운과 거래하는 일이 없도록 하려는 것이다."

1.29. "그러므로 그대는, 그녀가 사용하는 도구는 모두 다른 이의 것임을 알라! 왜냐하면 참된 아름다움으로 드러난 것들 가운데 그녀에게서 유래한 그녀의 것이라고는 아무것도 없고, 그녀는 다만 그대를 함정에 빠뜨리기 위하여 부정하고 가장된 아름다움으로 그물들과 올무들을 마련한 것이기 때문이니, 이런 것들을 그대가 미리 예견하고 신중하게 생각한다면, 그대는 그녀가 계획한 사냥이 성취되지 못하도록 대처할 수 있을 것이다. 왜냐하면 그녀의 출현은 눈들을 홀리고, 그녀의 말은 귀들을 즐겁게 하고, 이것들 외에도 다른 모든 개개 기관을 이용하여 그녀는 그대가 가진 많은 것들 가운데 특별히 가치가 높은 재산인 혼(ψυχή)을 망가뜨릴 능력을 태생적으로 갖추고 있기 때문이다. 그녀는 자기 주변에 있는 것들 가운데 그대에게 자극이 될 만한 것들을 강조하여 드러냈으나, 그대를 정상적으로 회복시켜주는 것들에 대해서는 전혀 언급하지 않음으로써 의무를 태만하게 하고 기만하였는데, 그녀는 아무도 그런 것들에 쉽사리 동조하지 않을 것이라고 기대한 것이다."

1.30. "그러나 나는 이것들을 벗겨내어 그 정체를 확실히 밝히고, 쾌락의 방식들을 모방하지 않을 것이니, 왜냐하면 그것들은 한결같이 유혹하는 것들로서 내 속에서만 은밀하게 나타나고, 불쾌함을 유발하는 것들을 은폐하고 덮기 위한 것들이기 때문이다. 이와 반대로 나는 스스로 쾌감과 기쁨을 유발하는 것들을 언급하지 않을 것인데, 왜냐하면 그것들은 스스로 작동하여 소리를 질러댈 것임을 알기 때문이다. 대신에 나는 주로 고통스럽고 감당하기 어려운 것들을 그 적나라한 이름들과 더불어 해석하고 그것들을 한가운데로 가져와 주목하게 함으로써, 그것들 하나하나의 확실한 자연 속성을 시력이 약한 이들조차 여실하게 볼 수 있도록 드러낼 것이다. 왜냐하면 나와 함께 하는 것들은 비록 극도로 나빠 보일지라도 막상 사용

해보면 쾌락이 주는 가장 좋은 것들보다 아름답고 더 자랑스러운 것들로 판명될 것이기 때문이다."

1.31. "그러나 나는 나와 함께 있는 것들을 소개하기 전에 저 여자가 은폐했을 만한 것들을 모조리 상기시켜보겠다. 왜냐하면 저 여자가 보관해두었다고 말한 것들은 색깔들, 소리들, 냄새들, 맛들, 품질들, 능력들, 그리고 인대와 모든 감각에 관한 것들로서 저 여자는 그것들을 모두 듣기 좋게 미화하여 떠벌리면서도, 그것들로 인하여 자신이 겪는 불운들이나 질병들 따위는 전혀 밝히지 않고 있으나, 만약에 저 여자가 제안하는 쾌락들을 그대가 선택할 경우에는 그것들(불운들과 질병들) 또한 필연적으로 겪게 되고, 약간의 혜택을 취하는 순간에 그대는 바람에 휩쓸리듯이 그녀가 쳐놓은 함정들 속에 빠져들 수 있기 때문이다."

1.32. "그러므로 오, 그대는 알라, 만약에 그대가 쾌락을 사랑하게 된다면 이 모든 것들이 그대와 함께 있게 된다는 것을! 교활하고, 대담하고, 무례하고, 화합하지 못하고, 무익하고, 무법하고, 문제를 야기하고, 성미 마르고, 그칠 줄 모르고, 부담스럽고, 충고를 받아들이지 않고, 쉽게 넘어가고, 교묘하고, 함께 살기 어렵고, 불의하고, 차별하고, 함께 나누지 않고, 화해하지 못하고, 인색하고, 탐욕스럽고, 극도로 통제하기 어렵고, 친구가 될 수 없고, 집도 없고, 나라도 없고, 편을 갈라 싸우려 하고, 무질서하고, 불경스럽고, 거룩하지 않고, 방랑하며, 불안하고, 입례 의식에 환영받지 못하며, 세속적이고, 저주받아 출교당하고, 굶주리고, 원수 갚으려고 쫓아다니는 사람이 있고, 살해에 가담하고, 자유를 누리지 못하고, 억세고, 야만적이고, 사대근성으로 맹종하고, 겁이 많고, 사납고, 무도하고, 외설적이고, 더러운 일에 가담하고, 자기 색이 없고, 가늠하기 어렵고, 만족할 줄 모르고, 떠벌리고, 자만하고, 고집이 세고, 고상하지 않고 기계적이

며, 남을 비방하고, 남의 잘못을 발견하기 좋아하고, 다투기 좋아하고, 사악하고, 텅 비었고, 속이고, 구걸하고, 무모하고, 무지하고, 무디고, 불화를 일으키고, 믿지 못하고, 불손하고, 반역자요, 마술사요, 위선자요, 해악을 끼치고, 속을 알 수 없고, 재수 없고, 종잡을 수 없고, 다가가기 어렵고, 망가졌고, 우호적이지 않고, 어색하고, 아무 때나 수다를 떨고, 장황하고, 쓸데없는 말을 하고, 허풍스럽고, 아첨꾼이요, 멍청하고, 경솔하고, 예측하지 못하고, 낭비하고, 부주의하고, 준비성이 없고, 천박하고, 불쾌하고, 넘어지고, 부실하고, 정돈되지 않고, 윗사람이 없고, 까탈스럽고, 끌려다니고, 낭비하고, 나약하고, 극히 위선적이고, 이중적이고, 두말을 하고, 음모를 꾸미고, 숨어 있다가 공격하고, 경박하고, 올바르지 않고, 항상 궁색하고, 변덕스럽고, 떠돌며, 놀라고, 추종하고, 이용당하고, 쉽게 공격당하고, 중독되고, 예민하고, 동물을 좋아하고, 헛된 영광을 구하고, 성질 부리고, 성격이 나쁘고, 게으르고, 저주하고, 화를 내고, 소심하고, 미적거리며 지연시키는 자요, 질투하고, 신의가 없고, 풀리지 않고, 의심하고, 절망하고, 비탄에 젖어 있고, 남의 불행을 기뻐하고, 미쳐 날뛰고, 사기 치고, 기형적이고, 헛되이 싸우고, 비양심적으로 탐하고, 이기적이며, 스스로 노예가 되고, 원한을 맺고, 선동가요, 악한 관리인이요, 목이 곧고, 여자처럼 나약하고, 덧없이 사라지고, 흩어지고, 조롱하고, 설치동물(쥐) 같이 해를 끼치고, 어리석으며, 순전한 불행을 안고 태어난 자다."

1.33. "이것들이 바로 아름다워 쟁취하기를 다툰다는 쾌락에 얽힌 엄청난 신비들이다. 이것들을 저 여자가 의도적으로 은폐한 까닭은 그것들을 그대가 알게 되면 그런 것 때문에 자신을 만나던 그대가 더 이상 자신을 만나주지 않을까 하는 두려움 때문이었다. 그렇다면 누가 내 보물 창고들에 보관해둔 좋은 것들의 엄청난 수나 양을 합당하게 설명할 수 있겠는

가? 그것들과 이미 소통하고 있는 이들은 벌써 알고 있으며, 타고난 성향 (φύσις)이 자비로운 이들에게는 그들이 연회(θοίνη)에 참석하도록 초대받을 때 알려질 것인데, 그 연회는 거기서 배를 채워 얻어지는 쾌락들이 몸을 살찌우는 연회가 아니라, 지성(διάνοια)이 영양공급을 받아 덕목들과 더불어 춤추며 기뻐하고 즐거워지는 연회다."

1.34 VI. "이런 이유들 때문에, 내가 전술했듯이, 참으로 거룩하고 좋은 것들은, 비록 내가 그것들을 굳이 언급하지 않더라도, 그리고 그것들이 침묵하고 있을지라도, 그것들은 타고난 자연 속성에 따라 스스로 자라 소리를 내는 것이다. 왜냐하면 해나 달이 해설자를 필요로 하지 않는 까닭은 해는 낮에 달은 밤에 떠올라 온세상을 빛으로 가득 채우기 때문이다. 그들의 빛남 자체가 증인이 필요 없는 증거로서, 이는 귀들보다 더욱 선명한 법정인 눈들로 확인되는 사실이다."

1.35. "그러나 나와 함께하는 것들도 매우 이상하고 힘들어 보일 수 있다는 것을 나는 조금도 주저하지 않고 솔직하게 말할 것이다. 왜냐하면 이것도 만나기에 앞서 상상 속에서는 문제가 있어 보일 수도 있으나, 신중하게 실천해보면, 합리적인 것에서 나오는 유쾌하고 적절한 것으로 보이기 때문이다. 예컨대, 힘든 노동은 쉬운 휴식의 적이지만, 최고로 좋고 위대한 덕목으로서 쾌락을 상대로 물러서지 않는 전쟁을 벌인다. 왜냐하면, 진실을 말해야 한다면, 하나님이 노동을 인간들 사이에 있는 모든 좋음과 온갖 덕의 시원(ἀρχή)으로 천명하셨기 때문이며, 노동 없이는 인간 종속과 함께 존재하는 좋은 것들 가운데 아무것도 그대는 발견할 수 없을 것이기 때문이다."

1.36. "왜냐하면 빛이 없다면 색깔들이나 눈들이 있더라도 시력을 통하여 파악하는 것들을 파악하기에 충분하지 않기 때문에, 자연은 빛을 미리

준비하여 그 둘을 서로 구속하도록 하였고, 빛을 통하여 눈이 색깔과 연결되고 적응되도록 하였으니, 어둠 속에서는 눈도 색깔도 쓸모가 없기 때문이다. 이와 유사하게, 마치 빛이 보조자이듯이 노동을 보조자로 삼지 않고서는 혼의 눈이 덕에 따른 행동들에 참여할 수가 없다. 왜냐하면 그것(노동)이 지성과 지성이 원하는 아름다운 것 사이에 놓이면, 그것(지성과 그 대상)을 각 손으로 하나하나 끌어다가 우정과 화합이라는 완전한 좋음들을 일궈내기 때문이다."

1.37 VII. "좋은 것들 가운데서 그대가 원하는 것을 아무 것이나 선택해보라. 그러면 그대는 그 좋은 것이 살아남아 정착한 것은 모두 노동 덕분임을 발견하게 될 것이다. 경건과 거룩함은 좋은 것들이지만, 신에 대한 예배 없이 우리는 그것들을 지킬 수 없고, 예배는 노동들로 열정적인 신앙적 집념과 결합하여야 가능하다. 명철과 용기와 정의는 모두 아름답고 완전하게 좋은 것들이지만, 이것들은 게으름으로는 얻어지지 않고, 지속적인 근면함을 하나님과 덕을 향한 열망과 연결하여 얻는 것이 바람직하다. 왜냐하면 혼의 모든 기능은 열정적이고 강력하게 연결되지 않은 것을 유지하기가 불가능하여 종종 느슨해져서 최정상 단계들에서 중간 기술 단계들로 떨어지곤 하기 때문이다. 그러나 중간 단계들일지라도 엄청난 노력이 필요하다."

1.38. "소위 예비교과 과정들(τὰ προπαιδεύματα)이라고 불리는 일반교과 과정들(τὰ ἐγκύκλια)을 수련하는 이들을 보라! 땅을 경작하는 농부들과 어떤 일에든지 종사하여 삶을 지탱하는 이들을 보라! 이들은 밤낮으로 염려들에서 벗어나지 못한 채 말 그대로 언제 어디서나 손과 발과 모든 힘을 다하여 힘겹게 노력하면서 쉬지 못하고 있으며, 그로 인하여 종종 죽음을 맞이하기도 한다."

1.39 VIII. "자신들의 혼을 건전하게 만들고자 애쓰는 이들은 필연적으로 혼의 덕목들을 건강하게 일구어야 하듯이, 건전한 몸을 가지고자 하는 이들도 건강과 그에 관한 기능들을 건강하게 일구어야 하는데, 그들이 끝없고 쉼 없는 노동들로 건강을 돌보아야 하는 것은 물론이고, 그 노동들에 더하여 기능들에 대한 염려가 그들 가운데 일어나는데, 그런 기능들로 그들이 평가되기 때문이다."

1.40. "그러므로 이제 그대는 마치 하나의 뿌리에서 움트고 자라듯이 모든 좋은 것들이 노동에서 움트고 자라는 것을 알고 있으니, 그것을 언제든 간과하지 말아야 한다. 왜냐하면 간과함과 동시에 알지 못하는 사이에 그대는 좋음들이 가득한 언덕에서 밀려날 것이기 때문이다. 왜냐하면 삼라만상인 하늘과 세상의 통치자는 좋은 것들을 스스로 소유할 뿐 아니라 자신이 기뻐하는 자에게 매우 편안하게 후히 주시기 때문이다. 왜냐하면 옛적에 그가 이 엄청난 세상을 노동하지 않고 창조하셨기 때문이고, 이제 영원토록 세상 섭리하는 일을 도무지 멈추지 않고 있으니, 이는 하나님에게 가장 적합한 것이란 노동 없이 안식하면서 섭리하시는 것이기 때문이다. 그러나 자연은 사멸하는 자(인간)에게는 아무에게도 노동 없이 좋은 것을 누릴 권한을 주지 않았으니, 이는 존재하는 것들 가운데 오로지 하나님만이 복스럽다고 일컬어지게 하기 위함이라."

1.41 IX. "왜냐하면 내게는 노동이 음식과 거의 동일한 기능을 가져오는 것 같기 때문이다. 음식이 삶을 자신에게 의존하게 하여 살아가는 동안에 벌어지는 온갖 일들과 고통들(격정들)을 연루시켜놓은 것처럼, 노동 또한 자신에게 좋은 것들을 매달아놓았다. 살기를 열망하는 자들이라면 음식을 무시하지 말아야 하듯이, 좋은 것들을 얻고자 하는 자들이라면 노동을 해야만 하는 것이다. 그러므로 그대가 어느 때든지 이 한 가지를 가볍게 여

기지 말아야만 온갖 좋은 것들을 총체적으로 결실할 수 있을 것이다.”

1.42. “그렇게만 하면, 비록 그대가 태어난 것으로는 젊을지라도 연장자처럼 여겨지고 연장자가 누리는 명예를 누릴 만하다고 여겨질 것이다. 또한 만약에 그대가 끊임없이 발전하면서 마침내 완성 단계에 도달하게 되면, 아버지(하나님)는 그대에게 연장자가 누릴 수 있는 것들뿐 아니라 아버지(하나님)의 유산을 모두 기꺼이 주되, 마치 그가 야곱에게 하셨던 것과 같을 것이니, 야곱은 격정의 모든 자리들과 발목들을 박차고 자신이 겪은 일을 고백하며, “하나님이 내게 자비를 베푸셔서 모든 것들이 내게 있으니”(창 33:1) 하고 말하였으니, 이는 교리적인 동시에 교육적이다. 왜냐하면 그에 따르면, 만물은 하나님의 자비(ἔλεος)에 의존하기 때문이다.”

1.43 X. “그는 이 모든 것을 자신을 교육한 할아버지인 아브라함에게서 배웠는데, 아브라함은 자신의 전 재산(τὰ ὑπάρχοντα πάντα)을 지혜가 완전한 이삭에게 주었고,(창 25:5) 주요 재산들(τὰ ὑπαρκτά) 가운데 아무것도 후첩들이 낳은 사생아들이나 서자들에게 남기지 않았으며, 그 미천한 자들에게는 작은 것들을 주었을 뿐이다.(창 25:6) 왜냐하면 주요 재산들이란 완전한 덕목들(αἱ τέλειοι ἀρεταί)로서, 완전하고 적법한 자의 소유인 반면에, 중간 단계의 것들은 예비교과과정인 일반교과과정에 있는 완전하지 못한 자들에게 적합하기 때문이다. 그런 교과과정에 ‘하갈’과 ‘그두라’가 해당하는데, ‘하갈’은 ‘이웃’이라는 뜻이고, ‘그두라’는 ‘번제를 드린다’는 뜻이다.”

1.44. “왜냐하면 일반교과과정에 있는 자는 지혜와 이웃하여 살지만, 지혜와 같이 살지는 못하고, 자기 혼의 우아한 모습 주변에서 나오는 어떤 달콤한 냄새를 발산하기 때문이다. 그러나 이런 사람이 건강 유지에 필요한 것은 냄새가 아니라 음식이다. 그런데 자연은 후각을 미각의 여종으로, 마치 후각을 미각이라는 여왕에게 복종하는 것처럼 기발하게 만들었다고

한다. 그리고 언제나 주변 세력들보다는 주권 세력들을 우선적으로 일구어야 하고, 거류민들의 학문들보다는 본고장 사람들의 학문들을 우선적으로 일구어야 한다."

1.45. 마음이 이런 것들을 들은 후에는 쾌락을 버리고, 덕의 순전하고 참되고 지극히 신령한 아름다움을 통찰한 후에는 덕에 가담하여 조화를 이룬다. 그러면 양들의 목자가 되고, 혼(ψυχή)에 따른 비이성적인 능력들을 가진 마부와 선장이 되어, 그 능력들이 주인이나 통치자가 없음으로 인하여 무질서하거나 서로 모순되지 않도록 함으로써,(민 27:17) 그들이 관리자나 보호자가 없는 고아가 되어 광야(ἐρημία)에 방치되지 않게 하려는 것인데, 함께 싸우는 동맹들이 광야에 방치되어 고삐로 통제받지 못하는 상태가 되면 그들은 멸망할 수 있기 때문이다.

1.46 XI. 하여간에 덕에 가장 친숙한 일을 취하려고 수련하는 자(야곱)는 "라반의 양떼들을 목양하는 일"을 견딘다.(창 30:36) 라반은 색깔들이나 외모들과 같이 일반적으로 혼이라고는 전혀 없는 몸들에 빠진 자이고, 그(야곱)는 라반의 양떼 모두가 아니라 '짜투리들'을 목양한 것이다. 이것은 무엇을 뜻하는가? 로고스가 없는 것(τὸ ἄλογον)이 두 가지 있을 수 있음을 보여준다. 하나는 로고스를 거슬러 선택하는 것으로서, 어떤 이들은 어리석은 자를 로고스가 없다고 하기 때문이고, 다른 것은 로고스 자체가 아예 잘려 나간 경우로서, 로고스가 없는 것들을 동물들에게 해당한다고 하는 이치와 같다.

1.47. 로고스가 없는 충동적인 움직임들, 즉, 로고스를 거슬러 선택하는 능력들을 말하자면, 라반의 아들들이 '3일간의 여행을 떠날 때' 그런 능력들을 발휘하는데, 그들은 성실한 모든 것을 상징적으로 영원히 떠났던 것이다. 왜냐하면 시간은 과거, 현재, 미래라는 세 부분으로 구성되었기 때

문이다. 다른 의미의 비이성적인 것들을 말하자면, 그것들은 올바른 로고스(ὁ ὀρθὸς λόγος)에 대항할 뿐 아니라 로고스와 무관한 모든 것들을 의미한다. 로고스가 없는 동물들이 그들과 같은 상태인데, (덕을) 수련하는 자(ἀσκητής)는 마땅히 주의를 기울여, 그들의 오류와 잘못은 의도적인 악(κακία)에서 발생하기도 하지만, 제대로 배우지 못한 무지(ἀμαθία)로 인하여 더욱 가중된다는 사실을 숙고할 가치가 있을 것이다.

1.48. 그러므로 무지는 경미하고 비자발적인 격정/고통(πάθος)에 불과하며, 그에 대한 번거롭지 않은 치료법으로서 교육(διδασκαλία)이 있다. 그러나 교활함(πανουργία)은 자발적인 혼의 질병으로서 치료가 어렵거나 심지어 도무지 불가능할 정도다. 그러므로 지혜가 완전한 아버지에게서 교육을 받은 아들들은 비록 이집트로, 즉, 격정을 사랑하는 몸으로 내려가게 될지라도, 그리고 그들이 설혹 아름다운 것들을 흩어버리는 자요 복합동물의 왕이라고 여겨지는 파라오를 만나게 될지라도, 그들은 엄청나게 차려진 것들에 조금도 당황하지 않은 채, 그들 자신이 양 떼를 목양할 뿐 아니라 자기 조상들 또한 그러하다고 고백할 것이다.(창 47:3)

1.49 XII. 그리고 아무도 이 남자들처럼 자신들이 목자들이기 때문에 가지는 통치권과 힘에 대하여 이처럼 대단한 자부심으로 자랑한 이는 없다. 그 일(목양)은 참으로 합리적으로 판단할 수 있는 자들에게 왕위보다 더욱 명예로우며, 마치 도시나 나라를 통치하듯이, 몸과 감각 기관들과 복부와 연관된 쾌락들과 다른 격정들(πάθη)과 혀를, 그러니까 일반적으로 자신을 구성하고 있는 모든 것을, 강하고도 극히 활기차게 통제하고, 그것들을 부드럽게 바른길로 인도하는 일이다. 왜냐하면 마차를 모는 마부와 같이 어느 때는 마차에 연결한 말의 고삐를 풀어주다가도 다른 때는 고삐를 바싹 끌어당김으로써 말들이 여러 외부 물체들에 날뛰며 고삐를 거부하지 못하

도록 해야 할 필요가 있기 때문이다.

1.50. 나는 율법 수호자 모세를 존경하는데, 그는 목양하는 일을 빛나는 일로 여기고 그 일을 자신에게 부과했다. 왜냐하면 그는 이드로의 교리들을 유념하고 실천하여, 그들(양들)을 군중이 추구하는 정치 생활에서 불의를 행하지 않는 광야로 인도하기 때문이다. "왜냐하면 그는 양떼를 광야로 인도했기 때문이다."(출 3:1)

1.51. 그 결과로, "이집트인들이 싫어하는 것은 모든 양떼의 목자"가 되었다.(창 46:34) 왜냐하면 격정을 사랑하는 자는 모두 올바른 로고스가 좋은 것들의 선장과 지도자가 되는 것을 싫어하기 때문이다. 이는 마치 어리석은 아이들이 선생들과 교사들과 자기들을 권고하고 훈육하는 말을 모두 싫어하는 것과 같다. 그러나 모세는 "이집트인들이 가증하게 여기는 것들을 하나님께 제물로 드려야 한다"고 말(기록)한다.(출 8:26) 그것은 바로 덕목들로서, 흠 없고 가장 적합한 희생제물이고, 어리석은 자들이 모두 싫어하는 것이다. 그러므로 가장 좋은 것들을 하나님께 바친 아벨은 적절하게도 목자(ποιμήν)라고 불린 반면에, 가장 좋은 것을 자기 자신과 자기 정신(νοῦς)에 바친 자는 땅의 일꾼(ἐργάτης)이라 불리었으니, 그가 바로 가인이다. 땅을 일군다는 것이 무엇인지는 우리가 이전 책들에서 이미 밝혔다.

1.52 XIII. "그리고 여러 날 이후에 가인은 주께 땅의 열매들로 제물을 취하여 가져왔다." 두 가지 잘못이 자신을 사랑하는 자에게 속한다. 하나는 '여러 날 이후(μεθ' ἡμέρας)'라는 말로서 하나님께 곧바로 감사 제물을 드리지 않았다는 뜻이고, 다른 하나는 '열매들로(ἀπὸ τῶν καρπῶν)'라는 말로서, 이는 '첫 번째 수확한 열매들로(ἀπὸ τῶν πρώτων καρπῶν)' 드리지 않았다는 뜻이다. 첫 열매들에 해당하는 한 단어로 된 명사가 있으니, 그것은 '첫 수확물들(πρωτογεννήματα)'이라는 말이다. 이 두 가지 잘못의 원인들을 각각

살펴보되, 순서에 따라 첫 번째 것을 먼저 살펴보자.

1.53. 좋은 일들은 서둘러 달려가듯 해야 하고 지체하거나 지연하지 말아야 한다. 그리고 제일 좋은 일은 지극히 아름다운 것을 마주하고 지체 없이 기뻐할 수 있기를 열망하는 것이다. 그러므로 이르기를, "만일 그대가 서원하게 되면, 그것(서원)의 이행을 지체하지 말라"고 하였다.(신 23:21) 서원이란 하나님께로부터 좋은 것들을 받고자 구하는 것이고, 그 규례는, 서원한 것들을 얻은 후에는 자기 자신에게가 아니라 하나님께 서원한 대로 감사 예물을 드리되, 시간을 끌지 말고 지체없이 그것을 드려야 한다는 것이다.

1.54. 이런 일(서원)에 적절하지 않게 행동하여 성공하지 못하는 자들 중에 어떤 이들은 자신들이 얻은 혜택을 망각한 결과로 막대한 재산에 대한 감사예물 드리는 일에 실패하였고, 다른 이들은 극단적인 허영심 때문에 자신들이 누리게 된 좋은 것들의 근원이 바로 자기 자신들이라고 생각하여 진정한 근원을 생각하지 못하였다. 세 번째 부류는 첫 번째 부류보다 가벼운 죄를 지으나, 두 번째 부류보다는 심한 죄를 짓는 이들이다. 왜냐하면 그들은 자신들이 누리게 된 좋은 것들의 근원이 최고 정신(하나님)임을 분명히 밝히면서도 자신들이 참으로 그럴 자격이 있다고 말하는데, 자신들이야말로 신중하고, 남자답고, 건전하고, 정의롭기 때문이며, 심지어 하나님조차 자신들이 그런 은혜를 받기에 합당하다고 여기신다는 것이다.

1.55 XIV. 이런 부류들 각각에 대하여 거룩한 로고스(성경)는 반대 입장을 취한다. 먼저, 기억을 망가뜨렸거나 망각에 불을 지핀 이들에게 말(기록)한다. "네가 먹어서 배부르고, 아름다운 집을 짓고, 거기 거하고, 네 양들과 소들이 자라고, 네 금과 은과 네게 속한 모든 것들이 증식된 후에 네 마음이 교만해져서 네 주 하나님을 잊어버릴까 두렵다."(신 8:12-14) 그렇다면

그대는 어떻게 해야 하나님을 잊어버리지 않겠는가? 어떻게 해야 그대는 그대 자신을 잊지 않겠는가? 매사에 그대가 그대 자신을 헛된 것으로 여기고 기억하면, 매사에 하나님을 위대한 분으로 모시고 기억할 수 있을 것이다.

1.56. 연이어 그(모세)는 자기가 누리게 된 좋은 것들의 근원이 자기 자신이라고 생각하는 자들에게 이렇게 권고하여 말(기록)한다. "네가 말하기를, '내 기력이나 내 손의 힘으로 이 모든 능력(δύναμις)을 만들었다'고 할까 두렵다. 너는 네 주 하나님이 네게 능력을 만들 기력을 주신다는 것을 기억해야 하리라."(신 8:17-18)

1.57. 또한 자기가 좋은 것들을 소유하고 누릴 자격이 있다고 자부하는 자는 다음과 같이 말(기록)하는 신탁(성경 말씀)을 통하여 마음을 극복하도록 가르침을 받을 것이라. "네가 그 땅에 들어가서 그 지분을 배분받는 것은 네 의로움 때문도 네 마음의 성결함 때문도 아니다." 그 이유는 첫째, "이 민족들의 무법함 때문이니," 하나님은 악의 멸망을 초래하시기 때문에, "우리 조상들과 서약하셨던 계약(διαθήκη)을 이루어 세우시려는 것이다."(신 9:5) 하나님의 계약은 하나님의 은혜들을 상징하며, 관례(θέμις)는 불완전한 것을 하나님께 예물로 드리지 못하게 하며, 이는 창조되지 않은 분(하나님)의 은혜로운 선물들이 모두 온전하고 완전하기 때문이다. 또한 존재하는 것들 가운데 온전한 것이란 덕(ἀρετή)과 덕에 따른 실천적 행위들(πράξεις)이다.

1.58. 그러므로 만약에 우리가 망각과 배은망덕과 자기애와 이런 것들을 생산하는 악한 허영심(κακία οἴησις)을 버리면, 우리를 치유하는 참된 예배(θεραθεία)에 지체하거나 참여하지 못하는 일이 다시는 없을 것이고, 우리는 피조 세계의 모든 태생적 한계들을 뛰어넘고 초월하여, 사멸하는 어떤 것

을 맞이하기에 앞서, 무엇보다 먼저 우리의 통치자가 우리에게 명하신 것들을 실천하도록 예비하고서, 그분을 뵈러 나아갈 것이라.

1.59 XV. 왜냐하면 아브라함도 근면함과 서두름과 온갖 열정을 가지고 덕을 상징하는 사라에게 달려와 재촉하며 "고운 밀 세 스아를 속히 준비하여 은밀하게 숯불로 구운 떡(ἐγκρυφίας)을 만들라"고 하였기 때문이다.(창 18:6) 그때 하나님은 천상의 능력들 가운데 시원적 통치권(ἀρχή)과 좋음(ἀγαθότης)이라는 두 능력들의 경호를 받으며 홀로 한가운데 존재하여, 보는 기능을 가진 혼(ψυχή)에게 세 가지 모습으로 현현하셨다. 그러나 그 모습들 각각은 도무지 윤곽이 잡히지 않았다. 왜냐하면 하나님은 삼라만상(τὰ ὅλα)의 윤곽을 잡아 창조한 분이지만, 그분의 형용은 누구도 감히 파악할 수 있는 대상이 아니며, 그분의 능력들 또한 파악할 수 있는 대상이 아니기 때문이다. 그러므로 그의 좋음은 좋은 것들의 척도(μέτρον)요, 그의 권세는 순종하는 것들의 척도요, 만물의 통치자인 그분 자신은 몸을 가져 보이는 것들과 몸이 없어 보이지 않는 것들의 척도이시다. 그를 통하여 그의 능력들 또한 측량(κανόνες)과 성형(παραπήγματα)을 위한 로고스를 갖추고 그에 따라 계측한다.

1.60. 이제 이 세 가지 척도들을 혼(ψυχή)에 넣어 반죽하는 것이 바람직하다. 그리하여야 혼이 하나님은 최고로 높다는 사실에 설득당하고, 하나님은 자신의 능력들을 초월하여 그 능력들과 별개로 통찰할 수 있는 분임에도 불구하고 일부러 그 능력들을 통하여 자기 존재를 드러내는 분이심도 알게 되어, 그의 권세와 보배로운 일들의 특성들을 수용할 수 있기 때문이다. 또한 그리하여야 혼이 완전한 것들로 입문하는 신비 의식의 사제가 되어, 아무에게도 그 완전한 것들의 신비들을 쉽게 발설하지 않은 채, 그것들을 은밀한 곳에 안전하게 보관할 수 있을 것이다. 또한, "은밀하

게 숯불로 구운 떡을 만들라"고 기록되었는데, 이는 창조되지 않고 존재하시는 유일한 분(하나님)과 그 능력들에 관한 거룩하고 신비한 로고스는 은밀하게 보존할 필요가 있다는 뜻이다. 왜냐하면 신성한 신비들의 보고(παρακαταθήκη)를 바르게 보관하는 일이 모든 이에게 주어진 일은 아니기 때문이다.

1.61 XVI. 왜냐하면 무절제한 혼의 강물은 입과 혀를 통하여 흘러나와 모든 청각 기관들로 쏟아지는데, 그 기관들 가운데 어떤 것들은 널찍한 저장고를 가지고 있어서 쏟아진 것을 저장할 수 있으나, 다른 것들은 통로가 좁아서 물이 통과하지 못하기 때문이다. 그리하여 통제할 수 없이 넘쳐난 것이 쏟아져 사방으로 흩어지고, 감추었던 것들이 겉으로 드러나 위로 떠다니고, 무작위로 흩날리는 왕겨처럼 온통 관심이 쏠릴 만한 것들을 휩쓸고 다니며 흔적을 남긴다.

1.62. 그리하여 내게는 그들이 바르게 심사숙고한 결과로 위대한 신비들에 입문하기 전에 작은 신비들에 입문한 것 같다. "왜냐하면 그들은 이집트에서 가지고 나온 가루들에 누룩을 넣지 않고 그것을 반죽하여 은밀하게 숯불에 구워 떡을 만들었기 때문이다."(출 12:34) 이는 그들이 길들일 수 없는 야만적인 격정(πάθος)을 조심스럽게 다루되, 거기에 로고스를 넣고 반죽하여 음식을 익혔다는 뜻이다. 반죽하고 익혀서 개선하는 그들의 방식은 어떤 신성한 계시에서 유래했기 때문에, 그들은 그 방식을 누설하지 않고, 은밀한 것들에 보관하였으며, 그 자랑스러운 전통을 입례 의식으로 떠벌리지도 않은 채 조심스럽고도 겸허하게 보전하였다.

1.63 XVII. 그러므로 우리는 전능하신 분께 감사하고 예배하기 위하여 항상 몸을 가지런히 준비하고 지체하지 않도록 하자. 격정에서 덕을 수행하는 단계로 건너가는 유월절을 만들어 지키라고 명령받았으니, "허리에 띠

를 동여매어" 동행인과 육체의 무게를 감당하고, 다시 말해, "신발을" 흔들리지 않게 묶어 신고, "두 발로" 단단히 서서 "손에는" 교육을 상징하는 "지팡이"를 잡고, 삶의 모든 실행이 실패하지 않고 성공하게 하며, 마지막으로 "근면하게 서둘러" 먹어야 한다.(출 12:11) 왜냐하면 유월절이란 건너간다는 뜻이고, 이는 사멸하는 자에게 속한 것이 아니라 창조된 적이 없고 불멸하는 분(하나님)께 속하였기 때문이니, 지극히 당연한 말이다. 왜냐하면 아름다운 것들 가운데서 하나님의 것이 아닌 것은 없고, 신령하지 않은 것은 없기 때문이다.

1.64. 그러므로 오, 혼이여! 그대는 수련자 야곱처럼 서둘러 구하라! 야곱은 자기 아버지가 "아이야, 어떻게 너는 이것을 그렇게 빨리 발견했느냐?" 하고 묻자, "주 하나님께서 제게 건네주셨습니다" 하고 교리적으로 대답하였다.(창 27:20) 왜냐하면 그는 많은 일에 경험이 풍부한 자로서 창조된 피조물(γένεσις)이 무언가를 혼에게 주려면 많은 시간이 소요된다는 것을 알고 있었기 때문이다. 이는 마치 기술들과 기술들에 관한 가르침들을 제자들에게 전수하는 자의 경우와 같다. 왜냐하면 그릇에 쏟아붓듯이 곧장, 문하에 들어간 생도들(문하생들)의 마음을 채워 넣을 수 있는 것은 아니기 때문이다. 그러나 지혜들의 샘인 하나님이 사멸하는 종속(인류)에게 지식들을 전달할 때는 시간과 무관하게 전달하신다. 그들은 유일하게 지혜로운 분(하나님)의 제자들로서 태생적으로 성품이 훌륭하므로 그들이 찾는 것들을 금세 발견하는 것이다.

1.65 XVIII. 스승의 문하에 들어간 생도들에게 제일가는 덕목은 불완전한 자들로서 완전한 경지에 이른 스승을 되도록 본받으려고 애쓰는 것이다. 그런데 그 스승(하나님)은 시간보다 선재하고, 만물을 창조하기 시작할 때 시간과 협력하지도 않았다. 왜냐하면 시간 자체도 세계와 동시에 창조

되었고, 하나님은 말씀과 동시에 창조하기 시작하셨으므로 그 둘 사이에는 아무것도 없었기 때문이다. 그런데 만약에 진실한 교리를 발동시킬 필요가 있다면, 그(하나님)의 로고스는 그분 자신의 행동이었다고 할 수 있겠다. 한편, 사멸하는 종속(인간)과 함께 하는 것들 가운데 말보다 신속하게 움직이는 것은 없는데, 왜냐하면 명사들과 동사들의 세찬 움직임(ῥύμη)은 그것들에 대한 이해(κατάληψις)보다 선재하므로 그 이해를 추월하기 때문이다.

1.66. 그러므로 개울물들이 끊임없이 쏟아져 합류하는 강물이 계속 유입하는 물을 받아 멈추지 않고 흐르듯이, 말의 홍수가 나기 시작하면, 그것은 우리 안에 있는 것들 가운데 가장 재빠른 마음을 타고 휘몰아치며, 심지어 날개로 날아다니는 것들의 속성들을 능가할 정도로 빠르다. 창조되지 않은 분(하나님)이 창조된 어떤 피조물보다 앞서가듯이, 창조되지 않은 분의 로고스 또한 피조물의 로고스보다 앞서가며, 구름들 위로 지극히 신속하게 내려친다. 그러므로 그분은 자유롭게 선포한다. "이제 너는 보라, 내 로고스가 너를 능가하는지 그렇지 못한지를."(민 11:23) 신성한 로고스는 모든 것보다 앞서가고 우선하기 때문이다.

1.67. 그(하나님)의 로고스(말씀)가 앞서갔다면, 로고스로 말씀하시는 그분 자신은 훨씬 더 앞서가실 것이고, 이는 그가 다른 곳에서 입증하고 확신하신 것이다. "여기 내가 거기 네 앞에 선 상태다(ὧδε ἐγὼ ἕστηκα ἐκεῖ πρὸ τοῦ σέ)." 여기서 그가 분명히 밝히는 사실은, 그 자신이야말로 창조된 어떤 것보다 먼저 섰으며, 여기 존재하는 분이 거기에도 존재하고 다른 곳에도 존재하면서, 이미 모든 곳에서 만방으로 만물을 충만하게 채우셨고, 그로 인하여 충만하지 않은 채 남아 있는 것이란 아무것도 없다는 것이다.

1.68. 왜냐하면 그는 "여기 내가 (서 있고) 그리고 (장차) 거기에 서 있을

것이다(ὧδε ἐγὼ στήσομαι καὶ ἐκεῖ)"라고 말씀하지 않으시고, 지금 여기 서 있는 동시에 같은 시간에 거기에도 계신다고 말씀하시고, 이곳을 지키기 위하여 저곳에서 떠나야 하는 방식으로 자리를 이동하지 않은 채 확고한 동작을 취하고 계시기 때문이다. 그러므로 순종하는 자녀들은 마땅히 아버지의 본성을 본받아 지체없이 성실하게 온갖 아름다운 일을 해야 하며, 그 자녀들이 해야 할 가장 아름다운 일은 지체하지 않고 하나님께 존경을 표하는 것이다.

1.69 XIX. 그러나 파라오는 아름다운 것들을 흩어버리는 자로서, 아름다운 것들의 능력들이 무시간적으로 펼치는 장관을 영접할 수 없었다. 왜냐하면 보이지 않는 비신체적인 속성들(ἀσώματοι φύσεις)은 혼의 눈들(τὰ ψυχῆς ὄμματα)을 통해서만 인식될 수 있는데, 그(파라오)는 혼의 눈들이 없는 불구였으므로 무시간적인 것들이 펼치는 장관을 영접하지 못한 채, 혼이 없는 헛된 영광들에, 즉, "개구리들에" 이끌렸기 때문이다. 개구리들은 실천이 없는 황량하고 공허한 소음과 소리를 내는 것들이므로, 모세는 (파라오에게), "언제 내가 그대와 그대의 신하들을 위하여 개구리들을 멸하도록 기도할지 내게 알리시오"(출 8:9) 하고 말하였으나, 그(파라오)는 "지금 당장 기도해주시오" 하고 대답해야 하는 지극히 절박한 상황에 있었음에도, "내일로" 미루겠다고 말함으로써 매사에 자신의 불경한 어리석음을 유지하였던 것이다.

1.70. 이런 일은, 비록 그들이 명명하여 말로 고백하지 않더라도, 줏대 없이 흔들리는 거의 모든 이들에게 일어나곤 한다. 그들은 이전에 구주 하나님을 굳게 믿은 적이 없기 때문에 예기치 않은 어떤 일이 발생할 때마다 창조된 것 안에서 도움들을 얻기 위해 은신하는데, 예컨대, 의사들, 약초들, 주물들의 조합들, 신중하게 찾아낸 요양원, 그리고 그 밖에 사멸하는

종속(인간)에게서 유래한 온갖 구호 수단들이다. 만약에 어떤 이가 그들에게, "도망쳐라, 오, 어리석은 자들아, 혼의 질병들을 담당하는 유일한 의원(하나님)에게로! 그대들이 피조물에게서 얻어 유익한 것이라고 잘못 부르게 된 것은 그 또한 고통받을 수밖에 없는 것이니 그대는 그것을 떠나야 한다" 하고 말한다면, 저희는 비웃고 조롱하면서, "이것들일랑 내일로"라고 외칠 것이다. 왜냐하면 비록 어떤 일이 그들에게 벌어진다 해도 그들은 작금의 재앙들을 피하기 위하여 신에게 간청하지는 않을 것이기 때문이다.

1.71. 그러나 인위적인 것들 가운데서 아무것도 도움이 되지 않고, 모든 의료수단들이 해롭다는 것이 발견되면, 그제야 그들은 크게 당황하여 다른 구제수단을 포기한 채, 원치 않게 비참한 사람들이 되어 뒤늦게 어렵사리 유일하신 구주 하나님께로 도망친다. 그러나 하나님은 부득이한 상황들에서 무기력하게 되는 경우들을 아시기 때문에 그 모든 경우들에 당신의 법을 적용하지 않으시고, 선하고 유익한 사례가 될 수 있는 경우에 적용하신다. 그러므로 만물이 자신의 소유물이라고 여기고 하나님보다 자신을 먼저 경배하는 마음가짐은 모두, "여러 날 이후에 희생제물을 드린다"는 표현이 그러한 정신 상태를 암시하기 때문에, 성경에 따라 불경죄를 범할 위험이 있음을 알아야 할 것이다.[2]

1.72. 우리는 가인에 관한 첫 번째 고발 원인(ἔγκλημα)을 충분히 고찰하였다. 두 번째 것은 이런 것이었다. 도대체 그는 무엇 때문에 '열매들로부터(ἀπὸ τῶν καρπῶν)' 드리고, '첫 번째 수확한 열매들로부터(ἀπὸ τῶν πρώτων καρπῶν)' 첫 번째 것을 드리지 않는가? 이렇게 하여 그가 피조물에게 최고의 공경을 바치고 순서를 뒤바꾸어 신에게는 두 번째 공경을 바치는 것은

∵

2) *Sac.* 1.52 참조.

아닐지 두렵다. 마치 혼보다 몸을 우선하고, 주인보다 하인을 우선하는 사람들처럼 그들은 하나님보다 피조물을 먼저 공경하는 자들이며, 다음과 같은 입법자(νομοθέτης)의 명령이 있음에도 그러하다. "우리가 땅에서 '첫 번째 수확한 열매들(πρωτογεννήματα)'의 첫 번째 것들을 주 하나님의 집으로 가져오도록" 하고,(출 23:19) 우리 자신에게 배정하지 않도록 해야 한다. 왜냐하면 무엇이건 혼(생명)을 가진 것의 첫 번째 움직임들을 하나님께 드려 고백하는 것이 질서나 능력 면에서 지당한 것이기 때문이다.[3]

1.73. 질서에 따른 첫 번째 것들은 이런 것들이니, 우리가 처음 태어난 직후부터 곧장 누린 것들은 음식, 성장, 시각, 청각, 미각, 후각, 촉각, 언어, 정신, 혼의 특정 부분들, 신체의 특정 부분들, 그리고 이것들(혼과 몸)에서 나오는 기력들, 그리고 태생적으로 자연 속성에 따라 발생하는 온갖 동작들과 상태들 등이다. 또한 가치(ἀξίωμα)와 기능(δύναμις) 면에서 온전히 이루어져야 할 것들(τὰ κατορθώματα)은 덕목들(ἀρεταί)과 덕목들에 따른 실천들(πράξεις)이다.

1.74. 그러므로 이런 것들에서 처음 나는 것들을 드리는 것이 옳다. 처음 것들은 진실한 마음들에서 우러나오는 감사하는 말(λόγος)이다. 그대는 그 말을 그것에 특이한 나눗셈에 따라 나누되, 리라나 다른 악기들의 소리를 나누는 방식을 따라 나누어보라! 왜냐하면 이런 악기들에서 나는 소리들은 각각 그 자체로 조화로울 뿐 아니라 다른 것과 교향악을 만들기에도 적합하기 때문이며, 유사하게 문법을 구성하는 요소들 가운데서 소위 자음

∴

3) 플라톤에서 보이지 않는 '혼(ψυχή)'은 보이는 '몸(σῶμα)'과 구분되고 대치하는 경향이 강하나, 칠십인역과 필론의 글에서 '혼'은 몸과 철저히 구분되지 않은 채 '목숨'이나 '생명'을 의미하기도 한다. 창 9:10; 요 10:11, 15:13 참조.

이라 부르는 것들 또한 그 자체로 소리를 낼 뿐만 아니라 다른 것들과 어울릴 때도 완전한 소리를 내기 때문이다.

1.75. 왜냐하면 자연은 우리 가운데 많은 능력들을 창조하되, 감각으로 포착되는 것들과, 이성으로 포착되는 것들과, 정신으로 포착되는 것들을 창조하고, 그것들을 각각에 고유한 일들과 연결시킨 후, 다시 그것들 모두가 고유한 비율들에 따라 서로 교류하고 조율함으로써 각자 독립해 있을 때나 모두 함께 있을 때나 언제든지 가장 행복한 조화를 이루도록 하였기 때문이다.

1.76 XXI. 그러므로 "만약 그대가 '첫 번째 수확한 열매들(πρωτογεννήματα)' 에서 제물을 취하여 드리고자 한다면" 거룩한 로고스(성경)가 알려주는 방식을 따라야 할 것이다. 처음에는 "새것들", 다음에는 "익힌 것들", 이어서 "껍질 벗긴 알맹이" 그리고 이에 더하여 "빻은 것들"을 드려야 한다.(민 15:19-20)[4] 여기서 '새것들'을 언급하는 까닭은, 오래되고 늙고 신화적인 시간을 반기고, 신속하고 무시간적인 하나님의 능력을 이해하지 못하는 자들을 가르쳐 새롭고 번영하고 활기찬 생각들을 받아들이도록 격려함으로써, 오래되고 신화적인 것들로 교육을 받는 이들이 거짓된 의견들에 현혹되지 않도록 하려는 것인데, 그런 것들은 오랜 세대가 사멸하는 자(인간)의 거짓된 속임을 기반으로 전한 것들이기 때문이다. 그러므로 그들이 영원히 늙지 않고 새로운 하나님으로부터 새롭고 신선하고 좋은 것들을 온전히 자유롭게 받아 그와 함께 하는 어떤 것도 오래되어 낡은 것으로 여기

---

4) "그 땅의 빵을 먹게 되면, 그 가운데 얼마를 주님에게 봉헌물로 바쳐야 한다. 20 너희가 처음 반죽한 것으로 만든 빵 하나를 봉헌물로 바쳐야 한다. 그것을 타작마당 봉헌물처럼 바쳐야 한다."(『성경』 민수 15:19-20)

지 않고, 시간을 초월하여 존재하고 우뚝 서 있는 것으로 여기게 하려 함이라.

1.77 XXII. 이와 관련하여 그(모세)는 다른 곳들을 통하여 이렇게 말(기록)한다. "너는 백발의 머리 앞에 일어서고, 너보다 더 나이 든 연장자(πρεσβύτερος)의 얼굴을 공경하라."(레 19:32) 이는 상당한 차이를 가진 것이다. 왜냐하면 여기서 백발은 아무것도 활성화 시키지 않는 시간을 의미하고, 가만히 두어도 그 자연 상태 자체로 무언가를 발생시키기 때문에, 그것 앞에서는 물러서고 도망치고, 무수한 이들을 속인 그 개념을 피해야 마땅하기 때문이다. 그런데 '연장자'란 나이에 걸맞게 공경하고 존경받고 영예를 누릴 만하다는 의미로서, 그것을 시험하여 입증하는 일을 그(하나님)는 하나님을 사랑하는 자 모세에게 허락하셨다. "왜냐하면 네가 아는 자들을"이라고 그는 말하는데, "이들은 연장자들"이기 때문이다.(민 11:16) 왜냐하면 그는 어떤 종류의 혁신도 인정하지 않았으나, 자신보다 나이 든 연장자들이나 지극히 높은 영예를 누릴 자격이 있는 이들을 선호하는 교리들에 익숙해 있었기 때문이다.

1.78. 그러므로, 비록 완전한 덕을 얻기 위한 것이 아니라 정치적인 의도일지라도, 오래된 태고의 의견들로 자양분을 얻고, 아름다운 업적들에 관한 고대 기록을 살펴보는 일이 유익하다. 왜냐하면 그런 기록들은 역사가들과 시를 쓸 수 있는 모든 종속이 기억에 의존하여 동시대 사람들과 후세대 사람들에게 전달한 내용들을 담고 있기 때문이다. 스스로 터득하게 하는 지혜의 급작스러운 광채가 이전에 본 적도 없고 희망한 적도 없는 이들에게 비추게 되면, 감았던 혼의 눈(τὸ ὄμμα ψυχῆς)이 열리고, 지식을 듣던 자들을 이제 지식을 보는 자들로 바꾸어 놓고, 그 마음에는 감각들 가운데서 가장 재빠른 시각(ὄψις)을 심어서 느릿한 청각(ἀκοή)을 대신하는데, 그

렇게 되면 말을 해서 귀들을 훈련시키는 일이 불필요해진다.

1.79 XXIII. 그러므로 이렇게 기록되었다. "너희는 오래된 것들을, 오래된 것들 가운데서 오래된 것들을 먹으라, 그러나 새로운 것들을 맞아 오래된 것들을 치우리라."(레 26:10)[5] 우리는 고대인들의 어떤 가르침도 시간이 지났다고 거부해서는 안 되고, 항상 지혜로운 사람들의 글들을 접하고, 고대 세계에서 벌어진 토론들의 입장들과 내용들을 알아보고, 이전에 살았던 사람들과 사건들에 관하여 늘 질문해야 한다. 왜냐하면 모르는 게 아무것도 없는 것보다 더 즐거운 일은 없기 때문이다. 그러나 하나님이 혼(ψυχή)에 스스로 터득하게 하는 지혜의 새로운 싹들이 돋아나게 하실 때는, 곧바로 교육받은 것들을 정의하고 수정하며 스스로 억제하고 제한하도록 해야 한다. 왜냐하면 하나님의 생도나 지인이나 제자나 어떤 이름으로 불러야 적합하던지 그런 이에게는 사멸하는 인간들의 가르침들을 듣기란 견딜 수 없는 일이기 때문이다.

1.80 XXIV. 이제 혼에서 나와 다 자란 새것이 "익게" 하라! 이 말은 마치 금이 불에서 연단을 받듯이, 다 자란 새것 또한 유능한 로고스로 연단을 받아야 한다는 뜻이다. 그렇게 연단 받고 시험받은 표적은 바로 단단해지는 것이다. 왜냐하면 마치 다 자란 옥수숫자루들에서 얻은 수확물이 무르지 않게 하려고 익힐 때는 불 없이 저절로 할 수 없듯이, 유사하게 다 자란 새것 또한 덕이 완숙하는 단계까지 진보하려면, 유능하여 정복당하지 않는 로고스에 힘입어 단단하고도 가장 견고하게 완성되어야 하기 때문이다. 그런데 로고스는 고유한 자연 속성에 따라, 혼 안에서 관조한 것들(τὰ

∵

---

5) "너희는 묵은 곡식을 오래 갈무리하며 먹다가, 햇곡식이 나오면 묵은 곡식을 퍼내 버려야 할 것이다."(『성경』 레위 26:10)

θεωρήματα)을 단단하게 세워주고 그것들이 새어나가지 않도록 막아줄 뿐 아니라, 비이성적인 격정이 충동적으로 일어나는 것을 과감하게 억제한다.

1.81. 보라, 수련자 요셉이 요리하는 모습을! 바로 그때, "에서는 곤비한" 상태로 발견된다.(창 25:29) 악과 격정이야말로 어리석은 자의 기반이므로, 그것들에 끌려다닌 자가 그것들에 대항하는 로고스에 의하여 그것들이 패하고 소멸하는 것을 보게 되면, 기력을 잃을 가능성이 크다.

1.82. 그러나 말(λόγος)이 혼동되지 않도록 고유한 특성에 맞는 토막들로 나뉘게 하라! "껍질 벗긴 알맹이"란 이런 뜻이다. 모든 면에서 질서가 무질서보다 좋은데, 특별히 가장 재빠른 것들 중에 속하면서 유동하는 성질이 있는 말이 그러하다. **XXV.** 그러므로 말을 주제별로 나누는 것이 바람직하고, 그런 주제들을 소위 '사안들'이라고 하며, 각 사안에 맞는 준비들을 마련하여 배정해야 한다. 궁수들 가운데서 훌륭한 이들을 모방하자면, 궁수들은 어떤 과녁을 결정하고, 모든 화살들을 그 과녁을 향하여 쏘기를 시도한다. 왜냐하면 주제는 과녁에 해당하고, 화살들은 준비에 해당하기 때문이다.

1.83. 그러므로 모든 의복들 가운데 가장 좋은 것은 로고스이고, 로고스는 조화롭게 짜여 있다. 왜냐하면 입법자(νομοθέτης)는 마치 금으로 된 이파리들을 쪼개어 머리카락들처럼 만들고, 그것들을 영원히 보관하기에 적합한 작품들로 엮어 짜듯이, 금보다 귀한 로고스를 무수히 많은 이데아들에서 나온 것들을 완성하여 영롱하게 수놓은 작품(ποίκιλμα)으로 만들되, 소제목들로 잘게 쪼개어 직조 방식을 따라 직물을 짜듯이 조화로운 표현들을 수용하도록 만들었기 때문이다.

1.84. 그러므로 명령하기를, "번제물 전체를 껍질 벗긴 후에 그것을 부위별로 잘라야 한다"고 하였다. 이는 첫째, 덮은 것 없이 벌거벗은 상태로 만

들되, 헛되고 거짓된 개념들이 보관하는 것들을 무엇이나 벗겨내고 벌거벗은 혼을 드러내기 위함이고, 둘째, 질서 있는 배분들을 수용하기 위함이다. 왜냐하면 덕(ἀρετή)은 전체로 된 하나의 종속으로서, 형태에 따라 서로 연관된 것들(τὰ προσεχῆ)로 쪼개어, 명철, 절제, 용기, 정의 등으로 나눌 수 있기 때문이다. 이로써 우리는 각 형태에 따른 덕목들의 차이점들을 이해하고 그 덕목들 전체와 개별 덕목에 따라 자발적으로 섬길 수 있게 된다.

1.85. 이제 실체가 전혀 없는 환상들로 인하여 혼동하거나 속지 않도록 혼을 훈련하는 방법을 알아보되, 실재하는 것들을 자르고 나누어 분리된 각 조각을 온전하고 정확하게 파악하기 위해 세심하게 관찰하고, 무질서하고 세찬 움직임(ῥύμη)에 의하여 모호함이 야기되어 발생하지 않도록 로고스를 도입하고, 그것을 소제목들과 각 제목에 적절한 표현들로 나누어, 마치 완벽한 신체 기관들이 합해져 하나의 살아 있는 동물이 되듯이 완성하는 방법을 알아보아야 한다. 만약에 이런 것들이 우리 가운데 정착하여 자라기를 원한다면, 이런 것들을 끊임없이 명상하고 수행할 필요가 있다. 왜냐하면 지식을 접한 후에 거기 머무르지 못하는 것은, 먹을 것들이나 마실 것들을 맛본 후에 충분한 영양공급을 하지 않는 것과 같기 때문이다.

1.86 XXVI. "껍질 벗긴 알맹이" 다음으로는 "빻은 것들"을 만드는 것이 이어지는데, 이는 분리된 후에 계획된 것들과 시간을 보내고 휴식해야 한다는 뜻이다. 왜냐하면 지속적인 수행은 지식을 단단하게 하는 반면에, 수행하지 않으면 무지하게 되기 때문이다. 하여간에 무수한 이들이 도전하고 경쟁하는 것에 대한 두려움 때문에 태생적으로 주어진 기력을 도태시켰고, 소위 '만나'라고 불리는 신성한 음식으로 혼에 자양분을 공급한 이들은 그들을 모방하지 않았다. 왜냐하면 이들은 그것을 갈고 반죽하여 숯불에 구운 떡(ἐγκρυφίας)을 만들었으며, 마음(διάνοια)을 신뢰할 만하게 형성하기 위

하여 어떻게 덕을 담은 하늘의 로고스를 갈고 닦는지를 알고 있었기 때문이다.

1.87. 그러므로 "새것", 즉, 다 자라 한창인 것, "익힌 것들" 즉, 불에 구워 정복당하지 않을 정도로 강인해진 로고스, "껍질 벗긴 알맹이" 즉, 실재 사안들을 나누고 쪼개는 것, 그리고 "빻은 것들" 즉, 계획한 것들을 연마하고 수행하는 것 등을 그대가 하나님을 따라 실행하고 고백하고자 할 때, 그대는 첫 번째 수확한 열매들을 가져와 제사를 드리게 될 것이다. 그 열매들 가운데 가장 좋은 첫 번째 것들은 혼이 낳은 것들이다. 비록 우리가 지체할지라도 그(하나님)는 치유를 위한 예배가 절실한 자들을 자신에게 맞이하는 일을 지체하지 않는다. 왜냐하면 그는, "내가 너희를 맞이하리니 너희는 나를 위하여 내게 백성이 되고, 나는 너희 하나님이 되리라, 그리고 너희는 내게 백성이 되리라. 나는 주다" 하고 말(기록)하기 때문이다.(출 6:7)

1.88 XXVII. 이런 것들은 여러 날 이후에 제물을 가져온 가인에 대한 비난들이었다. 그러나 아벨은 그와 같은 것들도 가져오지 않았고, 그와 같은 방식으로도 가져오지 않았으며, 혼이 없는 제물들 대신에 혼이 있는 살아 있는 것들을 가져왔고, 너무 어려서 부차적인 것들이 아니라 더 나이 들어서 가장 우수한 것들을 가져왔고, 나약한 것들이 아니라 건강하고 살진 것들을 가져왔다. "왜냐하면 그는 양들의 첫 새끼들과 그것들의 기름에서" 희생제물 삼았다고, 가장 거룩한 칙령들(성경)에 따라 그(모세)가 말(기록)하기 때문이다.(창 4:4)

1.89. 그것은 다음과 같다. "네 조상들에게 그가 서약하신 바와 같이, 주 하나님께서 네가 가나안 사람들의 땅으로 들어가도록 너를 인도하여 네게 그것(땅)을 주시거든, 너는 태를 연 모든 것 중 수컷들을 주께 돌리고, 무엇이든 네게 있는 재산들 가운데 생축들 중에서, 태를 연 모든 것 중에서

수컷들을 주께 돌리라. 나귀의 태를 연 모든 것을 너는 양으로 바꾸라. 만약에 네가 바꾸지 않으면, 너는 그것을 대속해야 한다."(출 13:11-13) 왜냐하면 태를 연 것은 아벨이며, 그는 선물(δῶρον)이자 장자(πρωτότοκος)이므로, 그대는 그것을 언제 어떻게 가져와야 하는지 조사하여 찾을 의무가 있기 때문이다.

1.90.　한편, 가장 적절한 시간(καιρός)은 하나님이 흔들리는 로고스를 향하여 그대를 인도하실 때, 즉, 가나안 사람들의 땅으로 인도하실 때다. 하나님은 예기치 못하는 방식이 아니라 당신이 이미 서약하여 예상할 수 있는 방식으로 인도하신다. 이는 그대로 하여금 요동치는 물결과 폭풍과 거센 파도를 견디며 이리저리 휘둘리게 하려는 것이 아니라, 그대로 하여금 요동치는 물결에서 벗어나 맑음과 고요함을 누리도록 하고, 그로써 항만이나 항구나 정박하기에 가장 안전한 정박지와 같은 덕(ἀρετή)에 안착하여 안전하게 정착하게 하려는 것이다.

1.91 XXVIII.　그런데 그(모세)가 하나님이 서약한다(ὀμνύναι)고 말(기록)할 때, 정말로 그가 하나님이 서약하시는 것이 적합하다고 생각하는지 의심해보아야 한다.[6] 왜냐하면 무수한 이들에게 그런 것은 적합하지 않아 보일 것이기 때문이다. 왜냐하면 서약(ὅρκος)이라는 것은 의견들이 일치하지 않아 논란 중에 있는 사안에 관한 하나님의 증언이기 때문이다. 그러나 하나님께는 불확실한 것도 없고 논란 중에 있는 것도 없으니, 그는 다른 이들에게 진리의 표시들을 분명하게 입증하시기 때문이다. 그는 참으로 어떤 증인도 필요하지 않으시다. 왜냐하면 그와 동등한 다른 신은 없기 때문이다.

1.92.　나는, 증언하는 자는 증언하는 한, 증언 받는 자보다 낫다는 사실

∵

6) 인간의 서약과 하나님의 서약에 관하여는 *Leg.* 3.204 이하를 참조하라.

을 언급할 필요조차 없다고 생각한다. 왜냐하면 어떤 이는 구하고 다른 이는 유익을 끼치는데, 유익을 끼치는 자가 구하는 자보다 귀한 것은 당연하기 때문이다. 또한 섬기는 자는 섬김을 필요로 하는 자보다 더 귀하다. 그런데 무언가를 만물의 근원(하나님)보다 더 낮다고 생각하거나, 같다고 생각하거나, 조금만 열등하다고 생각하는 것은 옳지 않고, 모든 종속에 걸쳐 세상에 존재하는 것은 무엇이나 하나님보다 열등한 것이 분명하다.

1.93. 참으로 믿지 않는(ἀπιστεῖν) 인간들이 서약(ὅρκος)으로 도피하는 것은 (하나님의) 은혜(χάρις)를 얻기 위함이다. 그러나 하나님은 (굳이 서약하지 않고 단순하게) 말씀만 하실 때조차 믿을 만한 분이므로 그(하나님)의 로고스들(말씀들, 성경)은 서약들로 보증하는 것과 아무런 차이가 없다. 참으로 우리는 서약으로 결의를 다지면서 그 서약 자체를 하나님(의 이름)으로 보증받아야 한다. 왜냐하면 하나님은 서약을 통해서 신뢰하는 분이 아니라 서약조차도 하나님을 통하여야 공증되기 때문이다.

1.94 XXIX. 그렇다면 왜 그 사제(ἱεροφάντης, 모세)에게는 그(하나님)를 서약하는 분으로 소개해야 한다는 생각이 들었을까? 그렇게 함으로써 그(모세)는 피조물의 약함을 입증하고, 입증하는 것과 동시에 위로하고자 했던 것이다. 왜냐하면 우리는 만물의 근원에게 합당한 주제(κεφάλαιον)를 우리 혼 속에 지속적으로 보관할 수 없기 때문이다. 그 주제는 "하나님은 인간과 같지 않다"는 것이며, 이는 우리로 하여금 의인화한 모든 것들을 넘어서게 하려는 것이다.

1.95. 그러나 우리는 사멸하는 것을 너무 많이 가지고 있으므로, 우리 자신과 무관한 어떤 것도 상상할 수 없고, 우리 자신에게 주어진 운명들에서 빠져나올 힘도 없으며, 마치 자기 껍질에 기어드는 달팽이들처럼 사멸하는 것(몸) 속에 기어들어가, 고슴도치들처럼 자기들 주변을 쳇바퀴 돌고, 복

스럽고 불멸하는 분에 대하여 우리 자신을 생각할 때와 같은 생각들로 상상하고, 신성을 의인화하는 말의 부적절함을 피하려고 하면서도 실제로는 신성이 마치 사람처럼 격정적이라고 생각하는 불경을 저지르곤 한다.

1.96. 이런 이유로 우리는 손들, 발들, 들어가기, 나가기, 미움, 돌아섬, 멀리함, 화냄 등과 같이 부적절한 신체 기관들과 격정들을 만물의 근원(하나님)에게 적용하여 묘사하는데, 이런 것들로 이루어진 우리의 서약(ὅρκος)은 연약함을 반영한다.

1.97. 따라서 모세는, "그러므로 만약에 하나님이 너에게 주시거든 너는 (주께) 돌리라" 하고 확고하게 말한다.(출 13:1) 왜냐하면 그(하나님)가 주시지 않으면 그대는 가질 수 없기 때문이며, 만물이 그의 소유이고, 겉모습들, 몸, 감각 기관, 언어, 정신, 만물의 온갖 기운들과 그대 자신과 이 세상까지도 모두 그의 소유이기 때문이다. 그대가 무언가를 쪼개고 나눈다 한들, 그 또한 그대의 것이 아님을 그대는 발견할 것이다. 왜냐하면 그대는 땅도 물도 바람도 하늘도 별들도 동물들도 식물들도 불멸하는 것이나 사멸하는 것을 막론하고 어떤 형태든지 아무것도 가지지 못하였으며, 그대가 하나님께 가지고 나아가 드릴 희생제물이 무엇이건 그것은 그대의 것이 아니라 하나님의 소유일 뿐이기 때문이다.

1.98 XXX. 그리고 희생제물로 바쳐진 것들에서 일부를 취하여 되돌려주거나 주어진 것들 전체에 다가가지 못하도록 얼마나 심하게 경고하는지 그대는 눈여겨보라. 왜냐하면 자연은 인간 종속에게 필요한 무수한 것들을 우리에게 주었으나, 그 전체에서 어떤 부분도 자신은 취하지 않기 때문이다. 예컨대, 자연은 우리로 태어나게 하였으나 자신은 태어나지 않으며, 우리에게 음식을 주었으나 자신은 음식이 필요하지 않고, 우리에게 성장을 주었으나 자신은 언제나 똑같은 상태로 머물며, 우리를 시간에 따라 나

이 들게 하였으나 자신은 나이를 빼거나 더하지 않으며, 우리에게 신체 기관도 주었는데, 그것으로 받고, 주고, 앞으로 나아가고, 보고, 듣고, 음식을 섭취하고 그것을 소화하여 다시 배설하고, 냄새들의 차이들을 구분하고, 말하고 크게 웃을 수 있는 기관들을 주었고, 이 밖에도 필요할 뿐 아니라 유용한 기능들을 위한 많은 다른 것들이 우리 중에 있게 하였다.

1.99. 한편으로 이런 것들이 다를 게 없다고 말하는 이도 있겠으나, 좋다고 인정되는 것들을 자연 덕분으로 여길 필요가 있다. 그러므로 그대여, 우리 가운데서 정말로 좋아서 특별히 우리를 놀라게 하는 것들이 무엇인지 조사해보자! 그 모든 것들을 적절한 시기에 얻기를 우리가 기도하는 것들이 무엇이며, 그것들을 얻은 후에는 우리가 행복하다고 여겨질 만한 그런 것들이 무엇인지 조사해보자!

1.100. 그러므로 누가 무지한가? 잘 늙고 잘 죽는 것이야말로 인간이 누릴 수 있는 좋은 것들 가운데 최고로 좋은 것이며, 자연은 늙지도 죽지도 않기 때문에 그 둘 중 어느 것도 누릴 수 없다는 사실을 알지 못하는 자가 누군가? 또한 창조되지 않은 분(하나님)이 창조된 자들의 좋은 것들을 사용할 가치가 없다고 한들 뭐가 문제인가? 피조물 자체도 형태들에 따라 나뉘고 그에 따라 덕목들도 서로 다른 차이를 보이지 않는가? 남자들은 여자들과 다투지 않고, 여자들도 남자들과 다투지 않는데, 이런 경우는 이성끼리만 해당된다. 그런데 여자들이 남자들 것들을 놓고 경쟁한다면 그런 여자들은 여자-남자들일 것이고, 만약에 남자들이 여자들 것들을 추구한다면 그런 남자들은 남자-여자사람들이라는 불명예를 얻을 것이다.

1.101. 이처럼 자연이 차별화한 덕목들이 있어서 그것을 바꾸려는 어떤 인위적인 노력도 상호 소통으로 이어질 수 없다. 예컨대, 씨를 뿌리고 자녀를 낳게 하는 일은 남자들에게 고유한 덕목을 따르는 것이고, 이런 것을

여자는 실현할 수 없다. 반면에 자연은 출산을 여자들에게 좋은 것으로 한정하고, 그것을 남자에게 허용하지 않는다. 따라서 '마치 인간처럼'이라는 표현조차 하나님에 대한 직접적인 표현이 아니며, 비유적 용어들을 사용하는 것은 우리의 연약한 이해를 돕기 위해서다. 그러므로 오, 혼아, 그대는 창조된 적이 없고, 불멸하며, 두려움이나 주저함이 없고, 거룩하고, 복스럽기만 한 하나님에 관한 개념에서 피조물에 관한 것들, 즉, 사멸하고, 변하고, 불경스러운 모든 것들을 제거하라.

1.102 XXXI. "태를 연 모든 것들 가운데 수컷들만을 주께" 바치는 것 또한 지극히 자연스럽다.(출 13:12) 왜냐하면 자연은 암컷들에게 동물들을 낳기에 가장 적합한 기관인 자궁을 주었고, 유사하게 혼에는 실제적인 것들(행동, 사건, 사물들을 포함)을 낳을 수 있는 능력(δύναμις)을 두어 그 능력으로 많은 생각들을 임신하고, 해산의 고통을 겪고, 출산하도록 만들었기 때문이다.

1.103. 그런데 동물들에 암수 구별이 있듯이 마음으로 출산하는 것들 또한 어떤 것들은 수컷들이고 어떤 것들은 암컷들이다. 혼의 손녀는 악과 격정인데, 이런 것들이 개입하면 우리가 실행하고 추구하는 것들마다 나약하게 된다. 혼의 손자는 좋은 격정(열정)과 덕으로서 이것들로 인하여 우리는 깨어나고 활기차게 된다. 이런 것들 가운데 남자들이 소통하는 사랑채에 적합한 것들은 모두 하나님께 성별하여 드려야 하고, 여자들이 머무는 안방에 적합한 것들은 자기 자신에게 돌려야 한다. 그리하여 다음과 같이 명해졌다. "태를 연 모든 것 가운데 수컷들을 주님께!"

1.104 XXXII. 또한 다음과 같이 그는 말(기록)한다. "가축들 가운데 태를 연 모든 것들 가운데서 네게 속한 모든 생축들 가운데서 수컷들을 주께 돌려라." 주도적인 부분의 자손들에 대하여 말한 후에 그는 로고스가 없는

비이성적인 것들에 대하여 가르치기 시작한다. 감각들도 거기에 속하도록 지분을 받았고, 그 감각들을 그는 생축들에 비유한다. 보살펴주는 지휘관 (ἐπιστάτης)인 목동의 인도를 받아 생축떼 가운데서 자란 동물들은 길들여지고 온순해진다. 그러나 해이해진 것들은 온순하게 길들여줄 사람이 없는 광야에 방치되어 야만스러워진다. 길들여주는 인도자들은 염소치기들, 소치기들, 양치기들 등과 같이 각 형태에 따른 동물들의 지휘관들로서 이들은 필연에 따라 생축들을 길들인다.

1.105. 이처럼 감각들의 종속은 자연적으로 길들여지지 않는 것과 길들여지는 것으로 형성되었다. 길들여지지 않는 것은 마치 목동과도 같은 정신 (νοῦς)의 고삐들을 거부함으로써 비이성적으로 외적 감각 대상들에게 이끌리는 경우다. 반면에 길들여지는 것은 마치 판단을 이끄는 지도자와 같은 이성적인 부분(λογισμός)에 순종하듯이 따라감으로써 선장의 지휘를 따라 통제되고 인도되어 이성적인 방향으로 가는 경우다.

1.106. 그렇게 하면 그것이 보거나 듣는 것이 무엇이건, 즉, 그것이 정신의 권고에 따라 감각하는 것이 무엇이건, 모든 것들이 남성적이고 완전하게 된다. 왜냐하면 감각하는 각 대상에 좋음(τὸ εὖ)이 더해지기 때문이다. 지도자가 없는 것은 무엇이나 마치 무정부 상태의 도시국가처럼 몸이 우리 자신을 파괴한다. 그러므로 우리는 감각 기관들 가운데서 정신을 따라 부단하게 움직이기 때문에 필연적으로 다른 것들보다 더 나을 수밖에 없는 것들을 하나님을 따라 움직이는 것이라고 인정해야 하고, 반면에, 감각 기관들 가운데 고삐를 거부하고 외적 감각 대상들의 격한 휘둘림을 따라 끌려다니는 것들을 우리 자신의 탓으로 돌려야 한다.

1.107 XXXIII. 그는 이것들에서뿐만 아니라 함께 반죽한 것 전체에서 하나님께 돌리라고 명령했다. 그 명령은 다음과 같다. "너희가 그 땅의 양식

들에서 먹을 때는 이렇게 해야 하리니, 따로 구별한 것을 주께 거제로 드리되, 너희가 처음 반죽한 떡을 마치 타작마당에서와 같이 거제로 드릴 것이라."(민 15:19-20)

1.108. 그런데 엄격히 말하자면, 그리고 만약에 진실을 말해야 한다면, 그 반죽(φύραμα)은 바로 우리 자신이다. 왜냐하면 많은 질료들이 함께 반죽이 되고 섞여야 우리는 완성될 수 있기 때문이다. 생명을 창조하는 분(하나님)은 차가운 것을 뜨거운 것에, 마른 것을 습한 것에 넣고 상반되는 능력들을 섞고 합하여 많은 것에서 우리 하나하나를 화합물로 만드셨으므로, 그것을 반죽이라 부르는 것이다. 이 화합물에서 두 개의 가장 중요한 부류들인 혼(ψυχή)과 몸(σῶμα)이 지분을 받아 함께 살고 있으니, 그 첫 열매들을 성별하여 드려야 한다.

1.109. 그런데 첫 열매들은 각각의 덕에 따른 거룩한 움직임들이므로 타작마당(ἅλων)으로 비유된다. 타작마당에는 밀과 보리와 그와 비슷한 더 많은 것들이 있어 스스로 분리되는데, 껍질과 겨와 기타 검불은 다른 방향으로 흩어지므로, 우리와 함께 하는 것들은 선하고, 유용하고, 진실한 음식들을 제공하는 것들이며, 그것을 통하여 올바른 삶이 완성되므로 이것들을 하나님께 돌려야 한다. 그런데 신성하지 않은 다른 모든 것들은 사멸하는 종속에게 오물들로 있도록 두어야 한다.

1.110. 그러므로 이런 것들 가운데서 (하나님께) 돌리는 것이 마땅하다. 악(κακία)이 섞이지 않은 온전하고 온전한 능력들(δυνάμεις)이 있는데, 관습은 그것들을 쪼개어 배분하는 것을 금하고, 그것들은 나누지 않은 희생제물들, 즉 번제물들과 비슷하며, 그것들을 예시한 확연한 원형(παράδειγμα)은 '이삭'이다. 그(아브라함)는 그(이삭)를 번제물을 희생하여 바치는 방식으로 바치되, 어떠한 파괴적인 격정(πάθος)도 없는 방식으로 쪼개어 바치라고

명령받은 바 있다.

1.111. 또한 다른 곳에 이렇게 기록되어 있다. "너희는 내 선물들과 내 예물들과 내 제물들을 내 절기들에 나에게 가져오기를 힘써 지키라."(레 23:37) 일부를 빼낸 형태가 아니라, 쪼개어 펼친 형태가 아니라, 그것들을 모두 온전한 전체로 완전한 상태로 가져와야 한다.[7] 왜냐하면 혼의 절기 란 완전한 덕목들로 인한 환희이고, 완전한 것들이란 재앙들의 개입이 전 혀 없는 상태로서, 인간 종속이 펼칠 수 있는 모든 덕목들을 뜻하기 때문 이다. 오로지 지혜로운 자만이 이런 절기를 지킬 수 있으며, 지혜롭지 않은 다른 이들은 아무도 지킬 수 없다. 왜냐하면 격정들과 사악함들을 맛본 적 이 없는 영혼을 찾아내는 일은 극히 드물기 때문이다.

1.112 XXXIV. 그러므로 그(모세)는 혼을 구성하는 부분들에 관한 로고스 (성경 구절)를 살피되, 주도적인 부분과 부차적인 부분이 무엇이고, 각 경 우에서 남성적인 부분과 여성적인 부분이 무엇인지를 살피고, 이어서 다 음과 같은 것들을 철저히 가르친다. 왜냐하면 그는 노동과 염려 없이는 남 성적인 부분의 탄생을 지분으로 얻을 수 없음을 분명히 알았기 때문에 다 음과 같이 말(기록)하는 것이다. "너는 나귀(ὄνος)의 태를 연 모든 것을 양 (πρόβατον)으로 대체할 것이라."(출 13:13) 이 말은 모든 노동(πόνος)을 진보 (προκοπή)로 교체하라는 말과 같다. 왜냐하면 나귀는 노동을 감내하는 동 물인 반면에, 양은 그 이름이 밝혀주는 바와 같이 진보의 상징이기 때문이 다.[8]

∴

7) "'이는 너희가 거룩한 모임을 소집해야 하는 주님의 축일들로서, 이때 너희는 그날그날에 맞 는 번제물과 곡식 제물과 희생 제물과 제주를 주님에게 화제물로 바쳐야 한다.'"(『성경』 레위 23:37)

8) '노동(πόνος)'에서 π를 제거하면 '나귀(ὄνος)'가 되고, 양(πρόβατον)은 '진보(προκοπή)'에서 προ

1.113. 그러므로 보라, 기술들과 사업들과 다른 것들을 습득하는 것은 부주의나 무관심으로 해서는 안 되고, 네 마음을 온통 쏟아 집중하고 힘써 노력하여 온갖 피곤을 감내해야 하는 일이니, 불완전한 노력으로 인하여 완성하지 못한 채 물러서지 않도록 서두르고, 가장 영광스러운 완성을 향해 나아가 마침내 진보와 발전을 발견할 수 있도록 서둘러라. 왜냐하면 노동은 진보를 위하여 인내하는 것이기 때문이다.

1.114. 그런데 만약에 그대가 노동한 결과로 피곤에 지쳐 있는데도 불구하고 자연이 더 나은 것을 허용하지 않고 그대가 진보하여 발전하는 길을 막아선다면, 그대는 그만두고 돌아서서 쉬라. 왜냐하면 자연과 맞서는 것은 어렵기 때문이다. 그러므로 (성경은) 이렇게 덧붙인다. 그(모세)는, "그대가 그것을 바꾸지 않으려면 그것을 대속해야 할 것이라(λυτροῦσθαι)" 하고 말(기록)한다.(출 13:13) 이는 만약에 그대가 노동하는 것을 진보로 전환할 능력이 되지 않는다면 노동하기를 멈추라는 뜻이다. 왜냐하면 이런 것을 대속한다는 것은 성과를 내지 못하고 완성하지 못하면서 염려에 싸인 혼을 해방시키려는 의도를 담고 있기 때문이다.

1.115 XXXV. 그런데 내가 말하는 이것들은 덕목들에 관한 것이 아니라 중도적 기술들과 기타 필요한 기술들로서, 몸에 신경 쓰고 외적인 것을 과도하게 누리는 것에 관한 것이다. 좋은 것들과 아름다운 것들과 완전한 것들을 얻기 위한 노동은, 비록 목적을 달성하지 못할지라도, 그 자체로 유용한 것들을 돕기에 충분하지만, 덕과 무관한 것들을 얻기 위한 노동은 본래 의도한 목적지에 다다르지 못하면 전혀 쓸모없게 된다. 예컨대, 동물들

∴

를 공유한다. 또한 양과 동족어인 προβαίνειν은 '앞으로 가다' 내지는 '진보하다'는 뜻이기 때문이다.

의 경우에는 그대가 그 머리를 제거하면 다른 것들도 사라진다. 왜냐하면 행동들이 추구하는 목적은 머리와 같아서, 머리가 목적의 역할을 하도록 연결되어 있으면 살아 있으나, 만약에 그대가 그것을 서로 연결되지 않도록 끊고 잘라내면 죽게 되기 때문이다.

1.116. 그러므로 승리하지 못하고 항상 패하기만 하는 경기자들은 경기를 그만두라! 항해 중인 상인이나 선장이 연달아 불운을 경험한다면, 그만두고 돌아서서 쉬라! 중간 기술들을 학습하려고 진력했으나, 고질적인 본성 때문에 도무지 습득할 수 없는 이들이 모두 학습을 그만둔다면, 칭찬받을 만하다. 왜냐하면 그러한 중간 단계 학습들은 학습을 위한 학습이 아니라 목적을 달성하기 위한 것이기 때문이다.

1.117. 그러므로 자연이 더 나은 성장들을 방해하는 방향으로 진행되면, 우리는 자연에 맞서 성과를 내려고 진력하지 말자! 그러나 만약에 자연이 협력한다면, 처음 얻은 것들과 공경하는 마음들로 나아가 하나님께 보답하자! 그것들은 우리 혼을 위한 대속물이며, 혼을 야만스러운 주인들로부터 풀어주어 자유로 이끌기 위한 것들이다.

1.118 XXXVI. 왜냐하면 레위인들(Λευῖται)은 장자들을 대신하여 홀로 치유하는 예배를 받기에 합당한 분을 위한 예배자들로서 다른 모든 이들을 위한 대속물들이라고 모세가 선포하여 고백하기 때문이다. 그는 말(기록)하기를, "그리고 내가, 너는 보라, 내가 이스라엘 자손 가운데서 레위인들을 선택하여 이스라엘 자손에게서 태를 연 모든 장자들을 대신하게 하였으니, 그들(레위인들)은 그들(이스라엘 장자들)의 대속물이요, 레위인들은 내게 속할 것이다. 왜냐하면 모든 장자는 내 것이기 때문이다. 그 날에 내가 이집트 땅에서 모든 장자를 쳤고, 이스라엘의 모든 장자를 내 것으로 성별하였다."(민 3:12)

1.119. 하나님께 대피하여 하나님께 탄원하는 로고스는 '레위인'이라고 불린다. 이것(로고스, 레위인)을 그가 혼의 한가운데 가장 주도적인 부분에서 취하여 자신에게 받아들이고 자신의 몫으로 삼으신 까닭은 그것을 장자들의 부분으로 합당하게 여기셨기 때문이다. 그러므로 분명한 것은, 비록 르우벤이 야곱의 장자이나, 레위는 이스라엘의 장자이며, 전자(르우벤)는 시간에 따른 장자의 권한들을 취하고, 후자(레위)는 명예와 능력에 따른 장자의 권한들을 취한다는 사실이다.

1.120. 왜냐하면 '야곱'이라는 이름이 상징하는 노동과 진보는 '르우벤'이라는 이름이 반영하듯이 좋은 성정의 시작이지만, 그(야곱)가 '이스라엘'로 지명되기 위해서는 유일하게 지혜로운 분에 대한 명상을 통해서만 가능하고, 그런 명상의 샘(근원)은 치유 예배의 방식을 따라 헌신적으로 그분을 섬기는 것이며, '레위'는 그런 섬김을 상징하기 때문이다. 그러므로 마치 야곱이 에서의 장자 권한들에 대한 상속자로 드러남으로써 악에 대한 열정이 아름다움을 향한 노동의 열정에 패배한 사례를 보여준 것처럼, 유사하게 좋은 성정을 가진 르우벤의 장자 권한들을 완전한 덕에 헌신하는 레위가 가져오게 될 것이다. 그런데 완전한 덕을 드러내는 가장 분명한 증거는 바로 창조 세계에서 벌어지는 온갖 일상사를 떠나 하나님께 대피하는 것이다.

1.121 XXXVII. 이것들은, 엄밀히 말하자면, 혼이 갈망하는 자유를 위하여 치러야 하는 감사예물과 대속물 같은 것이다. 그런데 그는 모든 현자가 어리석은 자의 대속물이라는 극히 필연적인 교리를 소개하는 것은 아닐까? 즉, 현자가 자비와 배려로 어리석은 자를 계속 보살펴주지 않으면 어리석은 자는 잠시도 견디지 못하는데, 이는 마치 의사가 환자의 질병들에 대항하되, 그 질병들이 저항할 수 없이 거세게 공격하거나 의술의 치료 범위를

넘어서서 공격하지 않는 한, 의사가 환자의 질병들을 누그러뜨리거나 아예 제거해주기도 하는 것과 같다.

1.122. 이처럼 소돔이 멸망한 까닭은 형언할 수 없이 많은 수의 악한 자들에 상응할 만한 좋은 사람의 수가 채워지지 않았기 때문이다. 만약에 50번째 로고스(좋은 사람)가 발견되었다면,[9] 그에 따라 혼을 종살이에서 해방시켜 완전한 자유를 선포할 수 있었을 것이며,(레 25:10) 만약에 현명한 아브라함이 그 수(50)로부터 교육에 적합한 숫자인 10까지를 지적하며 내림차순으로 열거한 그 숫자 중 하나에 해당하는 로고스가 발견되었다면, 정신은 그처럼 불명예스럽게 파괴되지는 않았을 것이다.

1.23. 참으로 입증해야만 하는 것은 그들 가운데서 악으로는 도무지 파괴되지 않는 이들이 있다는 것이다. 이는 마치 너무 몹쓸 병에 걸렸기 때문에 고침을 받고 살아날 가능성은 전혀 없다는 사실을 알면서도 기꺼이 치료를 시도함으로써, 치료하고자 했던 의도와는 전혀 다른 결과가 나오더라도, 의사들이 환자들을 치료하지 않고 지나쳤기 때문에 그런 결과가 나왔다고 생각하지 않도록 최선을 다하는 선량한 의사들을 닮은 자들이 아직 있다는 것을 입증해야 한다는 뜻이다. 그러다가 만약에 건강한 (인간) 씨앗의 기미라도 보일라치면 잿더미 속에 묻혀 아직 불씨가 살아 있는 숯불(ἐμπύρευμα)을 다루듯이 온갖 신경을 곤두세워 살려낼 일이다! 왜냐하면 그것(건강한 씨앗의 기미와 불씨)의 존속기간이 길어지고 존속력이 강화될 수만 있다면 더 나은 삶과 넘어지지 않는 삶에 대한 희망도 가능할 것이기

••

9) 많은 그리스인들은 로고스를 인간과 동물을 구별하는 것이요, 인간과 신만이 공유하는 것으로 보았고, 로고스가 없어 이성적 판단이나 말을 하지 못하는 동물들을 ἄλογοι라고 표현하기도 했다. 그러므로 이 본문에서 '로고스'를 발견한다는 것은 로고스를 간직한 인간다운 인간을 발견한다는 뜻으로 해석할 수 있겠다.

때문이다.

1.124. 그리하여 참으로 나는 어떤 집이나 도시에서 규율을 지키며 근면 성실하게 살아가는 사람을 보게 되면, 나는 그 집이나 도시가 행복하다는 생각이 들고, 그곳에서 좋은 일들이 있어 즐거움을 누리고 있을 것이 틀림 없으리라 짐작하며, 존재하지 않는 것들도 장차 성숙하게 결실할 것이라고 기대한다. 하나님이 합당한 자들로 인하여 합당하지 않은 자들에게까지 무한하고 끝없는 넉넉함을 선물하실 것이라고 기대하는 것이다. 그리고 나는 그들이 오래오래 그렇게 살도록 기도하는데, 왜냐하면 누구도 나이들지 않을 수는 없으며, 인간들에게 그처럼 좋은 일들이 계속되기 위해서는 그처럼 좋은 사람들이 살아 있는 시간 동안에만 가능하다고 생각하기 때문이다.

1.125. 그러므로 이런 사람들 가운데 누군가가 죽었다는 소식을 보거나 듣게 되면, 나는 극도로 낙담하고 슬퍼하며 망자들 못지않게 살아남은 사람들을 애도하게 된다. 왜냐하면 나는 자연을 따라 필연적인 끝에 다다른 이들에게 가능했던 행복한 삶과 영예로운 죽음을 보는 한편, 다른 이들을 보기 때문인데, 그들은 자신들을 구해주던 크고 능력 있는 (망자의) 손을 상실하면 곧장 참으로 자신들이 얼마나 열악한지를 뼈저리게 느낄 것이기 때문이다. 그렇게 되지 않으려면, 마치 자연이 이미 익은 열매들을 떨군 나무에 새로운(젊은) 다른 것들이 돋아나게 하듯이, 이전 사람들(망자들)을 대신할 새로운 다른 이들을 돋아나게 하여 그로부터 능력껏 영양도 섭취하고 즐길 수 있도록 준비해야 한다.

1.126. 그러므로 도시국가들의 지속적 보전을 위한 가장 강력한 장치는 좋은 남자들이며, 유사하게 혼과 몸으로 구성된 우리 각자의 도시국가에서 가장 확고한 기반으로 주어진 지분은 바로 명철과 지식을 '사랑하는 자

들(ἐρασταί)'인 로고스들인데, 입법자(νομοθέτης)는 비유를 사용하여 그 로고스들을 대속물(λύτρα)이자 장자(πρωτότοκοι)라고 부른다. 그 이유들을 나는 이미 언급하였다.

1.127.   이처럼 그(모세)는 또한 레위인들의 도시국가들을 "영원히 대속할 수 있다"고 말(기록)한다. 왜냐하면 하나님의 치유 예배자(θεραπευτής)는 영원한 자유(ἐλευθερία)를 결실할 것이 확정되어, 혼이 영속적으로 움직이고 변하면서 연달아 베풀어주는 치료들을 받기 때문이다. 여기서 대속은, 그(모세)가 말(기록)하는 것처럼, 한 번이 아니라 영원히 이루어진다고 하는데, 이로써 그가 전하고자 하는 의미는 이러하다. 즉, 그들은 자연적으로 필멸하는 성질이 있기 때문에 후원자(εὐεργέτης)는 그들에게 자유를 은혜로 주시려고 그들의 혼을 태생적으로 움직이게 함으로써 영원히 변하면서 영원히 자유롭게 되도록 하셨으니, 이는 그가 지분으로 택하신 것이다.

1.128 XXXVIII.   그런데 피상적으로가 아니라 자세히 살필 가치가 있는 것은 무엇 때문에 그가 레위인들의 도시국가들을 도망자들이 갈 수 있는 곳(도피성)으로 허용함으로써 성결하지 못한 것처럼 보이는 자들을 가장 성결한 자들과 함께 살기에 합당하게 여기셨는지 하는 것이다. 이들은 비자발적으로 살인을 저지른 자들이다. 그러므로 첫째, 이전에 말했던대로 말해야 하는데, 그것은 성실한 자는 어리석은 자의 대속물이라는 것이다. 그러므로 당연히 죄를 범한 자들은 정결함을 회복하기 위하여 성결하게 구별된 자들에게 와야 할 것이다. 이어서 말해야 할 것은 레위인들이 도망자들을 오도록 허락하는 것은 그들 자신이 도망자들일 가능성이 있기 때문이다.

1.129.   왜냐하면 저들(도망자들)이 자기 아버지의 나라들을 떠나온 것처럼 이들(레위인들) 또한 자기 자녀들과 부모들과 형제들과 가장 친숙하고

가장 사랑스러운 것들을 두고 나왔기 때문인데, 이는 그들이 사멸하는 것 대신에 불멸하는 지분을 발견하기 위함이다. 그러나 그들은 서로 다르기도 한데, 저들(도망자들)에게 대피(δρασμός)는 비자발적인 일로 인한 비자발적인 것인 반면에, 이들(레위인들)에게 대피는 가장 좋은 것들에 대한 사랑 때문에 발생한 자발적인 행위라는 것이다. 또한 저들에게는 레위인들이 도피성(καταφυγή)이지만, 레위인들에게는 만물의 통치자가 도피성이라는 점도 다른데, 이로써 불완전한 자들은 거룩한 로고스(성경)를 법으로 가지게 되고, 이들(레위인들)은 하나님을 법으로 삼아 그분을 통하여 성스럽게 구별되는 것이다.

1.130. 그런데 실제로 비자발적인 살해를 저지른 자들은 거주할 곳으로서 레위인들이 거주하는 곳과 똑같은 도시국가들을 지분으로 받게 된다. 왜냐하면 이들은 거룩한 살해를 하였으므로 특권을 누릴 자격이 있다고 여겨졌기 때문이다. 언젠가 혼이 몸을 상징하는 이집트 신을 향하여 그것을 마치 금처럼 숭배했을 때, 모든 신성한 로고스들이 지식에 따른 증거들로서 스스로 방어할 무기들을 급히 마련하였다. 그들은 통치자를 앞세웠고, 지휘관으로서는 대제사장과 선지자를, 그리고 하나님의 친구인 모세를 앞세워, 경건(εὐσέβεια)을 수호하기 위한 목적으로 인정사정없는 전쟁을 수행하기 시작하였고, 자신들과 반대되는 교리들을 모두 멸하기 이전에는 전쟁을 그치지 않았다. 그러므로 지당하게도 그들(레위인들과 도망자들)은 함께 살게 되었으니, 비록 똑같은 일은 아닐지라도 유사한 일을 했기 때문이다.

1.131 XXXIX. 한편, 은밀하게 전해지는 로고스들 가운데 어떤 것은 연장자들의 귀들에 들리도록 하고 연소자들에게는 들리지 않도록 해야 하는 것이 있다. 왜냐하면 하나님과 함께 하는 가장 훌륭한 온갖 능력들 가운데

한 가지 능력은 나머지 다른 능력들에 상응하며, 그것은 바로 입법하는 능력으로서, 그는 입법자요, 법들의 샘이며, 그 샘에서 모든 개별 입법자들이 솟아나 두 부류로 나뉘기 때문이다. 그 한 부류로는 성취한 자들을 시상하고, 다른 부류로는 죄지은 자들을 처벌한다.

1.132. 레위인은 전자(시상하는 부류의 사역자)에 해당한다. 왜냐하면 그는 완전한 사제직에 주어지는 온갖 사역들을 수행하고, 그에 따라 사멸하는 종속(인간)은 하나님 앞에 나아가 알려지게 되는데, 전체 번제물을 통해서나, 화목제물을 통해서나, 속죄제를 통해서 알려지게 되기 때문이다. 두 번째로 죄지은 자들을 처벌하는 부류는 비자발적으로 살인한 자들로서 부관들(ὑπηρέται)이 이에 해당한다.

1.133. 또한 모세는 다음과 같이 확신하여 증언한다. "그가 의도하지 않았으나 하나님이 그를 그의 손에 붙이셨다."(출 21:13) 따라서 여기서 손들은 도구로 사용되었고, 이것들을 통하여 보이지 않는 방식으로 활기를 넣은 이는 다른 이로서 보이지 않는 분이라고 해야 한다. 그러므로 입법하는 능력을 구성하는 두 부류의 사역자들은 함께 살지어다! 그중에서 좋은 일을 시상하기 위한 부류는 레위인이고, 죄를 처벌하기 위한 부류는 비자발적으로 살인한 자다.

1.34. 그런데 그는 이렇게 말(기록)한다. "그날에 내가 이집트 땅에서 모든 장자를 쳤고, 이스라엘의 모든 장자를 내 것으로 성별하였다."(민 3:12) 이로써 그가 우리에게 상상하도록 하려는 것은, 그때에만 한정하여 이집트가 모든 장자의 멸망이라는 강력한 타격을 맞았을 때 이스라엘의 장자가 모두 거룩하게 되었다는 것이 아니다. 왜냐하면 과거에나 지금이나 그 이후와 영원까지 이런 일은 혼에 자연발생적으로 일어나곤 하기 때문이다. 그러므로 그가 우리에게 상상하도록 하려는 것은, 가장 주도적인 부분들

이 맹목적인 열정을 멸절시키면, 그제야 비로소 '관통하는 시력으로 하나님을 보는 가장 연장자이면서 가장 명예로운 자(이스라엘)'의 후손들이 거룩해진다는 것이다.[10]

1.135. 왜냐하면 악에서의 탈출(ἔξοδος)은 덕으로의 출입(εἴσοδος)을 창조하고, 역으로 좋은 것을 포기하면 잠복해 있던 악한 것이 들이닥치기 때문이다. 확실히 야곱은 거의 나가지 않았으나, 모든 것을 받아들이고 이해하는 마음에 맞서(ἐπὶ τὴν πανδεχῆ διάνοιαν)에서가 등장할 때 비로소 우리는 덕의 표시들이 아니라 악의 표시들을 품은 특징들이 나타난다는 인상을 받을 것이다.[11] 그러나 그(에서)는 그것을 작동시킬 수 없었다. 왜냐하면 그(에서)는 지혜로운 자(ὁ σοφός)에게 추월당하고 지분을 빼앗긴 후에도 알아차리지 못한 반면에, 지혜로운 자(야곱)는 자신이 상해를 입기 전에 피하고 방어할 수 있었기 때문이다.

1.136 XL. 그는 첫 태생들로부터 첫 열매들을 가져올 뿐만 아니라 기름들로부터도 가져오는데, 왜냐하면 혼이 반기는 것들과 통통한 것들과 보존할 수 있는 것들과 유쾌한 것들을 모두 하나님께 드려야 하기 때문이다. 참으로 나는 희생제물을 드리는 절차들에서 세 가지 종류의 제물들을 바치라고 명령한 것을 안다. 첫째 것들은 기름과 신장들과 간에 덮인 꺼풀인데,(출 29:22; 레 3:4) 이것들에 관하여 우리는 따로 이야기할 것이다. 한편, 머리 안에 있는 것이나 심장에 대하여는 언급하지 않는데, 그것들은 다른 것들에 앞서 먼저 헌납해야 할 것 같고, 적어도 입법자에 따르면, 주도적

••

10) 필론 특유의 이스라엘 개념인 '하나님을 보는 자(ὁ θεὸν ὁρῶν)'에 대하여는 다음을 보라. *Som.* 1.171; 2.73; *Leg.* 3.172, 186, 212; *Post.* 1.63, 92; *Mut.* 1.81, etc.
11) 필론은 '모든 것을 받아들이고 이해하는 ……에 맞서(ἐπὶ τὴν πανδεχῆ)'라는 표현을 여기서는 '지성적 마음(διάνοια)'에 적용하지만, *Det.* 1.34에서는 '혼(ψυχή)'에 적용한다.

인 부분(τὸ ἡγεμονικόν)은 이것들 가운데 어느 한 곳에 있는 것 같다.

1.137. 그런데 그(입법자)가 이것들(머리 안에 있는 것들과 심장)을 하나님의 제단에서 제외한 까닭은, 섬세한 주의력을 기울여 극도로 경건하게 다루지 못할까 두려워서일지 모른다. 왜냐하면 주도적인 부분은 미처 구분할 수 없이 빠르고 잦은 시간 차이로 끊임없이 변하면서 좋은 쪽으로 갔다가 나쁜 쪽으로 가기를 반복하고, 서로 다른 주형들과 조율하고 타협하여, 어느 때는 순전하고 신뢰할 만한 동전을 찍어내다가도 다른 때는 엇비슷하게 위조된 가짜 동전(νόμισμα)을 찍어내곤 하기 때문이다.

1.138. 그러므로 그 장소(주도적인 부분)는 서로 반대되는 것들을 수용하되, 쟁취할 만한 아름다운 것과 비천하여 부끄러운 것을 동시에 거부감 없이 수용하고, 그 둘 각각에 친근하게 적응할 뿐만 아니라 그 각각에 똑같은 가치를 부여하기 때문에, 입법자는 그 장소를 부정하지 않다고 판단할 수 없었으므로, 그것을 하나님의 제단에서 제외한 것 같다. 왜냐하면 비천하여 부끄러운 것은 세속적이고, 세속적인 것은 불결하기 그지없기 때문이다.

1.139. 이것이 바로 주도적인 부분이 제외된 이유였다. 그러나 만약에 시험을 거친 결과로 (주도적인 부분의) 모든 부위가 정결하게 되면, 흠 없고 정결한 것은 봉헌될 수 있을 것이다. 왜냐하면 온전한 번제물들에 관한 법은 이러하니, 신체적 나약함을 입증하는 거절된 음식과 표피를 제거하고 악한 것을 제거하여 피조물에게 금지한 것이 아니어야 하고, 다른 모든 것들은 온전한 혼(목숨)을 모든 부위별로 하나님께 번제물로 봉헌할 수 있다는 것이기 때문이다.

VII

나쁜 자들이 더 나은 자들을 공격함
QVOD DETERIVS POTIORI INSIDIARI SOLEAT 1-178
—

열등한 자가 강한 자를 공격하기를 좋아하는 것에 대하여
ΠΕΡΙ ΤΟΥ ΤΟ ΧΕΙΡΟΝ ΤΩΙ ΚΡΕΙΤΤΟΝΙ ΦΙΛΕΙΝ ΕΠΙΤΙΘΕΣΘΑΙ

1.1 I. "그리고 가인이 자기 형제 아벨에게 말하기를, '우리가 평지로 나가자.' 그리고 그들이 들에 있을 때 가인은 그의 형제 아벨을 덮쳐 그를 죽게 하였다."(출 4:8) 가인이 의도하는 것은 이러하다. 즉, 아벨을 초대하여 논쟁으로 이끌어, 그럴듯하고 주도면밀한 계획으로 우위를 점하려는 것이다. 왜냐하면 우리는 그(가인)가 그곳으로 나가자고 부추기는 평지(πεδίον)란 갈등(ἄμιλλα)과 투쟁(διαμάχη)을 상징한다고 말할 수 있기 때문인데, 이는 이미 밝혀진 것들을 기반으로 아직 드러나지 않은 것들에 대하여 짐작할 수 있는 것이다.

1.2. 왜냐하면 우리는 전쟁 시에나 평화 시에나 거의 대부분의 경쟁들(ἀγῶνα)이 평지들에서 이루어지는 것을 보기 때문이다. 그러므로 평화 시에 운동 경기를 준비하는 자들은 평평한 경기장과 대로를 찾고, 전시에는 보병전이나 기병전을 막론하고 언덕들에서 하지 않는 것이 상례다. 왜냐하

면 전쟁터에서 발생하는 상해들은 적들이 서로 공격한 결과로 발생하기보다 전쟁터 자체의 불편한 특성 때문에 발생하는 경우가 더 많기 때문이다.

1.3 II. 이에 대한 가장 위대한 표적은 지식의 수련자(ἀσκητής) 야곱이 반대 성향인 무지(ἀμαθία)에 맞서 싸울 때 나타나는데, 당시에 그는 혼(ψυχή) 안에 존재하는 비이성적 능력들을 훈계하고 격려하면서 목양하는 방식을 (다음과 같이) 평지에서 보여준다.[1] "왜냐하면 야곱은 레아와 라헬을 보낸 후에 평지로 불렀는데, 그곳에 양떼들이 있었기 때문이다."(창 31:4) 이는 평지가 다툼(φιλονεικία)의 상징임을 선명하게 보여준다.

1.4. 그는 그녀들을 불러 부른 이유를 말했다. "내가 너희 아버지의 낯빛을 보는데, 나를 향한 그의 낯빛이 어제와 그저께처럼 호의적이지 않다. 그러나 내 아버지의 하나님이 나와 함께 하신다."(창 31:5) 이를 기반으로 내(필론)가 말하고자 하는 것은, 라반이 그대에게 호의적이지 않은 까닭은 하나님이 그대와 함께 하기 때문이라는 것이다. 왜냐하면 혼(ψυχή) 안에 있는 '외적 감각 대상(τὸ ἐκτὸς αἰσθητόν)'이 가장 좋은 것처럼 존중받게 되면, 그(혼) 안에서 고결한 로고스가 드러나지 않기 때문이다. 그러나 하나님이 걷고 계신 혼에서는 외적 감각 대상이 좋은 것으로 여겨지지 않는 법이니, 그런 대상을 일컬어 라반이라는 이름이 이해되고 붙여진 것이다.

1.5. 그리고 로고스 부분이 진보하는 상태에 있는 모든 이들은 아버지를 따라 아름답게 준비되고, 평지를 필연적인 장소로 선택하여 혼의 비이성적인 세차 운동들을 극복하도록 배우게 된다. 그러므로 그(야곱)는 요셉에게 말한다. "'네 형제들이 세겜에서 양을 치고 있지 않느냐? 오라, 내가 너를 그들에게 보내리라.' 그러자 그(요셉)는 말했다, '보세요, 제가 있습니

••

1) 혼 안에 있는 비이성적 능력들에 관하여는 다음을 보라. *Leg.* 1.11; *Sacr.* 1.47.

다!' 그(야곱)가 그에게 말하기를, '가서 네 형제들과 그 양떼들이 잘 있는지 보고 나에게 말하라.' 그리고 그(야곱)는 그(요셉)를 기브론 골자기에서 보냈고, 그(요셉)는 세겜에 도착했다. 그러자 한 사람이 그가 들에서 길을 잃은 것을 발견했고, 그 사람은 그에게 '무엇을 찾느냐?'고 물었다. 그러자 그가, '내 형제들을 찾고 있는데, 그들이 어디에서 양떼를 먹이고 있는지 알려주세요' 하고 말했다. 그러자 그 사람은, '그들이 거기서 떠났다'고 그에게 말했는데, 왜냐하면 그들이 '우리가 도담으로 가자' 하고 말하는 것을 그가 들었기 때문이라고 했다."(창 37:12-17)

1.6 III. 앞에서 언급한 내용을 통하여 분명해지는 것은 그들이 자신들 안에 있는 비인격적 능력들의 본부(ἐπιστασία)를 평지에 만든다는 사실이다. 그들에게 요셉이 보내어지는데, 왜냐하면 그는 아버지의 더욱 엄격한 지식을 감당할 수 없으므로 그가 좀 더 부드러운 교사들에게서 해야 할 것들과 유익한 것들이 무엇인지 배울 수 있도록 하려는 것이다. 그는 다양한 기반들에서 나오는 교리(δόγμα)를 사용하되, 극히 다채롭게 겹겹이 엮어 짠 것들을 사용하므로, 입법자는 그가 다채로운 겉옷을 입고 있다고 말하는 것이며, 이는 그가 미로와 같이 불가해한 의견(δόξα)의 주창자임을 의미한다.

1.7. 그는 진리보다는 정치를 향하여 세 가지 좋은 것들의 종류인, 외적인 것들과 몸에 관한 것들과 혼에 관한 것들을 철학화 하였다. 즉, 그는 서로 구분되는 전체 자연 속성들을 한곳에 가져다 모아서 각각이 서로를, 만물이 만물을 서로 필요하게 함으로써, 모아진 그 집합체가 완전하고 풍성한 아름다움을 이루어 드러낼 수 있도록 하되, 거기서 취한 개별적인 것들이 종합적인 좋은 것들을 구성하는 특정 부분들이나 특정 원소들(στοιχεῖα)이 될 수는 있으나, 그 좋은 것들 하나하나가 개별적으로 완전하지는 않도록 만들었다.

1.8. 유사하게, 불도, 흙도, 만물을 창조할 때 사용한 4원소들 가운데 어느 하나도, 단독으로는 세상(κόσμος) 자체가 될 수 없고, 그 원소들을 모두 합하여야 세상이 되는 것이다. 같은 방식으로 행복 또한 외적인 것들이나 몸에 관한 것들이나 혼에 관한 것들 단독으로 추구하지 말아야 하는데, 왜냐하면 전술한 것들 각각은 부분들과 원소들 사이에서 일종의 이성적 비율(λόγος)을 차지하고 있을 뿐이므로 행복이란 그 모든 부분들과 원소들 전체를 고려하여 추구되어야 바람직하기 때문이다.

1.9 IV. 그러므로 그는 이런 의견을 극복하는 방법을 배우기 위하여 아름다운 것만을 좋은 것으로 생각하는 남자들에게 보내진다. 그들은 혼에 고유한 것이 좋은 것이고, 외적인 것들은 몸에만 유익하다고 언급되는 것들로서 진리를 향한 것도 좋다고 확신할 만한 것들도 아니라고 생각한다. 그러므로 그(모세)는 "보라, 네 형제들이 양을 치고 있다" 하고 말(기록)하는데, 이는 그들이 자기들 안에 있는 모든 비이성적인 부분을 "세겜"에서 통치하고 있다는 뜻이다.(창 37:12) 세겜은 인내하는 노동을 상징하는 '어깨'라고 해석된다. 왜냐하면 덕을 사랑하는 자들(φιλάρετοι)은 큰 부담을 감당하되, 몸과 몸적인 쾌락에 맞서기를 인내하고, 외적인 것들과 거기서 유래하는 쾌락들에 맞서기를 인내하기 때문이다.

1.10. "오라, 그리하여 나로 너를 그들에게 보내게 하라."(창 37:12) 이것이 의미하는 것은 이러하다. '그대는 초대에 응하여 더 나은 배움으로 이끄는 자발적 충동을 수용하고, 지성적 마음으로 들어가라.' 그러나 현재까지 그대는 진정한 교육을 받은 것 같은 기분에 사로잡혀 있다. 왜냐하면 비록 그대가 그렇다고 고백하지는 않았으나, "보세요, 제가 있습니다" 하고 말할 때, 그대는 다시 배울 준비가 되어 있다고 말한 셈이기 때문이다. 이것이 나에게 알려주는 것은, 그대가 배울 준비를 갖추고 있기보다는 스스로

의 어리석음과 무모함을 완전히 배제하고 있는 것 같다는 사실이다. 그 증거로서, 잠시 후에, 한 진실한 사람이 길에서 잘못 인도받고 있는 그대를 발견하게 되는데, 만약에 그대가 건전한 의도로 수련을 받으러 왔다면, 잘못 인도받는 일은 없었을 것이다.

1.11. 그러나 아버지의 설득력 있는 말(λόγος)은 아무런 필연(ἀνάγκη)을 부담시키지 않는다. 이는 그대가 기꺼이 자발적 충동에 의하여 더 나은 것들을 추구하도록 하기 위해서이고, 이런 의도는, "가서 보라"는 그의 말에서 드러난다. 즉, 보고 관찰하여 실상황을 온전히 정확하게 살피라는 뜻이다. 왜냐하면 그대는 그대가 수고하여 얻고자 하는 것이 무엇인지 먼저 알고, 그런 다음에 그것을 이루기 위하여 해야 할 것을 해야 하기 때문이다.

1.12. 참으로 그대는 자세히 살펴, 전체의 자초지종을 통째로 파악하는 쪽으로 눈길을 돌려 조사하고, 이미 그 문제들에 주의를 기울이고 있는 수련자들을 찾아 살펴보되, 그들이 그 일을 "건강한 상태로" 하는지, 정신 나간 상태로 하는 것이 아닌지 살펴야 한다. 왜냐하면 쾌락을 사랑하는 자들은 조롱하고 야유하면서 일할 수도 있기 때문이다. 그리고 그대는 그 실상에 대한 그대의 판단을 확정하거나 그 수련자들이 건강한 상태에 있는가에 대한 그대의 판단을 확정하기 이전에 먼저 아버지께 "보고해야 하고" 통보해야만 한다. 왜냐하면 이제 막 배우기 시작한 자들의 의견들은 불안정하고 불확실하지만, 진보한 자들의 의견들은 확고하여 그들로부터 흔들리지 않는 필연적인 것을 받기 때문이다.

1.13 V. 그러므로 오, 지성이여, 이런 방식으로 그대가 참으로 하나님의 거룩한 사제가 되게 하는 말씀들(λόγοι)을 열정적으로 탐색한다면, 즉, 하나님을 사랑하는 사람들의 법들(νόμοι)을 열정적으로 탐색한다면, 그대는 위대한 것보다 비천하거나 무가치한 것을 받아들이도록 강요받지 않을 것

이다. 현재 논의하는 이런 것을 어떻게 건전하게 생각하는 자들이 받아들일 수 있겠는가? 왕같이 풍부한 재물을 가진 야곱이 참으로 하인들과 부하들이 부족해서 굳이 자기 아들을 타국까지 보내어 다른 자식들이 잘 있는지 그들이 치는 생축들이 잘 있는지 알아보았겠는가?

1.14. 그의 할아버지(아브라함)는 아홉 왕이 무릎 꿇도록 이끌 때 수많은 포로들을 얻었고, 그들 이외에도 수하에 300명의 노예들을 거느리고 있었다. 이후로 그 가정의 재화는 아무것도 줄지 않았고, 도리어 시간이 갈수록 모든 재화가 모든 면에서 불어났던 것이다. 그런 그가 언제든지 순종하기 위하여 대기하고 있는 무수한 하인들 대신에 무엇보다 애지중지하는 아들(υἱός)을 보낼 가치가 있다고 생각한 것이 아닌가? 게다가 아들에게 주어진 일(πρᾶξιν)은 싼값에 일하는 자들 가운데 아무라도 쉽게 해낼 수 있는 것이 아닌가?

1.15 VI. 그런데 그대가 보는 바와 같이, 그는 그를 떠나보낸 출발지를 장황하게 묘사할 뿐만 아니라, "기브론 골짜기에서"라는 문자적 표현에서 다소 물러서기를 부추기는 것 같다. 기브론은 우리 몸(σῶμα)의 연결과 동행을 상징적으로 의미하는데, 왜냐하면 그것(몸)은 서로 연결되어 혼(ψυχή)과는 동료이자 친구 관계를 맺고 있기 때문이다. 또한 그것은 깊은 골짜기를 감당할 수 있는 기능들을 갖추고 있다. 그 골짜기는 거대하여 외적 감각 대상들을 무엇이나 수용할 수 있고, 그 대상들은 무수한 성질들을 수용할 수 있으며, 담아내는 기능들을 통하여 받은 것을 지성에 쏟아부어 골짜기를 쓸어내고 다시 그 깊이를 채울 수 있다.

1.16. 이런 이유 때문에 나병에 관한 법에서 집에 골짜기처럼 패인 곳이 생겨 초록색이나 붉은색이 나타날 경우에, 그것들이 발생한 곳들에서 그 돌들을 들어내어 내버리고, 다른 돌들로 대체해야 한다고 하였다.(레

14:37, 40, 42) 즉, 쾌락들과 식욕들과 그와 가까운 격정들이 성향들을 달라지게 하여, 그로 인하여 혼(ψυχή) 전체를 끌어내리고 짓눌러 혼을 본래보다 공허하고 비참하게 만들 때는, 그 나약함을 초래하는 원인이 되는 말들(λόγοι)을 찾아내어 멸하고, 합법적 생활방식이나 올바른 교육을 통한 건강한 말들로 대체하여야 한다는 뜻이다.

1.17 VII. 그러므로 그는 요셉이 완전히 몸과 감각들로 움푹 패인 골짜기 같은 곳들로 들어간 것을 보면서, 그 소굴들에서 바깥으로 빠져나와 인내라는 자유의 바람을 타고 그들에게 가라고 부추기는데, 그들은 전에 수련자들(ἀσκηταί)이었으나 지금은 인내를 가르치는 선생들(διδάσκαλοι)이 되었다. 그러나 그가 앞으로 나아가자 잘못된 의견들 때문에 길을 잃은 상태로 드러난다. 그리하여 그는 말한다. "한 사람이 평지에서 길을 잃은 그를 발견하였다."(창 37:15) 이는 스스로 알아서 하는 노동이 아니라 기술(τέχνη)을 터득하여 하는 노동이 좋다는 것을 밝혀준다.

1.18. 왜냐하면 음악을 비음악적으로 이해할 수 없고, 문법을 비문법적으로 이해할 수 없고, 일반적으로 기술을 기술이 아니거나 떨어지는 기술로는 제대로 이해할 수 없으므로 각 기술은 그에 맞는 기술 방식으로 연습해야 터득할 수 있기 때문이다. 유사하게 교활한 방식으로 명철을 배울 수 없고, 인색하고 굽실거리는 태도로 절제를 배울 수 없으며, 사내다운 용기를 자만한 태도로 배울 수 없고, 경건함을 미신으로 배울 수 없고, 덕스러움에 관한 어떤 지식도 무지한 방식으로 배울 수 없으니, 이 모든 것은 의심할 여지 없이 길이 없는 길이다. 그러므로 이와 같은 법이 있다. "정의로운 방식으로 정의를 추구해야 한다."(신 16:20) 이 법은 우리가 이와 반대되는 방식이 아니라 이와 유사한 방식으로 정의와 다른 모든 덕을 추구하게 하려는 것이다.

1.19. 그러므로 만약에 그대가, 계절에 맞지 않는 먹을 것이나 마실 것을 원하는 자, 제때 해야 할 목욕이나 연고 바르기를 거부하는 자, 적절한 옷을 몸에 걸치지 않는 자, 바닥에 눕고 야외에서 잠자는 자 등을 보게 되고, 그런 자가 그런 것들로 자제력(ἐγκράτεια)이 있는 것처럼 가장할 경우에, 그대는 자기 주변을 기만하는 그자를 측은히 여기고, 자제력의 진정한 길이 무엇인지 보여주어야 한다. 왜냐하면 그가 추구하고 실천한 것들은 효과는 없으면서 지치게만 하는 노동들로서, 허기지게 하고 여러 방식으로 학대하면서 혼과 몸을 패대기치는 노동들이기 때문이다.

1.20. 세척 행위들이나 정결 행위들로 몸은 깨끗이 하면서도 자기 마음을 오염시키는 자, 과도한 재산에서 빛나는 재화들과 엄청난 비용을 가져와 성소를 짓는 자, 100마리의 소들을 끌고 와서 희생제물로 바치기를 멈추지 않는 자, 그리고 진귀한 봉헌물들로 성전을 장식하고, 막대한 목재들과 모든 은과 금보다 값진 공예품들을 가져오는 자는 경건한 이들과 함께 거명되지 못할지어다!

1.21. 왜냐하면 이런 자는 경건을 향해 가는 도중에 길을 잃었고, 성결한 헌신 대신에 외적 종교의식을 중요하게 여겼고, 뇌물들을 절대 받지 않는 분에게 뇌물을 가져다 바쳤고, 아첨을 싫어하고 예배의 적자들(γνήσιοι)을 반기는 분에게 아첨하였기 때문이다. 여기서 예배의 적자들은 그 혼이 가식 없는 순수함과 유일한 제물로서 진리를 가져오는 예배들이다. 그는 또한 예배의 서자들(νόθοι)을 외면하는데, 예배의 서자들은 외적 풍요로움을 통한 모든 예배들임을 그대는 입증할 것이다.

1.22 VIII. 어떤 이들은 평지에서 길을 잃고 헤매는 그(요셉)를 발견한 사람의 정확한 이름을 그(모세)가 언급하지 않는다고 지적하는데, 그런 자들은 실상들의 올바른 길을 제대로 볼 수 없는 자들로서 그들 자신이 길을

잃은 상태라고 할 수 있다. 왜냐하면 만약에 혼의 눈이 훼손되지 않았다면, 참으로 사람에게 가장 친숙하고 정확한 이름은 바로 '사람(ἄνθρωπος)'이라는 이름이고, 이는 또렷하고 합리적인 마음으로 가장 적합하게 표현한 명칭이라는 사실을 그들도 알았을 것이기 때문이다.

1.23. 이 사람은 각 개인의 혼에 거하면서 어느 때는 통치자와 왕으로, 다른 때는 인생에서 벌어지는 다툼들의 재판관과 심판관으로 등장하고, 때로는 증인이나 고소인의 형태를 취하여 눈에 띄지 않게 내부에서 우리를 교정해주는데, 입을 열지 못하게 하고, 고삐 받기를 거부하며 고집 부리는 자를 양심의 고삐들로 붙잡아 재갈 물린 채로 혀의 경로를 감시한다.

1.24. 이 감시자(ἔλεγχος)가 길을 잃고 방황하는 혼을 발견했을 때 다음과 같이 질문한 것이다. "너는 무엇을 찾느냐?" 명철을 찾는다고? 그런데 왜 교활함의 길을 가느냐? 아니면 절제를 찾는다고? 이 통로는 인색함으로 가는 통로다. 아니면 용기를 찾는다고? 이 길로 가면 만용에 도달한다. 아니면 네가 경건을 추구하느냐? 이 길은 미신의 길이다.

1.25. 만약에 그것(혼)이 가까운 종속의 형제들과도 같은 지혜로운 로고스들을 찾기 위해 애타고 있다고 주장한다면, 우리는 그 주장을 전적으로 믿지는 말아야 한다. 왜냐하면 그는 "그들이 어디에서 먹이느냐?" 하고 묻지 않고 "그들이 어디에서 목양하느냐?" 하고 물었기 때문이다. 양식을 먹이는 자들은 모두 감각할 수 있는 것들을 감각 기관들을 가지고 있는 비이성적 동물들과 만족할 줄 모르는 짐승 떼에게 제공하며, 그런 감각적인 것들 때문에 우리는 스스로 자제력을 읽고 불행에 빠진다. 그러나 목양하는 자들은 통치자들과 행정관들 특유의 능력(δύναμις)을 가지고 욕망들의 양과 크기를 통제하며 야만적이었던 자들을 온순하게 만든다.

1.26. 그러므로 만약에 그것(혼)이 진실로 덕을 수련하는 자들을 찾고 있

었다면, 그는 포도잔지기들이나 요리사들이나 제과사들 가운데서가 아니라 왕들 가운데서 찾아보았어야 한다. 왜냐하면 이들(포도잔지기들, 요리사들, 제과사들)은 쾌락들을 위하여 일하지만 저들(왕들)은 쾌락들을 통제하기 때문이다.

1.27 IX. 그러므로 (요셉에게서) 기만적인 것을 본 사람은, "그들이 거기서 떠났다" 하고 옳게 대답하였다. 그는 몸에 얽힌 필연적 장애를 보여주면서, 덕을 얻기 위하여 노력을 기울이는 이들은 모두 한결같이, 숭고한 것을 명상하려면 지구를 둘러싼 곳을 떠나서 몸과 관련된 운명들 가운데 어떤 것도 끌고 다니지 말아야 한다는 사실을 이미 알고 있는 자들임을 분명히 하는 것이다.

1.28. 왜냐하면 그는, "도담으로 가자" 하고 그들이 말하는 것을 들었다고 하기 때문이다. 도담은 '충분한 버림(ἔκλειψις)'이라고 해석되는데, 이는 대충이 아니라 극단적으로 덕을 향하여 협력하지 않는 것들을 유기하고 버리는 것을 표현하며, 마치 "여성들 특유의 것들(경수)이 사라에게 더 이상 일어나지 않았다"고 한 것과 같다.(창 18:11) 격정들(πάθη)은 그 속성이 여성적이므로 그것을 버리고 남성적인 특성들을 선호하기를 추구해야 한다. 또한 "평지에서(ἐν πεδίῳ)"라는 말은 다투는 말들에서 발견되는데, 이는 다양한 교리의 해석자 요셉이 유용한 진리의 심상을 추구하기보다는 정치적인 심상을 추구함으로써 길을 잃게 되는 것을 상징한다.

1.29. 한편, 어떤 이들은 신체적 강인함 덕분에 적들이 그들과 겨룰 엄두를 내지 못하였고, 비교할 수 없는 체력 덕분에 경기장에서 진땀을 흘리며 싸울 필요도 없이 최고상들을 차지하였다. 이삭은 그런 능력을 우리에게 있는 것들 가운데 가장 신성한 지성적 마음(διάνοια)에 적용한 후에, "평지로 나갔다"고 하는데,(창 24:63) 그가 누구와 싸우려고 나간 것이 아닌 까닭

은 모든 경쟁자들이 모든 면에서 위대하고 탁월한 그의 태생적 속성을 두려워하였기 때문이다. 그는 다만 혼자 있으면서 자신의 동반자요 자신의 길과 혼의 안내자인 하나님과 사사로이 대화하고 싶었던 것이다.

1.30. 이에 관한 가장 분명한 증거는 이삭과 함께 대화한 이는 사멸하는 존재가 아니라는 것이다. 왜냐하면 인내를 상징하는 리브가는 동자에게 질문할 때, 한 사람을 보고, 오로지 한 사람의 화려한 모습만을 목격하고 질문하기 때문이다. "우리와 만나기 위하여 다가오는 이 사람은 누군가?" (창 24:65) 아름다운 것들을 위하여 인내하는 혼(리브가)은 스스로 터득하게 하는 지혜(이삭)를 알아보기에는 능력이 충분하지만, 아직 지혜(이삭)의 인도자이신 하나님을 볼 정도는 아니기 때문이다.

1.31. 그리하여 그 동자도 보이지 않는 분을, 모습을 드러내지 않으면서 사람과 대화할 수 있는 분을, 알아차리지 못한다는 사실을 확인시키며, 오직 이삭에 대해서만 언급한다. "이분은 내 주인이십니다."(창 24:65) 만약에 두 명을 보았다면, 그 동자가 하나만을 언급하지는 않았을 것이다. 그가 보이지 않는 분을 알아보지 못한 까닭은 그분은 중간 단계에 있는 모든 이들에게 보이지 않기 때문이다.

1.32 X. 그러므로 가인이 아벨을 나오라고 불러내는 평지는 갈등(ἄμιλλα)과 투쟁(διαμάχη)을 상징한다는 것을 나는 충분히 밝혔다고 생각한다. 다음으로 고찰해야 할 것은 그들이 그곳에 도착한 후에 무엇들에 대하여 다투고 결과는 어떻게 되는가 하는 것이다. 분명한 것은 그들의 의견들이 서로 반대이고 맞서 경쟁하는 상태였다는 것이다. 왜냐하면 아벨은 하나님께 모든 것을 의뢰하고 하나님을 사랑하는 교리인 반면에, 가인은 그 이름이 '소유'라고 해석되듯이 자기 자신을 의뢰하고 자기 자신을 사랑하는 교리이기 때문이다. 자기 자신을 사랑하는 자들은 덕을 존중하는 자들과 옷

을 벗고 진흙탕 경기를 펼칠 경우, 온갖 수단과 방법을 동원하여 격하게 싸우되, 강제로 못 하게 하거나 완패할 때까지 멈추지 않는다.

1.33. 왜냐하면 참으로 속담에 일렀듯이, 모두들 다음 질문을 던지지 않고서는 돌 하나도 움직이지 않기 때문이다.(전 10:9) '혼의 집은 몸이 아니냐?' 그러면 왜 우리는 집이 무너지려고 하지 않을 때 집을 관리하지 말아야 하는가? 눈들과 귀들과 다른 모든 감각 기관들이란 혼(ψυχή)에게 마치 경호원들이나 친구들과 같은 존재들이 아닌가? 그런데 그 동료들과 친구들(몸)을 그 자신들(혼)과 똑같이 존경하지는 말아야 하는가? 쾌락들과 즐거움들, 그리고 살아 있는 자들뿐 아니라 아직 태어나지 않은 자들이 인생 전체에서 누릴 쾌락들은 모두 자연(φύσις)이 만든 것이 아닌가? 부와 영광과 명예와 권세와 기타 안전하고도 행복한 삶을 성취하도록 하는 것들 가운데 우리가 매수하고자 노력해서는 안 되는 것은 무엇인가?

1.34. 그러나 다음과 같은 자들의 삶이 입증한다. 즉, 덕을 사랑한다고 일컬어지는 이들은 거의 대부분 평판이 좋지 않고, 경멸당하고, 가난하고, 생필품이 필요하고, 하인들이나 노예들보다 더 치욕스럽고, 더럽고, 창백하고, 뼈가 앙상하고, 굶주려서 영양실조에 걸린 것 같고, 병에 걸리고, 죽을 생각을 하곤 한다. 그러나 자신들을 돌보는 이들은 더욱 훌륭한 부자들과 지도자들로서 평판이 좋고, 명예롭고, 또한 건강하고, 뚱뚱하고, 왕성하고, 사치스럽고, 호화롭고, 노동을 알지 못하고, 쾌락들과 함께 살고, 모든 것을 수용할 수 있는 혼에게 모든 감각들을 통한 달콤한 것들을 가져온다.

1.35 XI. 이들은 말로 장황하게 늘어놓고는 궤변에 익숙하지 않은 자들을 이긴 것처럼 생각했다. 그러나 그들이 이긴 원인은 그들이 더 나은 능력을 장악해서라기보다는 이런 것들에 관하여 그 경쟁자들이 미숙하기 때문이

다. 왜냐하면 덕을 추구하는 이들 가운데 어떤 이들은 아름다움을 혼 속에만 보관한 채로 훌륭한 일들을 묵묵히 실천하는 수련자들이 되어 말을 유창하게 할 생각을 꿈에서조차 하지 않았기 때문이다. 그러나 다른 이들은 두 가지를 모두 겸비하여, 훌륭한 의지와 좋은 업적들로 지성적 마음을 강화하고, 유려한 언어기법들로 자신들이 표현하는 말들을 강화할 수 있었다.

1.36. 이런 이들에게는 다른 이들의 궤변론적 도전들에 대항할 예비책이 있어서 그것으로 적들을 맞아 자신들을 방어할 태세가 갖추어져 있으나, 전자(언어 기술을 갖추지 못한 수련자)에게는 아무런 안전장치가 없다. 준비된 자들에게도 불공정한 경기인데, 무방비상태로 벌거벗은 자들이 중무장한 자들을 맞아 같은 규정에 따라 싸워야 한다면 어떻게 이길 수 있겠는가?

1.37. 그러므로 아벨은 말 잘하는 기술을 배우지 않았고, 지성적 마음(διάνοια)으로만 아름다움을 볼 줄 알았다. 그것 덕분에 그는 평지에 가기를 거절해야 한다고 여겼을 것이고 적들의 초대에 무덤덤할 수 있었을 것이다. 왜냐하면 두려움이 패배보다 낫기 때문이다. 이런 두려움을 적들은 비겁함(δειλία)이라고 명명하지만, 친구들은 그것을 안전장치(ἀσφάλεια)라고 명명하는데, 적들보다는 거짓말을 하지 않는 한 친구들을 신뢰하는 편이 좋다.

1.38 XII. 그대가 아는 바와 같이, 모세는 이집트에서 몸으로 궤변론자들을 거부하고, 그들을 마술사들이라고 명명한다. 그는 궤변론적 기술들과 속임수들 때문에 좋은 습관들과 성향이 파괴되고 변질되어 자신이 "말에 능하지 못하다(εὔλογος)"고 주장한다.(출 4:10) 이는 그가 태생적으로 말에 능하지 못하고 설득력들을 구사할 만한 웅변술을 갖추지 못했다는 것과

같은 뜻이다. 그는 이어서 주장하기를 자신이 말에 능하지 못할 뿐만 아니라 "말을 못 한다(ἄλογός)"고 덧붙인다. 그런데 여기서 '말을 못 한다'는 뜻은 우리가 동물들은 이성적이지 않다고 말하는 것과 다르다. 이는 구강 기관을 통하여 말을 발설할 수가 없다는 뜻이고, 오로지 지성적 마음(διάνοια)만으로 진정한 지혜의 원칙들을 표시할 수 있다는 뜻인데, 이런 지혜는 위선적 궤변론과 정반대되는 것이다.

1.39. 그(모세)는 말하는 법을 완전하게 훈련하기 전까지는 이집트에 내려가지도 궤변론자와 경쟁하러 가지도 않을 것이다. 하나님께서 해석을 위한 모든 이데아들을 그에게 선명하게 보여주고, 아론을 선택하여 완전하게 하셨다. 아론은 모세의 형제로서 그의 '입', '대변인' 그리고 '선지자'로 일컬어지곤 했다.(출 7:1)

1.40. 왜냐하면 이 모든 호칭들은 로고스와 연관이 있고, 로고스는 지성적 마음(διάνοια)의 형제이기 때문이다. 로고스들의 샘(πηγή)은 지성적 마음이고, 지성적 마음의 입(구강구조)이 로고스다. 왜냐하면 샘에서 물줄기가 쏟아져 바닥으로 흘러나와야 보이듯이 마음속에 있는 모든 생각들도 로고스를 통해야 드러나기 때문이다. 또한 대변인이라 함은 지성적 마음이 자기 속에 있는 위원회에서 결정한 것들을 대변하기 때문이다. 뿐만 아니라, 선지자와 선견자라는 뜻은 그가 닿을 수 없을 만큼 깊고 보이지 않는 내면들로부터 끊임없이 쉬지 않고 예언들을 쏟아내기 때문이다.

1.41 XIII. 그러므로 이런 방식으로 교리들에 대하여 궤변론을 펼치는 자들에게 대항하는 것이 유용하다. 왜냐하면 로고스들의 이데아들 주변에서 훈련받게 된다면, 우리가 궤변론적 언쟁들에 미숙하여 굴복하는 일이 더는 없을 것이며, 우리는 우뚝 일어나 굳건한 입장에 서서, 그들의 인위적으로 꼬인 복잡함들을 어렵지 않게 물리칠 수 있을 것이기 때문이다. 그들의

정체가 일단 드러나면, 그들은 능력 면에서 경쟁자들이라기보다는 그림자와 싸우는 자들처럼 보일 것이다. 왜냐하면 저들은 (평소에) 헛손질로 좋은 평판을 얻기(εὐδοκιμεῖν) 때문에 막상 싸우러 나오면 적지 않게 평판을 잃기(ἀδοξεῖν) 때문이다.

1.42. 만약에 어떤 사람이 온갖 덕목들로 자기 혼을 장식한 상태이면서 말하는 기교들에 대하여는 마음을 쓰지 않는다면, 그는 침묵을 지킴으로써 안전이라는 위험하지 않은 특권을 누리겠지만, 아벨과 같이 굳건한 입장을 준비하기도 전에 경기장에 출전한다면 멸절하게 될 것이다.

1.43. 유사하게 어떤 자들은 의술로 거의 모든 고통들과 질병들과 나약함들을 치료하는 방법을 알고 있으나, 그것들 중 어떤 것에 대해서도 진실하거나 가능성 있는 설명을 하지 못한다. 이와는 반대로 다른 자들은 증상들과 원인들과 치료법들에 관한 것들을 놀랍게 설명하는 자들로서, 그것들로 기술이 어떻게 이루어지는지를 해석하는 최고의 해설가들이지만, 환자들의 몸들을 돌보는 문제에 있어서는 완전히 쓸모없는 자들로서 그들을 어떻게 치료할 수 있는지에 대해서는 최소한의 설명조차 충분하게 하지 못한다. 그러므로 어느 정도는, 실질적으로 일을 하면서 지혜를 수련하는 자들(ἀσκηταί)은 종종 말들에 주의를 기울이지 않은 경향이 있고, 말하는 기술들을 철저하게 배운 자들은 좋은 가르침을 혼에 저장해 두지 않은 경향이 있다고 할 수 있다.

1.44. 이들 후자가 굴레 씌우지 않은 혀를 사용하여 고집스러운 의지를 드러내는 것은 놀라운 일이 아니며, 그들이 처음부터 집착한 광기를 입증하는 것에 불과하다. 그러나 저들 전자는 마치 혼의 병들과 재앙들을 치료하는 특정 기술을 배우는 편을 선호하여 하나님이 훌륭한 대변인을 마련하셨다가 그에게 유창한 언변의 샘들을 쏟아부어 계시하실 때까지 그 자

리를 고수하고야 만다.

1.45 XIV. 그러므로 아벨에게는 구원의 미덕인 신중함을 실천하며 집에 남아 있는 편이 유익했을 것이다. 그는 싸우고 다투는 전장으로의 초대를 무시한 채, 리브가의 인내를 본받아야 했다. 그녀는 악을 추종하는 에서가 덕을 수련하는 야곱을 죽일 계획으로 위협할 때, 그(에서)가 그(야곱)를 향한 그 잔인한 광기를 누그러뜨릴 때까지 물러서 있을 것을 권고한다.

1.46. 왜냐하면 에서는 야곱을 위협하는 마음을 고수한 채 다음과 같이 선언하기 때문이다. "내 아버지를 곡할 날들이 가까우니 내가 내 형제 야곱을 죽이리라."(창 27:4) 그(에서)는, 태생적으로 격정이 없는(ἀπαθής) 유일한 형상(εἶδος)을 상징하는 이삭이 비이성적인 격정(πάθος)에 빠지기를 바라지만, 그런 이삭에게, "이집트로 내려가지 말라"는 신탁이 임한다.(창 26:2) 내 생각에, (이삭이 격정을 사용하기를 에서가 바란 까닭은) 그렇게 함으로써 에서는 이삭이 쾌락이나 비탄이나 다른 격정의 날카로운 침에 찔려 상처를 입기를 바라고, 그리하여 비록 완전하지는 않으나 최선을 다하여 정진하는 자(이삭)가 상처뿐 아니라 완전한 파멸을 맞이하는 것을 보여주고자 한 것 같다. 그러나 자비로운 하나님은 상처 입지 않은 종속의 형상이 격정으로 점령당하지 않도록 일하실 뿐만 아니라, 피비린내 나는 파괴로 덕의 수련이 굴복당하는 것을 허용하지 않으실 것이다.

1.47. 전술한 사례는 다음에도 이어진다. "가인이 일어나 그의 형제 아벨을 죽게 했다."(창 4:8) 이 기록을 언뜻 보면, 마치 아벨이 살해되었다는 인상을 주지만, 면밀하게 고찰하면, 가인 자신이 스스로에 의하여 살해된 것으로 읽힌다. 그러므로 이 기록은, "가인이 일어나 자기 자신을 죽게 했다"라고 읽어야 하며, 달리 읽지 말아야 한다.

1.48. 이렇게 보는 것이 맞다. 왜냐하면 덕을 사랑하고 하나님을 사랑하

는 교리를 스스로 멈추고 죽게 한 혼(ψυχή)은 덕의 삶에 대하여 죽은 상태가 되기 때문이다. 그러므로 지극히 역설적일지라도 아벨은 죽임을 당했으나 살아 있다. 어리석은 자의 마음 때문에 죽임을 당했으나 하나님 안에 있는 행복한 삶을 따라 살아 있는 것이다. 이에 대하여 주어진 말씀으로써 그는, "소리가 외친다" 하고 입증하는데,(창 4:10) 이는 단지 그가 악한 것에 의하여 고통받은 상태를 드러낸다. 그렇지 않다면, 존재하지 않는 자가 어떻게 대화할 수 있겠는가?

1.49 XV. 그러므로 지혜로운 현자는 비록 사멸하는 인생(βίος)을 떠나 죽은 것 같아도 불멸하는 인생으로는 살아 있게 된다. 그러나 어리석은 자는 살아 있을지라도 악 가운데 있다면, 행복이라는 측면에서 죽은 상태와 같다. 왜냐하면 다양한 동물들은 공통적으로 몸을 가지고 있으나, 그 가운데 고통을 가하는 것들이 있는가 하면 고통을 당하는 것들이 있다는 것을 가능하고도 쉽게 생각할 수 있기 때문이다. 예컨대, 아버지가 아들을 매질하여 훈육하거나 선생이 제자를 매질하는 경우를 생각해보면, 매질하는 자가 있는가 하면 매를 맞는 자가 있는 것이다. 그런데 가해하기(τὸ ποιεῖν)와 피해당하기(τὸ πάσχειν)가 하나로 결합한 상태도 생각할 수 있는데, 그 둘이 서로 다른 시간에 서로 달리 나타나지 않고, 똑같은 시간에 똑같은 사람으로 나타나는 경우가 있다. 예컨대, 훈련하기 위해서 자기 자신을 깨끗하게 문지르는 운동선수는 문지름을 당하기도 하는 것이 분명하다. 또한 누가 자기 자신을 때리거나 상해를 가하면, 그 자신이 맞기도 하고 상해를 당하기도 한다. 또한 자기 자신을 절단하고 죽이는 자는 그 자신이 절단을 당하고 죽임을 당하기도 하는 셈이다.

1.50. 무엇 때문에 나는 이런 말들을 했는가? 왜냐하면 서로 분리할 수 있는 상태들이 아니라 서로 분리할 수 없이 결합한 상태들로 있는 혼

(ψυχή)의 경우에는 가해하는 것을 겪을 수밖에 없는 것처럼 보이고 실제로 그렇기 때문이다. 혼이 하나님을 사랑하는 교리를 죽게 하는 쪽을 택할 경우에는, 자기 자신까지 죽게 하는 것이다. 이에 관하여는 불경건한 가인의 후손인 라멕이 입증한다. 라멕은 무모한 두 의견들을 상징하는 자기 부인들에게 말한다. "나에게 상처를 입혔으므로 내가 한 사람을 죽게 하였고, 나에게 상해를 남겼으므로 내가 한 젊은이를 죽게 하였다."(창 4:23)

1.51. 분명한 것은, 만약에 누가 어떤 남자의 로고스를 죽게 하면, 가해자는 로고스와 반대인 비겁함이라는 질병으로 상해를 당한다는 사실이다. 그리고 만약에 누가 아름다운 것들을 실천하기 위하여 수련하다가 자신에게 생기를 주는 힘을 살해한다면, 자기 자신에게 부상과 막대한 상해를 입히고 가늠하기 어려운 수치심까지 당하게 된다. 그러므로 한결같은 인내(ὑπομονή)는, 만약에 수련(ἄσκησις)과 진보(προκοπή)가 살해된다면, 하나의 후손뿐 아니라 다른 후손들까지 모두 끊기게 되고, 자손이 아예 없는 상태가 될 수 있다고 경고한다.

1.52 XVI. 마치 고귀한 자를 가해한 자가 실제로는 자기 자신에게 해를 가한 셈인 것처럼, 자신이 더 나은 것들을 누리기에 합당한 특권이 있다고 여기는 자는 말로는 그렇더라도 실제로는 자신이 그에 해당하는 값을 치른 셈이다. 내 말을 증언하는 이는 자연(φύσις)이고, 그에 따라 지어진 법률들이며, 그것은 다음과 같이 직접적이고 선명하게 표현한다. "네 아버지와 어머니를 공경하라, 그리하면 네게 잘 되리라."(출 20:12) 공경을 받은 이들이 잘 되는 것이 아니라 성경은 네게 좋은 일이 있을 것이라고 말한다. 왜냐하면 만약에 우리가 정신(νοῦς)을 이 합성체(σύγκριμα)의 아버지로 여기고, 감각(αἴσθησις)을 어머니로 여겨 공경한다면 우리 자신이 그로 인하여 잘될 것이기 때문이다.[2]

1.53. 그런데 정신이 공경을 받아야 하는 까닭은 유익함을 가져다주는 것들 때문이지 달콤함을 주는 것들 때문이 아니며, 덕(ἀρετή)에서 유래한 것들은 모두 유익함을 가져다주는 것들이다. 또한 감각이 공경을 받아야 하는 까닭은 충동(ῥύμη)을 받아 외적 감각 대상들을 향해 가도록 허용하기 때문이 아니라, 정신에 의하여 그것에 재갈을 물릴 수 있기 때문인데, 정신(νοῦς)은 우리 가운데서 비이성적인 능력들을 조종하고 이끄는 방법을 알고 있다.

1.54. 그러므로 만약에 감각과 정신이 각각 내가 말한 공경을 받게 된다면, 필연은 그 둘을 모두 대우한 자인 나를 유익하게 할 것이 틀림없다. 그런데 그대가 언어(λόγος)를 정신과 감각에서 멀리까지 끌어내어 확장하고, 세상(κόσμος)을 창조하신 아버지와 만물을 완성한 어머니 지혜(σοφία)를 공경하기에 합당하다고 여긴다면, 그대 자신이 유익을 얻을 것이다. 왜냐하면 충만하신 하나님(θεός)도 숭고하고 온전한 지혜(ἐπιστήμη)도 필요한 것이 아무것도 없으므로, 필요한 것이 아무것도 없으면서 공경만 받은 분들이 아니라 그분들을 공경한 그대 자신이 엄청난 유익을 얻을 것이기 때문이다.

1.55. 말 키우기와 개 키우기는 말들과 개들을 보살피는 일(θεραπεία)에 관한 지혜로서, 그 동물들에게 유익한 것들을 그것들이 원하기 때문에 공급하는 것이다. 공급해주지 않으면, 그것들을 보살피지 않는 것처럼 된다. 그런데 경건함(εὐσέβεια)을 하나님을 보살피는 것으로 여기고, 신성(τὸ θεῖον)에 필요한 것을 공급하여 유익을 끼치는 것처럼 말하는 것은 관습상 있을 수 없는 일이다. 왜냐하면 신성은 부족한 것이 없으므로 어떤 것으로도 유익을 얻을 필요가 없고, 누구도 모든 면에서 자신보다 월등한 존재에게 은

••
2) 여기서 '합성체(σύγκριμα)'는 인간의 몸을 의미한다.

혜를 끼칠 능력은 충분하지 않기 때문이다. 오히려 그(하나님)는 삼라만상을 지속적으로 끊임없이 유익하게 하신다.

1.56.　그리하여 우리가 경건을 하나님을 보살펴드리는 일(θεραπεία)이라고 말하면, 어느 정도는 섬김(ὑπηρεσία)을 뜻하는데, 하인들은 주인들이 지시하는 일을 머뭇거리지 않고 실행하도록 배워서 주인들을 섬기는 것이다. 그러나 경건은 섬김과도 다르다. 왜냐하면 주인들은 섬김을 필요로 하지만, 하나님은 필요한 것이 없으시기 때문이다. 그러므로 주인들에게는 하인들이 섬겨 유익한 것들을 공급하지만, 하나님께는 주인을 사랑하는 의도 외에 아무것도 공급해드릴 것이 없다. 그들은 개선할 것이 아무것도 없음을 발견할 것인데, 왜냐하면 만물이 태초부터 가장 훌륭한 상태로 주인에게 속해 있기 때문이다. 그러나 하나님께 알려지고자 먼저 주의를 기울인 자들은 엄청난 유익을 얻을 것이다.

1.57 XVII.　다른 이들에게 유익이나 해를 끼친다고 생각하는 것처럼 보이는 이들에 관하여는 이 정도 말하는 것으로 충분하다고 생각한다. 다른 이에게 행한다고 생각하는 자들은 어느 정도는 자기 자신에게 행하는 것임이 드러났기 때문이다. 다음으로 우리가 고찰하려는 것은 다음과 같은 질문이다. "네 형제 아벨이 어디 있느냐?" 이에 대하여 그(가인)가 대답한다. "제가 알지 못합니다. 제가 제 형제의 수호자입니까?"(창 4:9) 그러므로 여기서 그(가인)가 하나님께 질문하는 것이 참으로 적절한가에 관하여 질문할 가치가 있다. 왜냐하면 질문하거나 문의하는 자는 자신이 알지 못하는 것에 대하여 질문하거나 문의하면서 답변을 구해야 하고, 답변을 통하여 자신이 알지 못한 것을 알게 되곤 하기 때문이다. 그러나 만물은 하나님께 이미 알려져 익숙한 상태이고 현재 것들이나 과거 것들뿐만 아니라 장차 있을 것들까지 모두 알려졌다.

1.58. 그런데 질문한 주체가 자신이 질문한 것에 대한 대답으로 인하여 얻을 것이 아무것도 없는 경우임에도 불구하고 대답하는 것이 유익한 까닭은 무엇인가? 그런 것들이 만물의 근원에게는 정확하게 표현된 것처럼 보이지 않는다고 말하거나, 아니면 거짓을 발음하는 것 자체가 곧 진실하지 않은 것을 말하는 것은 아니듯이, 질문과 문의 자체가 곧장 실제로 질문하거나 문의하는 것은 아니라고 말해야 한다. 그러면 무엇 때문에 그런 것들을 말하느냐고 누군가는 말할지 모른다. 그것은 어쩌면 그런 질문을 해봄으로써, 그런 것들에 답하려고 하는 혼 자신이 답하는 것이 옳은지 그른지를 스스로 확인하게 하려는 것일 수 있으며, 다른 고소인이나 맞수로서 질문하는 것은 아닐 것이다.

1.59. 왜냐하면 그가 현자에게 (다음과 같이) 물으시기 때문이다. "너에게 덕이 어디 있느냐?" 즉, 아브라함에게 사라에 대하여 물으신 것인데, 알지 못해서 질문하신 것이 아니라 그(아브라함)가 대답할 것을 염두에 두고 그가 말을 하게 되면 그것을 계기로 칭찬을 이끌어내시려는 것이다. 그러므로 그(모세)는 그(아브라함)가 다음과 같이 말했다고 말(기록)한다. "보세요, 그녀는 저의 장막 안에 있습니다."(창 18:9) 여기서 장막 안에 있다는 말은 '내 혼 속에' 있다는 뜻이다. 그러면 이 대답으로부터 끌어낼 만한 칭찬은 무엇인가? 그것은 바로 그가 다음과 같은 뜻으로 말한 것이다. '보세요, 덕을, 저는 제 안에 마치 보석처럼 그것을 보관하고 있으며, 바로 그것 때문에 저는 행복합니다.'

1.60. '행복은 덕의 사용과 향유이고, 덕 자체를 고스란히 보관하는 것이 아닙니다. 그러나 당신이 하늘로부터 덕의 씨앗들을 가지고 내려와 그녀를 채워서 임신하게 하지 않으시면, 그리고 그녀가 행복의 종속인 이삭을 낳아주지 않으면 저는 그 능력을 사용할 수 없을 것입니다. 그리고 저는 행

복이란 완전한 삶 가운데서 완전한 덕을 사용하는 것이라고 이해합니다.' 그러자 그는, 그(아브라함)의 결단에 감동하여, 그(아브라함)가 구한 것들을 적기에 성취하겠다고 그에게 약속하신다.

1.61 XVIII.　그러므로 아브라함에게 대답은 칭찬(ἔπαινος)을 초래했다. 왜냐하면 그는 신의 호의가 없이는 덕 그 자체로는 은혜를 끼치기에 충분하지 않다고 고백하였기 때문이다. 이로써 자신이 기만하여 죽게 한 자가 어디 있는지를 알지 못한다고 선언한 가인에게는 비난(ψόγος)을 선포할 계기가 마련된다. 왜냐하면 그런(아브라함의) 관점에서 그(가인)의 대답은, 어떤 것도 제대로 볼 수 없고 자기가 쓰려는 기만을 미리 의심하지 않는 자를 자기 청중으로 삼아 속이려는 것처럼 보일 것이기 때문이다. 그러나 하나님의 눈을 제대로 볼 수 없는 것이라고 생각하는 자는 모두 무법하고, 자기 종족에서 쫓겨나야 마땅하다.

1.62.　그런데 그(가인)는 참으로 버릇없이 대꾸한다. "나는 내 형제의 '수호자(φύλαξ)'가 아니다." 만약에 자연(φύσις)이 그대를 그처럼 좋은 사람의 후견인과 수호자로 태어나게 했다면, 나는 전적으로 그가 그 이후로 비참하게 살았을 것이 틀림없다고 말하고 싶다. 입법자는 거룩한 것들의 보전과 수호의 사명을 아무에게나 쟁취할 수 있도록 허용하지 않고, 가장 거룩한 이들이라는 레위인들에게 부탁한 것을 그대는 알지 못하는가? 왜냐하면 그들에게는 흙과 물과 공기 따위는 지분이 될 자격이 없고, 하늘과 세상 전체가 지분으로서 합당하다고 여겨졌으며, 그런 지분은 오로지 조물주에게나 합당한 것이므로, 그들은 조물주를 은신처 삼아 그에게 피하여 망명자들이 되었고, 창조주의 공식적인 사제들이 되어, 섬기기를 지속하고, 명령받은 것들을 지체하지 않고 수행하는 사명을 다하면서 주인에 대한 사랑을 입증하기 때문이다.

1.63 XIX.   망명한 사제들로 태어난 자들 모두가 성물들을 관리하는 수호자가 될 수 있는 것은 아니고, 나이가 50세에 이른 사람들로서 범죄를 저지르지 않고, 완전한 자유와 자기가 이미 얻은 지분으로의 복귀를 선언하는 이들만이 될 수 있다. 왜냐하면 그(모세)는 다음과 같이 말(기록)하기 때문이다. "이는 레위인들에 관한 것이다. 25세부터 회막 안에 들어가 임무를 수행할 수 있고, 50세부터는 그 섬기는 일(λειτουργία)에서 물러나 일하지 말아야 하고, 그의 형제가 섬기는 일을 할 것이고, 그 자신은 보관된 성물들을 수호하되, 섬기는 일들을 일하지는 말아야 한다."(민 8:24-26)

1.64.   그러므로 완전한 숫자(100)의 절반, 즉 50세가 된 자에게(50의 절반은 25) 거룩한 것들을 지키는 임무를 수행하도록 허락하고, 그 일들을 통하여 그들이 섬겨온 열심을 입증하도록 한 것이다. 이는 고대에 어떤 이가 말한 바와 같이, 만물의 시작이 반이므로, 완전한 자에게 더는 노동하지 않게 하고, 자신이 염려와 노동을 통하여 얻은 것들을 모두 지킬 수 있도록 한 것이다. 그러므로 나는 수호자가 될 수 없는 수련자가 되고 싶지는 않다.

1.65.   그러므로 '수련(ἄσκησις)'은 절반일 뿐 완성이 아니다. 왜냐하면 그것은 훌륭함이 정점에 이르러 이미 완전해진 혼들이 아니라, 그런 훌륭함을 바라보며 헌신하는 혼들이 훈련하는 것이기 때문이다. 그러나 완전한 수호자는 수련하면서 체험한 거룩한 것들에 대한 진실한 이론들(θεωρήματα)을 기억(μνήμη)의 차원으로 넘기고, 지혜(ἐπιστήμη)라는 아름다운 보고를 신뢰할 만한 수호자에게 건네주어야 하리니, 지혜만이 오로지 방대한 자료들로 가득한 망각(λήθη)이라는 그물들(δίκτυα)에서 빠져나올 수 있는 유일한 방편이기 때문이다. 그러므로 자신이 체험하여 배운 것들에 세심한 주의를 기울여 기억하는 자(ὁ μνήμων)를 온전하고도 적절하게 '수

호자(φύλαξ)'라 부르는 것이다.[3]

1.66. 이전에는 그가 학습하는 제자(μαθητής)였고 다른 이가 그를 가르쳤으나, 그가 배운 것을 수호하기에 충분한 능력을 갖추게 되면 교사(διδάσκαλος)로서의 능력과 지위를 지분으로 받아, 자기 형제인 자신이 언급하는 로고스를 교직에 임명해야 한다. 왜냐하면 "그의 형제가 섬기는 일을 할 것이다"라고 기록되었기 때문이다.(민 8:26) 그렇게 하면 고결한 정신(νοῦς)이 덕에 관한 교리들의 수호자와 청지기가 될 것이고, 그의 형제인 로고스는 그를 대신하여 섬기되, 지혜의 교리들과 이론들을 오가며 배우기(παιδεία)에 마음을 쓰고 입문한 자들을 섬길 것이다.

1.67. 그러므로 모세는 레위에 대하여 먼저 많은 경탄의 말들로 칭찬하고, 다음과 같이 덧붙였다. "그가 당신(하나님)의 말씀들을 준행하고 당신의 언약을 삼가 지켰습니다."(신 33:9) 이어진 말은 다음과 같다. "그들(레위의 후손)이 당신의 정의로운 계율들(δικαιώματα)을 야곱에게, 당신의 법(νόμος)을 이스라엘에게 밝히 선포할 것입니다."(신 33:10)[4]

1.68. 그러므로 그(모세)는 하나님의 말씀들과 언약의 수호자는 고결한 자라고 분명하게 표현한다. 또한 거듭 선언하기를, 그는 정의로운 계율들과 율법들의 해석자요 덕의 인도자로서, 소리를 발하는 통로에 적합한 기관을 통하여 해석을 끌어내고, 정신(νοῦς) 주변을 세심하게 살펴 수호하였

∴

3) 이 부분은 필론이 왜 그처럼 방대한 저술을 남겼는지를 가늠케 하는 내용을 담고 있다. '망각'에 대하여는 다음을 참조해볼 만하다. Plato, *Resp.* 621a.

4) "그는 자기 아버지와 어머니를 두고 '나는 그를 본 적이 없다' 하며 자기 형제를 외면하고 자기 아들들을 아는 체하지 않았습니다. 정녕 그는 당신의 말씀을 지키고 당신의 계약을 준수하였습니다. 10 그는 당신의 법규들을 야곱에게 가르치고 당신의 율법을 이스라엘에게 가르칩니다. 당신 앞에 향을 피워 올리고 당신 제단에서 번제물을 바칩니다."(『성경』 신명 33:9-10)

는데, 그 정신은 태생적으로 방대한 창고를 갖추고 있어서, 온갖 몸적인 것들과 사건들에 관한 정보들을 편리하게 저장했다고 한다. 그러므로 자기를 사랑하는 가인에게는 아벨을 수호하는 편이 참으로 더 좋았을 것이다. 왜냐하면 그(가인)가 그(아벨)를 지켜냈다면, 그에 대한 평가가 엇갈리는 중도적 삶으로 재활하였을 것이고, 희석되지 않은 악 자체로 채워지는 일은 없었을 것이기 때문이다.

1.69 XX. "그리고 하나님은 말씀하셨다. 네가 무엇을 하였느냐? 네 형제의 피의 소리가 땅에서부터 내게 소리 지른다."(창 4:10) "네가 무엇을 하였느냐"는 말은 옳지 않은 행위에 대한 분노와 음모를 꾸며 살해한 것으로 여겨지는 자에 대한 조롱을 표현한다. 분노가 일어나는 까닭은 그런 짓을 저지른 의도 때문인데, 그가 아름다운 것을 제거할 의도를 가졌기 때문이다. 또한 조롱이 일어나는 까닭은, 자기보다 더 훌륭하지 못한 자에 대하여 음모를 꾸민 것이 아니라, 자기보다 더 훌륭한 자에 대하여 음모를 꾸민 것으로 추정되기 때문이다.

1.70. 내가 전술한 바와 같이, 죽은 것처럼 보이지만 실제로는 살아 있는 자가 있는데, 참으로 하나님께 망명하여 소리를 내는 탄원자(ἱκέτης)로 드러나는 경우가 그러하다. 또한 잘살고 있는 것처럼 보이지만, '혼의 죽음(ὁ ψυχικὸς θάνατος)'으로 인하여 죽은 자가 있는데, 오로지 덕(ἀρετή)을 따르는 경우에만 살아 있다고 할 수 있음에도 그런 덕에서 떨어져 나갔기 때문이다. 그러므로 "네가 무엇을 하였느냐"는 말은 "네가 아무것도 하지 못하였다"라는 말과 같으며, 이는 '네가 성취한 것이라곤 아무것도 없다'라는 뜻이다.

1.71. 궤변론자 발람은 맞서고 다투는 교리들의 헛된 무리를 상징하는데, 그가 고결한 사람을 저주하고 가해하고자 의도하였을 때 그럴 힘이 있

었으나, 하나님은 그의 저주들을 자비로 바꾸셨다. 이는 그(하나님)가 그 불의한 자(발람)의 교활함을 완전히 물리치고 자신이 덕을 사랑함을 입증하시려는 것이었다.

1.72 XXI. 궤변론자들(σοφισταί)은 태생적으로 자기 속에서 적대적인 능력들을 사용하는 경향이 있는데, 그들의 언어들은 생각들과 상충하고, 의견들은 언어들과 상충하여 도무지 일관성이 없다. 어떤 경우에도 그들은 우리의 귀들을 지치게 하면서 선언하기를, 정의는 소통하는 것이고, 절제는 이로운 것이고, 자제력은 고결한 것이고, 경건은 유익하며, 기타의 덕은 건전한 것이요, 구원하는 방편이라고 한다. 또한 불의는 도저히 타협할 수 없는 것이고, 방탕은 병적인 것이고, 불경은 무법한 것이며, 기타의 악은 해로운 것이라고 늘어놓는 것이다.

1.73. 말은 그렇지만, 그들은 자신들이 한 말들과 정반대인 것들을 생각하기를 멈추지 못한다. 명철과 절제와 정의와 경건을 찬양하는 동시에 지극히 어리석고, 방탕하고, 불의하고, 불경하게 되어, 요컨대, 인위적인 것들과 신성한 것들을 온통 혼동하고 뒤바꾸는 상태가 되고 마는 것이다.

1.74. 누군가 그들(궤변론자들)에게 하나님의 신탁(χρησμός)이 가인에게 말씀하신 것과 같은 말을 해주어도 옳겠다. 너희가 무엇을 했느냐? 너희 자신이 어떤 좋은 일을 실천했느냐? 덕에 대한 이 모든 말들이 너희 혼에 어떤 유익을 끼쳤느냐? 작건 크건 인생에서 어떤 특별한 것을 잘한 것이 있는가? 반대로, 너희는 너희 자신을 상대로 진정한 혐의를 제기하는 일에 가담한 것은 아닌가? 왜냐하면 너희는 아름다운 것들을 알아보고, 말로는 철학을 하면서, 가장 훌륭한 해석자들이 되긴 하였으나, 가장 부끄러운 짓들을 계획하고 그런 짓들을 끊임없이 저지르는 자들로 확인되기 때문이다. 참으로 선한 것들은 너희 혼들 가운데서 이미 죽었고, 악한 것들은 살

아났으니, 이런 이유 때문에 너희 가운데 제대로 살아 있는 자가 없는 것이다.

1.75. 유사하게 어떤 음악가나 문법가가 생을 마감한 후에는 그 음악과 문법이 그 남자들과 함께 사라지지만, 이들의 이데아들은 남아서 세상과 더불어 일종의 삶을 영속할 것이다. 그것들(음악가들의 이데아와 문법가들의 이데아)을 따라 현재 존재하는 이들과 앞으로 존재할 이들은 지속적으로 영원까지 음악가들과 문법가들이 될 것이다. 유사하게, 어떤 사람 안에 있는 명철, 절제, 용기, 정의 등 일반적으로 지혜로운 것이라고 하는 것이 파괴된다 해도 만물의 불멸하는 자연에 깃든 명철은 줄지 않고 여전히 불멸하고, 온갖 덕은 불후의 작품으로 새겨질 것이니, 그에 따라 지금도 고결한 이들이 있고 이후로도 어느 정도 있을 것이다.

1.76. 그렇지 않다면, 우리는 심지어 어떤 인간 개인의 죽음을 인류에게 멸망이 닥친 것이라고 표현할 수도 있는데, 여기서 인류를 인간 종속이라고 할지, 인간이라는 이데아라고 할지, 인간이라는 개념이라고 할지, 뭐라고 불러야 할지에 관하여는 엄밀한 이름들을 찾는 이들이 알아낼 것이다. 하나의 도장(σφραγίς)은 종종 똑같은 인상을 무수히 많이 새롭게 찍어냈고, 이후로 찍어놓은 모양들은 재료의 붕괴로 모두 흐려졌으나, 도장의 인상 자체는 본성상 장소에 따라 변하지 않고 원래의 모습 그대로 고스란히 남았다.

1.77. 비록 모든 덕목들의 인상들(χαρακτῆρες)이 그 덕목들을 실현하고자 애쓴 사람들의 혼들에 새겨졌다가 삶의 고통들이나 다른 원인들로 인하여 희미해질지라도, 절대로 섞이지 않아 순수한 그 자체의 불멸하는 본성만은 영원히 간직할 수 있다고 우리는 생각할 수 있지 않을까? 그러나 배우기(παιδεία)에 입문하지 않은 자들은 전체적인 것들과 개별적인 것들, 일반

적인 것들과 특수한 것들, 이런 것들과 연관된 동음이의어들 사이의 차이들을 도무지 알지 못하고, 만물과 만물을 서로 혼동하여 뒤섞어놓는다.

1.78. 그러므로 자신을 사랑하는 자는 모두 가인의 이름을 따라 아벨의 이름을 따르는 자를 죽게 하되, 바로 그 특수성을, 그 개별성을, 그것에 따른 모양을 죽게한 것일 뿐, 그 원형을, 그 종속을, 그 이데아 자체를 죽게한 것은 아님을 알아야 할지라! 원형을 비롯한 후자는 비록 동물(과 같은 몸)들이 죽을 때 같이 파괴되는 것 같아도, 사실 절대로 죽지 않는 것들이기 때문이다. 그러므로 누구든지 그를 비난하고 조롱하면서 그에게 다음과 같이 말하라! '대체 네가 무슨 짓을 한 것이냐, 오, 나쁜 다이몬을 선택한 자야(κακόδαιμον)?[5] 네가 제거했다고 생각하는 것은 바로 하나님을 사랑하는 의견, 네가 하나님과 함께 사는 것이 아니냐? 네가 비난받지 않고 살 수 있는 유일한 것을 속임수를 써서 살해함으로써 너 스스로 살인자가 되고 말았구나!'

1.79 XXII. 그리고 다음과 같이 언급된 말(기록)들은 큰소리를 내어 읽으면, 해석의 아름다움과 생각들이 포착된다. "네 형제의 피의 소리가 땅으로부터 나에게 외친다(φωνὴ αἵματος τοῦ ἀδελφοῦ σου βοᾷ πρὸς μὲ ἐκ τῆς γῆς)." (창 4:10) 즉, 이것은 발음상으로 숭고한 표현이어서 언어에 입문하지 않는 이들에게조차 모두 전달될 수 있을 정도다. 그러면 피에 대하여 전술한 것에 관하여 겉으로 드러난 말들의 의미들을 우리가 할 수 있는 만큼 최선을 다하여 살펴보자!

1.80. 율법의 여러 곳에서 그(모세)는 피를 혼(목숨)의 본질(οὐσία)이라고 직접적으로 말(기록)하여 소개한다. "모든 육체의 혼(ψυχή)은 피다."(레

5) 사후에 자신의 다이몬을 선택하는 장면은 다음을 보라. Plato, *Resp.* 617e.

17:11) 그리고 하늘과 땅과 그들 사이의 피조물을 창조한 이후에 생명을 창조하는 분이 처음으로 사람을 만든 때에 관하여 그(모세)는 다음과 같이 말(기록)한다. "그(하나님)가 그(인간)의 얼굴에 생명의 영(πνεῦμα)을 불어넣자 인간은 살아 있는 혼이 되었다." 이는 영이 혼의 본질이라는 뜻이다.

1.81. 그(모세)는 처음부터 가설들을 정확하게 기억하여 언급하는 일에 익숙한 상태였고, 나중에 기록된 언명들을 처음 기록한 것들과 호응하도록 하는 것을 옳게 여겼다. 그러므로 그가 앞에서는 영을 생명의 본질로 언급한 후에 뒤에서는 피를 몸에서 가장 중요한 것이라고 말한 것은, 무언가 필연적이고도 중요한 것을 말하려는 의도가 있었을 것이다.

1.82. 그러면 뭐라고 말해야 할까? 우리 각자는 숫자 2로 나뉜 부분들이 서로 이웃하여 구성되어 있으며, 그 부분들은 동물과 인간이라는 것이다. 이들 각각에 적절한 능력이 배정되어 있는데, 혼마다 다르게 배정되었다. 그 가운데 목숨이 살아 있도록 하는 부분이 있어서 그에 따라 우리가 살아 있는 것이고, 다른 부분은 로고스가 있는 부분으로서 그에 따라 우리 인간이 이성적일 수 있는 것이다. 로고스가 없는 비이성적인 동물들은 살리는 부분을 공유하지만, 로고스 부분을 공유하지는 못하는데, 하나님이 사용하기 시작하여 통치하시는 로고스 부분이야말로 가장 오래된 로고스의 샘(πηγή)이다.

1.83 XXIII. 로고스가 없는 비이성적 동물들(τὰ ἄλογα)과 공통적인 능력은 피를 본질(οὐσία)로 선택하였으나, 로고스 부분의 샘에서 흘러나오는 능력은 영(πνεῦμα)을 본질로 선택하였으니, 그것은 움직이는 공기가 아니라, 신성한 능력들을 담은 일종의 '표시'요 '인상들'이다. 그 특유의 이름을 모세는 '형상(εἰκών)'이라 부름으로써 하나님이 이성적 속성의 원형이며, 그것의 복사본(μίμημα)이 인간 모양(ἀπείκασμα)임을 밝혀준다. 이 인간의 모양은 '이

중적 속성을 가진 동물(τὸ διφυὲς ζῷον)'이 아니라, 혼의 가장 훌륭한 형태 (εἶδος)로서 '정신(νοῦς)'과 '로고스(λόγος)'라고 불린다.

1.84. 이런 이유로 그(모세)는 피를 육체의 혼(ψυχή)이라 말(기록)하였으나, 그는 육체의 속성이 정신(νοῦς)에 속하지 않고 우리 몸 전체와 같이 육체적 생명에 참여함을 분명히 알고 있었다. 또한 인간의 혼은 '영(πνεῦμα)' 이라는 이름으로 불리는데, 여기서 그가 '인간'이라 부르는 것은 내가 전술한(동물과 인간의) '복합체'를 뜻하는 것이 아니라, 하나님의 모양을 닮은 피조물을 뜻하며, 그것 덕분에 우리가 이성적으로 생각할 수 있는 것이다. 그(하나님)는 그것의 뿌리들을 하늘까지 확장하여 소위 항성들이라고 불리는 고리의 맨 바깥에 고정하셨다.

1.85. 하나님은 땅에 있는 것들 가운데 유일한 하늘식물로서 인간을 만드셨고, 다른 것들의 머리들을 마른 땅에 두어 모두 아래를 향하게 하였으나 인간의 머리는 위를 향하게 하셨으니, 이는 지상의 썩는 양식들이 아니라 올림포스의 썩지 않는 양식들을 얻게 하시려는 것이다. 그리하여 그는 우리 몸 가운데서 가장 둔한 부분을 로고스 부분과 되도록 멀찌감치 떨어뜨려 그 발들을 땅에 뿌리박도록 하였고, 감각들(αἰσθήσεις)을 정신(νοῦς)의 경호원으로 삼았고, 정신을 땅 근처에서 최대한 멀찌감치 밀어내어 대기와 하늘의 불멸하는 주기적 회전들과 함께 묶어놓으셨다.

1.86 XXIV. 그러므로 어떻게 인간이 무형의 하나님이라는 정보(ἔννοια)를 갖게 되었는지, 모세의 제자들인 우리는 더는 혼란스러워하지 말자! 왜냐하면 우리는 그 원인을 신탁으로 배웠고, 신탁은 우리에게 알려주었기 때문이다. 신탁은 이렇게 말했다. 창조주는 몸에 있는 어떤 혼도 스스로 창조주를 알아보기에 충분하도록 만들지 않으셨으나, 혼이 창조된 작품에 대한 합리적 생각을 한 후에, 창조한 분에 대한 정보를 얻고자 하면, 막대

한 유익을 얻도록 만드셨다. 왜냐하면 이런 사람은 행복과 축복의 경계에 있기 때문이다. 그는 보이지 않는 자신의 신성(θειότης)으로부터 보이지 않는 혼에 영을 불어넣고, 자신의 흔적들(τύποι)을 혼에 새겨넣음으로써 지상에 하나님의 형상(εἰκών)이 부재하지 않도록 하셨다.

1.87. 따라서 원형(ἀρχέτυπος)은 모양이 없었고, 그리하여 그 형상(εἰκών)도 보이지 않았으며, 참으로 그 원본(παράδειγμα)에 따라 형성된 것은 이후로 죽지 않고 불멸하는 정보들을 받게 되었다. 그렇지 않다면, (만약에 하나님이 그렇게 하지 않으셨다면) 어떻게 '사멸하는 속성(몸)'을 가진 것이 여기 사는 동시에 외국에 나갈 수가 있겠는가? 또한 어떻게 이쪽에 있는 것들을 파악하는 동시에 반대편에 있는 것들을 파악하겠는가? 어떻게 모든 바다를 항해하면서 동시에 땅의 경계 끝까지 다닐 수 있겠으며, 어떻게 모든 실상들과 몸적인 것들에 관한 법률들과 관습들을 추적할 수 있겠는가? 어떻게 지상의 것들에 더하여 대기 중에 있는 것들까지 동시에 이해할 수 있겠으며, 어떻게 대기와 그것의 움직임들과 시간 특유의 성질들과 해마다 계절마다 새로워지는 온갖 것들과 관습으로 인해 달라지는 온갖 것들을 모조리 섭렵할 수 있겠는가?

1.88. 또한 어떻게 땅에서 벗어나 대기를 통과하여 하늘까지 날아갈 수 있으며, 어떻게 하늘에 있는 것들의 속성들을 조사하되, 그것들이 어떤 특성들을 갖는지, 어떻게 움직이는지를 조사할 수 있는가? 대체 무엇이 움직임을 시작하는 경계들이고 그 끝은 어디인가? 어떻게 그것들이 친화성(συγγένεια)이라는 정의로운 무언가를 통하여 서로서로 뿐만 아니라 만물 전체와 조화를 이루는가? 기술들과 학문들을 미리 생각하여 확립하기는 쉬운가? 그 모든 것들이 어떻게 외적인 것들과 몸과 혼에 관한 것들을 형성하는지, 어떻게 그것들이 각각 발전하고, 어떻게 실제 효과들과 기타 무

수한 다른 것들을 생산하는지, 그 수와 성질조차 헤아리기란 쉽지 않다.

1.89.　우리에게 있는 것들 가운데 오로지 정신(νοῦς)만이 모든 빠른 것들이나 시간보다 앞서고 우월한 것 같다. 그것은 만물과 그것의 각 구성 부분들과 이것들의 원인들을 접하되, 보이지 않는 능력을 따라 시간을 초월하여 무시간적으로 접할 수 있기 때문이다. 심지어 지구와 바다, 그리고 대기와 하늘이 끝나는 경계선 끝에 다다른다 해도 거기서 정신은 멈추지 않고, 이 세상조차도 끝없이 이어지는 과정의 일시적 경계에 불과하다고 여기며, 더 멀리 나아가, 가능하다면 불가해한 하나님의 속성을, 존재하신다는 것만이라도, 이해할 수 있기를 열망하는 것이다.

1.90.　그런데 어떻게 인간 정신이, 기껏해야 비좁은 공간을 차지하는 세포조직이나 심장에 싸여 있을 작고 유한한 것이, 그토록 막대한 하늘과 세상을 품을 수 있다는 말인가? 하나님의 행복한 혼의 조각이 잘려 나가지 않은 형태로 그것과 함께 있지 않고서야 있을 수 없는 일이다! 왜냐하면 신성한 것은 어떤 것도 잘리는 형태로 분리될 수 없고 확장되기만 하기 때문이다. 그러므로 만물 안에서 완전하게 완성된 것을 공유하는 자는 세상에 대한 이해에 도달할 때 만물의 경계들과 함께 넓혀져 잘려나가지 않게 된다. 왜냐하면 그것의 잡아당기는 능력 때문이다.

1.91 XXV.　이것으로 혼의 본질(οὐσία)에 관하여는 간결하게 설명한 것으로 하자! 이제 순서에 따라 "피의 소리가 외친다" 하는 말을 살펴보겠다. 우리 혼의 한 부분은 소리를 내지 못하고 다른 부분은 소리를 낼 수 있다. 즉, 로고스가 없는 비이성적인 부분은 소리를 내지 못하고, 이성적인 부분만이 소리를 낼 수 있으니, 이성적인 부분만이 하나님에 대한 정보를 받을 수 있는 것이다. 즉, 우리는 다른 부분들로 하나님이나 정신적 추론 대상을 이해할 수 없다.

1.92. 피가 본질적인 역할을 하면서 활기를 주는 능력 가운데 한 부분은 소리와 말이라는 특권을 누린다. 이것은 입과 혀를 통하여 나가는 흐름이 아니라 샘 그 자체인데, 이 샘으로부터 발화의 저장소들이 자연발생적으로 채워지는 것이다. 이 샘이 바로 '정신(νοῦς)'이며, 정신을 통하여 우리는 스스로 존재하는 분과 대화하고 탄원하며 부르짖되, 한 번은 자발적으로 한 번은 비자발적으로 부르짖는다.

1.93. 그(하나님)는 선하고 자비로워서 탄원자들(ἱκέται)을 외면하지 않으시고, 특별히 그들이 이집트인들의 악행들과 격정들 때문에 신음하며 거짓 없이 진실하게 울부짖을 때 그러하시다. 왜냐하면 그런 때에 관하여, "그들의 말들이 하나님께 올라간다" 하고 모세도 말(기록)하기 때문이다.(출 2:21) 그(하나님)는 그들의 말을 들은 뒤에 에워싼 악에서 그들을 구하신다.

1.94. 그런데 이 모든 일이 이집트 왕이 죽었을 때 일어난다는 것은 지극히 역설적이다. 왜냐하면 폭군이 죽은 후에는 그에게 압제받던 이들이 기뻐하고 즐거워해야 마땅하기 때문이다. 그런데 바로 이때 신음한다고 기록되어 있는 것이다. "여러 날 후에 이집트 왕이 죽었고, 이스라엘 자손들은 신음하였다."(출 2:23)

1.95. 그러므로 표현과 언어만 보면 합리성이 없으나, 혼의 능력들을 보면 자체의 일관성이 발견된다. 왜냐하면 아름다운 것들에 관한 의견들을 외지로 추방하고 배 밖으로 던져버리는 자가 우리 가운데 파라오라는 불씨를 살려내어 건장해 보일 때, 참으로 어리석은 자들 가운데 누구든 그런 건장한 상태일 수 있다고 말할 수 있겠는데, 그럴 때 우리는 쾌락을 반기고 자제력을 국경선 밖으로 몰아내기 때문이다. 그러나 더럽고 방탕하게 살게 한 원인이 되던 자가 힘을 잃고 죽은 상태처럼 될 때는, 우리가 절제하는 삶에 눈길을 되돌리게 되어 과거의 생활방식에 대하여 스스로 슬퍼

울며 한탄한다. 왜냐하면 우리가 덕보다 쾌락을 높였고, 불멸하는 인생보다는 필멸하는 인생을 선호했기 때문이다. 그러면 자비로운 하나님은 우리의 계속되는 비탄을 불쌍히 여겨 탄원하는 우리의 혼들을 받아주고, 격정들로 뒤흔들린 이집트인의 번개를 거뜬히 물리쳐주신다.

1.96 XXVI. 그러나 형제 살해라는 과도한 타락으로 말미암아 회개를 받아들이지 못하는 가인에게는 저주들을 내리는 것이 적합하다. 먼저 그는 그에게 다음과 같이 말한다. "그리고 이제 네가 땅으로부터 저주를 받으리니."(창 4:11) 이것이 밝혀주는 것은, 처음으로 그가 살해를 저지른 때 타락하고 저주를 받지 않고, 그 이전에 그가 살해를 의도했을 때 타락하고 저주를 받는다는 것이다. 이는 의도 자체가 저질러 완성한 행위와 똑같은 효력을 갖는다는 뜻이다.

1.97. 우리가 순수한 정신의 상상력으로 부끄러운 짓들을 마음 속으로만 생각하는 한, 우리는 그 마음에 대하여 법적 책임이 없다. 왜냐하면 혼은 비자발적으로 언제든 변할 수 있기 때문이다. 그러나 고의적으로 계획한 것들이 실제 행동으로 이어질 경우에는 의도한 것 자체까지 법적 책임을 져야 한다. 이런 점에서 고의적인 잘못과 고의 없는 순수한 실수가 분명히 구별된다.

1.98. 그런데 그(모세)는 마음이 저주를 받되, 다른 것이 아닌 땅으로부터 저주를 받을 것이라고 말(기록)한다. 왜냐하면 그를 가장 힘들게 한 일들의 원인은 우리 각자를 에워싸고 있는 지상적인 부분(몸)으로 드러나기 때문이다.[6] 하여간에 몸(σῶμα)이 병을 얻게 되면, 그 자체로 재앙들이 생겨나서

---

6) 필론은 '땅의 저주'를 몸, 감각, 정신이라는 세 가지 측면에서 분석하며, 어떻게 이 세 가지 요소가 상호작용하여 저주의 고통을 심화시키는지를 설명한다. 땅 저주의 몸적 측면은

자신을 짜증과 고통으로 채운다. 그러나 몸이 쾌락들을 즐기면서 과도하게 살이 찌면, 이해하고 파악하는 날카로운 끝(정신)이 부러져 더욱 무디게 된다.

1.99. 또한 참으로 각 감각들(αἰσθήσεις)도 상처를 입을 수 있다. 왜냐하면 아름다움을 보는 자는 사랑이라는 극심한 격정의 화살들에 상처를 입게 되었고, 가깝게 지내던 어떤 사람이 죽었다는 소식을 들었을 때 슬픔에 잠겼기 때문이다. 맛조차도 종종 위력을 행사했는데, 입에 맞지 않는 맛으로 고문을 가하거나 지나치게 흡족한 맛으로 몸을 짓누르곤 한 것이다. 여기에 더하여 정욕을 향한 광기 어린 격정들에 대하여 굳이 언급할 필요가 있겠는가? 이것들은 도시국가들 전체와 영토와 지상의 거대한 지대들을 철저히 파괴했으며, 이에 대하여는 거의 모든 시인과 역사가가 증인이라고 할 수 있다.

1.100 XXVII. 또한 정신(νοῦς)이 땅으로부터 저주를 받게 되는 방식을 그(모세)는 덧붙여 말(기록)한다. "그것(땅)이 네 형제의 피를 받기 위하여 그(땅)의 입을 연다."(창 4:11) 즉, 감각들(αἰσθήσεις)의 입들은 벌리고 늘리기가 어렵기 때문인데, 이는 입을 열지 않는 감각들에 대하여 감각 대상들(αἰσθητά)이 마치 강에 홍수가 난 것처럼 급격하게 움직이며 쏟아지는 형국으로서, 그 격동이 너무 난폭하여 아무것도 저항할 수 없을 정도의 처벌(δίκη)이 된다는 뜻이다. 그러면 정신은 그 거대한 파도에 휩쓸리고 압도되

⁖

Det. 1.98에서, 감각적 측면은 1.99에서, 정신적 측면은 1.100에서 논한다. 세 가지 측면을 다룬 까닭은 그가 인간을 몸, 감각, 로고스적 정신으로 이루어진 복합체라고 보았기 때문이다. 이는 플라톤의 '혼의 3분법(Tripartite Division of the Soul)'과 유사하지만, 플라톤은 3분법을 주로 혼에 적용하고, 필론은 3분법을 인간 전체에 적용한다는 점에서 약간의 차이를 보인다. Plato, *Resp.* 588a–589d 참조.

어 그에 맞서 헤엄칠 수도 몸을 치켜올릴 수도 없게 된다.

1.101. 그런데 포착할 수 있는 것은 무엇이건 포착할 수는 있으나, 최고로 좋은 것들을 포착하기 위하여는 이것들(감각들)을 모조리 집약적으로 사용할 필요가 있다. 왜냐하면 시각은 모든 색깔과 모양을 포착할 수 있으나, 어둠이 아니라 빛에 합당한 것들만 보아야 하기 때문이다. 귀는 다양한 모든 소리를 수신할 수 있으나, 얼마는 듣기를 거절해야 한다. 왜냐하면 발설한 것들 가운데 무수한 말이 부끄러운 것들이기 때문이다. 오, 교만한 자여! 자연은 네게 미각도 누리도록 주었으므로 마치 갈매기와 같이 만족할 줄 모르고 먹어대며 채워야 한다. 많은 먹을 것들이 있으나 모두 영양가 있는 것들은 아니며, 많은 질병을 야기하고 극심한 산통을 유발하는 것들도 있다.

1.102. 만물의 종족을 지속적으로 유지하기 위한 방편으로 그대는 그에 따른 신체 기관을 합당하게 부여받았으나, 파괴들과 간음들과 기타 정결하지 않은 정욕을 좇으라고 받은 것이 아니다. 모든 것은 적법하게 인간들의 씨를 뿌리고 종속을 심는 일이어야 한다. 그대가 혀와 입과 소리기관들을 부여받았으나, 모든 것을 말하라고 말하지 않아야 할 것들까지 말하라고 받은 것은 아니다. 왜냐하면 평화를 유지해야 할 때가 있기 때문이다. 내게는 말하기를 배우는 자들이 침묵하기도 배움으로써 각각에 대하여 같은 능력을 얻어야 옳은 것 같다. 왜냐하면 말해서는 안 되는 것까지 자세히 말하는 자들은 말하는 능력보다는 침묵하는 능력(δύναμις ἡσυχίας)이 병약함을 드러내기 때문이다.

1.103. 이런 이유로 우리는 말한 것들 각각을 부러지지 않는 자제력들로 단단히 묶어두는 일에 열심을 내야 한다. 모세는 다른 곳들에서 이렇게 말(기록)한다. "무릇 묶는 것으로 묶어두지 않은 것들은 모두 부정하다."(민

19:15) 이는 마치 불운의 원인이 혼의 부분들을 내려놓고, 열어놓고, 풀어놓은 데 있으므로, 반대로 함께 두어 꽉 조여두면 올바른 인생과 올바른 말이 된다는 뜻인 것 같다. 그러므로 하나님을 믿지 않는 불경한 가인을 저주한 것은 적절하다. 왜냐하면 그는 (인간이라는 복잡한) 복합체의 동굴들을 열어둔 채 온통 외적인 것들을 욕망하였고, 만족하지 못한 채 그것들을 얻어 보관하려고 기도하되, 심지어 아벨을 죽이는 일까지 도모했기 때문이다.

1.104 XXVIII. 이런 이유로 그는 땅을 일구게 되었는데(εἰργεσθαι),(창 4:12) 이는 농사짓는다(γεωργεῖν)는 뜻이 아니다. 왜냐하면 농부(γεωργός)는 모두 기술자이고, 농사는 기술이기 때문이며, 많은 '땅 노동자들(γεωπόνοι)'은 이렇다 할 기술도 경험도 없이 필수 농산물을 위하여 섬기는 자들이다. 그러므로 이들은 지혜를 전해주는 이가 없으므로 많은 해를 끼친다. 그들이 무언가를 잘하는 경우에는 우연히 그렇게 된 것이고 이성에 따라 제대로 한 경우가 아니다. 그러나 농부들이 하는 일들은 필연에 따라 지식으로 이루어지기 때문에 유익한 것들이다.

1.105. 이런 것 때문에 입법자는 의로운 노아에게 농업기술을 주어 그 근면한 사람이 마치 좋은 농부처럼 야생 숲을 돌보되, 걱정이나 악함을 위해 심은 어린싹들은 무엇이나 제거하고, 열매 맺는 나무들과, 담벼락 대신에 혼(ψυχή)의 가장 든든한 울타리가 되어줄 수 있는 나무들은 무엇이나 남겨두도록 가르쳤다. 또한 경작할 수 있는 나무들도 같은 방식들이 아니라 서로 다른 방식들로 돌보되, 일부는 제거하고, 일부는 더해주고, 일부는 커다란 크기로 키워주고, 일부는 작게 잘라주는 것이다.

1.106. 그곳에서 그는 포도나무 한그루가 벌써 무성하게 자라고 있는 것을 발견한 후에 그 어린 가지들을 땅 아래까지 늘어뜨려 도랑들을 파서 다

시 그 위에 흙을 덮어 묻어주었다. 그러자 머지않아 부분적인 것들이 아니라 온전한 것들이 되었고, 딸나무들이 아니라 모(母)나무들이 되었으며, 어머니의 자연 속성을 활용하여 노년을 벗어버리게 되었다. 왜냐하면 많은 자손들이 독립할 만큼 충분히 자랐고, 자손들에게 영양을 배분하고 나누어주기를 멈출 수 있게 되자, 전에 자손들 때문에 충분히 먹지 못하여 허기지고 나약했던 모나무가 충분히 먹을 수 있게 되어 다시 살이 오르고 젊어졌기 때문이다.

1.107. 그리고 나는 다른 이를 보았는데, 그는 주어진 나무들에서 잘 자라지 못한 것들을 잘라내되, 땅에서 어린싹이 올라오자마자 잘라냈고, 뿌리들에 접한 작은 부분만을 남겨 지탱할 수 있게 하였다. 그런 다음에 잘 자란 다른 나무에서 좋은 가지를 택하여 속이 드러나기까지 깎아내고, 뿌리에 붙어 있긴 하지만 깊이가 얼마 되지 않는 그 가지에 틈새를 만들었는데, 접목할 가지를 집어넣어 하나로 만들 수 있을 정도로 만들어, 그 틈새에 접목하려고 잘라두었던 가지를 밀어넣었다.

1.108. 이 두 가지로부터 하나의 자연 속성으로 연합한 각 부분은 다른 부분과 유익을 교환하는 관계를 형성한다. 왜냐하면 뿌리들은 접목한 가지에 영양을 공급하여 시들지 않게 하고, 이런 영양 공급에 대한 보답으로서 접목한 가지는 좋은 열매를 제공하기 때문이다. 농사에 따른 기술적 일들은 무수히 많아서 여기서 모두 기억하여 열거하는 것은 지나친 일일 것이다. 왜냐하면 우리는 땅을 노동하여 일구는 일과 기술적으로 농사를 짓는 것의 차이를 보여주기 위하여 여기까지 왔을 뿐이기 때문이다.[7]

1.109 XXIX. 그러므로 어리석은 자(ὁ φαῦλος)는 기술을 갖추지 않은 채 땅

∶∶

7) *Det.* 1,104 참조.

을 닮은 몸과 그것에 친근한 감각들과, 이런 감각들의 온갖 외적 대상들을 사용하여 일하기를 멈추지 않은 채, 불쌍하기 그지없는 자기 혼을 해치고, 그 무엇보다 유익을 끼치고 있다고 생각하는 자기 몸까지도 해친다. 그러나 근면한 자(ὁ σπουδαῖος)의 경우에는 농사 기술에 익숙하므로, 질료(ὕλη)를 온갖 농사 기술에 따라 로고스에 적합한 방식으로 활용된다.

1.110. 그리하여 감각들(αἰσθήσεις)이 조절할 수 없는 충동(ῥύμη)에 휩싸여 외적 대상물을 향하여 돌진하며 무례하게 굴지라도, 그(근면한 농부)는 농업기술이 고안한 것들 가운데 적합한 어떤 장치를 활용하여 쉽게 저지할 수 있다. 야생의 격정(πάθος)이 혼 안에서 쿵쾅거리며 쾌락과 욕정을 부추겨 가려움들과 간지러움들을 야기하고, 공포와 비탄을 끌어와 물어뜯는 듯한 통렬함들과 섬뜩함들을 야기할지라도, 그는 미리 준비해둔 마술 같은 구원책으로 누그러뜨린다. 또한 어떤 악이 몸에 퍼지는 질병과 자매지간처럼 퍼지면, 지혜를 갖춘 로고스 부분으로 잘라낸다.

1.111. 이런 방식으로 야생 숲의 나무들은 경작되고, 경작되어 열매 맺는 덕목들의 자손들은 모두 싹을 틔워 지혜로운 방식들을 터득하고, 아름다운 실천들로 결실한다. 그것들 각각을 혼의 농업기술이 자라도록 북돋우고, 그것을 토대로 세심하게 보살핌으로써 그것 하나하나를 불멸로 이끈다.

1.112 XXX. 그러므로 농부는 고결한 자요, 기술 없이 땅만 일구는 자는 어리석은 자가 분명하다. 참으로 그가 힘들여 땅을 일구는 동안에 그가 입고 있는 땅을 닮은 것(몸)이 힘을 더해주지 않고 능력을 훔쳐 갔을지도 모른다. 왜냐하면 이렇게 기록되었기 때문이다. "그것(땅)이 다시는 네게 힘을 더해주지 않을 것이다."(창 4:12)

1.113. 그런 자는 항상 먹거나 마시면서 결코 만족할 줄 모르는 자, 연달아 배 아랫부분의 쾌락들을 즐기는 자, 사교생활을 탐닉하여 힘을 쏟는 자

가 될 것이다. 왜냐하면 부족함은 나약함을 낳고, 충만함은 힘을 낳기 때문이다. 그러나 몸에 필요한 것들에 대한 갈망과 끔찍한 자제력 부재가 더해져 발생하는 허기는 만족할 줄 모르는 것이다. 그것들 가운데서도 비참한 것은 몸뚱이들은 배부름에도 불구하고 갈망들이 허기를 느껴 계속 목말라하는 경우다.

1.114. 그러나 그는 지혜를 사랑하는 자들을 위대한 찬양 가운데 언급한다. "그(하나님)가 (그들을) 땅의 힘 위에 올려놓으셨고, 들의 소산들로 먹이셨다."(신 32:13) 이로써 그(모세)는, 하나님 없이 사는 자가 목적을 달성할 수 없는 까닭은, 그런 자가 고생하면 할수록 그가 힘쓰는 것들에 힘이 실리지 않고 빠져나가기 때문임을 분명히 한다. 그러나 덕과 함께하는 자들은, 땅을 닮고 사멸하는 온갖 것들 위에 높이 올라서서, 많은 풍요에 따른 저들의 세력을 무시한 채, 위로 오르는 길에 하나님을 인도자로 모셔야 하리니, 하나님은 밭에서 나는 수확물들을 가장 유익하게 즐기고 누리도록 그들에게 주기 원하시는 분이다. 여기서는 덕목들을 밭들에 비유하고, 그 덕목들이 낳은 자손들을 출생의 측면에서 밭의 소산물에 비유한다. 왜냐하면 명철에서 명철한 것이 나오고, 절제에서 절제하는 것이 나오고, 경건에서 경건한 것이 나오고, 다른 덕목들 각각에서 그 덕목에 따라 기운을 써서 일한 수확물이 나오기 때문이다.

1.115 XXXI. 이 덕목들은 적합하게도 혼의 양식들이고, 영양을 빨리기에 충분하다. 입법자는 다음과 같이 말(기록)한다. "바위에서 꿀을, 굳은 바위에서 기름을."(신 32:13) 굳은 반석은 파괴되지 않는 하나님의 지혜(σοφία θεοῦ)로서 불멸하는 거소(δίαιτα)에 정착한 자들의 간호사이자 티씨노코모스(τιθηνοκόμος)이자 유모를 의미한다.[8]

1.116. 왜냐하면 그녀는 세상에 태어난 자들의 어머니 같아서 자기가 낳

은 자녀들에게 즉시 양식들을 공급했기 때문이다. 그러나 그들 모두가 신성한 양식을 받기에 합당했던 것은 아니고, (덕스러운 결과물을) 낳은 자들의 후손들만이 (신성한 양식을 받기에) 합당하다. 왜냐하면 덕의 굶주림이 파괴한 것들이 많고, 먹을 것들과 마실 것들로 인한 굶주림으로 인한 경우보다 더 비참하기 때문이다.

1.117. 그런데 신성한 지혜의 샘은 한편으로 조용하고 부드러운 흐름으로 이어지고, 다른 편으로는 더욱 과격한 속도와 더욱 큰 격랑과 충동으로 이어진다. 따라서 부드럽게 흘러내릴 때는 꿀과 같은 방식으로 달콤하게 되고, 급격함을 동반할 때는 질료가 온통 기름처럼 혼의 빛(ψυχικὸν φῶς)과 같은 방식으로 변한다.

1.118. 그(모세)는 이 '바위'를 다른 곳에서 동의어로 사용하며 '만나'라 부르는데, 그것은 존재하는 것들 가운데 가장 오래되고 신성한 로고스로서 가장 종속적인 것(γενικώτατον)이고, 그로부터 두 가지 조각들이 나왔으니, 하나는 꿀로부터 나온 것이고, 다른 하나는 기름으로부터 나온 것이다. 이 둘은 서로 다른 생활방식들(ἀγωγαί)이지만, 서로 구분하기 어려울 정도로 극히 확고하며, 마음 쓸 가치가 있는 것들이다. 그들은 처음에 지혜(ἐπιστήμη)를 관조하며 이론화하는 달콤함을 주입하고, 이후에는 가장 밝고 선명한 빛을 쪼여주되, 자기가 사랑하는 것들을 살짝 건드리기만 하지 않고 힘 있고 단단하게 붙잡은 채 쉬지 않고 지속적으로 인내하는 자들에게 쪼여주는 것이다. 내가 전술했듯이, 이런 자들은 "땅의 세력 위로 다시 솟아오르는 자들"이다.

1.119 XXXII. 그런데 하나님 없이 사는 가인은 땅에 관한 일 외에 다른 것

⋮

8) '티씨노코모스'는 현존하는 그리스어 사전에서 발견되지 않는다.

은 아무것도 하지 않고 땅은 그에게 아무런 활력을 더해주지 않는다. 따라서 다음과 같이, "그는 땅에서 신음하고 떨고 있는" 것으로 발견되는데, 이는 그가 비탄과 공포 중에 있다는 뜻이다. 이런 것이 바로 나쁜 다이몬을 선택한(κακοδαίμων) 어리석은 자(ὁ φαῦλος)의 삶이다. 그는 네 가지 격정들 가운데 보다 고통스러운 공포(φόβος)와 비탄(λύπη)이라는 격정들을 배정받았는데, 이 둘과 동의어는 신음하는 것(τὸ στένειν)과 떠는 것(τὸ τρέμειν)이다. 필연적인 것은 바로 그런 자에게는 현재 악이 함께하거나 장차 악이 들이닥칠 것이라는 사실이다. 그러므로 임박한 악에 대한 기대는 공포를 낳았고, 현재 악에 시달리는 상황은 비탄을 낳은 것이다.

1.120. 그러나 덕을 추구하는 자는 그에 걸맞게 유익한 격정들(행복)을 누리며 산다. 왜냐하면 그는 이미 덕스러움을 쟁취했거나 장차 쟁취할 것이기 때문이다. 그는 결국 기쁨(χαρά)을 소유하게 되는데, 기쁨은 소유할 수 있는 것들 가운데서 가장 아름다운 것이며, 소유할 것임을 기다리는 것만으로도 덕을 사랑하는 혼들에게 양식이 되는 소망(ἐλπίς)을 낳는다. 그 소망을 통하여 우리는 주저하는 마음을 떨치고 스스로 박차를 가하여 준행함으로써 일들을 통하여 아름다운 것들이 성취되기를 바라며 나아간다.

1.121. 그런 혼에게 정의(δικαιοσύνη)는 남자 자손을 낳아줌으로써 혼의 모든 비탄들을 제거해주었는데, 그 자손은 정의로운 생각을 상징한다. 이에 대한 증거가 바로 노아의 출생이며, 노아는 정의롭다는 뜻이고, 그에 대하여 이렇게 기록되었다. "이 사람은 노동들로부터, 우리 손들의 슬픈 고통으로부터, 그리고 주 하나님이 저주하신 땅들로부터 우리를 쉬게 할 것이다."(창 5:29)

1.122. 왜냐하면 정의는 무엇보다 노동의 피로 대신에 안식(ἀνάπαυλα)을 만들어주는 성질이 있으며, 악과 덕 사이의 영역들과 부귀영화, 권력들, 명

예들, 기타 이것들과 형제지간인 것들에 대하여 아예 무관심하기 때문이다. 그러나 많은 인간 종속은 그런 것들이야말로 추구하며 거래할 만한 것들이라고 생각한다. 또한 정의는 우리 자신의 기운들 때문에 발생하는 고통스러운 비탄들을 제거한다. 모세는 어떤 불경건한 자들과는 달리 하나님을 악들의 근원이라고 말(기록)하지 않고, 우리 자신의 손들이 악들의 근원이라고 말하는데, 이는 우리의 마음이 더 악한 것들로 돌아서고자 하는 자발적 의도를 가지고 시도하는 것들을 상징적으로 의미한다. **XXXIII.** 이에 관하여는, "주 하나님이 저주하신 땅으로부터" 쉽게 된다고 기록하였다.

1.123. 이것은 악(κακία)으로서, 어리석은 자들의 혼들에서 발견되며, 그 심각한 질병을 예방하고 치료하는 만병통치약은 바로 정의의 기준을 충족시킨 정의로운 자가 되는 것으로 드러난다. 참으로 그가 악한 것들을 떼어버리기만 하면 기쁨으로 가득 차게 되어 사라처럼 될 수 있다. 왜냐하면 그(모세)가 말(기록)하듯이, 그녀(사라)는, "주께서 나로 웃게 하셨다"라고 한 다음에 다음과 같이 덧붙이기 때문이다. "듣는 자가 나와 함께 기뻐하리로다."(창 21:6)

1.124. 왜냐하면 조물주는 성실한 웃음과 기쁨을 만드는 분이므로 우리는 이삭을 창조된 조형물(πλάσμα)이 아니라 창조된 적이 없는 '작품(ἔργον)'이라고 보아야 하기 때문이다. 왜냐하면 만약에 이삭이 웃음을 뜻한다면, 거짓 없는 사라의 증언에 따라, 웃음을 만든 분은 하나님이고, 그 하나님이야말로 이삭의 아버지라고 말해야 가장 올바르기 때문이다. 그분은 지혜로운 자 아브라함에게 자신의 고유한 명칭인 '기뻐하기(τὸ χαίρειν)'를 나누어 주고, 비탄을 잘라버린 후에 지혜의 결과물(이삭)을 주셨다. 누구든지 하나님이 지으신 시를 듣기에 충분한 자격을 갖춘 자는 필연에 따라 스스로 기뻐하고, 일찍이 듣기를 갈망하여 벌써 들은 자들과 함께 기뻐할 것이다.

1.125. 하나님의 시 속에서 그대는 신화적 조형물은 아무것도 발견하지 못하고, 흠 없이 온전한 진리의 원칙들만이 새겨져 있는 것을 발견할 것이다. 소리를 재는 것들, 박자들, 그리고 음악으로 청각기관들을 유혹하는 것들을 발견하지 못하고, 덕의 자연 속성이 완전하게 발휘되어 특유의 아름다운 조화를 물려받은 작품들만을 발견할 것이다. 정신(νοῦς)이 하나님의 작품들을 듣기 원하여 그것들을 듣게 되면 기뻐하는 것처럼, 로고스 또한 지성적 마음의 생각들(ἐνθυμήματα)과 조화를 이루고, 그것들에 귀 기울여 참여하기를 필연에 따라 기뻐한다.

1.126 XXXIV. 이를 명확하게 하기 위하여, 지혜롭기 그지없는 모세에게 신탁이 주어졌으니, 거기에는 이런 것들이 포함되어 있다. "보라, 네 형제 레위인 아론이 있지 아니하냐? 그가 너를 대신하여 말할 줄을 내가 아노라. 그리고 보라, 그가 너를 만나기 위하여 스스로 나아갈 것이고, 너를 보고 그 안에서 기뻐할 것이다."(출 4:14) 이 말씀은 발설된 것이 지성의 로고스로서 그 형제가 말하는 것임을 조물주가 알고 계신다는 뜻이 아니다. 왜냐하면 그(조물주)는 그것(로고스, 아론)을 단단히 결속된 우리 모두의 소리를 모아 작곡하는 기관으로 지으셨기 때문이다.

1.127. 이 로고스는 마음이 말한 생각들(ἐνθυμήματα)을 만나러 나와서 만나고, 그것을 나에게, 그대에게, 모든 인류에게 소리 내어 말하고 해석한다. 정신(νοῦς)이 정신에 고유한 것들 가운데 어떤 것을 향하여 깨어나 충격을 받거나, 혹은 정신이 외적인 것들의 다양한 모습들을 접하고 충격을 받게 될 때면, 정신적 대상들(νοήματα)을 임신하고 해산의 고통을 겪게 된다. 그럴 때 정신은 스스로 출산하고자 하나, 혀와 다른 소리 기관들을 통한 음성(ἠχή)이 산파와 같은 방식으로 그 정신적 대상들을 받아 빛을 발해 주지 않는 한, 정신 스스로는 출산할 수 없는 것이다.

1.128. 소리(φωνή)는 그 자체로 정신적 대상들 가운데 가장 명확한 것이다. 마치 어둠 속에 감추인 것들은 빛이 그것들을 비추어 보여줄 때까지 보이지 않는 것처럼, 마음의 생각들(ἐνθυμήματα) 또한 소리가 빛처럼 그 생각들을 비추어 드러내 주기까지 보이지 않는 장소에 보관되어 있기 때문이다.

1.129 XXXV. 그러므로 지극히 아름답게 표현된 말은 로고스가 정신적 대상들을 만나러 나와, 그것을 알아내고자 하는 열망 때문에 서둘러 달려가 붙잡는다는 것이다. 정신에 고유한 일은 모두 가장 열망할 만한 것이기 때문이다. 로고스에 고유한 기능은 말하는 것(τὸ λέγειν)이기 때문에 그는 자연스럽게 이끌려 그것을 벗 삼고자 달려간다. 그리고 그는 자신이 정신을 비춘 결과로 정신이 실상(πρᾶγμα)으로 명확하게 드러나는 것을 보고 이해하게 되면, 기뻐하고 즐거워한다. 왜냐하면 정신과 그 실상을 포착한 자는 정신의 가장 훌륭한 통역자(ἑρμηνεύς)가 되기 때문이다.

1.130. 하여간에 우리는 나태한 이야기꾼들과 끝없이 늘어놓는 수다쟁이들을 거부하는데, 그들은 정신적 대상들을 말하는 방식으로 풀어내지 못한 채, 주로 헛되고 장황하고 혼이 없는 문장들을 끊임없이 열거하여 말하기 때문이다. 이런 자들의 로고스는 자신의 품격을 떨어뜨리므로 당연히 신음한다. 반면에 마음이 주장한 생각들(ἐνθυμήματα)을 충분히 주의 깊게 관찰하고 자신이 보고 이해한 것들을 유능하게 정돈하는 데까지 이른 자의 로고스는 기뻐해야 마땅하다.

1.131. 이것은 대부분의 사람들에게 일상적 경험으로 알려진 것이다. 왜냐하면 우리가 말하는 것을 명확하게 볼(이해할) 때, 로고스는 기뻐하고 흥겨워하면서 가장 생생하고 적확한 어휘들로 풍성해지고, 지극히 풍부함을 바탕으로 선언하고자 하는 것을 유창하고도 막힘 없이, 명확하고도 효

과적으로 발음하여 표현하기 때문이다. 그러나 정신적 대상을 이중적으로 모호하게 이해할 때, 극심한 혼란(ἀπορία)으로 인하여 적절하고 정확한 단어들을 선정하지 못한 채 잘못 말하고 만다. 그러면 로고스는 속상하고 짜증이 나서 미끄러지고 방황하여, 듣는 이들을 설득하기는커녕 그 귀들을 고통스럽게 할 뿐이다.

1.132 XXXVI. 모든 로고스가 만나러 가지 말게 하고, 모든 생각들(ἐνθυμήματα)을 만나러 가지도 말게 하되, 완전한 아론이 가장 완전한 모세를 만나러 가게 하라. 왜냐하면, 만약에 레위인과 제사장과 근면한 로고스에게 혼의 생각들(ἐνθυμήματα)을 가르칠 목적이 아니라면, 그가 무엇 때문에, "보라, 네 형제 아론을"이라고 말한 다음에 "레위인"이라고 덧붙였겠는가?

1.133. 언제든 어리석은 자의 로고스는 신성한 교리들의 통역자가 되지 말아야 할지니, 그런 자들은 자기들 특유의 타락들로 인하여 그 교리들의 아름다움까지 왜곡하기 때문이다. 이와 반대로, 무절제한 것들이나 부끄러운 것들은 근면한 자의 발음으로 보도되지 말아야 할지니, 성결하고 거룩한 로고스들이 영원히 거룩한 것들에 대한 이야기(διήγησις)를 만들게 하라!

1.134. 법이 가장 잘 정비된 도시국가들 가운데 어떤 곳에 이런 관습이 있다고 한다. 올바로 살지 않은 자들이 위원회(βουλή)나 의회(δῆμος)에서 자기 의견을 발의하고자 할 때면, 자기가 직접 그것을 발의하지 못하도록 금하고, 통치하는 자들이 건전하고 덕스러운 남자 하나를 천거하여 그 의견을 대신 발의하도록 강제하는 것이다. 그에 따라 그가 일어서서 자기가 들은 것을 재생산할 때면, 마치 스승의 입을 꿰맨 상태에서 임시로 그의 제자가 된 것처럼 보였다. 그는 다른 사람이 발견한 생소한 의견들을 발제하

면서, 청취자나 관람자 수준에 합당한 지위도 받을 생각을 하지 않는다. 이처럼 어떤 이들은 불의한 자들로부터는 유익을 얻는 일조차 적절하지 않게 여기고, 유익을 얻기보다는 부끄러움까지 동반하는 해로운 쪽을 택하도록 하곤 한다.

1.135 XXXVII. 이 교훈을 가장 성결한 자 모세는 재차 가르쳤던 것 같다. 그 증거는 레위인 아론이 자기 형제 모세를 만나러 가서 그를 만난 후에 자기 안에서 기뻐한다는 것이다. 그 안에서 기뻐한다는 말은 이미 전술한 것과는 사뭇 다른 공동체적 교리를 밝혀주는데, 그것은 입법자가 인류에게 진실되고 가장 고유한 특성을 기쁨(χαρά)이라고 선언한다는 것이다.

1.136. 엄밀히 말하자면, 기뻐하는 일(χαίρειν)은 금전이나 소유물의 풍족함 가운데도 빛나는 영광 가운데도 있지 않으며, 일반적으로 생명이 없고 불확실한 외적인 조건들로서 그 자체로 부패하는 성질들을 감수하는 것들 가운데도 있지 않으며, 힘이나 활기나 다른 신체적 행운들 가운데 있는 것도 아닌데, 이런 신체적인 것들은 가장 어리석은 자들에게 공통적인 것으로서, 그것들을 누리는 자들에게 종종 피할 수 없는 파멸을 가져왔다.

1.137. 왜냐하면 섞이지 않은[9] 순수한 기쁨은 혼(ψυχή)의 좋은 것들 가운데서 발견되므로, 지혜로운 모든 자는 자기 안에서(ἐν ἑαυτῷ) 기뻐하고, 자기 주변에 있는 외적 조건들로는 기뻐하지 않기 때문이다. 자기 마음 안에 있는 것들은 덕목들로서, 그 덕목들에 대하여는 자부심을 가지기에 합당하지만, 자기 주변에 있는 조건들이나 신체적 행운들이나 외적 여유로움 등은 자부심을 가질 만한 것들이 아니기 때문이다.

1.138 XXXVIII. 지극히 거짓 없이 진실한 모세의 증언에 따라 그 안에 있

∴

9) '기쁨'을 수식하는 형용사 가운데 ἀνόθευτος는 사전에서 발견되지 않아 번역하지 못하였다.

는 것으로서 기뻐하는 일은 지혜로운 자에게 고유한 것임이 분명해졌고, 이어서 우리가 밝히고자 하는 것은 희망하는 일(τὸ ἐλπίζειν) 또한 그렇다는 것으로서 그들은 달리 증언하지 않는다. '셋'의 아들 '에노스'는 '희망 인간'이라는 뜻이다. 그(모세)는 말(기록)하기를, "이 사람은 처음으로 주 하나님의 이름을 부르고자 희망하였다" 하고 옳게 말(기록)한다.(창 4:26) 왜냐하면 진리를 추구하는 사람에게 희망과 은혜내리기를 좋아하시는 유일하신 하나님으로부터 좋은 것들을 얻을 수 있겠다는 기대보다 더 적합하고 고유한 것이 무엇이랴? 만약에 진실을 말해야 한다면, 하나님께 희망을 두지 않는 자들은 '로고스를 포함하는 이성적 자연 속성(λογική φύσις)'을 공유하지 못하기 때문에, 에노스의 출생이야말로 진정한 의미로 유일한 인간 출생이라고 할 수 있다.

1.139. 그리하여 그(모세)는 에노스에 대하여, "이 사람은 주 하나님의 이름을 부리고자 희망했다" 하고 앞에서 말한 다음에 분명하게 다음과 같이 덧붙였다. "이것은 인간 출생에 관한 책(족보)이다."(창 5:1) 이것이 정확한 기록인 까닭은, 하나님의 책에 희망이야말로 인간에게 고유한 것이라고 적혀 있다면, 반대로 희망하지 않는 자는 인간이 아니기 때문이다. 그러므로 우리 복합체(인간)를 정의하는 경계는 '로고스를 가진 사멸하는 동물(ζῷον λογικὸν θνητόν)'이지만, 모세에 따른 인간의 정의는 '진실로 존재하는 하나님께 희망을 두는 혼의 성향'이다.

1.140. 그러므로 고결한 자들은 기쁨과 희망이라는 복스러운 지분을 선택하거나 확실하게 좋은 것들을 기대할 것이라! 어리석은 자들은 가인과 한 부류가 되어 지금 비탄과 두려움 가운데 살거나, 장차 비탄과 두려움 가운데 살 것을 기대하면서, 악한 것들 가운데 가장 곤혹스러운 지분을 수확하되, 그 손들의 고통으로 신음하고, 무서운 일들이 벌어질 것에 대한

공포심에 싸여 떨고 전율하라!

1.141 XXXIX. 이에 대하여는 충분히 말한 것으로 치고, 이제 우리는 다음 것들을 살펴보자. 그(모세)는 말(기록)한다. "가인은 자신의 처벌(αἰτία)이 용서받을 정도보다 너무 크다고 주게 말하였다."(창 4:13) 이것이 무슨 뜻인지 유사한 사례들을 통하여 드러날 것이다. 만약에 항해 중이던 배를 그 선장이 버리고자 한다면, 그 배가 항로들을 이탈하여 방황하게 되는 것은 필연이 아닌가? 고삐들을 잡고 있던 마부가 마차경기 도중에 (네 마리 말들이 나란히 끄는) 사륜마차(τέθριππος)를 버리고자 한다면, 풀린 사륜마차가 조절되지 않아 경로를 이탈하는 것은 필연이 아닌가? 한 도시국가가 통치자들과 법률들을 방치한 결과 통치자들 마음속에 새겨진 것들이 곧바로 법률들이 된다면, 그 도시국가는 가장 지독한 해악들인 무정부 상태(ἀναρχία)와 무법천지(ἀνομία)가 되어 몰락하지 않겠는가? 또한 혼이 없다면 몸이, 로고스를 포함한 이성적이 부분이 없다면 혼이, 덕이 없다면 이성적인 부분이 파멸할 것은 당연하지 않은가?

1.142. 만약에 그런 것들에 의하여 버려진 것들이 각각 그 정도에 따라 심한 손상을 입는 것이 사실이라면, 하나님에게 버림받은 자들에게 얼마나 엄청난 피해가 발생할지 우리가 군이 알릴 필요가 있겠는가? 그런 자들을 그(하나님)는 마치 탈영병들처럼 방치하여, 가장 성결한 규율들 밖으로 내쳤으며, 자신의 지배와 통치를 받기에 합당하지 않다고 판단하셨다. 왜냐하면 일반적으로 알 필요가 있는 것은, 자신보다 훌륭한 자나 자신에게 은혜를 끼치던 자에게 버림받은 자는 처벌 사유들과 혐의들이 막중하기 마련이라는 사실이다.

1.143. 그대는 기술이 없는 사람이 가장 크게 상처를 입을 때가 언제라고 말하겠는가? 학문에 접근하는 것이 완전히 차단된 때가 아니겠는가?

무지하고 무학인 자가 가장 크게 상처를 입을 때는 언제인가? 교육과 학습이 그를 버리겠다는 경고장을 그에게 보낼 때가 아니겠는가? 우리는 어리석은 자들이 언제 가장 불행하다고 생각하는가? 명철이 그들을 완전히 내쫓았을 때가 아니겠는가? 성질이 사나운 자들이나 불의한 자들은 언제 그렇겠는가? 절제와 정의가 그들에게 영원한 추방령을 내릴 때마다 그렇지 않겠는가? 불경한 자들은 언제 그렇겠는가? 경건이 자기에게 고유한 의례들에서 그를 제외시킬 때가 아니겠는가?

1.144. 그러므로 내 생각에는 완전하지 않고 어중간하게 정결한 자들은 철저하게 버림받기보다는 교정을 위한 처벌을 받는 편이 좋다. 왜냐하면 지탱해줄 바닥이 없거나 선장이 없는 배들이 쉽게 파멸하듯이 버림받은 자들은 쉽게 파멸하기 때문이다. 그러나 교정을 위한 처벌(κόλασις)은 교정받은 자들을 회복시킬 것이기 때문이다.

1.145. 교사가 아예 없는 이들보다는 자신들이 잘못하는 것들에 관하여 교사들(παιδαγωγοί)에게 질책을 받는 이들이 더 낫지 않은가? 검열받지 않는 자들보다는 기술들을 배워 연마하는 중에 성과에 미치지 못했을 때 선생들(διδάσκαλοι)에게 야단을 맞는 자들이 더 행복한 자들이 아닌가? 후견인들이 없는 젊은이들보다는 지배와 통제를 자연적인 가치가 있는 것으로 여기고, 아이들을 위하여 그 자연적 지배와 통제를 낳아주는 자들이 더 나은 지분을 받은 자들이 아닌가? 그렇지 않다면, 그들은 부차적 통치자들을 후견인들로 배정받아, 고아에 대한 동정심을 가진 후견인들을 자신들의 부모로 선택하는 일에 익숙해지지 않을까? 그들에게는 그 자리를 채우는 편이 모든 면에서 유리할 것이기 때문이다.

1.146 XL. 그러므로 우리는 하나님께 나아가, 우리가 우리의 불의한 범죄들을 양심으로 확인하고 있으며, 하나님이 우리를 버리고 지나치기(παρεί ναι)보다는 우리를 책망하시기(κολάζειν)를 간절히 바란다고 탄원하자! 왜냐하면 그가 버리신 후에는, 자비로운 그분 자신에게 속한 종들이기를 그치고 무자비한 세대의 종들이 되게 하실 것이지만, 하나님이 친절한 분으로 계시면서 부드럽고 자비로운 방식으로 우리를 책망해주신다면, 우리의 범죄 행위들을 교정해주실 것이고, 책망을 확인하기 위하여 자신의 로고스를 우리의 지성적 마음(διάνοια)으로 보내주신 후에 그 로고스를 통하여 우리가 저지른 잘못들에 대하여 우리 마음을 회복시켜주실 것이기 때문이다.

1.147. 이런 이유로 입법자는, "자신의 의도에 반하여 이혼당한 과부(χήρα)가 서원한 모든 경우에는"(남편에게 머물고자 하는) 그 의도에 머물 수 있다고 말(기록)한다.(민 30:10-11) 왜냐하면 우리가 하나님을 우주의 남편과 아버지로서 만물의 씨 뿌림과 출생을 가능하게 하는 분이라고 인정하여 고백하면 정당하고 자연스러운 것이지만, 만약에 우리가 우리의 지성적 마음을 하나님으로부터 이혼당한 과부라고 고백한다면 우리는 하나님의 신성한 자손을 얻지 못하게 되었거나, 이미 얻은 이후일지라도 자동으로 낙태가 되었을 것이기 때문이다.

1.148. 결과적으로, 결정하는 것마다 모두 자신의 의견에 반하여 결정하게 될 것이고, 이런 상태들이 도무지 고쳐지지 않는 상태로 머물러 있게 될 것이다. 만약에 무엇이건 다 인정하여 쉬지 않고 팔방으로 흔들리는 자가 자기에 대하여 주저 없이 긍정적으로 판단하면서 창조하는 분(하나님)의 덕목들을 자기 덕목들로 여긴다면 어찌 끔찍하고 악한 것이 아니겠는가? 더구나 그 덕목들 가운데 하나는, 그에 따라 모든 것들 하나하나를 의문의 여지도 흔들림도 없이 확고하게 결정하는 덕목이다.

1.149. 결과적으로, 그러한 자는 지혜(ἐπιστήμη)의 과부가 될 뿐 아니라 지혜에게 이혼을 당할 것이다. 이것은 다음과 같은 뜻이다. 아름다운 자에

게 이혼을 당하지 않고 아름다운 자의 과부가 되는 혼은 오랜 인내 후에 자신의 법적 남편인 올바른 로고스와 화해하고 합의하는 방법을 발견할 수 있다. 그러나 일단 갈라서서 따로 살기 시작하여 화해할 수 없는 상태가 되면, 영원히 버림을 받아 다시는 옛집으로 돌아갈 수 없게 된다.

1.150 XLI. 이제 "내 처벌이 용서받을 정도보다 크다"는 표현에 대하여 충분하게 해석해야 할 차례다. 다음과 같은 것들을 살펴보자. 그(가인)는 다음과 같이 말한다. "오늘 당신께서 나를 땅 표면에서 쫓아내신다면, 나는 당신의 얼굴에서 숨겠습니다."(창 4:14) 오, 귀공자여, 대체 무슨 말인가? 그가 그대를 지표면 전체에서 버리시는데, 그대가 숨겠다는 것이냐?

1.151. 무슨 수로? 살아 있을 수나 있을까? 아니면 자연이 동물들에게 다양한 서식지들을 배정하였고 그들 모두에게 똑같은 장소들을 배정한 것은 아니라는 사실을 그대는 알지 못하는가? 예컨대, 물고기들과 수중동물 종속 모두에게는 바다를, 육상동물 모두에게는 땅을 배정한 것이다. 그리고 인간은 몸의 복합적 성질에 관한 한 육상동물이다. 이런 이유 때문에 모든 동물은 각자에게 고유한 서식지를 바꾸어 이질적인 곳으로 옮겨갈 경우에 쉽게 목숨을 잃고 만다. 예컨대, 육상동물들이 물속으로 가라앉거나 수상동물들이 육지로 헤엄쳐 나올 경우에 그러하다.

1.152. 그러므로 만약에 인간인 그대가 땅에서 쫓겨난다면, 그대가 어디로 옮겨가겠는가? 수중동물들의 자연 속성을 모방하여 물속을 헤엄칠 것인가? 물속에 들어가면 머지않아 죽을 것이다. 아니면 그대는 날개를 달고 그대 자신을 높이 솟게 하여 공중을 떠다니기 위하여 육상동물의 속성을 바꾸어 날개 달린 종속이 되기를 바라겠는가? 만약에 그대가 할 수 있다면, 그대에게 찍혀 있는 신성한 인상을 바꾸고 새롭게 해보라! 그대는 하지 못할 것이다. 왜냐하면 그대 자신을 지상으로부터 높이 올리면 올릴수

록 그만큼 빠르고 심하게 흔들리며 상공에서부터 땅으로, 그대에게 친숙한 그 장소로, 떨어질 것이기 때문이다.

1.153 XLII. 과연 인간을 비롯한 피조물 가운데 어떤 것이 하나님을 피해 숨을 수 있는가? 어디에? 하나님은 만물 속에 스며있고, 그 경계들의 끝까지 세심하게 살피며, 만물을 충만하게 하고, 존재하는 것들 가운데 가장 적은 것조차 버려두지 않는 분이 아니신가? 게다가, 만약에 피조물 가운데 아무것에게도 존재자(τὸ ὄν)를 피해 숨을 수 있는 능력이 허락되지 않았다면, 그리고 아무 때도 우리가 질료적 원소들(몸)로부터 빠져나올 수 없었고, 하나를 빠져나가면 다른 곳으로 이동해야 하는 것이 필연이라면, 얼마나 역설적인가?[10]

1.154. 만약에 '존재자(τὸ ὄν)'가 양서류를 창조했을 때와 같은 기술을 사용하여 모든 곳에서 살 수 있는 동물을 새로 창조하고자 의도했다면, 이 동물은 비록 흙과 물 같은 무거운 원소들(τὰ βάρος)을 포함한 장소들에서 벗어난다 해도, 자연 속성이 가벼운 원소들(τὰ κοῦφα)인 공기나 불 같은 장소들로 이주할 수 있을 것이고, 역으로, 그런 높은 대기권들에 익숙해졌을 때, 그가 그것들을 벗어나 이주할 곳을 찾는다면, 그와 반대 원소들로 구성된 장소로 이주할 수는 있을 것이다. 그런데 그것은 어떤 경우에도 세상의 한 부분에 나타나야 하는 필연이 있으므로, 만물(τὸ πᾶν) 밖으로 빠져나갈 수는 없다. 또한 조물주는 어떤 외적인 것(물질)도 남기지 않은 채, 모든 4원소(τὰ τέτταρα ἀρχά)를 모조리 사용하여 세상(κόσμος)을 구성하셨으니, 이는 개별적인 원소들을 완전하게 모두 사용하여 가장 완전한 만물을 완성하시기 위해서였다.[11]

∴

10) '존재자(τὸ ὄν)'에 관하여는 *Opif.* 1.41 각주를 참조하라.

1.155. 이처럼 하나님의 작품인 우주에서 도망칠 수 없다면, 이것을 창조하고 통치하시는 분에게서 숨기란 더 불가능하지 않겠는가? 그러므로 누구도 이 로고스를 손쉽게 받아들이지 못하게 하고, 잘 알아보고 조사하지 않은 채 자신의 단순함을 법에 연관시키지 말게 하라! 그는 법이 수수께끼처럼 표현한 것을 살펴서 그 숨은 의미들을 통하여 명료한 것을 찾아내야 할 것이라!

1.156 XLIII. 그러므로 어쩌면 "만약에 오늘 당신께서 나를 땅 표면에서 쫓아내신다면, 나는 당신의 얼굴에서 숨겠습니다"(창 4:14) 하는 표현은 이런 의미일지 모른다.[12] '만약에 당신이 나에게 땅의 좋은 것들을 제공하지 않으시면, 나는 하늘에 있는 것들도 받지 않겠다. 그리고 만약에 쾌락을 누리고 즐기지 못한다면, 나는 덕을 원하지 않겠다. 만약에 인간적인 유익들을 나누어주지 않으신다면, 신성한 것들일랑 당신이나 가지시라!'

1.157. 왜냐하면 우리에게 꼭 필요하고, 귀중하고, 적절하여서 진짜 좋다고 하는 것들은 이런 것들이기 때문이다. 먹기, 마시기, 옷입기, 선호하는 색깔과 모양으로 꾸며진 옷입기, 시각을 이용하여 다양한 색깔들 즐기기, 청각을 이용하여 온갖 종류의 소리들의 곡조들을 감상하기, 코들을 통하여 향기로운 냄새들을 흠향하기, 후각 기관들을 이용하여 냄새의 향기들을 음미하기, 배와 배 아랫부분의 쾌락들이 충족되기까지 탐닉하기, 은과 금을 소유하는 일을 소홀히 하지 않기, 명예들과 권력들과 그 밖에 영광스러워 보이는 것들로 치장하기 등이다. 그러나 명철, 인내, 정의감에 기

∵

11) 여기서 4원소는 *Opif.* 1.52의 4원소(τὰ τέτταρα στοιχεῖα)와 같은 의미일 것이다.

12) "'당신께서 오늘 저를 이 땅에서 쫓아내시니, 저는 당신 앞에서 몸을 숨겨야 하고, 세상을 떠돌며 헤매는 신세가 되어, 만나는 자마다 저를 죽이려 할 것입니다.'"(『성경』 창세 4:14)

반한 엄격한 성향 등은 삶을 힘들게 할 태세를 갖추고 있기 때문에 우리는 지나치게 된다. 그러나 만약에 그것들을 사용해야만 한다면, 우리는 그것들을 완전하게 좋은 것들로 사용할 뿐만 아니라 좋은 것을 창출하는 것으로도 사용할 것이 틀림없다.

1.158. 그러므로 그대 가소로운 자여, 그대는 몸에 관한 것들과 외적인 것들을 누리는 특권들을 박탈당한다면, 하나님 앞으로 나아오지 않겠다고 말하려는가? 그러나 나는 그대에게 말하려네, 만약에 그대가 그런 것들을 빼앗긴다면 더더구나 하나님께 나아와야 한다고. 왜냐하면 몸과 몸에 관한 끈질긴 결박들(δεσμοί)에서 풀려나면, 그대는 창조된 적이 없는 분(ὁ ἀγένητος)의 장려함을 마음에 담게 될 테니까(φαντασιοῦσθαι).

1.159 XLIV. 그대는 아브라함을 알지 못하느냐? 그는 "자기 땅과 친척들과 아버지(조상들)의 집을," 그러니까 몸과 감각과 로고스를 "떠난 후에" 비로소 '존재자(하나님)'의 능력들과 소통하기 시작한다. 왜냐하면 그가 은밀히 일어나 집에서 빠져나오고자 할 때, 법(성경)은 "하나님이 네게 보이셨다"고 말함으로써, 사멸하는 것들(몸)을 빠져나와, 이 몸 대신에 비신체적인 혼을 향하여 올라가는 자에게 하나님이 선명하게 현현하신다는 것을 분명히 하기 때문이다.(창 12:7)

1.160. 그러므로 모세는 "자신의 장막(σκηνή)을 취하여 진(παρεμβολή) 밖에 치고" 몸적인 진영으로부터 멀리 떨어져 거하는데, 그렇게 해야만 하나님의 완전한 탄원자(ἱκέτης)요 치유하는 예배자(θεραπευτής)가 되고자 희망할 수 있었기 때문이다(출 33:7). 그(모세)는 말(기록)하기를, 이 장막을 '회막(σκηνὴ μαρτυρίου)'이라 불렀다고 하는데, 극도로 주의를 기울여 존재자가 현존하는 장막이 하나로만 불리지 않게 한다. 왜냐하면 덕목들 가운데 하나님의 덕은 진리와 함께 있고, '본질(τὸ εἶναι)'을 따라 존재하고, 하나님만

이 홀로 본질 안에 존속하는 상태이시기 때문이다. 이런 사실 때문에 그는 필연적으로 그에 관하여 언급할 것이다. "나는 스스로 있는 자다."(출 3:14) 즉, 그와 함께 있는 자들은 본질에 따라 존재하지 않는 것이고, 다만 의견 (δόξα)으로만 있는 것으로 여겨질 뿐이다. 모세의 장막은 인간의 덕을 상징적으로 명명한 것으로서 실제 존재하는 것은 아니지만, 합당하게 여겨질 것이며, 그 신성한 덕의 모방품이요 닮은 모양이다.

1.161. 이와 유사한 사례는 모세가 '파라오의 하나님'으로 주어질 때에도 있었는데, 이는 그가 실제로 하나님이라는 뜻이 아니라, 오로지 의견 속에서만 하나님의 역할이 그에게 주어졌다는 뜻이다. 그런데 나는 하나님이 베풀고 은혜 주시는 분임을 알지만, 그분이 주어진다는 것이 무엇인지 상상할 수 없고, 성경에는 이렇게 기록되어 있다. "내가 너를 파라오의 하나님으로 주어지게 한다."(출 7:1) 여기서 그분이 '주어진다'고 수동태로 되어 있고 능동태가 아니다. 그러나 진실로 존재자는 능동일 뿐 수동일 수 없다.[13]

1.162. 이로써 무엇이 도출될 수 있는가? 지혜로운 자는 우둔한 자의 하나님이라고 하지만, 그가 실제로 하나님이라는 뜻이 아니다. 이는 위조된 4드라크마가 실제로 4드라크마가 아닌 것과 같다. 그런데 그가 존재자에 가깝다면 그는 하나님의 사람으로 발견될 것이지만, 그가 우둔한 자에 가깝다면 그가 대신하는 하나님은 상상과 허상에 불과할 뿐 실제 본질은 아니다.

1.163 XLV. 그런데 어찌하여 그대는 다음과 같이 어리석게 말하는가? "만약에 당신이 나를 땅에서 쫓아내신다면, 나는 당신에게서 숨겠습니다."

∴

13) 하나님의 능동성에 관하여는 다음을 보라. Philo, *Opif.* 1.8.

(창 4:14) 이것은 반대로, '만약에 그가 그대를 지상적인 것에서 추방한다면, 그는 자신의 형상을 분명하게 보이실 것'이라고 이해할 수 있다. 이를 입증하자면 이렇다. '그대가 하나님의 얼굴에서 떠나고자 하나, 떠난 후에도 그대는 지상적인 몸에 덜 거주하지는 않을 것이다.' 왜냐하면 그(모세)는 이후에 이렇게 말(기록)하기 때문이다. "가인이 하나님의 얼굴에서 떠나 땅에 거하였다."(창 4:16) 그러므로 그대가 땅에서 쫓겨난 후에도 그대는 존재자로부터 숨지 못했고, 그대가 그를 외면한 후에도 사멸하는 지역인 땅을 은신처로 삼은 것이다.

1.164. 그리고 그대가 기교 있게 말한 것처럼 "그대를 발견한 이가 그대를 죽일 것이다"라는 말이 모두 옳은 것은 아니다.(창 4:14) 왜냐하면 발견되는 것은 모든 경우에 두 가지 중 하나인데, 동질적이거나 이질적인 것에 의하여 발견되기 때문이다. 그러므로 동질적이고(ὅμοιος) 친숙한 것에 의한 경우는 어디서나 볼 수 있듯이 친척이나 지인 등이고, 이질적인(ἀνόμοιος) 경우는 반대 성향이고 소원한 관계다. 동질적인 경우에는 자기와 닮은 것을 보호하려고 할 것이고, 이질적인 경우에는 자기와 다른 것을 파괴하려고 할 것이다.

1.165. 그러므로 가인이나 다른 교활한 자가 있다면, 그가 만나는 사람에 의하여 죽임을 당하지 않을 것이며, 무모한 자들은 자기 형제들과 친척들인 해악들을 답습하여 그의 보호자들과 수호자들이 되어줄 것임을 알게 하라! 그러나 명철과 다른 덕을 연마하는 이들은 모두 그를 타협할 수 없는 적으로 여기고 할 수만 있다면 무너뜨리고자 할 것이다. 요컨대, 모든 신체들과 실재들은 친숙하고 친밀한 것들에 의하여 보호되고, 이질적이고 적대적인 것들에 의하여 파괴되기 때문이다.

1.166. 이로 인하여 신탁은 가인의 가장된 단순함을 반증하며 말한다.

네가 생각하는 것이 네가 말하는 것과 "같지 않다." 왜냐하면 너는 네 기술로 행한 간교한 일들을 발견하는 자는 누구나 너를 죽게 할 것이라고 말하지만, 너는 모두 그런 것은 아님을 이미 알고 있기 때문이다. 왜냐하면 무수한 자들과 네가 이미 동맹을 맺고 있으며, 덕과 친구인 한 사람만이 너에게는 유일하게 화해할 수 없는 적이기 때문이다.

1.167. 그(모세)는 말(기록)한다. "가인을 죽인 자는 벌을 일곱 배나 받을 것이다."(창 4:15) 그러나 나는 이것이 문자적 번역들에 더하여 어떤 로고스를 추가적으로 함축하고 있는지 알지 못한다. 왜냐하면 그는 일곱 배가 무엇인지, 어떤 식으로 처벌하는지, 어떤 수단으로 그런 벌을 감하거나 면할 수 있는지 명시하지 않았기 때문이다. XLVI. 그러므로 우리는 이 모든 것이 겉보기보다 더 상징적이며, 숨겨진 의도들을 함축하고 있는 것으로 보아야 한다.

1.168. 그렇다면 그가 표현하고자 의도하는 것은 이런 것일지 모른다. 혼에서 로고스가 없는 비이성적 부분은 일곱 기관들로 분류하면, 시각, 청각, 후각, 미각, 촉각, 발성 기관, 생식 기관 등이다. 그런데 만약에 누가 여덟 번째 기관으로서 나머지 일곱 기관들의 수장 격인 정신(νοῦς)을 살해한다면, 가인은 그 일곱 기관들을 모두 마비시킬 것이다. 왜냐하면 마음을 장악하는 강한 충동 때문에 이 모든 기관이 위축되고, 나약함을 겪게 되는 한편, 악이 완전한 타락을 가능하게 한 결과로 석방과 풀어짐을 얻기 때문이다.

1.169. 그러나 지혜로운 자의 혼에서 이러한 일곱 기관은 타락하지 않고 정결하므로 명예를 누리기에 합당한 상태로 드러난다. 그러나 우둔한 자의 혼에서 일곱 기관은 부정하고 추악하여 형벌 받은 상태라고 그는 말했는데, 이는 실형과 처벌을 받을 정도라는 뜻이다.

1.170. 하여간에 조물주가 땅을 물로 정화하기를 결정했을 때, 그리고 혼이 형언할 수 없는 범죄들에 대한 정화를 수용하고, 거룩한 정결 예법을 따라 그 부끄러운 행위들을 몰아내고 씻어내도록 결정했을 때, 그는 정의로운 자로 드러난 자가 대홍수의 격랑에 휩쓸리지 않도록 그에게 그 방주(κιβωτός)로 들어가기를 촉구하셨는데, 그 방주는 '혼을 담은 선박(τὸ ψυχῆς ἀγγεῖον)'으로서 '몸(σῶμα)'을 상징한다. "정결한 짐승들 가운데서 암놈과 수놈을 일곱 쌍씩."(창 7:2) 즉, 하나님은 고결한 로고스 부분이 비이성적인 부분 가운데 정결한 기관들을 모두 인솔하는 것이 정당하다고 여기신 것이다.

1.171 XLVII. 이것은 입법자가 발령한 경계령으로서, 모든 지혜로운 자들도 필연적으로 준수해야 한다. 준수함으로써 그들은 시각을 정화하고, 청각과 모든 감각을 점검할 뿐 아니라, 말하는 로고스를 흠 없이 정비하고, 정욕으로 인한 충동을 조절할 수 있는 상태가 된다.

1.172. 그 일곱 쌍 각각은 수놈(ἄρσην)과 암놈(θῆλυς)으로 구성된다. 그것들은 정지하거나 움직이는데, 잠자느라 조용히 있을 때 그들은 정지하게 되고, 이미 깨어서 활기차게 일할 때는 움직이는 상태가 된다. 또한 습관성과 정적성에 따라 격정에 쉽게 흔들리는 경향이 있는 쪽을 암놈이라 부르고, 운동성과 기운에 따라 행동하려는 경향이 있는 쪽을 수놈이라 부른다.

1.173. 따라서 지혜로운 자 안에서 그 일곱 쌍은 정결한 것들로 드러나지만, 반대로 어리석은 자 안에는 모조리 처벌받아야 할 것들로 드러난다. 우리가 매일 눈들로 잘못 접하고 상상하는 것들이 얼마나 많은가? 눈들은 색깔들과 모양들과 관습이 못 보게 하는 것들까지 무시하고 탐닉하는 것이다. 또한 귀들로는 얼마나 많은 소리들을 쫓아다니는가? 얼마나 많은 것들이 후각과 미각 기관들로 풍미와 다른 것들을 통하여 무수하게 다채

로운 방식에 따라 이끌리는가?

1.174. 고삐 풀린 혀로 인하여 충동이 가라앉지 않아서 파멸한 무수한 사람들에 대해서라든가, 정욕 때문에 자제력을 잃은 갈망과 치료할 수 없는 과도한 열정에 관하여 굳이 말할 필요가 있겠는가? 도시국가들은 그처럼 악한 것들로 가득하고, 그런 악들은 지구 경계선 끝에서 끝까지 가득하다. 그로 인하여 가장 큰 전쟁들이 쉬지 않고 끊임없이 발발하되, 심지어 평화 시에도 인간 종속 사이에서 개별적으로든 공개적으로든 발발하는 것이다.

1.175 XLVIII. 바로 이런 이유 때문에 나에게 이런 생각이 떠오른다. 완전하게 무학은 아닌 사람들 가운데, 보기에 적합하지 않은 것들을 보느니 불구가 되는 편을 택하고, 해로운 말들을 듣기보다는 청각장애인이 되는 편을 택하고, 적절하지 않은 말들을 아예 말하지 않기 위하여 혀를 자르는 이들도 있다.

1.176. 하여간에 저들의 말에 따르면, 지혜로운 자들 가운데 어떤 이들은 해서는 안 될 말을 실토하도록 수레바퀴에 매달아 돌리는 고문을 당할 때 자신들의 혀를 깨물어 고문관들에게 더 고통스러운 고문을 가하여 역습했으므로 고문관들은 그들이 알고자 했던 것들을 얻지 못했다고 한다. 또한 정욕이 조절되지 않아 광기가 일어나는 것보다 고자가 되는 편이 낫다. 이런 온갖 것들이 치명적인 재앙들로 혼을 잠식할 때는 극단적인 응징과 처벌을 받는 것이 적절할 것이다.

1.177. 그(모세)는 다음 절에서 이렇게 말(기록)한다. "주 하나님이 가인에게 표적(σημείον)을 주어 그를 만난 어떤 자도 그를 죽이지 못하도록 하셨다."(창 4:15) 그 표적이 무엇인지 그는 설명하지 않았다. 그렇지만 그는 각각의 자연 속성을 표적을 통하여 밝히곤 하는데, 이집트에서 있은 사건들

[**그림 5**] 〈스킬라〉, 보에티아 분화구에서 발견된 기원전 450~425년경 작품, 루브르박물
관 소장. 스킬라는 호메로스, 플라톤, 오비디우스, 베르길리우스 등 다양한 글에 등장하는
바다 괴물로서, 키르케의 저주를 받아 흉측한 모습으로 변하였다고 한다. 지나가는 배를
파선시키고 뱃사람을 희생시킨다고 한다.

의 경우에 그러했다. 그곳에서 하나님은 지팡이를 뱀으로 바꾸시고, 모세
의 손을 눈 같은 형상으로, 강물을 피로 바꾸셨다.

1.178.　　 그런데 어쩌면 살해당하지 않도록 가인에게 준 표적이란 어떤 경
우에도 그가 죽음을 맞이할 수 없는 것(τὸ μηδέποτε ἀναιρεθῆναι)은 아닐까?
왜냐하면 그(모세)는 율법서 어디에서도 가인의 죽음을 명시하지 않기 때
문에, 마치 스킬라(Σκύλλα)에 관하여 말해진 것처럼, '우둔함(ἀφροσύνη)은
불멸하는 악'이라고 수수께끼처럼 암시하는 것 같기도 하다. 그녀(우둔함=
스킬라)는 결코 '죽는다(τὸ τεθνάναι)'는 의미의 끝(τελευτή)을 맞이할 수 없으
나, '죽음의 고통을 당하다(τὸ ἀποθνήσκειν)'는 의미의 고통을 영원히 겪는

것이다. 그런데 그와는 반대 사건들이 일어날 수는 없을까? 이를테면, 어리석은 것들이 모조리 근절되고 완전한 파멸을 맞게 되는 일이 벌어질 수는 없을까? 그러나 지금 저들은 끝없이 되살아나며 결코 죽을 수 없는 질병을 자신들에게 점령당한 사람들에게 온통 퍼뜨리고 있다.

찾아보기

지은이

:: 필론 Philo of Alexandria, c.30 BCE~c.50 CE

유대인들이 로마제국의 지배를 받던 1세기에 알렉산드리아에 살았던 디아스
포라 유대인으로서, 로마 황제 가이우스 칼리굴라 앞에서 유대인들을 대변한
유대 민족지도자, 중–플라톤주의에 가까운 철학자, 모세오경을 그리스 철학
언어로 해석한 성서주석가였다. 필론의 작품들은 그리스도교를 통해 수용·비
판되었고, 그 가운데 50여 편이 현존하여 학계의 연구가 활발하다. 필론은 자
신이 만여 명의 스승들에게 직·간접으로 사사했고, 자신의 조상들 가운데 왕
들과 대제사장들과 무수한 권세가들이 있었다고 술회한다. 그의 형제 리시마
쿠스는 로마 황실의 경호원이었다가 알렉산드리아의 재무행정관이 된 거부였
고, 유대 왕실과는 사돈지간이었다. 리시마쿠스의 아들이자 필론의 조카인 티
베리우스 알렉산더는 유대 지역 최고행정관과 이집트 지역 최고행정관을 역임
했고, 유대–로마 전쟁 때 로마군을 지휘하여 베스파시아누스와 티투스가 로
마 황제가 되는 데에 공헌했다.

옮긴이

:: 문우일

고려대학교(B.S.), 서울신학대학교(M.Div.), 시카고대학교(M.A.)에서 공부하
고, 클레어몬트대학원대학교에서 요한복음 연구로 철학박사학위(Ph.D.)를
받았다. 세계성서학회 국제모임(Society of Biblical Literature, International
Meeting)의 임시분과 의장과 주류분과 의장, 서울신학대학교 교양학부 조교
수를 역임했다. 저서로는 『참 쉬운 글쓰기』(미래M&B, 2001), 역서로는 『요한
복음 새롭게 보기』(리처드 보컴 지음, 새물결플러스, 2016) 외 17권이 있다.

한국연구재단총서 학술명저번역 634

알렉산드리아의 필론 작품집 I

1판 1쇄 펴냄 | 2022년 7월 15일
1판 2쇄 펴냄 | 2023년 12월 29일

지은이 | 필론
옮긴이 | 문우일
펴낸이 | 김정호

책임편집 | 신종우
디자인 | 이대웅

펴낸곳 | 아카넷
출판등록 | 2000년 1월 24일(제406-2000-000012호)
주소 | 10881 경기도 파주시 회동길 445-3
전화 | 031-955-9511(편집)·031-955-9514(주문)
팩시밀리 | 031-955-9519
www.acanet.co.kr

ⓒ 한국연구재단, 2022

Printed in Paju, Korea.

ISBN 978-89-5733-799-8 94200
ISBN 978-89-5733-214-6 (세트)

이 번역서는 2018년 대한민국 교육부와 한국연구재단의 지원을 받아 수행된 연구임
(NRF-2018S1A5A7038121)

This work was supported by the Ministry of Education of the Republic of Korea
and the National Research Foundation of Korea. (NRF-2018S1A5A7038121)